JOHN KENNETH LESLIE
Chairman of the Department of Romance Languages
Northwestern University
ADVISORY EDITOR TO DODD, MEAD & COMPANY

The Generation of 1898
and After

The
Generation of 1898
and After

Edited by

BEATRICE P. PATT

and

MARTIN NOZICK

Queens College

DODD, MEAD & COMPANY
NEW YORK   TORONTO
1966

Preface

The purpose of this anthology is to acquaint students of Spanish with some of the best writing of twentieth-century Spain. The writers known traditionally as the *Generation of 1898* are presented first, beginning with Ángel Ganivet and ending with Azorín, who is still alive at the time of this writing. The established figures of this generation are, we believe, represented in this text by some of their most characteristic pages. With regard to those who follow the *Generation of 1898,* we found ourselves faced with the dilemma of abundance and were obliged to limit the selections to those authors who, in our opinion, are the most significant or the most promising.

While this anthology is designed primarily for courses in contemporary literature and survey courses, we suggest that it is practicable for use in the latter part of the second year of college. Our philosophy is that Spanish can be learned more profitably by the reading of a variety of first-rate, thoughtful writers than through watered-down or anodyne texts. In the case of the selections in this book, we also believe that the occasional difficulties of the text are compensated by the high quality and relevance of the material presented. The novels, short stories, essays, poetry, and drama included here offer a wide range of literary and linguistic experience through contact with some of the most original and fertile minds of contemporary culture.

In some classes the teacher may wish to have the students read the selections in order of increasing difficulty rather than chronologically. For this purpose a second table of contents has been provided (page xi). The simpler texts are those of Azorín, Baroja, Gómez de la Serna, and Laforet. More difficult are those of Unamuno (*San Manuel Bueno, mártir*), Valle-Inclán, Machado, Juan

Ramón Jiménez, García Lorca, Salinas, Guillén, and Cela. Ganivet, Unamuno's *Del sentimiento trágico,* Ortega, Pérez de Ayala, and Delibes might be read last.

The introductions, footnotes, and vocabulary have been designed to help the student overcome most of the major difficulties of the text, but they are in no way intended to supplant the invaluable explanations provided by the individual teacher.

We are indebted to the following people for permission to use the material reproduced: María de Unamuno; Dr. Carlos del Valle-Inclán; Julio Caro Baroja; José Martínez Ruiz (Azorín); Editorial Losada, Buenos Aires, and Sra. Matea Monedero, vda. de Machado; Revista de Occidente, S.A. and Julián Marías; Ramón Pérez de Ayala; Ramón Gómez de la Serna; Francisco Hernández-Pinzón Jiménez; Professor and Mrs. Juan Marichal; Jorge Guillén; Camilo José Cela; Carmen Laforet; Miguel Delibes.

We confess our very special indebtedness to Professor John Kenneth Leslie for his encouragement, his invaluable suggestions, and his meticulous reading of the manuscript. Also, to Mr. William Oman and Mrs. Genia Graves of Dodd, Mead, our sincere thanks for friendly and helpful guidance.

BEATRICE P. PATT
MARTIN NOZICK

September, 1960

Contents

FEDERICO GARCÍA LORCA 244
Selected Poems:

PEDRO SALINAS 297
Selected Poems:

JORGE GUILLÉN 302
Poems selected from *Cántico* (1950):

CAMILO JOSÉ CELA 309

Selections Listed in Order of Difficulty

The Generation of 1898
and After

Introduction

In September of 1868, Isabel II of Spain was dethroned after a misguided reign of over a quarter of a century. Two years later, in November of 1870, the *Cortes* or Parliament elected the Italian prince Amadeo de Saboya to be King of Spain. After reigning for two unhappy years, Don Amadeo abdicated on February 11, 1873, and a Republic was declared. Meanwhile, a resurgency of Carlism— the ultraconservative movement which had violently opposed Isabel's right to the throne earlier in the century—was again responsible for civil war which lasted from 1872 to 1875. In Cuba an insurrection that began in 1868 lasted for ten years.

The Republic endured for only two short years, and in 1875 the Bourbon monarchy was restored in the person of Alfonso XII, son of Isabel II. The personal life of the new king was blighted by the early death of his first wife, but in 1879 he married the Austrian princess María Cristina. He died on November 25, 1885, leaving the queen to rule as regent for his posthumous son. The country continued to be torn by dissension: party rivalries, Republican uprisings, the Catalan separatist movement, and Riff attacks in Morocco. The Cuban revolution began in 1894, gathered momentum, and finally exploded into the disastrous Spanish-American War of 1898. The result was that Spain lost the remains of her vast overseas colonial empire: Cuba, Puerto Rico, the Philippines, Guam, and the Marianas.

The regency of the queen mother ended on May 17, 1902, when Alfonso XIII swore allegiance to the constitution and ascended the throne. Trouble continued in Morocco, and the anarchist movement in Catalonia grew stronger; government succeeded government in rapid succession as stability receded into the realm of the ideal.

During the First World War, Spain maintained an uneasy neu-

1

trality; but the Republican revolutionary movement kept alive its antidynastic agitation, and among the more conservative elements there was a call for parliamentary reform. The military kept clamoring for greater power, and the years following 1917 saw a series of crippling industrial strikes.

On July 23, 1921, Abd-el-Krim, leader of the Riffs, attacked the Spanish troops at Annual, killed 8,000, and took many more as prisoners. Public opinion in Spain was outraged and sought to fix the responsibility for the disaster. Recrimination followed recrimination, an untenable situation that ended in the *coup d'état* of September 23, 1923, when Miguel Primo de Rivera, backed by the army and the king, suspended constitutional rights and ushered in a period of dictatorship that lasted until 1930.

The country was ruled by Primo de Rivera and a military directory; Parliament was closed; a treaty was signed with Mussolini; the *Ateneo,* intellectual center of Madrid, was shut down; and Miguel de Unamuno, the foremost intellectual of his day, was exiled. Trouble with the students brought about a closing of the universities, and conflict with the artillery corps caused the latter to join the revolutionary movement. All this and more motivated the liberal monarchists to pool their strength with that of the Republicans.

Alfonso XIII, fearful for his crown, induced Primo de Rivera to resign on January 28, 1930, but April 12 of the next year saw an overwhelming victory for the Republicans and Socialists in the municipal elections. Two days later, on April 14, 1931, the Republic was declared, and the king and his family left Spain.

Niceto Alcalá Zamora became the first president of the Republic, and a new constitution was promulgated. Great strides were made in the direction of democratic government, universal education, and separation of church and state; and yet there was a splintering of forces and parties. Economic and labor troubles shook the government; discontent spread through the armed forces; the power shifted from hand to hand, from coalition to coalition; trouble was rife in the Basque country and in Catalonia. The Socialist party declared a general strike, and in Asturias the striking miners were put down by troops of the Foreign Legion.

In the general elections of February 16, 1936, the *Frente Popular,* a coalition of Leftist parties, was victorious, and a new cabinet, headed by Manuel Azaña, was formed. By that time, however, the nation was torn between the extremes of Right and Left. The President was deposed and replaced by Azaña. Public violence was stirred up by extreme Rightist organizations such as the *Falange Española* (founded by José Antonio Primo de Rivera, son of the former dictator) and the *Unión Militar*.

On July 17, 1936, Francisco Franco, who had been relegated to the Canary Islands, flew to Morocco to assume leadership of the troops; the next day the Civil War had spread to the peninsula. At first the major cities of Spain held out; but the rebels received important aid from the Fascist governments of Germany, Italy, and Portugal while the Republican government, unable to buy armaments from abroad, faced overwhelming odds. Finally on February 28, 1939, France and England recognized Franco's government, and Azaña gave up the presidency. On March 26, 1939, Madrid surrendered, and on April 1 General Franco declared the Civil War at an end.

Despite a background of revolution and civil war, despite the struggle between the forces of liberalism and traditionalism, and the sudden jolts, violent changes and reactions, literature flourished in nineteenth- and twentieth-century Spain. By the time Isabel II was deposed in 1868, the great Romantic figures were either dead (Larra, Espronceda) or wrote with all passion spent (Rivas, Zorrilla); realism was in the ascendant.

Costumbrismo, the satirical description of local mores and folkways by such influential essayists as Mesonero Romanos and Estébanez Calderón, developed into the *costumbrista* novel of Fernán Caballero and the regional novels of Alarcón, Pereda, and Valera. Pérez Galdós, the greatest and most cosmopolitan of the so-called *Generation of 1868,* produced in the last decades of the last century and in the early part of this one a bulk of work which earns him a prominent place among the titans of the European novel. The Condesa Emilia Pardo Bazán wrote at least two first-rate novels in the naturalistic vein (*Los Pazos de Ulloa* and *La Madre Naturaleza*). Leopoldo Alas (Clarín) produced one of the finest studies of female behavior and illicit love against a provincial background in *La Regenta.* Blasco Ibáñez published stark, brooding Valencian novels. Armando Palacio Valdés inclined to a more subdued, even sentimental, realism.

In reaction to the more flamboyant verse of the earlier poets, Campoamor and Núñez de Arce achieved wide fame with rhymed satire or philosophical bombast, some of which still proves cogent today. The best elements of subjective, mournful Romanticism were embodied in the sad, sweet verse of such latecomers as Gustavo Adolfo Bécquer (*Rimas,* 1870) and the Galician Rosalía de Castro, who wrote only one slim volume in Castilian (*A las orillas del Sar,* 1885).

The Romantic drama, brought to a pitch of picturesqueness, sensationalism, and stylistic virtuosity by such men as García Gutiérrez, the Duque de Rivas, and José Zorrilla, made room for bourgeois, realistic thesis plays which, with notable exceptions, were governed by a stronger sense of logic and verisimilitude. Still, even so fertile and inventive a dramatist as José Echegaray, who won the Nobel Prize for literature in 1905, favored exaggerated melodrama, extreme situations and operatic dialogue, and thus perpetuated many of the weaknesses of his predecessors in the Spanish theater.

The waning of the nineteenth century was a time for literary renovation. By one of those strange but fortunate coincidences in the history of literature, a generation was already developing in Spain ready to handle the task of marking out new tracks of thought and expression.

Poetry was provided with a new impetus with the publication of *Azul* (1888) and, more especially, *Prosas profanas* (1896) by the Nicaraguan poet Rubén Darío. Strongly influenced by such French symbolist poets as Verlaine and Mallarmé, Darío and his disciples introduced new opulence, new tones and refinements into Spanish verse. Although a good deal of their work is excessively sumptuous and decadent, overwrought and erotic, they freed Spanish poetry of heavy rhetoric and overworked imagery, making way for such exquisite craftsmen as Juan Ramón Jiménez. Such *modernismo,* as the movement was called, was to expand along with the equally bold innovations of a group of Spaniards which Azorín was to baptize as the *Generation of 1898:* Miguel de Unamuno, José Martínez Ruiz (Azorín), Pío Baroja, Ramón del Valle-Inclán, Antonio Machado, Jacinto Benavente, and Ramiro de Maeztu, all men "cuya conciencia personal y española despierta y madura entre 1890 y 1905." The concept of such a generation has been repeatedly challenged, especially by some of its members; but it has been used for so long as a convenient guidepost by literary historians that it has become an almost too familiar point of reference.

The disaster of the Spanish-American War had shaken Spain to its foundations; sensitive spirits were agitated into thinking about what had happened to their country; they were led to an appraisal of national and spiritual values. They could look back to others who had despaired over the sad national condition: Quevedo, the mordant satirist of the seventeenth century; Larra, who had hurled thunderbolts at his beloved country early in the nineteenth century; and Ángel Ganivet, their immediate forebear.

The call for regeneration was in the air; Spain had to abandon sterile traditionalism and open her windows to ventilation from abroad. The crying need was for more discipline, more education, more industrialization, less sentimentality, and fewer illusions. Joaquín Costa, the engineer, social scientist, and historian, called for concrete improvement in all areas: soil conservation, reforestation, crop rotation, dams, in short a *política hidráulica*. Santiago Ramón y Cajal, the great neurologist, called for the cultivation of the "yermos de nuestra tierra y de nuestro espíritu..." The young Ramiro de Maeztu wrote a book entitled *Hacia otra España*.

But improvement in specific areas could only be attempted after the general spiritual and intellectual climate of the country was refreshed. First, there had to be a deep probing into the soul of Spain, into its roots, into its true and ever-vigorous traditions. These were the authentic sources of courage and meaning. Ganivet said: "en el interior de España habita la verdad"; and one of Unamuno's earliest essays is called *¡Adentro!* In *En torno al casticismo*, the same Unamuno explained that the true essence of Spain lay not in her great victories or vast empire but in her *intrahistoria*, the dogged continuity of life which lies beneath the surface of recorded history, whether glorious or inglorious. Writers rediscovered the charm of the so-called "primitive" poets Gonzalo de Berceo, the Archpriest of Hita, and Jorge Manrique; they rediscovered the Spanish landscape, its mountains, groves, and tiny somnolent towns; and each writer filtered what he observed through his own temperament.

The great link between progressives and conservatives was love of country, often an *amor amargo* that led them in many different directions. Baroja excoriated Spain for being less than the ideal country he would wish it to be; Unamuno railed at Spain for neglecting its special spiritual and religious mission; Machado urged Spain to forget the sad tinsel of its past, to shake off its torpor and catch up with the spirit of the times; Maeztu was eventually convinced that national salvation would come with totalitarianism in government and orthodoxy in religion.

In general, the hope of the *europeizante* that Spain would find re-

demption by learning her lesson exclusively from the rest of western
Europe was found to be too superficial. Spain, it was felt, must not
denature herself but rather, while remaining alert to beneficial influences from without, remain faithful to herself and exploit her
own riches, develop her own spiritual contours, revitalize what was
most inspiring in her past. If Spain developed her Spanishness, said
Unamuno, she would contribute to the rest of the world as much as
the rest of the world could give to her. It is therefore most significant
that the great twentieth-century reinterpretations of the Spanish
"Bible," *Don Quijote de la Mancha,* were written by Unamuno,
Maeztu, Azorín, and Ortega y Gasset.

Whatever the factors were that divided or united the creative
minds of the first four decades of the twentieth century, the fact remains that the abundance of first-rate talents placed Spain in the
front rank of European letters. Essays, novels, and plays poured from
fertile pens; the traditional boundaries of the various literary genres
were made more elastic by the poetic sensibility that pervaded every
type of writing and by the free play of ideas and forms.

In Azorín's hands the novel and short story, the essay and sketch,
all became lyrical instruments; Unamuno's essays and even his novels and plays were deep spiritual confessions; Benavente wrote farce,
drawing-room comedy, and stark rural tragedy; Valle-Inclán's eerie
short stories were set against a background of mystery and fog, and
the style of his later novels and plays became increasingly experimental and even esoteric. Baroja's vision of the world and of men
was sharp and saturnine, but his realism was tempered by an ines-
capable poetic vein; and Maeztu, although a journalist, moved from
the topical to broad questions of history, philosophy, and literary
criticism.

The intellectual climate of Spain, then, was nothing if not alive,
vigorous, challenging. In music, there were De Falla, Albéniz, Gra-
nados, Turina, and Nin; in art, Sorolla, Zuloaga, Picasso, Miró, Gris,
and Dalí. In the field of philosophy, Spain produced one of the
"greats" of our time, José Ortega y Gasset. Gabriel Miró wrote novels and short stories in difficult, *recherché* prose; Juan Ramón Jiménez gradually took his place among the most celebrated lyricists of
Europe.

The decade between 1920 and 1930 saw a plethora of younger
poets of first magnitude, often grouped under the rubric of the *Generation of 1927:* Federico García Lorca, Rafael Alberti, Jorge Gui-

llén, Pedro Salinas, Vicente Aleixandre, Gerardo Diego, Luis Cernuda, Manuel Altolaguirre, and Dámaso Alonso. These were ultramodern poets; some used the resources of folklore as their raw materials, others looked to the example of Mallarmé and the surrealists. In their own literature, they joined to vindicate the reputation of the difficult and often-condemned seventeenth-century poet, Góngora, whose tricentenary they celebrated in 1927.

But the unhappy events of 1936–1939 suspended this Silver Age of literature. Lorca and Machado paid with their lives; Jiménez, Salinas, Alberti, Guillén, Gómez de la Serna, and the dramatists Jacinto Grau and Alejandro Casona fled. For a while the novel and the theater languished. Soon, however, there appeared signs of recovery. Scholarship had been kept alive by the dean of Spanish historians and scholars Ramón Menéndez Pidal and by Dámaso Alonso and his school; the poets in exile, Jiménez, Alberti, Salinas, Guillén, continued to add significantly to their prewar output; in Spain Aleixandre grew in depth.

Younger men were also appearing every year. They became so numerous and their ranks expanded so quickly that only a few can be mentioned here: Luis Felipe Vivanco, Leopoldo Panero, Luis Rosales, Gabriel Celaya, José García Nieto, Blas de Otero, Rafael Morales, Javier de Bengoechea, Rafael Montesinos, José Hierro, Eugenio de Nora, and José María Valverde, generally grouped together as the *Generation of 1936*. Some were socially oriented, others deeply religious and patriotic; but in general, perplexity, uncertainty, anguish, and a deep sincerity were the distinguishing marks of their work. Few were tempted by the ideal of "pure poetry" or aesthetic withdrawal from life. Aleixandre has pointed out that the new generation expressed "la entrañable relación entre vida temporal y poesía: es decir, su temporalidad e historicidad."

Today the prolific pens of Antonio Buero Vallejo and Alfonso Sastre, among others, point to a possible revival of meaningful Spanish theater, but it is the novel which, after poetry, shows the greatest vigor. Camilo José Cela has already proved himself to be a master of harsh realism and disturbing whimsy. He is an experimenter with style and is amazingly deft in his manipulation of traditional spicy Spanish argot. As a novelist, short-story writer, essayist, and critic, he is surpassed by few.

Juan Antonio de Zunzunegui continues the straightforward, realistic novel of the nineteenth century; Miguel Delibes keeps fulfilling the promise of his earlier novels; José María Gironella's *Los cipreses creen en Dios* is a novel of epic proportions; Juan Goytisolo, still under thirty at this writing, has already established himself both in Spain and abroad as a significant writer with a fresh, modern approach. Women novelists are legion in Spain today; aside from Carmen Laforet, mention should also be made of Dolores Medio, Ana María Matute, Elena Quiroga, Carmen Conde, and Luisa Forrellad.

To offset censorship which is still severe enough to be discouraging, there are countless literary prizes in Spain for outstanding work in every genre, and such forward-looking reviews as *Ínsula, Índice,* and the *Papeles de Son Armadans* make up for the defunct *Revista de Occidente* in spreading interest in Spanish letters all over the world. Barring unforeseen cataclysms both within and without the Iberian peninsula, the world-wide fraternity of men and women of good will eager to understand and admire the finest manifestations of the human spirit will be turning more and more to the fascinating country south of the Pyrenees.

Ángel Ganivet
(1865–1898)

Ángel Ganivet was born in Granada on December 13, 1865. His early youth was marked by poverty, but with the help of friends he was able to attend the *Instituto* and the University of his native city. In 1891 he went to Madrid where he obtained his doctorate from the *Universidad Central*. A year later he was sent to Antwerp as vice-consul. In 1895 he was appointed consul at Helsingfors, and there he wrote almost all of his important works. In August, 1898, he was transferred to Riga, and on November 29th of the same year he committed suicide by drowning in the river Dwina.

Although Ganivet was the author of two novels (*La conquista del reino maya por el último conquistador español*, 1897; *Los trabajos del infatigable creador Pío Cid*, 1898), a play (*El escultor de su alma*, 1904), and miscellaneous essays and correspondence (*Granada la bella*, 1896; *Cartas finlandesas*, 1898; *Hombres del Norte*, 1905; *El porvenir de España*, 1905), his fame rests primarily on his *Idearium español*, published in 1897. It is one of the principal fountainheads of later speculation about Spain, its strength and weaknesses, its rôle in past and future history. The *Idearium* itself is an attempt to define the essence of the Spanish soul.

According to Ganivet, the fusion of Senecan stoicism with Christianity produced that personalism which is the core of the Spanish temperament. In all phases of Spanish life, emphasis is on the *whole* man, the passionate, vital human being, and not on formulas, rules, or schools. In Spanish religious literature, for example, there never appeared a single *Summa* or compilation; instead, Santa Teresa, San Juan de la Cruz, and Fray Luis de León produced works of spontaneous exaltation, intuition, and spiritual union with God.

On the political plane, the Spanish spirit of independence stems

from the peninsular position of the country in contradistinction to
the aggressiveness of insularity or the defensive attitude of continental countries. The spirit of independence manifests itself in the
espíritu guerrero of the Iberians rather than in the *espíritu militar*
of the Teutons. The Spaniards, Ganivet maintains, have always
fought without organization and cannot abide a huge military machine. Even in the matter of credit, Ganivet says that "Hay más
prestamistas que banqueros—la acción es individual."

The true strength of the Spaniard lies, therefore, not in territorial
expansion but in reconstruction from within. Like Segismundo in
Calderón's *La vida es sueño,* Spain must awaken from its debilitat-
ing dream of power and, finding itself back in its own boundaries,
must fortify itself internally and intensify its intellectual and spiritual strength. But why does this not happen, asks Ganivet. His answer is that Spain suffers from *abulia,* or paralyzed will, and therefore cannot synthesize the new with the old.

Too much emphasis is put on a glorious past; even when a new
idea catches on, it is not assimilated but becomes rather a fixed idea,
causing a quick change from atony to exaltation or violent impulse.
That is Spain's weakness, and it can be remedied only by greater intelligence and less wasted energy. Ganivet believes this can be accom-
plished for he ends his book on an optimistic note: "Así como creo
que para las aventuras de la dominación material muchos pueblos
de Europa son superiores a nosotros, creo también que para la creación total no hay ninguno con aptitudes naturales tan depuradas
como las nuestras."

The selection which follows, taken from the *Idearium,* is an analysis of the Spanish sense of justice.

Idearium español

EL ESPÍRITU JURÍDICO ESPAÑOL

El espíritu jurídico de un país se descubre observando en qué punto de la evolución de la idea de justicia se ha concentrado principalmente su atención. Porque los códigos poco valen; tienen sólo un valor objetivo; han de ser interpretados por el hombre. No basta decir que España se rigió por leyes romanas, y luego por leyes ro- 5 manas y germánicas, y luego por una amalgama de éstas y de los principios jurídicos que el progreso fué introduciendo en las antiguas legislaciones; porque si se miran las cosas de cerca, ha existido y existe, por encima de todo ese fárrago de leyes reales, una ley ideal superior, la ley constante de interpretación jurídica, que en España 10 ha sido más bien de disolución jurídica.

España no ha tenido nunca leyes propias: le han sido impuestas por dominaciones extrañas, han sido hechos de fuerza. Así, cuando durante la Reconquista [1] se relajaron los vínculos jurídicos, desapareció la unidad legislativa y casi pudiera decirse que hasta la ley, 15 puesto que los fueros [2] con que se las pretendía sustituir sistemáticamente llevaban en sí la negación de la ley. El fuero se funda en el deseo de diversificar la ley para adaptarla a pequeños núcleos sociales; pero si esta diversidad es excesiva, como lo fué en muchos casos, se puede llegar a tan exagerado atomismo legislativo, 20 que cada familia quiera tener una ley para su uso particular. En la Edad Media nuestras regiones querían reyes propios, no para estar mejor gobernadas, sino para destruir el poder real; las ciudades querían fueros que las eximieran de la autoridad de esos reyes ya achicados, y todas las clases sociales querían fueros y privilegios a mon- 25 tones; entonces estuvo nuestra patria a dos pasos de realizar su ideal

---

1. Reconquista The slow reconquest of Spain by the Christians from the Moors, begun at the Battle of Covadonga in 718 and ended with the conquest of Granada by the Catholic Sovereigns in 1492.

2. fueros special privileges and rights granted to local governments

jurídico: que todos los españoles llevasen en el bolsillo una carta
foral [3] con un solo artículo, redactado en estos términos breves,
claros y contundentes: "Este español está autorizado para hacer lo
que le dé la gana".[4]

5   Un criterio jurídico práctico se atiene a la legislación positiva y
acepta de buen grado las desviaciones que la idea pura de justicia
sufre al tomar cuerpo en instituciones y leyes; un criterio jurídico
idealista reacciona continuamente contra el estado de derecho [5] impuesto por la necesidad y pretende remontarse [6] a la aplicación rigu-
10 rosa de lo que considera que es justo. El primer criterio lleva al ideal
jurídico de la sociedad, a la aplicación uniforme, acompasada, me-
tódica, de las leyes; el segundo lleva al ideal jurídico del hombre
cristiano a regirse por la justicia, no por la ley, y a aplacar después
los rigores de la justicia estricta por la caridad, por el perdón gene-
15 rosamente concedido.

Como en la filosofía, en el derecho hubo también ilustres rapsodas
que convirtieron el derecho pagano en cristiano a fuerza de zurcidos
habilísimos, pero conservándole como fundamento invariable la idea
romana, la fuerza, en pugna con la idea cristiana, el amor. Duele
20 decirlo, pero hay que decirlo porque es verdad: después de diecinueve siglos de apostolado, la idea cristiana pura no ha imperado un
solo día en el mundo. El Evangelio no triunfó de los instintos sociales, aferrados brutalmente a principios jurídicos que nuestros sentimientos condenan, pero que juzgamos convenientes para mantener
25 el buen orden social, o en términos más claros, para gozar más sobre
seguro de nuestras vidas y de nuestras haciendas.

Existe, pues, una contradicción irreductible entre la letra y el
espíritu de los códigos, y por eso hay naciones donde se profesa poco
afecto a los códigos, y una de esas naciones es España. Las anomalías
30 de nuestro carácter jurídico son tales, que permiten a veces suponer
a quien nos observa superficialmente que somos una nación donde
todas las injusticias, inmoralidades, abusos y rebeldías tienen su
natural asiento. No hay pueblo cuya literatura ofrezca tan copiosa
producción satírica encaminada a desacreditar a los administradores

3. carta foral *charter*
4. lo que le dé la gana *whatever he likes*
5. estado de derecho *forms of law*
6. pretende remontarse *attempts to cling to*

de la ley, en que se mire con más prevención a un Tribunal,[7] en que se ayude menos la acción de la justicia. ¿Qué digo ayudar? Más justo es decir que se entorpece y burla, si es posible, la acción de la justicia. Es algo muy hondo que no está en nuestra mano [8] arrancar: yo he estudiado leyes y no he podido ser abogado, porque jamás llegué a ver el mecanismo judicial por su lado noble y serio; y esto les ocurre a muchos en España, a todos los que, como yo, estudian sin abandonar por completo el trabajo manual, sin perder el contacto con el obrero o con el campesino. Mientras un español permanezca ligado a las clases proletarias, que son el archivo y el depósito de los sentimientos inexplicables, profundos, de un país, no puede ser hombre de ley con la gravedad y aplomo que la naturaleza del asunto requiere.

Un día se me acercó un hombre del pueblo para preguntarme: "Usted que es abogado, ¿no quiere decirme qué pena corresponde a quien [9] ha hecho tal cosa de este modo o bien de aquel modo? Porque me citan como testigo en tal causa, y no quiero ir a ciegas sin saber si hago bien o mal". Ese hombre es el testigo español; el cual declara, no lo que sabe, sino lo que previamente adiestrado comprende que ha de conducir a la imposición de la pena que él cree justa. No es que desconfíe de la interpretación imparcial e inteligente de los jueces, porque no los juzgue inteligentes e imparciales o porque éstos sean menos dignos que los de otros países donde se siguen prácticas diferentes: es que no quiere abdicar en manos de nadie. La rebeldía contra la justicia no viene de la corrupción del sentido jurídico; al contrario, arranca de su exaltación. Y esta exaltación tiene dos formas opuestas, que acaso vengan a dar en un término medio de justicia [10] superior al que rige allí donde la ley escrita es estrictamente aplicada.

La primera forma es la aspiración a la justicia pura; lo casuístico [11] desagrada, y las excepciones enfurecen; se desea un precepto breve, claro, cristalino, que no ofrezca dudas, que no se preste a componendas ni a subterfugios, que sea riguroso, y si es preciso implacable. Cuando un hombre adquiere una personalidad bien mar-

---

7. en que ... a un Tribunal   *in which the courts are looked upon with greater suspicion*
8. en nuestra mano   *in our power*
9. qué pena corresponde a quien   *what the penalty is for a man who*
10. que acaso ... justicia   *which may give rise to a middle course in justice*
11. lo casuístico   *casuistry, quibbling or evasive way of dealing with difficult cases*

cada y cae en las garras de la crítica social, ha de ser impecable, incorruptible, perfecto y hasta santo, y aun así el quijotismo jurídico hallará donde hincar el diente, donde herir. ¡Cuántas cosas que en España son piedra de escándalo y que pregonadas a gritos nos reba-
5 jan y nos desprestigian, he visto yo practicadas regularmente en otros países de más anchas tragaderas! [12]

La segunda forma es la piedad excesiva que pone en salvar al caído tanto o más empeño que el que puso para derribarlo; [13] por lo cual, en España no puede haber moralizadores, es decir, hombres
10 que tomen por oficio la persecución de la inmoralidad, la corrección de abusos, la "regeneración de la patria." El espíritu público les sigue hasta que llegan al punto culminante: el descubrimiento de la inmoralidad; pero una vez llegado allí, sin gradaciones, sin que haya, como se cree, desaliento ni inconstancia, da media vuelta y se
15 pone de parte de los acusados; [14] de suerte que si los paladines de la moralidad no se paran a tiempo y pretenden continuar la obra hasta darle remate y digno coronamiento, se hallan frente a frente del mismo espíritu que al principio les alentó.[15]

Este dualismo, que bajo apariencias de desorden jurídico, lamen-
20 tado por las inteligencias vulgares, encubre la idea más noble y alta que haya sido concebida y practicada sobre la humana justicia, es una creación del sentimiento cristiano y de la filosofía senequista [16] en cuanto ambos son concordantes. El estoicismo de Séneca no es, como vimos, rígido y destemplado, sino natural y compasivo. Séneca
25 promulga la ley de la virtud moral, como algo a que todos debemos encaminarnos; pero es tolerante con los infractores: exige pureza en el pensamiento y buen propósito en la voluntad, mas sin desconocer, puesto que él mismo dió frecuentes tropezones,[17] que la endeblez

12. ¡Cuántas cosas que en España ... tragaderas! *How many things which here in Spain cause scandal and when proclaimed aloud lower our prestige have I seen regularly practiced in other countries of more accommodating morals!*
13. que pone en ... derribarlo *that makes as great an effort to save the fallen as was made to cast him down*
14. da media vuelta ... acusados *it does an about-face and goes over to the side of the accused*
15. de suerte que ... les alentó. *so that if the champions of morality do not stop in time and wish to continue their work until they bring it to a proper conclusion, they find themselves opposing the very spirit which at the outset encouraged them.*
16. senequista *Senecan.* Seneca (*c.* 4 B.C.–A.D. 65), Roman philosopher and dramatist born in Córdoba, exponent of Stoic philosophy
17. él mismo ... tropezones *he himself made many mistakes*

de nuestra constitución no nos permite vivir en la inmovilidad de la virtud, que hay que caer en inevitables desfallecimientos,[18] y que lo más que un hombre puede hacer es mantenerse como tal hombre en medio de sus flaquezas, conservando hasta en el vicio la dignidad.

El entendimiento que más hondo ha penetrado en el alma de nuestra nación, Cervantes, percibió tan vivamente esta anomalía de nuestra condición, que en su libro inmortal separó en absoluto la justicia española de la justicia vulgar de los Códigos y Tribunales: la primera la encarnó en Don Quijote y la segunda en Sancho Panza. Los únicos fallos judiciales moderados, prudentes y equilibrados que en el *Quijote* se contienen son los que Sancho dictó durante el gobierno de su ínsula; [19] en cambio, los de Don Quijote son aparentemente absurdos, por lo mismo que [20] son de justicia transcendental: unas veces peca por carta de más y otras por carta de menos; [21] todas sus aventuras se enderezan a mantener la justicia ideal en el mundo, y en cuanto topa con la cuerda de galeotes y ve que allí hay criminales efectivos, se apresura a ponerlos en libertad.[22] Las razones que Don Quijote da para libertar a los condenados a galeras son un compendio de las que alimentan la rebelión del espíritu español contra la justicia positiva. Hay, sí, que luchar por que la justicia impere en el mundo; pero no hay derecho estricto a castigar a un culpable mientras otros se escapan por las rendijas de la ley; que al fin la impunidad general se conforma con [23] aspiraciones nobles y generosas, aunque contrarias a la vida regular de las sociedades, en tanto que el castigo de los unos y la impunidad de los otros son un escarnio de los principios de justicia y de los sentimientos de humanidad a la vez.

No se piense [24] que estas ideas se quedan en el aire, en el ambiente social, sin ejercer influjo en la administración de justicia: por muy

18. hay que caer ... desfallecimientos *one must inevitably have weak moments*

19. When Sancho Panza was governing his "island" of Barataria, he handed down some extremely wise judgments (*Don Quijote*, Part II, Chap. XLV).

20. por lo mismo que *for the very reason that*

21. unas veces peca ... de menos *sometimes he is too severe and sometimes too lenient*

22. In *Don Quijote*, Part I, Chap. XXII, the knight-errant frees the criminals who are chained to one another and on their way to row in the king's galleys.

23. al fin ... se conforma con *after all, general impunity is in conformity with*

24. No se piense *It should not be thought*

rectos que sean los jueces y por muy claros que sean los Códigos,[25] no hay medio de que un juez se abstraiga [26] por completo de la sociedad en que vive, ni es posible impedir que por entre los preceptos de la ley se infiltre el espíritu del pueblo a quien se aplica; y ese espíritu, con labor sorda, invisible y, por tanto, inevitable, concluye por destruir el sentido que las leyes tenían en su origen, procediendo con tanta cautela que, sin tocar una coma de los textos legales, les obliga a decir, si conviene, lo contrario de lo que antes habían dicho.

El castigo de los criminales está regulado en España aparentemente por un Código, en realidad por un Código y la aplicación sistemática del indulto. En otro país se procuraría modificar el Código y acomodarlo a principios de más templanza y moderación. En España se prefiere tener un Código muy rígido y anular después sus efectos por medio de la gracia. Tenemos, pues, un régimen anómalo, en armonía con nuestro carácter. Castigamos con solemnidad y con rigor para satisfacer nuestro deseo de justicia, y luego, sin ruido ni voces, indultamos a los condenados para satisfacer nuestro deseo de perdón.

25. por muy rectos ... los Códigos *however honest the judges may be and however clear the laws*

26. no hay medio ... se abstraiga *there is no way for a judge to isolate himself*

Miguel de Unamuno
(1864–1936)

Chronologically the eldest of the *Generation of 1898,* and perhaps the most asystematic and provocative of all his contemporaries, Miguel de Unamuno y Jugo was born September 29, 1864, in Bilbao. After receiving his primary and secondary education in his native city, he went to the University of Madrid in 1880. The four years he spent in the capital were years of religious and intellectual crisis, followed by seven years in Bilbao where he gave private lessons and prepared for the *oposiciones,* or examinations for a university teaching position. In 1891 he won the chair of Greek at the University of Salamanca and married his childhood sweetheart Concepción Lizárraga, by whom he later had nine children.

In 1901 Unamuno was appointed rector of the university, a position he lost in 1914 because of his strong anti-German sentiments. In 1924, for his repeated denunciations of the Primo de Rivera dictatorship, he was exiled to the island of Fuerteventura. From there he escaped to France where he lived first in Paris and then in Hendaye, closer to his Basque country. In February, 1930, when the dictatorship fell, Unamuno returned triumphantly to Spain; and when the Republic was declared in 1931, the aging intellectual was overwhelmed with honors. Soon, however, he came to regard the new government with as violent a distrust as he had felt toward the monarchy. Even though Unamuno lent his approval to General Franco when the Civil War broke out, shortly after, in a public ceremony at the university, he denounced the military leaders of the rebellion and was put under house arrest. He died on the evening of December 31, 1936.

It has often been said that Walt Whitman's line "who touches this

touches a man" is pre-eminently applicable to every phase of Unamuno's work. Several of his books are specifically autobiographical:
Recuerdos de niñez y mocedad (1908) recounts the impressions of his
early years; *De mi país* (1903), *Por tierras de Portugal y España*
(1910), and *Andanzas y visiones españolas* (1922) are accounts of his
deeply personal reactions to the landscape, people, and art of the
Iberian peninsula; *Cómo se hace una novela* (1927) and several
books of poetry are records of the agony of exile.

But the most significant aspect of Unamuno's spiritual life is his
fierce, unending struggle with two great enigmas: the immortality
of the soul and the maintenance of faith in a Spain that had lost
faith in itself. Somehow both were intertwined. Unamuno's earliest
memories are associated with the siege of Bilbao in 1874 during the
last Carlist war and are recorded in his first novel *Paz en la guerra*
(1897). The theme of fratricide, closely linked with the Biblical story
of Cain and Abel, haunted Unamuno all his life, and it is drama-
tized starkly in *Abel Sánchez* (1917), one of his strongest novels.

But man is not only at odds with man; he is also divided against
himself. Man is both brain and flesh, logic and desire, reason and
will; on the most important question of life—the indefinite extension of the "self" or personal immortality—the individual is caught
in a deadlock. Of what avail is earthly accomplishment if all effort
ends only in the annihilation of death? The Unamuno who clung
desperately to the faith of his childhood, to the unquestioning *fe
del carbonero,* was at loggerheads with the Unamuno whose vast
culture tended to refute the belief in immortality. The full impact
of this relentless agony comes through overpoweringly in Unamuno's masterpiece *Del sentimiento trágico de la vida en los hombres y en los pueblos* (1913), in *La agonía del cristianismo* (1925),
and in *San Manuel Bueno, mártir* (1933).

Unamuno refused to be circumscribed by the barriers of empiri-
cal thinking; fortified by his reading of the great nineteenth-century
Danish thinker, Sören Kierkegaard, he chose to make the "mortal
leap" from denial to affirmation of God, or what he called *la fe en
la fe.* The need for God is perhaps the greatest proof of the existence
of God; only one letter separates *creer* from *crear.*

Had not Don Quijote created Dulcinea del Toboso out of a
dream; did she not exist simply because the Knight of la Mancha
passionately desired her existence? Thus does Unamuno correlate
the theological with the national. In *Don Quijote de la Mancha,*

the "Bible" of Spain, he finds a justification for the arbitrariness of his very personal belief in the resurrection of the flesh and the redemption of his country's spiritual and cultural values. Not only does the "madman" Don Quijote symbolize antipragmatic thinking which, to Unamuno, is the *via crucis* leading to God; he also symbolizes the virtues of disinterested heroism, optimism, self-confidence, and idealism which should inspire the Spanish people to aim for spiritual rather than technological supremacy. For the fullest understanding of Cervantes' masterpiece, we must read Unamuno's beautiful commentary *La vida de Don Quijote y Sancho* (1905).

Unamuno was an indefatigable writer; many of his most provocative articles were written for newspapers and magazines in Spain and Latin America and reveal the haste of the journalist. When they are all finally collected, they will run into the thousands. His finest essays are elaborations of a half-dozen basic preoccupations and bear the unmistakable mark of the natural poet. Indeed, some critics claim that, despite Unamuno's avowed lack of interest in aesthetic questions and his indifference to the refinements of style, he is fundamentally more of a poet than a philosopher. Certainly his *Poesías* (1907), his *Rosario de sonetos líricos* (1912), his solemn, epic litany in blank verse on *El Cristo de Velázquez* (1920), and his posthumous *Cancionero* (1953) bear testimony to his great poetic powers.

As a novelist, Unamuno has stirred up heated controversy. After his *Paz en la guerra,* written more or less in the nineteenth-century tradition, he wrote a type of fiction abstracted from time and space. He himself preferred to call many of his tales *nivolas,* a genre bearing some resemblance to the novel but almost totally free of the usual mechanics of fiction such as physical description of characters, background, or setting. The realism of his stories stems from the supreme awareness his characters have of their spiritual anguish. For this reason his novels have been called essays in dialogue form and his characters—to whom he refers as *agonistas* rather than *protagonistas*—simply personified concepts.

Amor y pedagogía (1902) is not only a mock-serious satire of pedagogical systems but also an indictment of the "sacred cow" of scientific positivism. The climax in *Niebla* (1914) comes when the central character Augusto Pérez confronts the author, Unamuno, in a type of scene later associated with Pirandello. *La tía Tula* (1921) and the novelettes *Dos madres* and *El marqués de Lumbría* (which, along with *Nada menos que todo un hombre* make up the *Tres novelas ejemplares y un prólogo,* 1920) are thoroughly unusual treatments of the agonies of frustrated motherhood.

Unamuno's plays are less successful, although *El otro* (1932), a strange charade on the Cain and Abel theme, and *El hermano Juan* (1934), a contribution to the inexhaustible Don Juan legend, are worthy of more extensive comment that can be made here. The list of Unamuno's works is long and varied, and a close study of his thought and art, his favorite themes, and his very personal attitudes would yield the student conclusive proof that Unamuno is one of the most important figures of twentieth-century world literature.

The excerpts which follow are the final pages of *Del sentimiento trágico de la vida en los hombres y en los pueblos* and constitute Unamuno's definition of *la religión del quijotismo.*

Del sentimiento trágico de la vida

LA RELIGIÓN DEL QUIJOTISMO

Aparéceseme la filosofía en el alma de mi pueblo como [1] la expresión de una tragedia íntima análoga a la tragedia del alma de Don Quijote, como la expresión de una lucha entre lo que el mundo es, según la razón de la ciencia nos lo muestra, y lo que queremos que sea, según la fe de nuestra religión nos lo dice. Y en esta filosofía [5] está el secreto de eso que suele decirse de que somos en el fondo irreductibles a la Kultura,[2] es decir, que no nos resignamos a ella. No. Don Quijote no se resigna ni al mundo ni a su verdad, ni a la ciencia o lógica, ni al arte o estética, ni a la moral o ética.

"Es que con todo esto—se me ha dicho más de una vez y más que [10] por uno—no conseguiríais, en todo caso, sino empujar a las gentes al más loco catolicismo." Y se me ha acusado de reaccionario y hasta de jesuíta. ¡Sea! ¿Y qué? [3]

Sí, ya lo sé, ya sé que es locura querer volver las aguas del río a su fuente, y que es el vulgo el que busca la medicina de sus males en [15] el pasado; pero también sé que todo el que pelea por un ideal cualquiera, aunque parezca del pasado, empuja el mundo al porvenir, y que los únicos reaccionarios son los que se encuentran bien en el presente. Toda supuesta restauración del pasado es hacer porvenir, y si el pasado ese es un ensueño, algo mal conocido..., mejor que [20] mejor.[4] Como siempre, se marcha al porvenir; el que anda, a él va, aunque marche de espaldas...[5] ¡Y quién sabe si no es esto mejor!...

Siéntome con un alma medieval, y se me antoja [6] que es medieval

1. Aparéceseme ... como   *The philosophy in the soul of my people seems to me to be*

2. Kultura   When referring sarcastically to the technological and scientific progress made by Germany and England, Unamuno liked to use a modified German spelling for the word *cultura.*

3. ¡Sea! ¿Y qué?   *All right, then, so what?*

4. mejor que mejor   *all the better*

5. de espaldas   *backwards*

6. se me antoja   *it occurs to me*

el alma de mi patria; que ha atravesado ésta, a la fuerza, por el Renacimiento, la Reforma y la Revolución, aprendiendo, sí, de ellas, pero sin dejarse tocar el alma, conservando la herencia espiritual de aquellos tiempos que llaman caliginosos. Y el quijotismo no
5 es sino lo más desesperado de la lucha de la Edad Media contra el Renacimiento, que salió de ella.

Y si los unos me acusaren [7] de servir a una obra de reacción católica, acaso los otros, los católicos oficiales... Pero éstos, en España, apenas se fijan en cosa alguna ni se entretienen sino en sus propias
10 disensiones y querellas.

Pero es que mi obra—iba a decir mi misión—es quebrantar la fe de unos, y de otros, y de los terceros, la fe en la afirmación, la fe en la negación y la fe en la abstención, y esto por fe en la fe misma; es combatir a todos los que se resignan, sea al catolicismo, sea al racio-
15 nalismo, sea al agnosticismo; es hacer que vivan todos inquietos y anhelantes.

¿Será esto eficaz? Pero ¿es que creía Don Quijote acaso en la eficacia inmediata aparencial de su obra? Es muy dudoso, y por lo menos no volvió, por si acaso, a acuchillar segunda vez su celada.[8] Y numero-
20 sos pasajes de su historia delatan que no creía gran cosa conseguir de momento su propósito de restaurar la caballería andante.[9] ¿Y qué importaba si así vivía él y se inmortalizaba? Y debió de adivinar, y adivinó de hecho, otra más alta eficacia de aquella su obra, cual era la que ejercería en cuantos con piadoso espíritu leyesen sus haza-
25 ñas.[10]

Don Quijote se puso en ridículo [11] pero ¿conoció acaso el más trágico ridículo, el ridículo reflejo,[12] el que uno hace ante sí mismo, a sus propios ojos del alma? Convertid el campo de batalla de Don Quijote a su propia alma; ponedle luchando en ella por salvar a la
30 Edad Media del Renacimiento, por no perder su tesoro de la infancia; haced de él un Don Quijote interior—con su Sancho, un San-

---

7. acusaren   future subjunctive (rarely used)

8. no volvió ... su celada.   *he did not put his visor to the test by slashing it a second time.* In Part I, Chap. I, Don Quijote makes a half-visor for his helmet out of pasteboard. He tests it with his sword and demolishes it, then reconstructs the visor with strips of iron inside.

9. no creía gran cosa ... caballería andante.   *he did not think it important to have immediate success in restoring knight-errantry.*

10. otra más alta eficacia ... leyesen sus hazañas.   *the great influence which his work would have on those who read of his exploits in a pious spirit.*

11. se puso en ridículo   *made himself ridiculous*

12. el ridículo reflejo   *inward ridicule*

cho también interior y también heroico, al lado—, y decidme de la tragedia cómica.

¿Y qué ha dejado Don Quijote?, diréis. Y yo os diré que se ha dejado a sí mismo, y que un hombre, un hombre vivo y eterno, vale por todas las teorías y por todas las filosofías. Otros pueblos nos han 5 dejado sobre todo instituciones, libros; nosotros hemos dejado almas. Santa Teresa [13] vale por cualquier instituto, por cualquier *Crítica de la razón pura*.[14]

Es que Don Quijote se convirtió. Sí, para morir el pobre.[15] Pero el otro, el real, el que se quedó y vive entre nosotros alentándonos 10 con su aliento, ése no se convirtió, ése sigue animándonos a que nos pongamos en ridículo,[16] ése no debe morir. Y el otro, el que se convirtió para morir, pudo haberse convertido porque fué loco, y fué su locura, y no su muerte ni su conversión, lo que lo inmortalizó, mereciéndole el perdón del delito de haber nacido.[17] *¡Felix culpa!* [18] Y no 15 se curó tampoco, sino que cambió de locura. Su muerte fué su última aventura caballeresca; con ella forzó el cielo, que padece fuerza.[19]

Murió aquel Don Quijote y bajó a los infiernos, y entró en ellos lanza en ristre, y libertó a los condenados todos, como a los galeotes,[20] y cerró sus puertas, y quitando de ellas el rótulo que allí 20 viera el Dante, puso uno que decía: [21] ¡Viva la esperanza!, y escoltado por los libertados, que de él se reían, se fué al cielo. Y Dios se rió paternalmente de él, y esta risa divina le llenó de felicidad eterna el alma.

Y el otro Don Quijote se quedó aquí, entre nosotros, luchando 25 a la desesperada.[22] ¿Es que su lucha no arranca de desespera-

13. Santa Teresa de Ávila (1515–1582), Spanish mystic writer
14. *Critique of Pure Reason* by Immanuel Kant (1724–1804), German philosopher
15. Just before he died, Don Quijote reverted to sanity.
16. animándonos ... ridículo *encouraging us to make ourselves ridiculous*
17. mereciéndole ... nacido. *earning him forgiveness for the crime of having been born.* The reference is to the lines from Calderón's play *La vida es sueño, Jornada primera, Escena II:* "pues el delito mayor del hombre es haber nacido."
18. *¡Felix culpa!* Latin for "Happy sin!" referring to the Fall of Man that made possible his redemption.
19. que padece fuerza *which permits forcible entry*
20. Reference to the freeing of the galley slaves by Don Quijote (Part I, Chap. XXII).
21. y quitando ... que decía: *and removing from them the inscription that Dante had seen there, he put on another that said* ... The inscription that Dante read over the gate of Hell (*Divine Comedy, Inferno, Canto III*) was: "Lay down all Hope, you that go by in me." ("*Lasciate ogni speranza, voi ch'entrate.*")
22. a la desesperada *desperately*

ción? ¿Por qué entre las palabras que el inglés ha tomado a [23] nuestra lengua figura, entre *siesta, camarilla, guerrilla* y otras, la de *desperado,* esto es, desesperado? Este Quijote interior que os decía, conciente de su propia trágica comicidad, ¿no es un desesperado? 5 Un *desperado,* sí, como Pizarro y como Loyola.[24] Pero "es la desesperación dueña de los imposibles", nos enseña Salazar y Torres [25] (en *Elegir al enemigo,* act. I), y es de la desesperación y sólo de ella de donde nace la esperanza heroica, la esperanza absurda, la esperanza loca. *Spero quia absurdum,*[26] debía decirse, más bien que *credo.*

10 Y Don Quijote, que estaba solo, buscaba más soledad aún, buscaba las soledades de la Peña Pobre [27] para entregarse allí, a solas, sin testigos, a mayores disparates en que desahogar el alma. Pero no estaba tan solo, pues le acompañaba Sancho. Sancho el bueno, Sancho el creyente, Sancho el sencillo. Si, como dicen algunos, Don 15 Quijote murió en España, y queda Sancho, estamos salvados, porque Sancho se hará, muerto su amo,[28] caballero andante. Y en todo caso, espera otro caballero loco a quien seguir de nuevo.

Hay también una tragedia de Sancho. Aquél, el otro, el que anduvo con el Don Quijote que murió, no consta que muriese, 20 aunque hay quien cree que murió loco de remate, pidiendo la lanza y creyendo que había sido verdad cuanto su amo abominó por mentira en su lecho de muerte y de conversión.[29] Pero tampoco consta que murieran ni el bachiller Sansón Carrasco, ni el cura, ni el barbero, ni los duques y canónigos,[30] y con éstos es con los que tiene que 25 luchar el heroico Sancho.

23. tomado a   *taken from*

24. Francisco Pizarro *(c.* 1471–1541), discoverer and conqueror of Peru; St. Ignatius Loyola (Íñigo López de Loyola, 1491–1556), founder of the Society of Jesus

25. Agustín de Salazar y Torres (1642–1675), Spanish poet

26. Tertullian *(c.* 155–*c.* 222), earliest of the ancient Church writers of the West, had said *"Credo quia absurdum,"* Latin for "I believe because it is absurd." Unamuno substitutes the word *Spero* or "I hope" for *Credo.*

27. In Part I, Chap. XXV, Don Quijote does "penance" in the Sierra Morena, in imitation of his hero Amadís de Gaula who had retired to the Peña Pobre for the same purpose.

28. muerto su amo   *with his master dead*

29. Aquél, el otro, ... de conversión. *There is no evidence of the death of the Sancho who accompanied the Don Quijote who died, although there are those who believe that he (Sancho) died in a state of hopeless madness, begging for the lance and believing in the truth of everything that his master, sane and about to die, had denounced as lies.*

30. cura ... barbero ... duques ... canónigos all characters from *Don Quijote.* For Unamuno they represent everything that Don Quijote is not: common sense, sanity, moderation.

Solo anduvo Don Quijote, solo con Sancho, solo con su soledad. ¿No andaremos también solos sus enamorados, forjándonos una España quijotesca que sólo en nuestro magín existe? Y volverá a preguntársenos: ¿Qué ha dejado a la Kultura Don Quijote? Y diré: ¡El quijotismo, y no es poco! Todo un método, toda 5 una epistemología,[31] toda una estética, toda una lógica, toda una ética, toda una religión sobre todo, es decir, toda una economía a lo eterno y lo divino,[32] toda una esperanza en lo absurdo racional.

¿Por qué peleó Don Quijote? Por Dulcinea, por la gloria, por vivir, por sobrevivir. No por Iseo, que es la carne eterna; no por Beatriz, 10 que es la teología; no por Margarita, que es el pueblo; no por Helena,[33] que es la cultura. Peleó por Dulcinea, y la logró, pues que vive.

Y lo más grande de él fué haber sido burlado y vencido, porque siendo vencido es como vencía;[34] dominaba al mundo dándole que 15 reír de él.

¿Y hoy? Hoy siente su propia comicidad y la vanidad de su esfuerzo en cuanto a lo temporal,[35] se ve desde fuera—la cultura le ha enseñado a objetivarse, esto es, a enajenarse en vez de ensimismarse—,[36] y al verse desde fuera, se ríe de sí mismo, pero amarga- 20 mente. El personaje más trágico acaso fuese un Margutte íntimo que, como el de Pulci,[37] muera reventando de risa, pero de risa de sí mismo. *E riderá in eterno*,[38] "Reirá eternamente", dijo de Margutte el ángel Gabriel. ¿No oís la risa de Dios?

Don Quijote el mortal, al morir, comprendió su propia comicidad 25 y lloró sus pecados; pero el inmortal, comprendiéndola, se sobrepone a ella y la vence sin desecharla.[39]

31. epistemología *epistemology*, the study of the validity of knowledge

32. una economía ... divino *an economy of things eternal and divine*

33. Dulcinea: Don Quijote's peerless, if imaginary, lady; Iseo: Iseult or Isolde, in *Tristan and Isolde*, medieval tale made into an opera by Wagner; Beatriz: Beatrice, the lady who inspired Dante's main work *The Divine Comedy;* Margarita: the Gretchen of Goethe's *Faust;* Helena: Helen of Troy

34. siendo vencido es como vencía *he conquered by being conquered*

35. en cuanto a lo temporal *on the temporal plane*

36. a enajenarse en vez de ensimismarse *to get outside of himself instead of being absorbed in himself*

37. Luigi Pulci (1432–1487), a witty Florentine poet, author of the burlesque heroic poem *Morgante Maggiore*, narrating the adventures of Orlando (Roland), one of Charlemagne's knights, of his squire Morgante, a giant, and Margutte, a half-giant who dies of laughing too much when Morgante is killed by the bite of a tiny crab

38. *E riderá in eterno* Italian for "and he will laugh eternally"

39. pero el inmortal ... sin desecharla. *but the immortal Don Quijote, by understanding it, rises above it and overcomes it without casting it off.*

Y Don Quijote no se rinde, porque no es pesimista, y pelea. No es pesimista, porque el pesimismo es hijo de vanidad, es cosa de moda, puro *snobismo,* y Don Quijote ni es vano, ni vanidoso,[40] ni moderno de ninguna modernidad—menos modernista—,[41] y no en-
5 tiende qué es eso de *snob* mientras no se lo digan en cristiano viejo español.[42] No es pesimista Don Quijote, porque como no entiende qué sea eso de la *joie de vivre,*[43] no entiende de su contrario. Ni entiende de tonterías futuristas [44] tampoco. A pesar de *Clavileño,*[45] no ha llegado al aeroplano, que parece querer alejar del cielo a no po-
10 cos atolondrados. Don Quijote no ha llegado a la edad del tedio de la vida, que suele traducirse en esa tan característica topofobia [46] de no pocos espíritus modernos, que se pasan la vida corriendo a todo correr [47] de un lado para otro, y no por amor a aquel adonde van, sino por odio a aquel otro de donde vienen, huyendo de todos. Lo
15 que es una de las formas de la desesperación.

Pero Don Quijote oye ya su propia risa, oye la risa divina, y como no es pesimista, como cree en la vida eterna, tiene que pelear, arremetiendo contra la ortodoxia inquisitorial científica moderna por traer una nueva e imposible Edad Media, dualística, contradictoria,
20 apasionada. Como un nuevo Savonarola,[48] Quijote italiano de fines del siglo xv, pelea contra esta Edad Moderna que abrió Maquiavelo [49] y que acabará cómicamente. Pelea contra el racionalismo heredado del xviii. La paz de la conciencia, la conciliación entre la razón y la fe, ya, gracias a Dios providente, no cabe.[50] El mundo
25 tiene que ser como Don Quijote quiere, y las ventas tienen que

40. ni es vano, ni vanidoso *is neither shallow nor vain*
41. modernista *modernist,* referring to the school of *modernismo* initiated by Rubén Darío. The lesser modernist poets and prose writers were given to strange turns of phrase and images, often inspired by the French symbolists.
42. cristiano viejo español *good old-fashioned Spanish*
43. *joie de vivre* French for "joy of living"
44. futuristas *futuristic.* The Futurists, led by Filippo Marinetti (1876–1944), were writers and artists who departed from traditional forms and symbols and discovered a "new beauty" in speed and violence.
45. Clavileño is the trick wooden horse that Don Quijote and Sancho supposedly ride through the air in order to help some "ladies in distress" (Part II, Chap. XLI).
46. topofobia *topophobia,* aversion to remaining in any one place
47. a todo correr *at full speed*
48. Girolamo Savonarola (1452–1498), Italian monk and reformer, publicly burned after his conflict with Pope Alexander VI
49. Niccolò Machiavelli (1496–1527), Italian writer and statesman, author of *The Prince,* commonly thought to have ushered in the modern school of hardheaded political science
50. ya ... no cabe *is no longer possible, thanks to Almighty God*

ser castillos,[51] y peleará con él y será, al parecer, vencido, pero vencerá al ponerse en ridículo. Y se vencerá riéndose de sí mismo y haciéndose reír.

"La razón habla y el sentido muerde", dijo el Petrarca; [52] pero también la razón muerde, y muerde en el cogollo del corazón.[53] Y no hay más calor a más luz. "¡Luz, luz, más luz todavía!" dicen que dijo Goethe [54] moribundo. No; calor, calor, más calor todavía, que nos morimos de frío y no de oscuridad. La noche no mata; mata el hielo. Y hay que libertar a la princesa encantada y destruir el retablo de Maese Pedro.[55]

¿Y no habrá también pedantería, Dios mío, en esto de creerse uno burlado y haciendo el Quijote? Los regenerados (*Opvakte*) [56] desean que el mundo impío se burle de ellos para estar seguros de ser regenerados, puesto que son burlados, y gozar la ventaja de poder quejarse de la impiedad del mundo, dijo Kierkegaard (*Afsluttende uvidenskabelig Efterskrift,* II, Afsnit II, cap. 4., sectio II, B).

¿Cómo escapar a una u otra pedantería, o una u otra afectación, si el hombre natural no es sino un mito, y somos artificiales todos?

¡Romanticismo! Sí, acaso sea ésa en parte la palabra. Y nos sirve más y mejor por su impresión misma. Contra eso, contra el romanticismo, se ha desencadenado recientemente, sobre todo en Francia, la pedantería racionalista y clasicista. ¿Que él, que el romanticismo, es otra pedantería, la pedantería sentimental? Tal vez. En este mundo, un hombre culto o es *dilettante* o es pedante; a escoger, pues. Sí, pedantes acaso René, y Adolfo, y Obermann, y Larra...[57] El caso es buscar consuelo en el desconsuelo.

51. Don Quijote, on several occasions, mistook inns for castles.

52. Francesco Petrarca (1304–1374), Italian poet and humanist

53. en el cogollo del corazón *in the innermost depths of the heart*

54. Johann Wolfgang von Goethe (1749–1832), German poet and man of letters, the greatest figure of German literature, principally known for his *Faust*

55. Y hay que ... Maese Pedro. Reference to the puppet show of Maese Pedro (*Don Quijote,* Part II, Chap. XXVI) which is concerned with the freeing of the legendary Melisendra, captive of the Moors.

56. *Opvakte* Danish word. As can be seen a little further down, Unamuno is quoting one of his favorite philosophers, the Dane Sören Kierkegaard (1813–1855); the work in question is the *Concluding Unscientific Postscript* (Book II, Part II, Chap. IV, Section II, B).

57. René: unhappy hero in the romantic French novel of the same name, written by François René de Chateaubriand (1768–1848); Adolfo: Adolphe, hero of the French romantic novel of the same name, written by Benjamin Constant (1767–1830); Obermann: the introspective, philosophical protagonist of the French romantic novel of the same name, written by Étienne de Sénancour (1770–1846); Larra: Mariano José de Larra (1809–1837), Spanish satirist who took his own life

A la filosofía de Bergson,[58] que es una restauración espiritualista, en el fondo mística, medieval, quijotesca, se la ha llamado filosofía *demi-mondaine.*[59] Quitadle el *demi; mondaine,* mundana. Mundana, sí para el mundo y no para los filósofos, como no debe ser la

5 química para los químicos solos. El mundo quiere ser engañado—*mundus vult decipi*—,[60] o con el engaño de antes de la razón, que es la poesía, o con el engaño de después de ella, que es la religión. Y ya dijo Maquiavelo que quien quiere engañar encontrará siempre quien deje que le engañen.[61] ¡Y bienaventurados los que hacen el

10 primo! [62] Un francés, Jules de Gaultier,[63] dijo que el privilegio de su pueblo era *n'être pas dupe,*[64] "No hacer el primo." ¡Triste privilegio!

La ciencia no le da a Don Quijote lo que éste le pide. "¡Que no le pida eso—dirán—; que se resigne, que acepte la vida y la verdad

15 como son!" Pero él no las acepta así, y pide señales, a lo que le mueve Sancho, que está a su lado.[65] Y no es que Don Quijote no comprenda lo que comprende quien así le habla,[66] el que procura resignarse y aceptar la vida y la verdad racionales. No; es que sus necesidades efectivas son mayores. ¿Pedantería? ¡Quién sabe...!

20 Y en este siglo crítico, Don Quijote, que se ha contaminado de criticismo [67] también, tiene que arremeter contra sí mismo, víctima de intelectualismo y de sentimentalismo, y que cuando quiere ser más espontáneo, más afectado aparece. Y quiere el pobre racionalizar lo irracional e irracionalizar lo racional. Y cae en la desespera-

25 ción íntima del siglo crítico de que fueron las dos más grandes víctimas Nietzsche y Tolstoi.[68] Y por desesperación entra en el furor

58. Henri Bergson (1859–1941), French philosopher, intuitionist and anti-rationalist

59. *demi-mondaine* French, literally "half-world," referring to the not quite respectable portion of the fashionable world

60. *mundus vult decipi* Latin for "the world wishes to be deceived"

61. quien quiere ... le engañen. *those who wish to deceive will always find some who allow themselves to be deceived.*

62. los que hacen el primo *those who play the role of dupes*

63. Jules de Gaultier (1858–1940), French philosopher and critic

64. *n'être pas dupe* French for "not to be taken in"

65. a lo que ... lado. *encouraged by Sancho, who is at his side.*

66. Y no es ... le habla *And it is not that Don Quijote does not understand what is understood by anyone who speaks to him like that*

67. se ha ... criticismo *has been infected by the critical spirit*

68. Friedrich Wilhelm Nietzsche (1844–1900), German philosopher whose idea of the superman has exercised great influence; Leo Nikolayevich Tolstoy (1828–1910), Russian novelist and moral philosopher, author of *War and Peace, Anna Karenina,* etc.

heroico de que hablaba aquel Quijote del pensamiento que escapó al claustro, Giordano Bruno, y se hace despertador de las almas que duermen, *Dormitantium animarum excubitor,* como dijo de sí mismo el ex-dominicano, el que escribió: "El amor heroico es propio de las naturalezas superiores, llamadas insanas—*insane*—no porque no saben—*non sanno*—, sino porque sobresaben—*soprasanno*—." [69]

Pero Bruno creía en el triunfo de sus doctrinas, o por lo menos al pie de su estatua, en el Campo dei Fiori, frente al Vaticano, han puesto que se la ofrece el siglo por él adivinado,[70] *Il secolo da lui divinato.* Mas nuestro Don Quijote, el redivivo, el interior, el conciente de su propia comicidad, no cree que triunfen sus doctrinas en este mundo, porque no son de él. Y es mejor que no triunfen. Y si le quisieran hacer a Don Quijote rey, se retiraría solo al monte, huyendo de las turbas regificientes y regicidas,[71] como se retiró solo al monte el Cristo cuando, después del milagro de los peces y los panes,[72] le quisieron proclamar rey. Dejó el título de rey para encima de la cruz.[73]

¿Cuál es, pues, la nueva misión de Don Quijote hoy en este mundo? Clamar, clamar en el desierto. Pero el desierto oye, aunque no oigan los hombres, y un día se convertirá en selva sonora, y esa voz solitaria que va posando en el desierto como semilla, dará un cedro gigantesco que con sus cien mil lenguas cantará un hosana eterno al Señor de la vida y de la muerte.

Y vosotros ahora, bachilleres Carrascos del regeneracionismo euro-

---

69. "Y por ... *soprasanno.*" *And out of despair he enters into that state of heroic exaltation spoken of by that Don Quijote of the mind who escaped the monastic life, Giordano Bruno, and he becomes the awakener of sleeping souls,* dormitantium animorum excubitor (Latin), *as the ex-Dominican said of himself when he wrote: "Heroic love is characteristic of so-called insane superior beings—insane* (Italian)—, *not because they do not know—non sanno* (Italian)—, *but because they over-know—soprasanno* (Italian)." Giordano Bruno (c. 1548–1600), Italian philosopher, author of *Furori Eroici,* who rejected Aristotelian astronomy in favor of Copernican and was burned at the stake

70. han puesto ... adivinado The inscription reads that it has been dedicated to him by an age that he had foretold; *Il secolo da lui divinato* Italian for "the age he had foretold."

71. turbas regificientes y regicidas *the mob that makes and kills kings*

72. milagro de los peces y los panes Jesus fed "five thousand men, besides women and children" with five loaves and two fishes. Cf. Matt. 14:13–21.

73. Reference to INRI, word formed from the initials of the words *Iesus Nazarenus, Rex Iudaeorum,* or *Jesus the Nazarene, King of the Jews,* which Pontius Pilate ordered inscribed over the Cross of Jesus

peizante,[74] jóvenes que trabajáis a la europea,[75] con método y crítica... científicos, haced riqueza, haced patria, haced arte, haced
ciencia, haced ética, haced o, más bien, traducid sobre todo Kultura,
que así mataréis a la vida y a la muerte. ¡Para lo que ha de durarnos
5　todo...! [76]

Y con esto se acaban ya—¡ya era hora!—, por ahora al menos, estos
ensayos sobre el sentimiento trágico de la vida en los hombres y en
los pueblos, o por lo menos en mí—que soy hombre—y en el alma de
mi pueblo, tal como en la mía se refleja.

10　Espero, lector, que mientras dure nuestra tragedia, en algún entreacto, volvamos a encontrarnos. Y nos reconoceremos. Y perdona si te
he molestado más de lo debido e inevitable, más de lo que, al tomar
la pluma para distraerte un poco de tus ilusiones, me propuse. ¡Y
Dios no te dé paz y sí gloria!

En Salamanca, año de gracia de 1912.

---

74. bachilleres Carrascos del regeneracionismo europeizante The *bachiller*
Sansón Carrasco was a graduate of Salamanca and Don Quijote's neighbor. Twice
he disguised himself as a knight-errant in order to overcome Don Quijote in
battle and so make him come back home; the second time he succeeded. Here
Unamuno uses him as a symbol of those "enlightened" Spaniards who advocated
that Spain seek its regeneration by following the lead of the more "progressive"
European countries.
　75. a la europea *in the European fashion*
　76. ¡Para lo que ha de durarnos todo...! *How long will it all last, anyway?*

San Manuel Bueno, mártir

> Si sólo en esta vida esperamos en
> Cristo, somos los más miserables de
> los hombres todos.
>
> SAN PABLO, *I Corintios,* xv, 19.[1]

Ahora que el obispo de la diócesis de Renada, a la que pertenece
esta mi querida aldea de Valverde de Lucerna, anda, a lo que se
dice, promoviendo el proceso para la beatificación [2] de nuestro Don
Manuel, o mejor San Manuel Bueno, que fué en ésta [3] párroco,
quiero dejar aquí consignado,[4] a modo de confesión y sólo Dios sabe, 5
que no yo, con qué destino,[5] todo lo que sé y recuerdo de aquel varón matriarcal que llenó toda la más entrañada vida de mi alma,
que fué mi verdadero padre espiritual, el padre de mi espíritu, del
mío, el de Ángela Carballino.

Al otro, a mi padre carnal y temporal,[6] apenas si le conocí, pues se 10
me murió siendo yo muy niña. Sé que había llegado de forastero a
nuestra Valverde de Lucerna, que aquí arraigó al casarse aquí con
mi madre. Trajo consigo unos cuantos libros, el *Quijote,* obras de
teatro clásico, algunas novelas, historias, el *Bertoldo,*[7] todo revuelto,
y de esos libros, los únicos casi que había en toda la aldea, devoré yo 15
ensueños siendo niña. Mi buena madre apenas si me contaba hechos

1. "*If in this life only we have hope in Christ, we are of all men most miserable.*" (Saint Paul, I Cor. 15:19)
2. beatificación *beatification,* the second stage in the process of canonization,
in which a person is declared entitled to public religious honor and the appela-
tion *Blessed*
3. en ésta *here*
4. quiero ... consignado *I wish to state in writing*
5. a modo de ... con qué destino *by way of confession and only God knows,
for I don't, to what end*
6. padre carnal y temporal *flesh-and-blood father*
7. Bertoldo, clown in a collection of Italian tales, also famous in Spain

o dichos de mi padre. Los de Don Manuel, a quien, como todo el pueblo, adoraba, de quien estaba enamorada —claro que castísimamente—, le habían borrado el recuerdo de los de su marido. A quien encomendaba a Dios, y fervorosamente, cada día al rezar el rosario.

5　De nuestro Don Manuel me acuerdo como si fuese de cosa de ayer, siendo yo niña, a mis diez años, antes de que me llevaran al Colegio de Religiosas de la ciudad catedralicia de Renada. Tendría él, nuestro santo, entonces unos treinta y siete años. Era alto, delgado, erguido, llevaba la cabeza como nuestra Peña del Buitre lleva su

10　cresta, y había en sus ojos toda la hondura azul de nuestro lago. Se llevaba las miradas de todos, y tras ellas, los corazones, y él al mirarnos parecía, traspasando la carne como un cristal, mirarnos al corazón. Todos le queríamos, pero sobre todo los niños. ¡Qué cosas nos decía! Eran cosas, no palabras. Empezaba el pueblo a olerle la santi-

15　dad; se sentía lleno y embriagado de su aroma.

Entonces fué cuando mi hermano Lázaro, que estaba en América, de donde nos mandaba regularmente dinero con que vivíamos en decorosa holgura, hizo que mi madre me mandase al Colegio de Religiosas, a que se completara fuera de la aldea mi educación, y esto

20　aunque a él, a Lázaro, no le hiciesen mucha gracia las monjas.[8] "Pero como ahí —nos escribía— no hay hasta ahora, que yo sepa, colegios laicos y progresivos, y menos para señoritas, hay que atenerse a lo que haya. Lo importante es que Angelita se pula y que no siga entre zafias aldeanas." Y entré en el Colegio, pensando en un principio ha-

25　cerme en él maestra, pero luego se me atragantó la pedagogía.

En el Colegio conocí a niñas de la ciudad e intimé con algunas de ellas. Pero seguía atenta a las cosas y a las gentes de nuestra aldea, de la que recibía frecuentes noticias y tal vez alguna visita. Y hasta al Colegio llegaba la fama de nuestro párroco, de quien empezaba a

30　hablarse en la ciudad episcopal. Las monjas no hacían sino interrogarme respecto a él.

Desde muy niña alimenté, no sé bien cómo, curiosidades, preocupaciones e inquietudes debidas, en parte al menos, a aquel revoltijo de libros de mi padre, y todo ello se me medró en el Colegio, en el

35　trato, sobre todo, con una compañera que se me aficionó desmedidamente y que unas veces me proponía que entrásemos juntas a la vez en un mismo convento, jurándonos, y hasta firmando el juramento

8. no le hiciesen ... las monjas　*he had no special fondness for nuns*

con nuestra sangre, hermandad perpetua, y otras veces me hablaba, con los ojos semicerrados, de novios y de aventuras matrimoniales. Por cierto que no he vuelto a saber de ella ni de su suerte. Y eso que cuando se hablaba de nuestro Don Manuel, o cuando mi madre me decía algo de él en sus cartas —y era en casi todas—, que yo leía a mi 5 amiga, ésta exclamaba como en arrobo: "¡Qué suerte, chica, la de poder vivir cerca de un santo así, de un santo vivo, de carne y hueso, y poder besarle la mano! Cuando vuelvas a tu pueblo escríbeme mucho, mucho y cuéntame de él."

Pasé en el Colegio unos cinco años, que ahora se me pierden como 10 un sueño de madrugada en la lejanía del recuerdo, y a los quince volví a mi Valverde de Lucerna. Ya toda ella era Don Manuel; Don Manuel con el lago y con la montaña. Llegué ansiosa de conocerle, de ponerme bajo su protección, de que él me marcara el sendero de mi vida. 15

Decíase que había entrado en el Seminario para hacerse cura, con el fin de atender a los hijos de una su hermana recién viuda, de servirles de padre; que en el Seminario se había distinguido por su agudeza mental y su talento y que había rechazado ofertas de brillante carrera eclesiástica porque él no quería ser sino de su Val- 20 verde de Lucerna, de su aldea perdida como un broche entre el lago y la montaña que se mira en él.

¡Y cómo quería a los suyos! [9] Su vida era arreglar matrimonios desavenidos, reducir a sus padres hijos indómitos o reducir los padres a sus hijos, y sobre todo consolar a los amargados y atediados y 25 ayudar a todos a bien morir.

Me acuerdo, entre otras cosas, de que al volver de la ciudad la desgraciada hija de la tía Rabona, que se había perdido y volvió, soltera y desahuciada, trayendo un hijito consigo, Don Manuel no paró hasta que hizo que se casase con ella un antiguo novio, Perote, 30 y reconociese como suya a la criaturita, diciéndole:

—Mira, da padre a este pobre crío que no le tiene más que en el cielo.

—¡Pero, Don Manuel, si no es mía la culpa...!

—¡Quién lo sabe, hijo, quién lo sabe...!, y sobre todo no se trata de 35 culpa.

Y hoy el pobre Perote, inválido, paralítico, tiene como báculo y

9. los suyos *his people*

consuelo de su vida al hijo aquel que, contagiado de la santidad de Don Manuel, reconoció por suyo no siéndolo.[10]

En la noche de San Juan,[11] la más breve del año, solían y suelen acudir a nuestro lago todas las pobres mujerucas, y no pocos hom-
5 brecillos,[12] que se creen poseídos, endemoniados, y que parece no son sino histéricos y a las veces epilépticos, y Don Manuel emprendió la tarea de hacer él de lago, de piscina probática,[13] y tratar de aliviarles y si era posible de curarles. Y era tal la acción de su presencia, de sus miradas, y tal sobre todo la dulcísima autoridad de sus
10 palabras y sobre todo de su voz —¡qué milagro de voz!—, que consiguió curaciones sorprendentes. Con lo que creció su fama, que atraía a nuestro lago y a él a todos los enfermos del contorno. Y alguna vez llegó una madre pidiéndole que hiciese un milagro en su hijo, a lo que contestó sonriendo tristemente:
15 —No tengo licencia del señor obispo para hacer milagros.
Le preocupaba, sobre todo, que anduviesen todos limpios. Si alguno llevaba un roto en su vestidura, le decía: "Anda a ver al sacristán, y que te remiende eso." El sacristán era sastre. Y cuando el día primero de año iban a felicitarle por ser el de su santo —su santo
20 patrono era el mismo Jesús Nuestro Señor—,[14] quería Don Manuel que todos se le presentasen con camisa nueva, y al que no la tenía se la regalaba él mismo.
Por todos mostraba el mismo afecto, y si a algunos distinguía más era a los más desgraciados y a los que aparecían como más díscolos.
25 Y como hubiera en el pueblo un pobre idiota de nacimiento, Blasillo el bobo, a éste es a quien más acariciaba y hasta llegó a enseñarle cosas que parecía milagro que las hubiese podido aprender. Y es que el pequeño rescoldo de inteligencia que aún quedaba en el bobo se le encendía en imitar, como un pobre mono, a su Don Manuel.
30 Su maravilla era la voz, una voz divina, que hacía llorar. Cuando al oficiar en misa mayor o solemne entonaba el prefacio,[15] estreme-

---

10. no siéndolo *although he was not*
11. noche de San Juan June 24, associated with witchcraft and magic
12. mujerucas y ... hombrecillos *old crones and ... old men*
13. la tarea ... probática *the task of being the lake, the pool of healing*
14. por ser ... Nuestro Señor *because it was his saint's day—his patron saint was Our Lord Jesus Himself.* One's "saint's day" is the day dedicated to the saint whose name one bears. Jesus Christ is Don Manuel's patron saint since in Hebrew *Immanuel* (Manuel) means "God with us."
15. entonaba el prefacio *intoned the Preface*

cíase la iglesia y todos los que le oían sentíanse conmovidos en sus entrañas. Su canto, saliendo del templo, iba a quedarse dormido sobre el lago y al pie de la montaña. Y cuando en el sermón de Viernes Santo clamaba aquello de: "¡Dios mío, Dios mío!, ¿por qué me has abandonado?",[16] pasaba por el pueblo todo un temblor 5 hondo como por sobre las aguas del lago en días de cierzo de hostigo. Y era como si oyesen a Nuestro Señor Jesucristo mismo, como si la voz brotara de aquel viejo crucifijo a cuyos pies tantas generaciones de madres habían depositado sus congojas. Como que [17] una vez, al oírlo su madre, la de Don Manuel, no pudo contenerse, y desde el 10 suelo del templo, en que se sentaba, gritó: "¡Hijo mío!" Y fué un chaparrón de lágrimas entre todos. Creeríase que el grito maternal había brotado de la boca entreabierta de aquella Dolorosa [18] —el corazón traspasado por siete espadas— que había en una de las capillas del templo. Luego Blasillo el tonto iba repitiendo en tono paté- 15 tico por las callejas, y como en eco, el "¡Dios mío, Dios mío!, ¿por qué me has abandonado?", y de tal manera que al oírselo se les saltaban a todos las lágrimas, con gran regocijo del bobo por su triunfo imitativo.

Su acción sobre las gentes era tal que nadie se atrevía a mentir 20 ante él, y todos, sin tener que ir al confesonario, se le confesaban. A tal punto que como hubiese una vez ocurrido un repugnante crimen en una aldea próxima, el juez, un insensato que conocía mal a Don Manuel, le llamó y le dijo:

—A ver si usted, Don Manuel, consigue que este bandido declare 25 la verdad.[19]

—¿Para que luego pueda castigársele? —replicó el santo varón—. No, señor juez, no; yo no saco a nadie una verdad que le lleve acaso a la muerte. Allá entre él y Dios...[20] La justicia humana no me concierne. "No juzguéis para no ser juzgados", dijo Nuestro Señor. 30

—Pero es que yo, señor cura...

16. "Now from the sixth hour there was darkness over all the land unto the ninth hour. And about the ninth hour Jesus cried with a loud voice, saying, 'Eli, Eli, lama sabachthani?' that is to say, 'My God, my God, why hast thou forsaken me?' " (Matt. 27:45–47)

17. Como que *And so it happened*

18. Dolorosa *Mater Dolorosa*, the Sorrowing Virgin or image of the Virgin Mary mourning the death of Her Son. She is often depicted with seven swords through Her heart.

19. A ver ... la verdad. *Let's see whether you, Don Manuel, can get this bandit to confess the truth.*

20. Allá entre él y Dios. *The matter is between him and God.*

—Comprendido; dé usted, señor juez, al César lo que es del César, que yo daré a Dios lo que es de Dios.

Y al salir, mirando fijamente al presunto reo, le dijo:

—Mira bien si Dios te ha perdonado, que es lo único que im-
5 porta.

En el pueblo todos acudían a misa, aunque sólo fuese por oírle y por verle en el altar, donde parecía transfigurarse, encendiéndosele el rostro. Había un santo ejercicio que introdujo en el culto popular, y es que, reuniendo en el templo a todo el pueblo, hombres y
10 mujeres, viejos y niños, unas mil personas, recitábamos al unísono, en una sola voz, el Credo; "Creo en Dios Padre Todopoderoso, Criador del Cielo y de la Tierra..." y lo que sigue. Y no era un coro, sino una sola voz, una voz simple y unida, fundidas todas en una y haciendo como una montaña, cuya cumbre, perdida a las veces en nu-
15 bes, era Don Manuel. Y al llegar a lo de "creo en la resurrección de la carne y la vida perdurable" la voz de Don Manuel se zambullía, como en un lago, en la del pueblo todo, y era que él se callaba. Y yo oía las campanadas de la villa que se dice aquí que está sumergida en el lecho del lago —campanadas que se dice también se oyen la
20 noche de San Juan— y eran las de la villa sumergida en el lago espi-
ritual de nuestro pueblo; oía la voz de nuestros muertos que en nosotros resucitaban en la comunión de los santos. Después, al llegar a conocer el secreto de nuestro santo, he comprendido que era como si una caravana en marcha por el desierto, desfallecido el caudillo al
25 acercarse al término de su carrera, le tomaran en hombros los suyos para meter su cuerpo sin vida en la tierra de promisión.

Los más no querían morirse sino cojidos [21] de su mano como de un ancla.

Jamás en sus sermones se ponía a declamar contra impíos, maso-
30 nes, liberales o herejes. ¿Para qué, si no los había en la aldea? Ni menos contra la mala prensa. En cambio, uno de los más frecuentes temas de sus sermones era contra la mala lengua.[22] Porque él lo disculpaba todo y a todos disculpaba. No quería creer en la mala intención de nadie.

35 —La envidia —gustaba repetir— la mantienen los que se empeñan en creerse envidiados, y las más de las persecuciones son efecto más de la manía persecutoria que no de la perseguidora.[23]

21. cojidos = cogidos
22. la mala lengua *slander*
23. más de la manía ... perseguidora *of a persecution rather than persecuting mania*

—Pero fíjese, Don Manuel, en lo que me ha querido decir...

Y él:

—No debe importarnos tanto lo que uno quiera decir como lo que diga sin querer...

Su vida era activa y no contemplativa, huyendo cuanto podía de no tener nada que hacer. Cuando oía eso de que la ociosidad es la madre de todos los vicios, contestaba: "Y del peor de todos, que es el pensar ocioso." [24] Y como yo le preguntara una vez qué es lo que con eso quería decir, me contestó: "Pensar ocioso es pensar para no hacer nada o pensar demasiado en lo que se ha hecho y no en lo que hay que hacer. A lo hecho pecho,[25] y a otra cosa, que no hay peor que remordimiento sin enmienda." ¡Hacer!, ¡hacer! Bien comprendí yo ya desde entonces que Don Manuel huía de pensar ocioso y a solas, que algún pensamiento le perseguía.

Así es que estaba siempre ocupado, y no pocas veces en inventar ocupaciones. Escribía muy poco para sí, de tal modo que [26] apenas nos ha dejado escritos o notas; mas, en cambio, hacía de memorialista [27] para los demás, y a las madres, sobre todo, les redactaba las cartas para sus hijos ausentes.

Trabajaba también manualmente, ayudando con sus brazos a ciertas labores del pueblo. En la temporada de trilla íbase a la era a trillar y aventar, y en tanto, les aleccionaba o les distraía. Sustituía a las veces a algún enfermo en su tarea. Un día del más crudo invierno se encontró con un niño, muertito de frío, a quien su padre le enviaba a recoger una res a larga distancia, en el monte.

—Mira —le dijo al niño—, vuélvete a casa, a calentarte, y dile a tu padre que yo voy a hacer el encargo.[28]

Y al volver con la res se encontró con el padre, todo confuso, que iba a su encuentro.[29] En invierno partía leña para los pobres. Cuando se secó aquel magnífico nogal —"un nogal matriarcal" le llamaba—, a cuya sombra había jugado de niño [30] y con cuyas nueces se había durante tantos años regalado, pidió el tronco, se lo llevó a su casa y después de labrar en él seis tablas, que guardaba al pie de su lecho, hizo del resto leña para calentar a los pobres. Solía hacer

24. el pensar ocioso *idle thoughts*
25. A lo hecho pecho *What is done is done*
26. de tal modo que *therefore*
27. hacía de memorialista *he did the writing*
28. voy a ... encargo. *I'll do it.*
29. que iba a su encuentro *who went out to meet him*
30. de niño *as a child*

también las pelotas para que jugaran los mozos y no pocos juguetes
para los niños.

Solía acompañar al médico en su visita y recalcaba las prescripcio-
nes de éste. Se interesaba sobre todo en los embarazos y en la crianza
5 de los niños, y estimaba como una de las mayores blasfemias aquello
de: "¡teta y gloria!" [31] y lo otro de: "angelitos al cielo". Le conmovía
profundamente la muerte de los niños.

—Un niño que nace muerto o que se muere recién nacido y un
suicidio —me dijo una vez— son para mí de los más terribles miste-
10 rios: ¡un niño en cruz!

Y como una vez, por haberse quitado uno la vida, le preguntara el
padre del suicida, un forastero, si le daría tierra sagrada, le contestó:

—Seguramente, pues en el último momento, en el segundo de la
agonía, se arrepintió sin duda alguna.

15 Iba también a menudo a la escuela a ayudar al maestro, a enseñar
con él, y no sólo el catecismo. Y es que huía de la ociosidad y de la
soledad. De tal modo que por estar con el pueblo, y sobre todo con
el mocerío y la chiquillería,[32] solía ir al baile. Y más de una vez se
puso en él a tocar el tamboril para que los mozos y las mozas baila-
20 sen, y esto, que en otro hubiera parecido grotesca profanación del
sacerdocio, en él tomaba un sagrado carácter y como de rito religioso.
Sonaba el *Ángelus*,[33] dejaba el tamboril y el palillo, se descubría y
todos con él, y rezaba: "El ángel del Señor anunció a María: Ave
María..." Y luego; "Y ahora, a descansar para mañana."

25 —Lo primero —decía— es que el pueblo esté contento, que estén
todos contentos de vivir. El contentamiento de vivir es lo primero de
todo. Nadie debe querer morirse hasta que Dios quiera.

—Pues yo sí —le dijo una vez una recién viuda—, yo quiero seguir
a mi marido...

30 —¿Y para qué? —le respondió—. Quédate aquí para encomendar su
alma a Dios.

En una boda dijo una vez: "¡Ay, si pudiese cambiar el agua toda
de nuestro lago en vino, en un vinillo que por mucho que de él se
bebiera alegrara siempre sin emborracharse nunca... o por lo menos
35 con una borrachera alegre!" [34]

31. "¡teta y gloria!" *"from the cradle straight to heaven!"*
32. el mocerío y la chiquillería *young people and children*
33. Ángelus *Angelus*, a devotional exercise commemorating the Incarnation
said by Roman Catholics at morning, noon, and sunset, at the sound of a bell
34. en un vinillo ... borrachera alegre! *a wine which, no matter how much*

Una vez pasó por el pueblo una banda de pobres titiriteros. El jefe de ella, que llegó con la mujer gravemente enferma y embarazada, y con tres hijos que le ayudaban, hacía de payaso. Mientras él estaba en la plaza del pueblo haciendo reír a los niños y aun a los grandes, ella, sintiéndose de pronto gravemente indispuesta, se tuvo 5 que retirar, y se retiró escoltada por una mirada de congoja del payaso y una risotada de los niños. Y escoltada por Don Manuel, que luego, en un rincón de la cuadra de la posada, la ayudó a bien morir. Y cuando, acabada la fiesta, supo el pueblo y supo el payaso la tragedia, fuéronse todos a la posada y el pobre hombre, diciendo con 10 llanto en la voz: "Bien se dice, señor cura, que es usted todo un santo",[35] se acercó a éste queriendo tomarle la mano para besársela, pero Don Manuel se adelantó, y tomándosela al payaso, pronunció ante todos:

—El santo eres tú, honrado payaso; te vi trabajar y comprendí que 15 no sólo lo haces para dar pan a tus hijos, sino también para dar alegría a los de los otros, y yo te digo que tu mujer, la madre de tus hijos, a quien he despedido a Dios mientras trabajabas y alegrabas, descansa en el Señor, y que tú irás a juntarte con ella y a que te paguen riendo los ángeles a los que haces reír en el cielo de con- 20 tento.

Y todos, niños y grandes, lloraban, y lloraban tanto de pena como de un misterioso contento en que la pena se ahogaba. Y más tarde, recordando aquel solemne rato, he comprendido que la alegría imperturbable de Don Manuel era la forma temporal y terrena de una 25 infinita y eterna tristeza que con heroica santidad recataba a los ojos y los oídos de los demás.

Con aquella su constante actividad, con aquel mezclarse en las tareas y las diversiones de todos, parecía querer huir de sí mismo, querer huir de su soledad. "Le temo a la soledad", repetía. Mas, aun 30 así, de vez en cuando se iba solo, orilla del lago, a las ruinas de aquella vieja abadía donde aún parecen reposar las almas de los piadosos cistercienses a quienes ha sepultado en el olvido la Historia. Allí está la celda del llamado Padre Capitán, y en sus paredes se dice que aún quedan señales de las gotas de sangre con que las salpicó al 35 mortificarse. ¿Qué pensaría allí nuestro Don Manuel? Lo que sí re-

---

of it were imbibed, would always make people happy without ever making them drunk ... or at least make them happily drunk!

35. todo un santo *nothing less than a saint*

cuerdo es que como una vez, hablando de la abadía, le preguntase
yo cómo era que no se le había ocurrido ir al claustro, me contestó:

—No es sobre todo porque tenga, como tengo, mi hermana viuda
y mis sobrinos a quienes sostener, que Dios ayuda a sus pobres, sino
5 porque yo no nací para ermitaño, para anacoreta; la soledad me
mataría el alma, y en cuanto a un monasterio, mi monasterio es
Valverde de Lucerna. Yo no debo vivir solo; yo no debo morir solo.
Debo vivir para mi pueblo, morir para mi pueblo. ¿Cómo voy a
salvar mi alma si no salvo la de mi pueblo?

10 —Pero es que ha habido santos ermitaños, solitarios... —le dije.

—Sí, a ellos les dió el Señor la gracia de soledad que a mí me ha
negado, y tengo que resignarme. Yo no puedo perder a mi pueblo
para ganarme el alma. Así me ha hecho Dios. Yo no podría soportar
las tentaciones del desierto. Yo no podría llevar solo la cruz del na-
15 cimiento.

He querido con estos recuerdos, de los que vive mi fe, retratar a
nuestro Don Manuel tal como era cuando yo, mocita de cerca de
dieciséis años, volví del Colegio de Religiosas de Renada a nuestro
monasterio de Valverde de Lucerna. Y volví a ponerme a los pies de
20 su abad.

—¡Hola, la hija de la Simona [36] —me dijo en cuanto me vió—, y
hecha ya toda una moza,[37] y sabiendo francés, y bordar y tocar el
piano y qué sé yo qué más! Ahora a prepararte para darnos otra familia. Y tu hermano Lázaro, ¿cuándo vuelve? Sigue en el Nuevo
25 Mundo, ¿no es así?

—Sí, señor, sigue en América...

—¡El Nuevo Mundo! Y nosotros en el Viejo. Pues bueno, cuando
le escribas, dile de mi parte, de parte del cura, que estoy deseando
saber cuándo vuelve del Nuevo Mundo a este Viejo, trayéndonos
30 las novedades de por allá.[38] Y dile que encontrará al lago y a la montaña como los dejó.

Cuando me fuí a confesar con él mi turbación era tanta que no
acertaba a articular palabra. Recé el "yo pecadora" [39] balbuciendo,
casi sollozando. Y él, que lo observó, me dijo:

35 —Pero ¿qué te pasa, corderilla? ¿De qué o de quién tienes miedo?

---

36. la Simona In Spanish, the definite article is sometimes used before a
woman's name.
37. y hecha ya toda una moza *you've become quite a young lady*
38. Do not translate *por.*
39. "yo pecadora" *Act of Contrition*

Porque tú no tiemblas ahora al peso de tus pecados ni por temor de Dios, no; tú tiemblas de mí, ¿no es eso?

Me eché a llorar.

—Pero ¿qué es lo que te han dicho de mí? ¿Qué leyendas son ésas? ¿Acaso tu madre? Vamos, vamos, cálmate y haz cuenta que estás 5 hablando con tu hermano...

Me animé y empecé a confiarle mis inquietudes, mis dudas, mis tristezas.

—¡Bah, bah, bah! ¿Y dónde has leído eso, marisabidilla? Todo eso es literatura. No te des demasiado a ella, ni siquiera a Santa 10 Teresa.[40] Y si quieres distraerte lee el *Bertoldo,* que leía tu padre.

Salí de aquella mi primera confesión con el santo hombre profundamente consolada. Y aquel mi temor primero, aquel más que respeto miedo, con que me acerqué a él, trocóse en una lástima profunda. Era yo entonces una mocita, una niña casi; pero empezaba a 15 ser mujer, sentía en mis entrañas el jugo de la maternidad, y al encontrarme en el confesonario junto al santo varón, sentí como una callada confesión suya en el susurro sumiso de su voz y recordé cómo cuando al clamar él en la iglesia las palabras de Jesucristo: "¡Dios mío, Dios mío!, ¿por qué me has abandonado?", su madre, 20 la de Don Manuel, respondió desde el suelo: "¡Hijo mío!", y oí este grito que desgarraba la quietud del templo. Y volví a confesarme con él para consolarle.

Una vez que en el confesonario le expuse una de aquellas dudas, me contestó: 25

—A eso, ya sabes, lo del Catecismo: [41] "eso no me lo preguntéis a mí, que soy ignorante; doctores tiene la Santa Madre Iglesia que os sabrán responder."

—¡Pero si el doctor aquí es usted, Don Manuel...!

—¿Yo, yo doctor?, ¿doctor yo? ¡Ni por pienso! [42] Yo, doctorcilla, 30 no soy más que un pobre cura de aldea. Y esas preguntas, ¿sabes quién te las insinúa, quién te las dirige? Pues... ¡el demonio!

Y entonces, envalentonándome, le espeté a boca de jarro: [43]

—¿Y si se las dirigiese a usted, Don Manuel?

—¿A quién?, ¿a mí? ¿Y el demonio? No nos conocemos, hija, no 35 nos conocemos.

40. Santa Teresa   Teresa de Cepeda y Ahumada (1515–1582), great Spanish saint and writer
41. The Catechism of Padre Astete
42. ¡Ni por pienso! *Not at all!*
43. le espeté ... jarro *I asked him point-blank*

—¿Y si se las dirigiera?

—No le haría caso. Y basta, ¿eh?, despachemos, que me están esperando unos enfermos de verdad.

Me retiré, pensando, no sé por qué, que nuestro Don Manuel,
5 tan afamado curandero de endemoniados, no creía en el demonio.
Y al irme hacia mi casa topé con Blasillo el bobo, que acaso rondaba
el templo, y que al verme, para agasajarme con sus habilidades, repitió —¡y de qué modo!— lo de "¡Dios mío, Dios mío!, ¿por qué me
has abandonado?" Llegué a casa acongojadísima y me encerré en mi
10 cuarto para llorar, hasta que llegó mi madre.

—Me parece, Angelita, con tantas confesiones, que tú te me vas a
ir monja.⁴⁴

—No lo tema, madre —le contesté—, pues tengo harto que hacer
aquí, en el pueblo, que es mi convento.

15 —Hasta que te cases.

—No pienso en ello —le repliqué.

Y otra vez que me encontré con Don Manuel, le pregunté, mirándole derechamente a los ojos:

—¿Es que hay infierno, Don Manuel?

20 Y él, sin inmutarse:

—¿Para ti, hija? No.

—¿Para los otros, lo hay?

—¿Y a ti que te importa, si no has de ir a él?

—Me importa por los otros. ¿Lo hay?

25 —Cree en el cielo, en el cielo que vemos. Míralo —y me lo mostraba
sobre la montaña y abajo, reflejado en el lago.

—Pero hay que creer en el infierno, como en el cielo —le repliqué.

—Sí, hay que creer todo lo que cree y enseña a creer la Santa Madre Iglesia Católica Apostólica Romana. ¡Y basta!

30 Leí no sé qué honda tristeza en sus ojos, azules como las aguas
del lago.

Aquellos años pasaron como un sueño. La imagen de Don Manuel
iba creciendo en mí sin que yo de ello me diese cuenta, pues era un
varón tan cotidiano, tan de cada día como el pan que a diario pedi-
35 mos en el padrenuestro. Yo le ayudaba cuando podía en sus menesteres, visitaba a sus enfermos, a nuestros enfermos, a las niñas de la
escuela, arreglaba el ropero de la iglesia, le hacía, como me llamaba
él, de diaconisa. Fuí unos días invitada por una compañera de co-

44. tú te me vas a ir monja *you're going to become a nun*

legio, a la ciudad, y tuve que volverme, pues en la ciudad me ahogaba, me faltaba algo, sentía sed de la vista de las aguas del lago,
hambre de la vista de las peñas de la montaña; sentía, sobre todo,
la falta de mi Don Manuel y como si su ausencia me llamara, como
si corriese un peligro lejos de mí, como si me necesitara. Empezaba 5
yo a sentir una especie de afecto maternal hacia mi padre espiritual;
quería aliviarle del peso de su cruz del nacimiento.

Así fuí llegando a mis veinticuatro años, que es cuando volvió de
América, con un caudalillo ahorrado, mi hermano Lázaro. Llegó
acá, a Valverde de Lucerna, con el propósito de llevarnos a mí y a 10
nuestra madre a vivir a la ciudad, acaso a Madrid.

—En la aldea —decía— se entontece, se embrutece y se empobrece
uno.

Y añadía:

—Civilización es lo contrario de ruralización; ¡aldeanerías [45] no!, 15
que no hice que fueras al Colegio para que te pudras luego aquí,
entre estos zafios patanes.

Yo callaba, aun dispuesta a resistir la emigración; pero nuestra
madre, que pasaba ya de la sesentena, se opuso desde un principio.[46]
"¡A mi edad, cambiar de aguas!", dijo primero; mas luego dió a co- 20
nocer claramente [47] que ella no podría vivir fuera de la vista de su
lago, de su montaña, y sobre todo de su Don Manuel.

—¡Sois como las gatas, que os apegáis a la casa! —repetía mi hermano.

Cuando se percató de todo el imperio que sobre el pueblo todo 25
y en especial sobre nosotras, sobre mi madre y sobre mí, ejercía el
santo varón evangélico, se irritó contra éste. Le pareció un ejemplo
de la oscura teocracia en que él suponía hundida a España. Y empezó a borbotar sin descanso todos los viejos lugares comunes anti-
clericales y hasta antirreligiosos y progresistas que había traído 30
renovados del Nuevo Mundo.

—En esta España de calzonazos [48] —decía— los curas manejan a
las mujeres y las mujeres a los hombres..., ¡y luego el campo!, ¡el
campo!, este campo feudal...

Para él feudal era un término pavoroso; feudal y medieval eran 35
los dos calificativos que prodigaba cuando quería condenar algo.

45. aldeanerías *rural way of life*
46. desde un principio *from the outset*
47. dió a conocer claramente *she made it clear*
48. En esta España de calzonazos *In this backward country*

Le desconcertaba el ningún efecto que sobre nosotras hacían sus diatribas y el casi ningún efecto que hacían en el pueblo, donde se le oía con respetuosa indiferencia. "A estos patanes no hay quien les conmueva." [49] Pero como era bueno por ser inteligente, pronto se

5 dió cuenta de la clase de imperio que Don Manuel ejercía sobre el pueblo, pronto se enteró de la obra del cura de su aldea.

—¡No, no es como los otros —decía—, es un santo!

—Pero ¿tú sabes cómo son los otros curas? —le decía yo, y él:

—Me lo figuro.

10 Mas aun así ni entraba en la iglesia ni dejaba de hacer alarde en todas partes de su incredulidad, aunque procurando siempre dejar a salvo a Don Manuel. Y ya en el pueblo se fué formando, no sé cómo, una expectativa, la de una especie de duelo entre mi hermano Lázaro y Don Manuel, o más bien se esperaba la conversión de aquél

15 por éste. Nadie dudaba de que al cabo el párroco le llevaría a su parroquia.[50] Lázaro, por su parte, ardía en deseos —me lo dijo luego— de ir a oír a Don Manuel, de verle y oírle en la iglesia, de acercarse a él y con él conversar, de conocer el secreto de aquel su imperio espiritual sobre las almas. Y se hacía de rogar para ello,[51]

20 hasta que al fin, por curiosidad —decía—, fué a oírle.

—Sí, esto es otra cosa --me dijo luego de haberle oído—; no es como los otros, pero a mí no me la da; [52] es demasiado inteligente para creer todo lo que tiene que enseñar.

—Pero ¿es que le crees un hipócrita? —le dije.

25 —¡Hipócrita... no!, pero es el oficio del que tiene que vivir.

En cuanto a mí, mi hermano se empeñaba en que yo leyese de libros que él trajo y de otros que me incitaba a comprar.

—Conque, ¿tu hermano Lázaro —me decía Don Manuel— se empeña en que leas? Pues lee, hija mía, lee y dale así gusto. Sé que no

30 has de leer sino cosa buena; lee aunque sea novelas. No son mejores las historias que llaman verdaderas. Vale más que leas que no el que te alimentes de chismes y comadrerías del pueblo.[53] Pero lee sobre todo libros de piedad que te den contento de vivir, un contento apacible y silencioso.

35 ¿Lo tenía él?

49. "A estos ... conmueva." *"Nobody can stir up these clods."*
50. le llevaría a su parroquia *he would convert him*
51. Y se hacía de rogar para ello *He had to be begged*
52. pero a mí no me la da *still, he does not fool me*
53. Vale más ... del pueblo. *It's better for you to read than stuff yourself on town gossip.*

Por entonces enfermó de muerte [54] y se nos murió nuestra madre, y en sus últimos días todo su hipo era que Don Manuel convirtiese a Lázaro, a quien esperaba volver a ver un día en el cielo, en un rincón de las estrellas desde donde se viese el lago y la montaña de Valverde de Lucerna. Ella se iba ya, a ver a Dios.

—Usted no se va —le decía Don Manuel—, usted se queda. Su cuerpo aquí, en esta tierra, y su alma también aquí en esta casa, viendo y oyendo a sus hijos, aunque éstos ni le vean ni le oigan.

—Pero yo, padre —dijo—, voy a ver a Dios.

—Dios, hija mía, está aquí como en todas partes, y le verá usted desde aquí, desde aquí. Y a todos nosotros en Él, y a Él en nosotros.

—Dios se lo pague [55] —le dije.

—El contento con que tu madre se muera —me dijo— será su eterna vida.

Y volviéndose a mi hermano Lázaro:

—Su cielo es seguir viéndote, y ahora es cuando hay que salvarla. Dile que rezarás por ella.

—Pero...

—¿Pero...? Dile que rezarás por ella, a quien debes la vida, y sé que una vez que se lo prometas rezarás y sé que luego que reces...

Mi hermano, acercándose, arrasados sus ojos en lágrimas, a nuestra madre, agonizante, le prometió solemnemente rezar por ella.

—Y yo en el cielo por ti, por vosotros —respondió mi madre, y besando el crucifijo y puestos sus ojos en los de Don Manuel, entregó su alma a Dios.

—"¡En tus manos encomiendo mi espíritu!" —rezó el santo varón.

Quedamos mi hermano y yo solos en la casa. Lo que pasó en la muerte de nuestra madre puso a Lázaro en relación con Don Manuel, que pareció descuidar algo a sus demás pacientes, a sus demás menesterosos, para atender a mi hermano. Íbanse por las tardes de paseo, orilla del lago, o hacia las ruinas, vestidas de hiedra, de la vieja abadía de cistercienses.

—Es un hombre maravilloso —me decía Lázaro—. Ya sabes que dicen que en el fondo de este lago hay una villa sumergida y que en la noche de San Juan, a las doce, se oyen las campanadas de su iglesia.

—Sí —le contestaba yo—, una villa feudal y medieval...

54. enfermó de muerte *fell gravely ill*
55. Dios se lo pague *May God reward you*

—Y creo —añadía él— que en el fondo del alma de nuestro Don Manuel hay también sumergida, ahogada, una villa y que alguna vez se oyen sus campanadas.

—Sí —le dije—, esa villa sumergida en el alma de Don Manuel, ¿y por qué no también en la tuya?, es el cementerio de las almas de nuestros abuelos, los de esta nuestra Valverde de Lucerna... ¡feudal y medieval!

Acabó mi hermano por ir a misa siempre, a oír a Don Manuel, y cuando se dijo que cumpliría con la parroquia,[56] que comulgaría cuando los demás comulgasen, recorrió un íntimo regocijo al pueblo todo, que creyó haberle recobrado. Pero fué un regocijo tal, tan limpio, que Lázaro no se sintió ni vencido ni disminuído.

Y llegó el día de su comunión, ante el pueblo todo, con el pueblo todo. Cuando llegó la vez a mi hermano pude ver que Don Manuel, tan blanco como la nieve de enero en la montaña y temblando como tiembla el lago cuando le hostiga el cierzo, se le acercó con la sagrada forma[57] en la mano, y de tal modo le temblaba ésta al arrimarla a la boca de Lázaro que se le cayó la forma a tiempo que le daba un vahido.[58] Y fué mi hermano mismo quien recogió la hostia y se la llevó a la boca. Y el pueblo al ver llorar a Don Manuel, lloró diciéndose: "¡Cómo le quiere!" Y entonces, pues era la madrugada, cantó un gallo.

Al volver a casa y encerrarme en ella con mi hermano, le eché los brazos al cuello y besándole le dije:

—¡Ay Lázaro, Lázaro, qué alegría nos has dado a todos, a todos, a todo el pueblo, a todo, a los vivos y a los muertos y sobre todo a mamá, a nuestra madre! ¿Viste? El pobre Don Manuel lloraba de alegría. ¡Qué alegría nos has dado a todos!

—Por eso lo he hecho —me contestó.

—¿Por eso? ¿Por darnos alegría? Lo habrás hecho ante todo por ti mismo, por conversión.

Y entonces Lázaro, mi hermano, tan pálido y tan tembloroso como Don Manuel cuando le dió la comunión, me hizo sentarme en el sillón mismo donde solía sentarse nuestra madre, tomó huelgo, y luego, como en íntima confesión doméstica y familiar, me dijo:

—Mira, Angelita, ha llegado la hora de decirte la verdad, toda la

56. cumpliría con la parroquia   *he would comply with his religious duties*
57. la sagrada forma   *the holy wafer* (Host)
58. a tiempo ... vahido   *when he was overcome by a wave of dizziness*

verdad, y te la voy a decir, porque debo decírtela, porque a ti no puedo, no debo callártela y porque además habrías de adivinarla y a medias, que es lo peor, más tarde o más temprano.

Y entonces, serena y tranquilamente, a media voz, me contó una historia que me sumergió en un lago de tristeza. Cómo Don Manuel 5 le había venido trabajando,[59] sobre todo en aquellos paseos a las ruinas de la vieja abadía cisterciense, para que no escandalizase, para que diese buen ejemplo, para que se incorporase a la vida religiosa del pueblo, para que fingiese creer si no creía, para que ocultase sus ideas al respecto,[60] mas sin intentar siquiera catequi- 10 zarle, convertirle de otra manera.

—Pero ¿es eso posible? —exclamé consternada.

—¡Y tan posible, hermana, y tan posible! Y cuando yo le decía: "¿Pero es usted, usted, el sacerdote, el que me aconseja que finja?", él, balbuciente: "¿Fingir?, ¡fingir no!, ¡eso no es fingir! Toma agua 15 bendita, que dijo alguien, y acabarás creyendo." Y como yo, mirándole a los ojos, le dijese: "¿Y usted celebrando misa ha acabado por creer?", él bajó la mirada al lago y se le llenaron los ojos de lágrimas. Y así es cómo le arranqué su secreto.

—¡Lázaro! —gemí.   20

Y en aquel momento pasó por la calle Blasillo el bobo, clamando su: "¡Dios mío, Dios mío!, ¿por qué me has abandonado?" Y Lázaro se estremeció creyendo oír la voz de Don Manuel, acaso la de Nuestro Señor Jesucristo.

—Entonces —prosiguió mi hermano— comprendí sus móviles, y 25 con esto comprendí su santidad; porque es un santo, hermana, todo un santo. No trataba al emprender ganarme para su santa causa —porque es una causa santa, santísima—, arrogarse un triunfo, sino que lo hacía por la paz, por la felicidad, por la ilusión si quieres, de los que le están encomendados; comprendí que si les engaña así —si 30 es que esto es engaño— no es por medrar. Me rendí a sus razones, y he aquí mi conversión. Y no me olvidaré jamás del día en que diciéndole yo: "Pero, Don Manuel, la verdad, la verdad ante todo", él temblando, me susurró al oído —y eso que estábamos solos en medio del campo—: "¿La verdad? La verdad, Lázaro, es acaso algo 35 terrible, algo intolerable, algo mortal; la gente sencilla no podría vivir con ella." "¿Y por qué me la deja entrever ahora aquí, como en confesión?", le dije. Y él: "Porque si no, me atormentaría tanto,

59. le había venido trabajando *had tried to convince him*
60. al respecto *with regard to the question*

tanto, que acabaría gritándola en medio de la plaza, y eso jamás, jamás, jamás. Yo estoy para [61] hacer vivir a las almas de mis feligreses, para hacerles felices, para hacerles que se sueñen inmortales y no para matarles. Lo que aquí hace falta es que vivan sanamente,
5 que vivan en unanimidad de sentido, y con la verdad, con mi verdad, no vivirían. Que vivan. Y esto hace la Iglesia, hacerles vivir. ¿Religión verdadera? Todas las religiones son verdaderas en cuanto hacen vivir espiritualmente a los pueblos que las profesan, en cuanto les consuelan de haber tenido que nacer para morir, y para
10 cada pueblo la religión más verdadera es la suya, la que le ha hecho. ¿Y la mía? La mía es consolarme en consolar a los demás, aunque el consuelo que les doy no sea el mío." Jamás olvidaré estas sus palabras.

—¡Pero esa comunión tuya ha sido una sacrilegio! —me atreví a
15 insinuar, arrepintiéndome al punto de haberlo insinuado.

—¿Sacrilegio? ¿Y él, que me la dió? ¿Y sus misas?

—¡Qué martirio! —exclamé.

—Y ahora —añadió mi hermano— hay otro más para consolar al pueblo.

20 —¿Para engañarle? —dije.

—Para engañarle no —me replicó—, sino para corroborarle en su fe.

—Y él, el pueblo —dije—, ¿cree de veras?

—¡Qué sé yo...! Cree sin querer, por hábito, por tradición. Y lo
25 que hace falta es no despertarle. Y que viva en su pobreza de sentimientos para que no adquiera torturas de lujo. ¡Bienaventurados los pobres de espíritu!

—Eso, hermano, lo has aprendido de Don Manuel. Y ahora, dime, ¿has cumplido aquello que le prometiste a nuestra madre cuando
30 ella se nos iba a morir, aquello de que rezarías por ella?

—¡Pues no se lo había de cumplir! [62] Pero ¿por quién me has tomado, hermana? ¿Me crees capaz de faltar a mi palabra, a una promesa solemne, y a una promesa hecha, y en el lecho de muerte, a una madre?

35 —¡Qué sé yo...! Pudiste querer engañarla para que muriese consolada.

—Es que si yo no hubiese cumplido la promesa viviría sin consuelo.

61. Yo estoy para *I am here in order to*
62. ¡Pues ... cumplir! *Of course I did!*

—¿Entonces?

—Cumplí la promesa y no he dejado de rezar ni un solo día por ella.

—¿Sólo por ella?

—Pues, ¿por quién más?   5

—¡Por ti mismo! Y de ahora en adelante, por Don Manuel.

Nos separamos para irnos cada uno a su cuarto, yo a llorar toda la noche, a pedir por la conversión de mi hermano y de Don Manuel, y él, Lázaro, no sé bien a qué.[63]

Después de aquel día temblaba yo de encontrarme a solas con Don 10 Manuel, a quien seguía asistiendo en sus piadosos menesteres. Y él pareció percatarse de mi estado íntimo y adivinar su causa. Y cuando al fin me acerqué a él en el tribunal de la penitencia [64] —¿quién era el juez y quién el reo?—, los dos, él y yo, doblamos en silencio la cabeza y nos pusimos a llorar. Y fué él, Don Manuel, quien rompió el 15 tremendo silencio para decirme con voz que parecía salir de una huesa:

—Pero tú, Angelina, tú crees como a los diez años, ¿no es así? ¿Tú crees?

—Sí creo, padre.   20

—Pues sigue creyendo. Y si se te ocurren dudas, cállatelas a ti misma. Hay que vivir...

Me atreví, y toda temblorosa le dije:

—Pero usted, padre, ¿cree usted?

Vaciló un momento y reponiéndose me dijo: 25

—¡Creo!

—¿Pero en qué, padre, en qué? ¿Cree usted en la otra vida?, ¿cree usted que al morir no nos morimos del todo?, ¿cree que volveremos a vernos, a querernos en otro mundo venidero?, ¿cree en la otra vida?   30

El pobre santo sollozaba.

—¡Mira, hija, dejemos eso!

Y ahora, al escribir esta memoria, me digo: ¿Por qué no me engañó?, ¿por qué no me engañó entonces como engañaba a los demás? ¿Por qué se acongojó?, ¿porque no podía engañarse a sí mismo, o 35 porque no podía engañarme? Y quiero creer que se acongojaba porque no podía engañarse para engañarme.

63. a qué *for what purpose*
64. el tribunal de la penitencia *the confessional*

—Y ahora —añadió—, reza por mí, por tu hermano, por ti misma, por todos. Hay que vivir. Y hay que dar vida.

Y después de una pausa:

—¿Y por qué no te casas, Angelina?

5   —Ya sabe usted, padre mío, por qué.

—Pero no, no; tienes que casarte. Entre Lázaro y yo te buscaremos un novio. Porque a ti te conviene casarte para que se te curen esas preocupaciones.

—¿Preocupaciones, Don Manuel?

10   —Yo sé bien lo que me digo.[65] Y no te acongojes demasiado por los demás, que harto tiene cada cual [66] con tener que responder de sí mismo.

—¡Y que sea usted, Don Manuel, el que me diga eso!, ¡que sea usted el que me aconseje que me case para responder de mí y no 15 acuitarme por los demás!, ¡que sea usted!

—Tienes razón, Angelina, no sé ya lo que me digo; no sé ya lo que me digo desde que estoy confesándome contigo. Y sí, sí, hay que vivir, hay que vivir.

Y cuando yo iba a levantarme para salir del templo, me dijo:

20   —Y ahora, Angelina, en nombre del pueblo, ¿me absuelves?

Me sentí como penetrada de un misterioso sacerdocio y le dije:

—En nombre de Dios Padre, Hijo y Espíritu Santo, le absuelvo, padre.

Y salimos de la iglesia, y al salir se me estremecían las entrañas 25 maternales.

Mi hermano, puesto ya del todo al servicio de la obra de Don Manuel, era su más asiduo colaborador y compañero. Les anudaba, además, el común secreto. Le acompañaba en sus visitas a los enfermos, a las escuelas, y ponía su dinero a disposición del santo 30 varón. Y poco faltó para que no aprendiera a ayudarle a misa.[67] E iba entrando cada vez más en el alma insondable de Don Manuel.

—¡Qué hombre! —me decía—. Mira, ayer, paseando a orillas del lago, me dijo: "He aquí mi tentación mayor." Y como yo le interrogase con la mirada, añadió: "Mi pobre padre, que murió de cerca de 35 noventa años, se pasó la vida, según me lo confesó él mismo, torturado por la tentación del suicidio, que le venía no recordaba desde

65. me digo   *I am saying*
66. harto tiene cada cual   *everyone has enough to do*
67. Y poco ... misa.   *And he almost learned how to help him at mass.*

cuándo, *de nación*,[68] decía, y defendiéndose de ella. Y esa defensa
fué su vida. Para no sucumbir a tal tentación extremaba los cuidados por conservar la vida. Me contó escenas terribles. Me parecía
como una locura. Y yo la he heredado. ¡Y cómo me llama esa agua
que con su aparente quietud —la corriente va por dentro— espeja al   5
cielo! ¡Mi vida, Lázaro, es una especie de suicidio continuo, un
combate contra el suicidio, que es igual; pero que vivan ellos, que
vivan los nuestros!" Y luego añadió: "Aquí se remansa el río en
lago, para luego, bajando a la meseta, precipitarse en cascadas, saltos y torrenteras por las hoces y encañadas, junto a la ciudad, y así 10
se remansa la vida, aquí, en la aldea. Pero la tentación del suicidio
es mayor aquí, junto al remanso que espeja de noche las estrellas,
que no junto a las cascadas que dan miedo. Mira, Lázaro, he asistido
a bien morir a pobres aldeanos, ignorantes, analfabetos que apenas
si habían salido de la aldea, y he podido saber de sus labios, y cuando 15
no adivinarlo,[69] la verdadera causa de su enfermedad de muerte, y
he podido mirar, allí, a la cabecera de su lecho de muerte, toda la
negrura de la sima del tedio de vivir. ¡Mil veces peor que el hambre!
Sigamos, pues, Lázaro, suicidándonos en nuestra obra y en nuestro
pueblo, y que sueñe éste su vida como el lago sueña el cielo."   20

—Otra vez —me decía también mi hermano—, cuando volvíamos
acá, vimos a una zagala, una cabrera, que enhiesta sobre un picacho
de la falda de la montaña, a la vista del lago, estaba cantando con
una voz más fresca que las aguas de éste. Don Manuel me detuvo, y
señalándomela, dijo: "Mira, parece como si se hubiera acabado el 25
tiempo, como si esa zagala hubiese estado ahí siempre, y como está, y
cantando como está, y como si hubiera de seguir estando así siempre,
como estuvo cuando no empezó mi conciencia, como estará cuando
se me acabe. Esa zagala forma parte, con las rocas, las nubes, los
árboles, las aguas, de la naturaleza y no de la historia." ¡Cómo 30
siente, cómo anima Don Manuel a la naturaleza! Nunca olvidaré el
día de la nevada en que me dijo: "¿Has visto, Lázaro, misterio
mayor que el de la nieve cayendo en el lago y muriendo en él mientras cubre con su toca a la montaña?"

Don Manuel tenía que contener a mi hermano en su celo y en su 35
inexperiencia de neófito. Y como supiese que éste andaba predicando contra ciertas supersticiones populares, hubo de decirle:

68. de nación *as a national heritage*
69. he podido ... adivinarlo *I have heard from their lips, or else guessed*

—¡Déjalos! ¡Es tan difícil hacerles comprender dónde acaba la creencia ortodoxa y dónde empieza la superstición! Y más para nosotros. Déjalos, pues, mientras se consuelen. Vale más que lo crean todo, aun cosas contradictorias entre sí, a no que [70] no crean nada.

5 Eso de que el que cree demasiado acaba por no creer nada, es cosa de protestantes. No protestemos. La protesta mata el contento.

Una noche de plenilunio —me contaba también mi hermano— volvían a la aldea por la orilla del lago, a cuya sobrehaz rizaba entonces la brisa montañesa y en el rizo cabrilleaban las razas de la

10 luna llena, y Don Manuel le dijo a Lázaro:

—¡Mira, el agua está rezando la letanía y ahora dice: *ianua caeli, ora pro nobis,* puerta del cielo, ruega por nosotros!

Y cayeron temblando de sus pestañas a la yerba del suelo dos huideras [71] lágrimas en que también, como en rocío, se bañó temblo-

15 rosa la lumbre de la luna llena.

E iba corriendo el tiempo y observábamos mi hermano y yo que las fuerzas de Don Manuel empezaban a decaer, que ya no lograba contener del todo la insondable tristeza que le consumía, que acaso una enfermedad traidora le iba minando el cuerpo y el alma. Y

20 Lázaro, acaso para distraerle más, le propuso si no estaría bien que fundasen en la iglesia algo así como un sindicato católico agrario.

—¿Sindicato? —respondió tristemente Don Manuel—. ¿Sindicato? ¿Y qué es eso? Yo no conozco más sindicato que la Iglesia, y ya sabes aquello de "mi reino no es de este mundo". Nuestro reino, Lázaro,

25 no es de este mundo...

—¿Y del otro?

Don Manuel bajó la cabeza:

—El otro, Lázaro, está aquí también, porque hay dos reinos en este mundo. O mejor, el otro mundo... vamos, que no sé lo que me digo.

30 Y en cuanto a eso del sindicato, es en ti un resabio de tu época de progresismo. No, Lázaro, no; la religión no es para resolver los conflictos económicos o políticos de este mundo que Dios entregó a las disputas de los hombres. Piensen los hombres y obren los hombres como pensaren y como obraren,[72] que se consuelen de haber

35 nacido, que vivan lo más contentos que puedan en la ilusión de que

70. a no que *rather than*
71. huideras *quivering*
72. Piensen ... obraren *Let men think and act as they like*

todo esto tiene una finalidad. Yo no he venido a someter los pobres a los ricos, ni a predicar a éstos que se sometan a aquéllos. Resignación y caridad en todos y para todos. Porque también el rico tiene que resignarse a su riqueza, y a la vida, y también el pobre tiene que tener caridad para con el rico. ¿Cuestión social? Deja eso, eso no nos 5 concierne. Que traen una nueva sociedad, en que no haya ya ricos ni pobres, en que esté justamente repartida la riqueza, en que todo sea de todos, ¿y qué? ¿Y no crees que del bienestar general surgirá más fuerte el tedio a la vida? Sí, ya sé que uno de esos caudillos de la que llaman la revolución social [73] ha dicho que la religión es el opio del 10 pueblo. Opio... Opio... Opio, sí. Démosle opio, y que duerma y que sueñe. Yo mismo con esta mi loca actividad me estoy administrando opio. Y no logro dormir bien y menos soñar bien... ¡Esta terrible pesadilla! Y yo también puedo decir con el Divino Maestro: "Mi alma está triste hasta la muerte." No, Lázaro, no; nada de sindicatos 15 por nuestra parte. Si lo forman ellos me parecerá bien, pues que así se distraen. Que jueguen al sindicato, si eso les contenta.

El pueblo todo observó que a Don Manuel le menguaban las fuerzas, que se fatigaba. Su voz misma, aquella voz que era un milagro, adquirió un cierto temblor íntimo. Se le asomaban las lágrimas 20 con cualquier motivo. Y sobre todo cuando hablaba al pueblo del otro mundo, de la otra vida, tenía que detenerse a ratos cerrando los ojos. "Es que lo está viendo", decían. Y en aquellos momentos era Blasillo el bobo el que con más cuajo [74] lloraba. Porque ya Blasillo lloraba más que reía, y hasta sus risas sonaban a lloros.[75]   25

Al llegar la última Semana de Pasión [76] que con nosotros, en nuestro mundo, en nuestra aldea celebró Don Manuel, el pueblo todo presintió el fin de la tragedia. ¡Y cómo sonó entonces aquel: "¡Dios mío, Dios mío!, ¿por qué me has abandonado?", el último que en público sollozó Don Manuel! Y cuando dijo lo del Divino Maestro 30 al buen bandolero [77] —"todos los bandoleros son buenos", solía decir

73. Reference here is to Karl Marx.
74. con más cuajo *most copiously*
75. sonaban a lloros *sounded like weeping*
76. Semana de Pasión *Easter Week*
77. al buen bandolero One of the two criminals crucified with Christ. "And he said unto Jesus, Lord, remember me when thou comest into thy kingdom. And Jesus said unto him, Verily I say unto thee, Today shalt thou be with me in paradise." (Luke 23:42–43.)

nuestro Don Manuel—, aquello de: "mañana estarás conmigo en el paraíso". ¡Y la última comunión general que repartió nuestro santo! Cuando llegó a dársela a mi hermano, esta vez con mano segura, después del litúrgico: "... *in vitam aeternam"* [78] se le inclinó al oído
5 y le dijo: "No hay más vida eterna que ésta... que la sueñen eterna... eterna de unos pocos años..." Y cuando me la dió a mí me dijo: "Reza, hija mía, reza por nosotros." Y luego, algo tan extraordinario que lo llevo en el corazón como el más grande misterio, y fué que me dijo con voz que parecía de otro mundo: "... y reza también por
10 Nuestro Señor Jesucristo..."
Me levanté sin fuerzas y como sonámbula. Y todo en torno me pareció un sueño. Y pensé: "Habré de rezar también por el lago y por la montaña." Y luego: "¿Es que estaré endemoniada?" Y en casa ya, cojí el crucifijo con el cual en las manos había entregado a Dios
15 su alma mi madre, y mirándolo a través de mis lágrimas y recordando el: "¡Dios mío, Dios mío!, ¿por qué me has abandonado?" de nuestros dos Cristos, el de esta tierra y el de esta aldea, recé, "hágase tu voluntad, así en la tierra como en el cielo", primero, y después: "y no nos dejes caer en la tentación, amén". Luego me volví a aque-
20 lla imagen de la Dolorosa,[79] con su corazón traspasado por siete espadas, que había sido el más doloroso consuelo de mi pobre madre, y recé: "Santa María, madre de Dios, ruega por nosotros, pecadores, ahora y en la hora de nuestra muerte, amén." Y apenas lo había rezado cuando me dije: "¿pecadores?, ¿nosotros pecadores?, ¿y cuál
25 es nuestro pecado, cuál?" Y anduve todo el día acongojada por esta pregunta.
Al día siguiente acudí a Don Manuel, que iba adquiriendo una solemnidad de religioso ocaso, y le dije:
—¿Recuerda, padre mío, cuando hace ya años, al dirigirle yo una
30 pregunta me contestó: "Eso no me lo preguntéis a mí, que soy ignorante; doctores tiene la Santa Madre Iglesia que os sabrán responder"?
—¡Que si me acuerdo!...[80] y me acuerdo que te dije que ésas eran preguntas que te dictaba el demonio.
35 —Pues bien, padre, hoy vuelvo yo, la endemoniada, a dirigirle otra pregunta que me dicta mi demonio de la guarda.[81]

78. in vitam aeternam Latin for "in Life Everlasting"
79. Cf. footnote 18.
80. ¡Que si me acuerdo! *Of course I remember!*
81. mi demonio de la guarda *my guardian devil*

—Pregunta.

—Ayer, al darme de comulgar,[82] me pidió que rezara por todos nosotros y hasta por...

—Bien, cállalo y sigue.

—Llegué a casa y me puse a rezar, y al llegar a aquello de "ruega por nosotros, pecadores, ahora y en la hora de nuestra muerte", una voz íntima me dijo: "¿pecadores?, ¿pecadores nosotros?, ¿y cuál es nuestro pecado?" ¿Cuál es nuestro pecado, padre?

—¿Cuál? —me respondió—. Ya lo dijo un gran doctor de la Iglesia Católica Apostólica Española, ya lo dijo el gran doctor de *La vida es sueño*,[83] ya dijo que "el delito mayor del hombre es haber nacido". Ése es, hija, nuestro pecado: el de haber nacido.

—¿Y se cura, padre?

—¡Vete y vuelve a rezar! Vuelve a rezar por nosotros, pecadores, ahora y en la hora de nuestra muerte... Sí, al fin se cura el sueño..., al fin se cura la vida..., al fin se acaba la cruz del nacimiento... Y como dijo Calderón, el hacer bien, y el engañar bien, ni aun en sueños se pierde...[84]

Y la hora de su muerte llegó por fin. Todo el pueblo la veía llegar. Y fué su más grande lección. No quiso morirse ni solo ni ocioso. Se murió predicando al pueblo, en el templo. Primero, antes de mandar que le llevasen a él, pues no podía ya moverse por la perlesía, nos llamó a su casa a Lázaro y a mí. Y allí, los tres a solas, nos dijo:

—Oíd: cuidad de estas pobres ovejas, que se consuelen de vivir, que crean lo que yo no he podido creer. Y tú, Lázaro, cuando hayas de morir, muere como yo, como morirá nuestra Ángela, en el seno de la Santa Madre Católica Apostólica Romana, de la Santa Madre Iglesia de Valverde de Lucerna, bien entendido. Y hasta nunca más ver,[85] pues se acaba este sueño de la vida...

—¡Padre, padre! —gemí yo.

—No te aflijas, Ángela, y sigue rezando por todos los pecadores, por todos los nacidos. Y que sueñen, que sueñen. ¡Qué ganas tengo de dormir, dormir, dormir sin fin, dormir por toda una eternidad y sin soñar!, ¡olvidando el sueño! Cuando me entierren, que sea en una

---

82. al darme de comulgar *when you gave me communion*
83. Pedro Calderón de la Barca (1600–1681)
84. The words from *La vida es sueño* are simply: "... aun en sueños no se pierde el hacer bien."
85. hasta nunca más ver *until never again*

caja hecha con aquellas seis tablas que tallé del viejo nogal, ¡pobrecito!, a cuya sombra jugué de niño, cuando empezaba a soñar... ¡Y
entonces sí que creía en la vida perdurable! Es decir, me figuro
ahora que creía entonces. Para un niño creer no es más que soñar.
5 Y para un pueblo. Esas seis tablas que tallé con mis propias manos,
las encontraréis al pie de mi cama.

Le dió un ahogo y, repuesto de él,[86] prosiguió:

—Recordaréis que cuando rezábamos todos en uno, en unanimidad
de sentido, hechos pueblo,[87] el Credo, al llegar al final yo me callaba.
10 Cuando los israelitas iban llegando al fin de su peregrinación por el
desierto, el Señor les dijo a Aarón y a Moisés que por no haberle
creído no meterían a su pueblo en la tierra prometida, y les hizo
subir al monte de Hor, donde Moisés hizo desnudar a Aarón, que
allí murió,[88] y luego subió Moisés desde las llanuras de Moab al
15 monte Nebo, a la cumbre del Fasga, enfrente de Jericó, y el Señor le
mostró toda la tierra prometida a su pueblo, pero diciéndole a él:
"¡No pasarás allá!" y allí murió Moisés y nadie supo su sepultura.[89]
Y dejó por caudillo a Josué. Sé tú, Lázaro, mi Josué, y si puedes
detener el sol, detenle, y no te importe del progreso.[90] Como Moisés,

86. le dió un ahogo y, repuesto de él   *he had a spasm of pain and then, having recovered*
87. hechos pueblo   *as one people*
88. And the children of Israel, even the whole congregation, journeyed from
Kadesh, and came into mount Hor. And the Lord spake unto Moses and Aaron
in mount Hor, by the coast of the land of Edom, saying, Aaron shall be gathered
unto his people: for he shall not enter into the land which I have given unto
the children of Israel, because ye rebelled against my word at the water of
Meribah. Take Aaron and Eleazar his son, and bring them up unto mount Hor:
And strip Aaron of his garments, and put them upon Eleazar his son: and Aaron
shall be gathered unto his people, and shall die there. And Moses did as the
Lord commanded: and they went up into mount Hor in the sight of all the congregation. And Moses stripped Aaron of his garments, and put them upon Eleazar
his son; and Aaron died there in the top of the mount: and Moses and Eleazar
came down from the mount. (Num. 20:22–28)
89. And Moses went up from the plains of Moab unto the mountain of Nebo,
to the tops of Pisgah, that is over against Jericho. And the Lord shewed him all
the land of Gilead, unto Dan, And all Naphtali, and the land of Ephraim, and
Manasseh, and all the land of Judah, unto the utmost sea, And the south, and
the plain of the valley of Jericho, the city of palm trees, unto Zoar. And the
Lord said unto him, This is the land which I sware unto Abraham, unto Isaac,
and unto Jacob, saying, I will give it unto thy seed: I have caused thee to see
it with thine eyes, but thou shalt not go thither. So Moses the servant of the
Lord died there in the land of Moab, according to the word of the Lord. And
he buried him in a valley in the land of Moab, over against Beth-peor: but no
man knoweth of his sepulchre unto this day. (**Deut.** 34:1–6)
90. Sé tú, Lázaro, mi Josué ... progreso. *You, Lázaro, be my Joshua, and if*

he conocido al Señor, nuestro supremo ensueño, cara a cara, y ya sabes que dice la Escritura que el que le ve la cara a Dios, que el que le ve al sueño los ojos de la cara con que nos mira, se muere sin remedio y para siempre. Que no le vea, pues, la cara a Dios este nuestro pueblo mientras viva, que después de muerto ya no hay 5 cuidado, pues no verá nada...

—¡Padre, padre, padre! —volví a gemir.

Y él:

—Tú, Ángela, reza siempre, sigue rezando para que los pecadores todos sueñen hasta morir la resurrección de la carne y la vida per- 10 durable...

Yo esperaba un "¿y quién sabe...?", cuando le dió otro ahogo a Don Manuel.

—Y ahora —añadió—, ahora, en la hora de mi muerte, es hora de que hagáis que se me lleve, en este mismo sillón, a la iglesia para 15 despedirme allí de mi pueblo, que me espera.

Se le llevó a la iglesia y se le puso, en el sillón, en el presbiterio, al pie del altar. Tenía entre sus manos un crucifijo. Mi hermano y yo nos pusimos junto a él, pero fué Blasillo el bobo quien más se arrimó. Quería cojer de la mano a Don Manuel, besársela. Y como 20 algunos trataran de impedírselo, Don Manuel les reprendió diciéndoles:

—Dejadle que se me acerque. Ven, Blasillo, dame la mano.

El bobo lloraba de alegría. Y luego Don Manuel dijo:

—Muy pocas palabras, hijos míos, pues apenas me siento con fuer- 25 zas sino para morir. Y nada nuevo tengo que deciros. Ya os lo dije todo. Vivid en paz y contentos y esperando que todos nos veamos un día, en la Valverde de Lucerna que hay allí, entre las estrellas de la noche que se reflejan en el lago, sobre la montaña. Y rezad, rezad a María Santísima, rezad a Nuestro Señor. Sed buenos, que esto basta. 30 Perdonadme el mal que haya podido haceros sin quererlo y sin saberlo. Y ahora, después de que os dé mi bendición, rezad todos a una el Padrenuestro, el Ave María, la Salve, y por último el Credo.[91]

Luego, con el crucifijo que tenía en la mano dió la bendición al pueblo, llorando las mujeres y los niños y no pocos hombres, y en 35

---

you can halt the sun, then halt it, and don't let progress matter to you. Joshua was Moses' successor; in the battle with the Amorites, Joshua spoke to the Lord and said "Sun, stand thou still ..." and the sun did not go down for a whole day. (Joshua 10:12–14)

91. Padrenuestro *the Lord's Prayer;* Ave María *Hail Mary;* Salve *Salve Regina,* prayer to the Virgin Mary; Credo *the Creed*

seguida empezaron las oraciones, que Don Manuel oía en silencio y
cojido de la mano por Blasillo, que al son del ruego se iba durmiendo. Primero el Padrenuestro con su "hágase tu voluntad así en
la tierra como en el cielo", luego el Santa María [92] con su "ruega
5 por nosotros, pecadores, ahora y en la hora de nuestra muerte", a
seguida [93] la Salve con su "gimiendo y llorando en este valle de
lágrimas", y por último el Credo. Y al llegar a la "resurrección de la
carne y la vida perdurable", todo el pueblo sintió que su santo había entregado su alma a Dios. Y no hubo que cerrarle los ojos,
10 porque se murió con ellos cerrados. Y al ir a despertar a Blasillo nos
encontramos con que se había dormido en el Señor para siempre.
Así que hubo luego que enterrar dos cuerpos.

El pueblo todo se fué en seguida a la casa del santo a recojer re-
liquias, a repartirse retazos de sus vestiduras, a llevarse lo que pu-
15 dieran como reliquia y recuerdo del bendito mártir. Mi hermano
guardó su breviario, entre cuyas hojas encontró, desecada y como
en un herbario, una clavellina pegada a un papel y en éste una cruz
con una fecha.

Nadie en el pueblo quiso creer en la muerte de Don Manuel; to-
20 dos esperaban verle a diario,[94] y acaso le veían, pasar a lo largo del
lago y espejado en él o teniendo por fondo las montañas; todos seguían oyendo su voz, y todos acudían a su sepultura, en torno a la
cual surgió todo un culto. Las endemoniadas venían ahora a tocar
la cruz de nogal, hecha también por sus manos y sacada del mismo
25 árbol de donde sacó las seis tablas en que fué enterrado. Y los que
menos queríamos creer que se hubiese muerto éramos mi hermano
y yo.

Él, Lázaro, continuaba la tradición del santo y empezó a redactar
lo que le había oído, notas de que me he servido para esta mi me-
30 moria.

—Él me hizo un hombre nuevo, un verdadero Lázaro, un resuci-
tado [95] —me decía—. Él me dió fe.

—¿Fe? —le interrumpía yo.

—Sí, fe, fe en el consuelo de la vida, fe en el contento de la vida.
35 Él me curó de mi progresismo. Porque hay, Ángela, dos clases de

92. Santa María = Ave María
93. a seguida *followed by*
94. a diario *as always*
95. Lazarus had been in the tomb four days when Jesus raised him from the
dead. (John 11:1–44)

hombres peligrosos y nocivos: los que convencidos de la vida de
ultratumba, de la resurrección de la carne, atormentan, como in-
quisidores que son, a los demás para que, despreciando esta vida
como transitoria, se ganen la otra, y los que no creyendo más que
en este...   5
—Como acaso tú... —le decía yo.
—Y sí, y como Don Manuel. Pero no creyendo más que en este
mundo, esperan no sé qué sociedad futura, y se esfuerzan en negarle
al pueblo el consuelo de creer en otro...
—De modo que...   10
—De modo que hay que hacer que vivan de la ilusión.

El pobre cura que llegó a sustituir a Don Manuel en el curato
entró en Valverde de Lucerna abrumado por el recuerdo del santo
y se entregó a mi hermano y a mí para que le guiásemos. No quería
sino seguir las huellas del santo. Y mi hermano le decía: "Poca teolo- 15
gía, ¿eh?, poca teología; religión, religión." Y yo al oírselo me sonreía pensando si es que no era también teología lo nuestro.
    Yo empecé entonces a temer por mi pobre hermano. Desde que se
nos murió Don Manuel no cabía decir [96] que viviese. Visitaba a
diario su tumba y se pasaba horas muertas [97] contemplando el lago. 20
Sentía morriña de la paz verdadera.
—No mires tanto al lago —le decía yo.
—No, hermana, no temas. Es otro el lago que me llama; es otra la
montaña. No puedo vivir sin él.
—¿Y el contento de vivir, Lázaro, el contento de vivir?   25
—Eso para otros pecadores, no para nosotros, que le hemos visto la
cara a Dios, a quienes nos ha mirado con sus ojos el sueño de la vida.
—¿Qué, te preparas a ir a ver a Don Manuel?
—No, hermana, no; ahora y aquí en casa, entre nosotros solos,
toda la verdad por amarga que sea,[98] amarga como el mar a que 30
van a parar las aguas de este dulce lago, toda la verdad para ti, que
estás abroquelada contra ella...
—¡No, no, Lázaro; ésa no es la verdad!
—La mía, sí.
—La tuya, ¿pero y la de...?   35
—También la de él.

96. no cabía decir *one could not say*
97. horas muertas *hours on end*
98. por amarga que sea *no matter how bitter it may be*

—¡Ahora no, Lázaro; ahora no! Ahora cree otra cosa, ahora cree...

—Mira, Ángela, una de las veces en que al decirme Don Manuel que hay cosas que aunque se las diga uno a sí mismo debe callárselas
5 a los demás, le repliqué que me decía eso por decírselas a él, esas mismas, a sí mismo, y acabó confesándome que creía que más de uno de los más grandes santos, acaso el mayor, había muerto sin creer en la otra vida.

—¿Es posible?

10 —¡Y tan posible! Y ahora, hermana, cuida que no sospechen siquiera aquí, en el pueblo, nuestro secreto...

—¿Sospecharlo? —le dije—. Si intentase, por locura, explicárselo, no lo entenderían. El pueblo no entiende de palabras; el pueblo no ha entendido más que vuestras obras. Querer exponerles eso sería
15 como leer a unos niños de ocho años unas páginas de Santo Tomás de Aquino...[99] en latín.

—Bueno, pues cuando yo me vaya, reza por mí y por él y por todos.

Y por fin le llegó también su hora. Una enfermedad que iba minando su robusta naturaleza pareció exacerbársele con la muerte de
20 Don Manuel.

—No siento tanto tener que morir —me decía en sus últimos días—, como que conmigo se muere otro pedazo del alma de Don Manuel. Pero lo demás de él vivirá contigo. Hasta que un día hasta los muertos nos moriremos del todo.

25 Cuando se hallaba agonizando entraron, como se acostumbra en nuestras aldeas, los del pueblo a verle agonizar, y encomendaban su alma a Don Manuel, a San Manuel Bueno, el mártir. Mi hermano no les dijo nada, no tenía ya nada que decirles; les dejaba dicho todo, todo lo que queda dicho.[100] Era otra laña más entre las dos
30 Valverdes de Lucerna, la del fondo del lago y la que en su sobrehaz se mira; era ya uno de nuestros muertos de vida,[101] uno también, a su modo, de nuestros santos.

Quedé más que desolada, pero en mi pueblo y con mi pueblo. Y ahora, al haber perdido a mi San Manuel, al padre de mi alma, y a
35 mi Lázaro, mi hermano aún más que carnal, espiritual, ahora es

99. Saint Thomas Aquinas (c. 1225–1274), greatest of the scholastic philosophers, known as the Angelic Doctor
100. les dejaba dicho todo, todo lo que queda dicho *he had told them everything that was to be said*
101. uno de ... de vida *one of ours who had died to mortal life*

cuando me doy cuenta de que he envejecido y de cómo he envejecido. Pero ¿es que los he perdido?, ¿es que he envejecido?, ¿es que me acerco a mi muerte?

¡Hay que vivir! Y él me enseñó a vivir, él nos enseñó a vivir, a sentir la vida, a sentir el sentido de la vida, a sumergirnos en el alma 5 de la montaña, en el alma del lago, en el alma del pueblo de la aldea, a perdernos en ellas para quedar en ellas. Él me enseñó con su vida a perderme en la vida del pueblo de mi aldea, y no sentía yo más pasar las horas, y los días y los años, que no sentía pasar el agua del lago. Me parecía como si mi vida hubiese de ser siempre igual. 10 No me sentía envejecer. No vivía yo ya en mí, sino que vivía en mi pueblo y mi pueblo vivía en mí. Yo quería decir lo que ellos, los míos, decían sin querer. Salía a la calle, que era la carretera, y como conocía a todos, vivía en ellos y me olvidaba de mí, mientras que en Madrid, donde estuve alguna vez con mi hermano, como a nadie 15 conocía, sentíame en terrible soledad y torturada por tantos desconocidos.

Y ahora, al escribir esta memoria, esta confesión íntima de mi experiencia de la santidad ajena, creo que Don Manuel Bueno, que mi San Manuel y que mi hermano Lázaro se murieron creyendo no 20 creer lo que más nos interesa, pero sin creer creerlo, creyéndolo en una desolación activa y resignada.

Pero ¿por qué —me he preguntado muchas veces— no trató Don Manuel de convertir a mi hermano también con un engaño, con una mentira, fingiéndose creyente sin serlo? Y he comprendido que fué 25 porque comprendió que no le engañaría, que para con él no le serviría el engaño, que sólo con la verdad, con su verdad, le convertiría; que no habría conseguido nada si hubiese pretendido representar para con él una comedia —tragedia más bien—, la que representaba para salvar al pueblo. Y así le ganó, en efecto, para su 30 piadoso fraude; así le ganó con la verdad de muerte a la razón de vida.[102] Y así me ganó a mí, que nunca dejé transparentar a los otros su divino, su santísimo juego. Y es que creía y creo que Dios Nuestro Señor, por no sé qué sagrados y no escudriñaderos [103] designios, les hizo creerse incrédulos. Y que acaso en el acabamiento de su tránsito 35 se les cayó la venda.[104] ¿Y yo, creo?

102. así le ganó ... de vida *with the truth of death he won him over to the cause of life*

103. no escudriñaderos *inscrutable*

104. en el acabamiento ... la venda *at the end of their lives the scales fell from their eyes*

Y al escribir esto ahora, aquí, en mi vieja casa materna, a mis más
que cincuenta años, cuando empiezan a blanquear con mi cabeza
mis recuerdos, está nevando, nevando sobre el lago, nevando sobre
la montaña, nevando sobre las memorias de mi padre, el forastero;
5 de mi madre, de mi hermano Lázaro, de mi pueblo, de mi San Manuel, y también sobre la memoria del pobre Blasillo, de mi San
Blasillo, y que él me ampare desde el cielo. Y esta nieve borra esqui-
nas y borra sombras, pues hasta de noche la nieve alumbra. Y yo no
sé lo que es verdad y lo que es mentira, ni lo que vi y lo que soñé —o
10 mejor lo que soñé y lo que sólo vi—, ni lo que supe ni lo que creí.
No sé si estoy traspasando a este papel, tan blanco como la nieve, mi
conciencia que en él se ha de quedar, quedándome yo sin ella. ¿Para
qué tenerla ya...?

¿Es que sé algo?, ¿es que creo algo? ¿Es que esto que estoy aquí
15 contando ha pasado y ha pasado tal y como lo cuento? ¿Es que pueden pasar estas cosas? ¿Es que todo esto es más que un sueño soñado
dentro de otro sueño? ¿Seré yo, Ángela Carballino, hoy cincuentona,
la única persona que en esta aldea se ve acometida de estos pensamientos extraños para los demás? ¿Y éstos, los otros, los que me
20 rodean, creen? ¿Qué es eso de creer? Por lo menos, viven. Y ahora
creen en San Manuel Bueno, mártir, que sin esperar inmortalidad
les mantuvo en la esperanza de ella.

Parece que el ilustrísimo señor obispo, el que ha promovido el
proceso de beatificación de nuestro santo de Valverde de Lucerna, se
25 propone escribir su vida, una especie de manual del perfecto párroco, y recoje para ello toda clase de noticias. A mí me las ha pedido
con insistencia, ha tenido entrevistas conmigo, le he dado toda clase
de datos, pero me he callado siempre el secreto trágico de Don Manuel y de mi hermano. Y es curioso que él no lo haya sospechado. Y
30 confío en que no llegue a su conocimiento todo lo que en esta memoria dejo consignado. Les temo a las autoridades de la tierra, a las
autoridades temporales, aunque sean las de la Iglesia.

Pero aquí queda esto, y sea de su suerte lo que fuere.[105]

¿Cómo vino a parar a mis manos este documento, esta memoria de
35 Ángela Carballino? He aquí algo, lector, algo que debo guardar en
secreto. Te la doy tal y como a mí ha llegado, sin más que corregir
pocas, muy pocas particularidades de redacción. ¿Que se parece
mucho a otras cosas que yo he escrito? Esto nada prueba contra su

105. y sea ... fuere *and let its fate be what it will*

objetividad, su originalidad. ¿Y sé yo, además, si no he creado fuera de mí seres reales y efectivos, de *alma inmortalidad?* [106] ¿Sé yo si aquel Augusto Pérez, el de mi novela *Niebla*,[107] no tenía razón al pretender ser más real, más objetivo que yo mismo, que creía haberle inventado? De la realidad de este San Manuel Bueno, mártir, tal como me le ha revelado su discípula e hija espiritual Ángela Carballino, de esta realidad no se me ocurre dudar. Creo en ella más que creía el mismo santo; creo en ella más que creo en mi propia realidad.

Y ahora, antes de cerrar este epílogo, quiero recordarte, lector paciente, el versillo noveno de la Epístola del olvidado apóstol San Judas [108] —¡lo que hace un nombre!—,[109] donde se nos dice cómo mi celestial patrono, San Miguel Arcángel —Miguel quiere decir "¿Quién como Dios?", y arcángel, archimensajero—,[110] disputó con el diablo —diablo quiere decir acusador, fiscal— por el cuerpo de Moisés y no toleró que se lo llevase en juicio de maldición,[111] sino que le dijo al diablo: "El Señor te reprenda." Y el que quiera entender que entienda.

Quiero también, ya que Ángela Carballino mezcló a su relato sus propios sentimientos, ni sé que otra cosa quepa,[112] comentar yo aquí lo que ella dejó dicho de que si Don Manuel y su discípulo Lázaro hubiesen confesado al pueblo su estado de creencia, éste, el pueblo, no les habría entendido. Ni les habría creído, añado yo. Habrían creído a sus obras y no a sus palabras, porque las palabras no sirven para apoyar las obras, sino que las obras se bastan. Y para un pueblo como el de Valverde de Lucerna no hay más confesión que la conducta. Ni sabe el pueblo qué cosa es fe, ni acaso le importa mucho.

Bien sé que en lo que se cuenta en este relato, si se quiere [113] novelesco —y la novela es la más íntima historia, la más verdadera, por lo que no me explico que haya quien se indigne de que se llame novela al Evangelio, lo que es elevarle, en realidad, sobre un croni-

---

106. alma inmortalidad   *immortal soul*

107. Augusto Pérez, the protagonist of Unamuno's novel *Niebla,* has an interview with the author toward the end of the book.

108. la Epístola ... San Judas   *the Epistle of the forgotten apostle Saint Jude*

109. ¡lo que hace un nombre!   *what a difference a name makes! Judas* means both Jude and Judas.

110. archimensajero   *archmessenger*

111. en juicio de maldición   *to damnation*

112. ni sé ... quepa   *and I don't know how it could be otherwise*

113. si se quiere   *if you will*

cón cualquiera—,[114] bien sé que en lo que se cuenta en este relato no pasa nada; mas espero que sea porque en ello todo se queda, como se quedan los lagos y las montañas y las santas almas sencillas asentadas más allá de la fe y de la desesperación, que [115] en ellos, en los 5 lagos y las montañas, fuera de la historia, en divina novela, se cobijaron.

Salamanca, noviembre de 1930.

114. un cronicón cualquiera *a mere chronicle*
115. que *for*

Ramón María del Valle-Inclán

(1866–1936)

The most consciously artistic and picturesque figure of the *Generation of 1898* was Ramón María del Valle-Inclán, born in Pontevedra, Galicia, in 1866. A serious and devoted creator of works of exquisite craftsmanship, Valle-Inclán also created a personal legend and tried to live up to it. His carefully cultivated eccentricities have produced a veritable storehouse of Valle-Inclán anecdotes (apocryphal as well as genuine), and his unusual appearance once caused Ramón Gómez de la Serna to remark: "Era la mejor máscara a pie que cruzaba la calle de Alcalá." Complete with long hair, beard, and spectacles, he contributed an original note to the literary bohemia of his day.

The early works of Valle-Inclán, particularly the four *Sonatas* (1902–1905), are a compound of sensuality, diabolism, and refined decadence set in an elaborately described, richly decorated background. The Marqués de Bradomín, "feo, católico y sentimental," is the central figure of the *Sonatas*. He is the essence of a *fin-de-siècle* Don Juan: aristocratic, aesthetic, erotic, and sufficiently religious to derive a perverse joy from profanation. The Marqués moves in a rarefied world of exquisite objects, people, and landscapes, dramatizing the author's love for beauty and his desire to cultivate "el arte por el arte." The *Sonatas* are clearly related to the Symbolist and Modernist movements in poetry and suggest the influence of Baudelaire, Rimbaud, and D'Annunzio *inter alia*.

Jardin umbrío (1903) and *Flor de santidad* (1904), although of the same period, are essentially regional in atmosphere and flavor. The dominant element in these works is Galicia with its archaic traditions and its folklore, full of mystery, superstition, and magic. The tales in *Jardin umbrío* are, in the words of the author, "historias de santos, de almas en pena, de duendes y ladrones." Azorín wrote that the greatest contribution of Valle-Inclán "...consiste en haber traído al arte esta sensación de la Galicia triste y trágica, este *algo que vive y que no se ve,* esta difusa aprensión por la muerte...este misterio de los palacios centenarios y de las abruptas soledades."

A Carlist in his early years, Valle-Inclán wrote three novels under the general title of "La guerra carlista": *Los cruzados de la causa, El resplandor de la hoguera,* and *Gerifaltes de antaño* (1908–1909). In these novels, as well as in the "comedias bárbaras" written between 1907 and 1922 (*Cara de plata, Águila de blasón, Romance de lobos*), Don Juan Manuel de Montenegro appears in a central role. Don Juan Manuel is a Galician nobleman, relative of the Marqués de Bradomín and the incarnation of the feudal baron; arrogant, rebellious, and violent, he recalls the heroes of old Spanish ballads. In *Cara de plata* he is described as an "hidalgo mujeriego y despótico, hospitalario y violento, rey suevo en su pazo de Lantañón." Toward the end of this same play Don Juan Manuel declares, not without pride: "Soy el peor de los hombres... Satanás ha sido siempre mi patrono." In these remarks it is plain that his relationship to Bradomín is not merely one of ancestry.

The Carlist novels and plays are markedly dramatic, and in them the author depicts a world of action and violence with such vivid strokes that Don Juan Manuel, despite his commanding presence, is often subordinated to his milieu. A further step away from the individual and toward the collective is taken in the novels of the series entitled *El ruedo ibérico* (1927–1928) which constitute a cruelly realistic satire on the era of Isabel II.

It is in the drama of his later period more than in any other genre that Valle-Inclán reveals his talent for caricature, for painting scenes of ugliness and baseness. The "esperpentos," as these grotesque plays are called, are equivalent in tone to the satires of Quevedo and Goya. The "esperpento," according to Ramiro de Maeztu, is "El aspecto negativo del mundo, el baile visto por un sordo, la religión examinada por un escéptico." The poetry of Valle-Inclán traces the same trajectory as his prose: while the early verses are written in the Modernist vein, his later works (*La pipa de kif,* 1930, for example) are the lyrical equivalent of the "esperpento."

The art of Valle-Inclán in its totality is, then, multifaceted: sensuous and poetic, artificial and elegant on the one hand—cynically realistic and bitterly mordant on the other.

Jardín umbrío

ROSARITO

CAPÍTULO I

Sentada ante uno de esos arcaicos veladores con tablero de damas, que tanta boga conquistaron en los comienzos del siglo, cabecea el sueño[1] la anciana Condesa de Cela. Los mechones plateados de sus cabellos, escapándose de la toca de encajes, rozan con intermitencias los naipes alineados para un solitario. En el otro extremo del canapé, está su nieta Rosarito. Aunque muy piadosas entrambas damas, es lo cierto[2] que ninguna presta atención a la vida del santo del día, que el capellán del Pazo lee en alta voz, encorvado sobre el velador, y calados los espejuelos de recia armazón dorada. De pronto Rosarito levanta la cabeza, y se queda como abstraída, fijos los ojos en la puerta del jardín que se abre sobre un fondo de ramajes oscuros y misteriosos. ¡No más misteriosos, en verdad, que la mirada de aquella niña pensativa y blanca! Vista a la tenue claridad de la lámpara, con la rubia cabeza en divino escorzo, la sombra de las pestañas temblando en el marfil de la mejilla, y el busto delicado y gentil destacándose en penumbra incierta sobre la dorada talla, y el damasco azul celeste del canapé, Rosarito recordaba esas ingenuas madonas pintadas sobre fondo de estrellas y luceros.

CAPÍTULO II

La niña entorna los ojos, palidece, y sus labios agitados por temblor extraño dejan escapar un grito:

—¡Jesús...! ¡Qué miedo!...

Interrumpe su lectura el clérigo; y mirándola por encima de los espejuelos, carraspea:

—¿Alguna araña, eh, señorita?...

1. cabecea el sueño *is dozing*
2. es lo cierto *the truth is*

67

Rosarito mueve la cabeza:

—¡No, señor, no!

Rosarito estaba muy pálida. Su voz, un poco velada, tenía esa inseguridad delatora del miedo y de la angustia. En vano por aparecer
5 serena quiso continuar la labor que yacía en su regazo. Temblaba demasiado entre aquellas manos pálidas, trasparentes como las de una santa; manos místicas y ardientes, que parecían adelgazadas en la oración, por el suave roce de las cuentas del rosario. Profundamente abstraída clavó las agujas en el brazo del canapé. Después con
10 voz baja e íntima, cual si hablase consigo misma, balbuceó:

—¡Jesús!... ¡Qué cosa tan extraña!

Al mismo tiempo entornó los párpados, y cruzó las manos sobre el seno de cándidas y gloriosas líneas. Parecía soñar. El capellán la miró con extrañeza:
15 —¿Qué le pasa, señorita Rosario?

La niña entreabrió los ojos y lanzó un suspiro:

—¿Diga, Don Benicio, será algún aviso del otro mundo?...

—¡Un aviso del otro mundo!... ¿Qué quiere usted decir?

Antes de contestar, Rosarito dirigió una nueva mirada al miste-
20 rioso y dormido jardín a través de cuyos ramajes se filtraba la blanca luz de la luna; luego con voz débil y temblorosa murmuró:

—Hace un momento juraría haber visto entrar por esa puerta a Don Miguel Montenegro...

—¿Don Miguel, señorita?... ¿Está usted segura?
25 —Sí; era él, y me saludaba sonriendo...

—¿Pero usted recuerda a Don Miguel Montenegro? Si lo menos hace diez años que está en la emigración.[3]

—Me acuerdo, Don Benicio, como si le hubiese visto ayer. Era yo muy niña, y fuí con el abuelo a visitarle en la cárcel de Santiago,[4]
30 donde le tenían preso por liberal. El abuelo le llamaba primo. Don Miguel era muy alto, con el bigote muy retorcido, y el pelo blanco y rizoso.

El capellán asintió:

—Justamente, justamente. A los treinta años tenía la cabeza más
35 blanca que yo ahora. Sin duda, usted habrá oído referir la historia...

Rosarito juntó las manos:

---

3. Si lo menos ... emigración. *But he's been out of the country for at least ten years.*

4. Santiago ancient city in Galicia and a celebrated shrine since the Middle Ages. It is believed that the remains of St. James the Greater are found there.

—¡Oh! ¡Cuántas veces! El abuelo la contaba siempre.

Se interrumpió viendo enderezarse a la Condesa. La anciana señora miró a su nieta con severidad, y todavía mal despierta murmuró:

—¿Qué tanto tienes que hablar,[5] niña? Deja leer a Don Benicio. 5

Rosarito inclinó la cabeza y se puso a mover las agujas de su labor. Pero Don Benicio, que no estaba en ánimo de seguir leyendo, cerró el libro y bajó los anteojos hasta la punta de la nariz.

—Hablábamos del famoso Don Miguel, Señora Condesa. Don Miguel Montenegro, emparentado, si no me engaño, con la ilustre casa 10 de los Condes de Cela...

La anciana le interrumpió:

—¿Y a dónde han ido ustedes a buscar esa conversación? [6] ¿También usted ha tenido noticia del hereje de mi primo? Yo sé que está en el país, y que conspira. El cura de Cela, que le conoció mucho en 15 Portugal, le ha visto en la feria de Barbanzón, disfrazado de chalán.

Don Benicio se quitó los anteojos vivamente:

—¡Hum! He ahí una noticia, y una noticia de las más extraordinarias. ¿Pero no se equivocaría el cura de Cela?...

La Condesa se encogió de hombros: 20

—¡Qué! ¿Lo duda usted? Pues yo no. ¡Conozco harto bien a mi señor primo!

—Los años quebrantan las peñas, Señora Condesa. Cuatro anduve yo por las montañas de Navarra [7] con el fusil al hombro, y hoy, mientras otros baten el cobre, tengo que contentarme con pedir a 25 Dios en la misa el triunfo de la santa causa.[8]

Una sonrisa desdeñosa asomó en la desdentada boca de la linajuda señora:

—¿Pero quiere usted compararse, Don Benicio?... Ciertamente que en el caso de mi primo, cualquiera se miraría [9] antes de atravesar la 30

5. ¿Qué ... hablar? *How do you find so much to talk about?*

6. ¿Y a dónde ... conversación? *What in the world made you start such a conversation?*

7. Navarra   a province in northern Spain, once the focal point of Carlist warfare. Cf. footnote 8.

8. la santa causa   the cause of the Carlists. When Isabel II ascended the throne, a dissident faction supporting the claims of her uncle, Don Carlos, rebelled, and there ensued a series of civil wars commonly known as the Carlist Wars. The most serious clashes occurred in the 1830's and the 1870's. The Carlists were ultraconservatives, supported by the Church, hence the chaplain's *santa causa.*

9. cualquiera se miraría   *anybody else would have thought it over carefully*

frontera; pero esa rama de los Montenegros es de locos.[10] Loco era
mi tío Don José, loco es el hijo y locos serán los nietos. Usted habrá
oído mil veces en casa de los curas hablar de Don Miguel; pues bien,
todo lo que se cuenta no es nada comparado con lo que ese hombre
5 ha hecho.

El clérigo repitió a media voz:

—Ya sé, ya sé... Tengo oído [11] mucho. ¡Es un hombre terrible, un
libertino, un masón! [12]

La Condesa alzó los ojos al cielo y suspiró:

10 —¿Vendrá a nuestra casa? ¿Qué le parece a usted?

—¿Quién sabe? Conoce el buen corazón de la Señora Condesa.

El capellán sacó del pecho de su levitón un gran pañuelo a cuadros azules, y lo sacudió en al aire con suma parsimonia. Después se
limpió la calva:

15 —¡Sería una verdadera desgracia! Si la Señora atendiese mi consejo, le cerraría la puerta.

Rosarito lanzó un suspiro. Su abuela la miró severamente y se
puso a repiquetear con los dedos en el brazo del canapé:

—Eso se dice pronto, Don Benicio. Está visto que usted no le co-
20 noce. Yo le cerraría la puerta y él la echaría abajo. Por lo demás,
tampoco debo olvidar que es mi primo.

Rosarito alzó la cabeza. En su boca de niña temblaba la sonrisa
pálida de los corazones tristes, y en el fondo misterioso de sus pupilas brillaba una lágrima rota. De pronto lanzó un grito. Parado [13]
25 en el umbral de la puerta del jardín estaba un hombre de cabellos
blancos, estatura gentil y talle todavía arrogante y erguido.

CAPÍTULO III

Don Miguel de Montenegro podría frisar en los sesenta años. Tenía ese hermoso y varonil tipo suevo [14] tan frecuente en los hidalgos

---

10. In the Carlist novels and the *comedias bárbaras,* another branch of the
Montenegro family plays a prominent role: Don Juan Manuel de Montenegro
and his turbulent, violent sons.

11. tengo oído = he oído

12. un masón Freemasonry was frowned upon by the Church to such an
extent that on several occasions, in both the eighteenth and nineteenth centuries,.
members of Masonic lodges were excommunicated. King Ferdinand VII ordered
the dissolution of Masonic societies in 1823.

13. parado *standing*

14. suevo *Swabian.* The Swabians invaded Galicia and Portugal in the fifth
century.

de la montaña gallega. Era el mayorazgo de una familia antigua y
linajuda, cuyo blasón lucía dieciséis cuarteles de nobleza,[15] y una
corona real en el jefe. Don Miguel, con gran escándalo de sus deudos
y allegados, al volver de su primera emigración hizo picar las armas
que campeaban sobre la puerta de su Pazo solariego, un caserón an-   5
tiguo y ruinoso, mandado edificar por el Mariscal Montenegro, que
figuró en las guerras de Felipe V [16] y fué el más notable de los de su
linaje. Todavía se conserva en el país memoria de aquel señorón
excéntrico, déspota y cazador, beodo y hospitalario. Don Miguel a
los treinta años había malbaratado su patrimonio. Solamente con- 10
servó las rentas y tierras de vínculo,[17] el Pazo y una capellanía, todo
lo cual apenas le daba para comer.[18] Entonces empezó su vida de
conspirador y aventurero, vida tan llena de riesgos y azares como la
de aquellos segundones hidalgos que se enganchaban en los tercios
de Italia por buscar lances de amor, de espada y de fortuna.[19] Li- 15
beral aforrado en masón,[20] fingía gran menosprecio por toda suerte
de timbres nobiliarios, lo que no impedía que fuese altivo y cruel
como un árabe noble. Interiormente sentíase orgulloso de su abolengo, y pese a su despreocupación dantoniana,[21] placíale referir la
leyenda heráldica que hace descender a los Montenegros de una 20
emperatriz alemana. Creíase emparentado con las más nobles casas
de Galicia, y desde el Conde de Cela al de Altamira, con todos se
igualaba y a todos llamaba primos, como se llaman entre sí los reyes.
En cambio, despreciaba a los hidalgos sus vecinos y se burlaba de
ellos sentándolos a su mesa y haciendo sentar a sus criados. Era cosa 25
de ver a Don Miguel erguirse cuan alto era,[22] con el vaso desbordante, gritando con aquella engolada voz de gran señor que ponía
asombro en sus huéspedes:

15. dieciséis ... nobleza The *cuarteles* or quarterings of the shield represent
the arms of the different families from which the owner of the shield is de-
scended. The number of quarterings varies, but there are rarely more than 64.

16. Felipe V *Philip V*, first Bourbon King of Spain, who ruled from 1700
to 1746. The reference is to the Wars of the Spanish Succession.

17. tierras de vínculo *an entailed estate*. Such property remains within a
family and is passed down through the generations.

18. todo lo cual ... comer *all of which scarcely yielded him a living*

19. Ancient feudal estates were inherited by the first-born or *mayorazgo;* hence
younger sons usually entered either the church or the army.

20. liberal aforrado en masón *a liberal with a tendency toward Freemasonry.*
Freemasonry was usually associated with liberalism in the nineteenth century.

21. dantoniana George Jacob Danton was a member of the Committee of
Public Safety in the French Revolution. He was beheaded in 1794.

22. Era cosa ... era *It was something to see Don Miguel rise to his full height*

—En mi casa, señores, todos los hombres son iguales. Aquí es ley la doctrina del filósofo de Judea.²³

Don Miguel era uno de esos locos de buena vena,²⁴ con maneras de gran señor, ingenio de coplero y alientos de pirata. Bullía de
5 continuo en él una desesperación sin causa ni objeto, tan pronto arrebatada como burlona, ruidosa como sombría. Atribuíansele cosas verdaderamente extraordinarias. Cuando volvió de su primera emigración encontróse hecha la leyenda.²⁵ Los viejos liberales partidarios de Riego ²⁶ contaban que le había blanqueado el cabello
10 desde que una sentencia de muerte tuviérale tres días en capilla, de la cual consiguiera fugarse por un milagro de audacia. Pero las damiselas de su provincia, abuelas hoy que todas suspiran cuando recitan a sus nietas los versos de "El Trovador",²⁷ referían algo mucho más hermoso... Pasaba esto en los buenos tiempos del romanticismo,
15 y fué preciso suponerle víctima de trágicos amores. ¡Cuántas veces oyera Rosarito en la tertulia de sus abuelos la historia de aquellos cabellos blancos! Contábala siempre su tía la de Camarasa —una señorita cincuentona que leía novelas con el ardor de una colegiala, y todavía cantaba en los estrados aristocráticos de Compostela ²⁸ me-
20 lancólicas tonadas del año treinta—. Amada de Camarasa conoció a Don Miguel en Lisboa, cuando las bodas del Infante Don Miguel.²⁹ Era ella una niña, y habíale quedado muy presente ³⁰ la sombría figura de aquel emigrado español ³¹ de erguido talle y ademán altivo,

23. filósofo de Judea   Jesus Christ
24. de buena vena   *inspired*
25. encontróse ... leyenda   *the legend was already made*
26. Rafael de Riego, Spanish general and foe of absolutism, led a rebellion in 1820 to re-establish the Constitution of 1812, which had been abrogated by King Ferdinand VII. Riego fought against the French who had come to Spain to re-establish Ferdinand VII as absolute monarch, subsequently fell prisoner, and was condemned to death in 1823. The revolutionary hymn of his troops was adopted as the national anthem by the Republic in 1931.
27. El Trovador   a play by Antonio García Gutiérrez (1813–1884) on which Verdi's opera *Il Trovatore* was based. *El Trovador* was written in 1836 when the Romantic movement in Spain was in flower.
28. Compostela   Santiago de Compostela. Cf. footnote 4.
29. Infante D. Miguel   a son of the Portuguese King John VI. When the King died in 1826, the rival claims of his two sons to the throne became an object of contention between Spanish liberal émigrés and royalist, antiliberal factions.
30. y habíale ... presente   *and she remembered very well*
31. emigrado español   During the period between the end of the Peninsular War in 1814 and the death of Ferdinand VII in 1833, many active liberals were obliged to leave Spain. England and Portugal became havens of refuge for these émigrés.

que todas las mañanas se paseaba con el poeta Espronceda [32] en el atrio de la catedral, y no daba un paso sin golpear fieramente el suelo con la contera de su caña de Indias. Amada de Camarasa no podía menos de suspirar siempre que hacía memoria de los alegres años pasados en Lisboa. ¡Quizá volvía a ver con los ojos de la imagi- 5 nación la figura de cierto hidalgo lusitano de moreno rostro y amante labia, que había sido la única pasión de su juventud!... Pero ésta es otra historia que nada tiene que ver con la de Don Miguel de Montenegro.

CAPÍTULO IV

El mayorazgo se había detenido en medio de la espaciosa sala, y 10 saludaba encorvando su aventajado talle, aprisionado en largo levitón.

—Buenas noches, Condesa de Cela. ¡He aquí a tu primo Montenegro que viene de Portugal!

Su voz, al sonar en medio del silencio de la anchurosa y oscura 15 sala del Pazo, parecía más poderosa y más hueca. La Condesa, sin manifestar extrañeza, repuso con desabrimiento:

—Buenas noches, señor mío.

Don Miguel se atusó el bigote, y sonrió, como hombre acostumbrado a tales desvíos y que los tiene en poco. De antiguo recibíasele 20 de igual modo en casa de todos sus deudos y allegados, sin que nunca se le antojara tomarlo a pecho. Contentábase con hacerse obedecer de los criados, y manifestar hacia los amos cierto desdén de gran señor. Era de ver [33] cómo aquellos hidalgos campesinos que nunca habían salido de sus madrigueras concluían por humillarse 25 ante la apostura caballeresca y la engolada voz del viejo libertino, cuya vida de conspirador, llena de azares desconocidos, ejercía sobre ellos el poder sugestivo de lo tenebroso. Don Miguel acercóse rápido a la Condesa y tomóle la mano con aire a un tiempo cortés y familiar: 30

—Espero, prima, que me darás hospitalidad por una noche.

Así diciendo, con empaque de viejo gentil-hombre, arrastró un pesado sillón de moscovia, y tomó asiento al lado del canapé. En seguida, y sin esperar respuesta, volvióse a Rosarito. ¡Acaso había

---

32. José de Espronceda (1808–1842), Spanish Romantic poet, often called the "Byron of Spain." He spent some time in exile in Portugal and England because of his revolutionary activities.

33. era de ver *you should have seen*

sentido el peso magnético de aquella mirada que tenía la curiosidad de la virgen y la pasión de la mujer! Puso el emigrado una mano sobre la rubia cabeza de la niña, obligándola a levantar los ojos, y con esa cortesanía exquisita y simpática de los viejos que han
5 amado y galanteado mucho en su juventud, pronunció a media voz —¡la voz honda y triste con que se recuerda el pasado!—:

—¿Tú no me reconoces, verdad, hija mía? Pero yo sí, te reconocería en cualquier parte... ¡Te pareces tanto a una tía tuya, hermana de tu abuelo, a la cual ya no has podido conocer!... ¿Tú te llamas Rosa-
10 rito, verdad?

—Sí, señor.

Don Miguel se volvió a la Condesa:

—¿Sabes, prima, que es muy linda la pequeña?

Y moviendo la plateada y varonil cabeza continuó cual si hablase
15 consigo mismo:

—¡Demasiado linda para que pueda ser feliz!

La Condesa, halagada en su vanidad de abuela, repuso con benignidad, sonriendo a su nieta:

—No me la trastornes, primo. ¡Sea ella buena, que el que sea linda
20 es cosa de bien poco!...[34]

El emigrado asintió con un gesto sombrío y teatral y quedó contemplando a la niña, que con los ojos bajos, movía las agujas de su labor, temblorosa y torpe. ¿Adivinó el viejo libertino lo que pasaba en aquella alma tan pura? ¿Tenía él, como todos los grandes seduc-
25 tores, esa intuición misteriosa que lee en lo íntimo de los corazones y conoce las horas propicias al amor? Ello es que una sonrisa de increíble audacia tembló un momento bajo el mostacho blanco del hidalgo y que sus ojos verdes —soberbios y desdeñosos como los de un tirano o de un pirata— se posaron con gallardía donjuanesca so-
30 bre aquella cabeza melancólicamente inclinada que, con su crencha de oro, partida por estrecha raya, tenía cierta castidad prerrafaélica.[35] Pero la sonrisa y la mirada del emigrado fueron relámpagos por lo siniestras y por lo fugaces.[36] Recobrada incontinenti su actitud de gran señor, Don Miguel se inclinó ante la Condesa:

---

34. ¡Sea ella ... poco! *So long as she's good, it's of little importance whether or not she's pretty!*

35. prerrafaélica *Pre-Raphaelite.* The author refers to the pale, languid delicacy characteristic of English painting of the Pre-Raphaelite school of the mid-nineteenth century.

36. Pero la sonrisa ... fugaces. *But the émigré's smile and gaze, sinister and fleeting, were like flashes of lightning.*

—Perdona, prima, que todavía no te haya preguntado por mi primo el Conde de Cela.

La anciana suspiró, levantando los ojos al cielo:

—¡Ay! ¡El Conde de Cela, lo es desde hace mucho tiempo mi hijo Pedro!...

El mayorazgo se enderezó en el sillón, dando con la contera de su caña en el suelo:

—¡Vive Dios! En la emigración nunca se sabe nada. Apenas llega una noticia... ¡Pobre amigo! ¡Pobre amigo!... ¡No somos más que polvo!...

Frunció las cejas, y apoyado a dos manos en el puño de oro de su bastón, añadió con fanfarronería:

—Si antes lo hubiese sabido, créeme que no tendría el honor de hospedarme en tu palacio.

—¿Por qué?

—Porque tú nunca me has querido bien. ¡En eso eres de la familia!

La noble señora sonrió tristemente:

—Tú eres el que has renegado de todos. ¿Pero a qué viene recordar ahora eso? [37] Cuenta has de dar a Dios de tu vida, y entonces...

Don Miguel se inclinó con sarcasmo:

—Te juro, prima, que, como tenga tiempo, he de arrepentirme.[38]

El capellán, que no había desplegado los labios, repuso afablemente, —afabilidad que le imponía el miedo a la cólera del hidalgo:

—Volterianismos,[39] Don Miguel... Volterianismos que después, en la hora de la muerte...

Don Miguel no contestó. En los ojos de Rosarito acababa de leer un ruego tímido y ardiente a la vez. El viejo libertino miró al clérigo de alto a bajo, y volviéndose a la niña, que temblaba, contestó sonriendo:

—¡No temas, hija mía! Si no creo en Dios, amo a los ángeles...

El clérigo, en el mismo tono conciliador y francote, volvió a repetir:

—¡Volterianismos, Don Miguel!... ¡Volterianismos de la Francia!...

Intervino con alguna brusquedad la Condesa, a quien lo mismo

37. ¿Pero a qué ... eso? *But what's the use of recalling that now?*

38. como tenga ... arrepentirme *I'll repent, provided that I have time.* Don Juan Tenorio, hero of Tirso de Molina's *El burlador de Sevilla,* expresses himself in much the same fashion.

39. Volterianismos The reference is to the French deist Voltaire (1694–1778) and implies a cynical, mocking spirit of incredulity and impiety.

las impiedades que las galanterías del emigrado inspiraban vago terror:

—¡Dejémosle, Don Benicio! Ni él ha de convencernos ni nosotros a él...

5 Don Miguel sonrió con exquisita ironía:

—¡Gracias, prima, por la ejecutoria de firmeza que das a mis ideas, pues ya he visto cuánta es la elocuencia de tu capellán!

La Condesa sonrió fríamente con el borde de los labios, y dirigió una mirada autoritaria al clérigo para imponerle silencio. Después, 10 adoptando esa actitud seria y un tanto melancólica con que las damas del año treinta se retrataban y recibían en el estrado a los caballeros, murmuró:

—¡Cuando pienso en el tiempo que hace que no nos hemos visto!... ¿De dónde sales ahora? ¿Qué nueva locura te trae? ¡Los emigrados 15 no descansáis nunca!...

—Pasaron ya mis años de pelea... Ya no soy aquél que tú has conocido. Si he atravesado la frontera, ha sido únicamente para traer socorros a la huérfana de un pobre emigrado, a quien asesinaron los estudiantes de Coimbra. Cumplido este deber, me vuelvo a Portugal

20 —¡Si es así, que Dios te acompañe!...

CAPÍTULO V

Un antiguo reloj de sobremesa dió las diez. Era de plata dorada y de gusto pesado y barroco, como obra del siglo XVIII. Representaba a Baco [40] coronado de pámpanos y dormido sobre un tonel. La Condesa contó las horas en voz alta, y volvió al asunto de su conversa-25 ción:

—Yo sabía que habías pasado por Santiago, y que después estuviste en la feria de Barbanzón disfrazado de chalán. Mis noticias eran de que conspirabas.

—Ya sé que eso se ha dicho.

30 —A ti se te juzga capaz de todo, menos de ejercer la caridad como un apóstol...

Y la noble señora sonreía con alguna incredulidad. Después de un momento añadió, bajando insensiblemente la voz:

—¡Es el caso que no debes tener la cabeza muy segura sobre los 35 hombros!

40. Baco *Bacchus* or *Dionysus,* Greek god of wine

Y tras la máscara de frialdad con que quiso revestir sus palabras, asomaban el interés y el afecto. Don Miguel repuso en el mismo tono confidencial, paseando la mirada por la sala: [41]

—¡Ya habrás comprendido que vengo huyendo! Necesito un caballo para repasar mañana mismo la frontera.⁣⁣ ⁣ ⁣ ⁣ ⁣ ⁣ ⁣ ⁣5

—¿Mañana?

—Mañana.

La Condesa reflexionó un momento:

—¡Es el caso que no tenemos en el Pazo ni una mala montura!...

Y como observase que el emigrado fruncía el ceño, añadió: ⁣ ⁣ ⁣10

—Haces mal en dudarlo. Tú mismo puedes bajar a las cuadras y verlo. Hará cosa de un mes [42] pasó por aquí haciendo una requisa la partida de El Manco,[43] y se llevó las dos yeguas que teníamos. No he querido volver a comprar, porque me exponía a que se repitiese el caso el mejor día. ⁣ ⁣ ⁣15

Don Miguel de Montenegro la interrumpió:

—¿Y no hay en la aldea quien preste un caballo a la Condesa de Cela?

A la pregunta del mayorazgo siguió un momento de silencio. Todas las cabezas se inclinaban, y parecían meditar. Rosarito, que con ⁣20 las manos en cruz y la labor caída en el regazo estaba sentada en el canapé al lado de la anciana, suspiró tímidamente:

—Abuelita, el Sumiller tiene un caballo que no se atreve a montar.

Y con el rostro cubierto de rubor, entreabierta la boca de madona, y el fondo de los ojos misterioso y cambiante, Rosarito se estrechaba ⁣25 a su abuela cual si buscase amparo en un peligro. Don Miguel la infundía miedo, pero un miedo sugestivo y fascinador. Quisiera no haberle conocido, y el pensar en que pudiera irse la entristecía. Aparecíasele como el héroe de un cuento medroso y bello cuyo relato se escucha temblando y, sin embargo, cautiva el ánimo hasta el final, ⁣30 con la fuerza de un sortilegio. Oyendo a la niña, el emigrado sonrió con caballeresco desdén, y aun hubo de atusarse el bigote suelto y bizarramente levantado sobre el labio. Su actitud era ligeramente burlona:

—¡Vive Dios! Un caballo que el Sumiller no se atreve a montar ⁣35

41. paseando ... sala *glancing over the room*
42. Hará cosa de un mes *It must be about a month ago that*
43. El Manco a minor guerrilla chieftain during the last Carlist war, sometime supporter of Don Manuel Santa Cruz. El Manco is mentioned briefly in *El resplandor de la hoguera.*

casi debe ser un Bucéfalo.[44] ¡He ahí, queridas mías, el corcel que me conviene!

La Condesa movió distraídamente algunos naipes del solitario, y al cabo de un momento, como si el pensamiento y la palabra le 5 viniesen de muy lejos, se dirigió al capellán:

—Don Benicio, será preciso que vaya usted a la rectoral y hable con el Sumiller.

Don Benicio repuso, volviendo las hojas de "El Año Cristiano": [45]

—Yo haré lo que disponga la señora Condesa; pero, salvo su mejor 10 parecer, el mío es que más atendida había de ser una carta de vuecencia.

Aquí levantó el clérigo la tonsurada cabeza, y al observar el gesto de contrariedad con que la dama le escuchaba, se apresuró a decir:

—Permítame, señora Condesa, que me explique. El día de San 15 Cidrán [46] fuimos juntos de caza. Entre el Sumiller y el abad de Cela, que se nos reunió en el monte, hiciéronme una jugarreta del demonio.[47] Todo el día estuviéronse riendo. ¡Con sus sesenta años a cuestas, los dos tienen el humor de unos rapaces! Si me presento ahora en la rectoral pidiendo el caballo, por seguro que lo toman a 20 burla. ¡Es un raposo muy viejo el señor Sumiller!

Rosarito murmuró con anhelo al oído de la anciana:

—Abuelita, escríbale usted...

La mano trémula de la Condesa acarició la rubia cabeza de su nieta:

25 —¡Ya, hija mía!...

Y la Condesa de Cela, que hacía tantos años estaba amagada de parálisis, irguióse sin ayuda, y, precedida del capellán, atravesó la sala, noblemente inclinada sobre su muleta, una de esas muletas como se ven en los santuarios, con cojín de terciopelo carmesí guar-30 necido por clavos de plata.

CAPÍTULO VI

Del fondo oscuro del jardín, donde los grillos daban serenata, llegaban murmullos y aromas. El vientecillo gentil que los traía

44. Bucéfalo *Bucephalus,* the horse of Alexander the Great
45. "El Año Cristiano" A Christian yearbook containing accounts of the lives of the saints celebrated in the church liturgy each day of the year.
46. día de San Cidrán a corruption of *San Cibrán* (Cyprian). The feast of St. Cyprian is celebrated on September 26.
47. hiciéronme ... demonio *they played a dirty trick on me*

estremecía los arbustos, sin despertar los pájaros que dormían en ellos. A veces, el follaje se abría susurrando y penetraba el blanco rayo de la luna, que se quebraba en algún asiento de piedra, oculto hasta entonces en sombra clandestina. El jardín cargado de aromas, y aquellas notas de la noche, impregnadas de voluptuosidad y de 5 pereza, y aquel rayo de luna, y aquella soledad, y aquel misterio, traían como una evocación romántica de citas de amor, en siglos de trovadores. Don Miguel se levantó del sillón, y, vencido por una distracción extraña, comenzó a pasearse entenebrecido y taciturno. Temblaba el piso bajo su andar marcial, y temblaban las arcaicas 10 consolas, que parecían altares con su carga rococa de efigies, fanales y floreros. Los ojos de la niña seguían miedosos e inconscientes el ir y venir de aquella sombría figura. Si el emigrado se acercaba a la luz, no se atrevía a mirarle; si se desvanecía en la penumbra, le buscaban con ansia. Don Miguel se detuvo en medio de la estancia. Rosarito 15 bajó los párpados presurosa. Sonrióse el mayorazgo contemplando aquella rubia y delicada cabeza, que se inclinaba como lirio de oro, y después de un momento llegó a decir:

—¡Mírame, hija mía! ¡Tus ojos me recuerdan otros ojos que han llorado mucho por mí! 20

Tenía Don Miguel los gestos trágicos y las frases siniestras y dolientes de los seductores románticos. En su juventud había conocido a Lord Byron y la influencia del poeta inglés fuera en él decisiva. Las pestañas de Rosarito rozaron la mejilla con tímido aleteo y permanecieron inclinadas como las de una novicia. El emigrado sacudió la 25 blanca cabellera, aquella cabellera cuya novelesca historia tantas veces recordara [48] la niña durante la velada, y fué a sentarse en el canapé:

—¡Si viniesen a prenderme, tú qué harías? ¿Te atreverías a ocultarme en tu alcoba? ¡Una abadesa de San Payo [49] salvó así la vida a 30 tu abuelo!...

Rosarito no contestó. Ella, tan inocente, sentía el fuego del rubor en toda su carne. El viejo libertino la miraba intensamente, cual si sólo buscase el turbarla más. La presión de aquellos ojos verdes era a un tiempo sombría y fascinadora, inquietante y audaz. Dijérase 35 que infiltraban el amor como un veneno, que violaban las almas y que robaban los besos a las bocas más puras. Después de un momento, añadió con amarga sonrisa:

48. recordara   Translate as pluperfect.
49. San Payo   village in the province of Orense (Galicia)

—Escucha lo que voy a decirte. Si viniesen a prenderme, yo me haría matar. ¡Mi vida ya no puede ser ni larga ni feliz, y aquí tus manos piadosas me amortajarían!...

Cual si quisiera alejar sombríos pensamientos agitó la cabeza con
5 movimiento varonil y hermoso, y echó hacia atrás los cabellos que oscurecían su frente, una frente altanera y desguarnida, que parecía encerrar todas las exageraciones y todas las demencias, lo mismo las del amor que las del odio, las celestes que las diabólicas... Rosarito murmuró casi sin voz:
10 —¡Yo haré una novena a la Virgen para que le saque a usted con bien de tantos peligros!...[50]

Una onda de indecible compasión la ahogaba con ahogo dulcísimo. Sentíase presa de confusión extraña, pronta a llorar, no sabía si de ansiedad, si de pena, si de ternura; conmovida hasta lo más
15 hondo de su ser, por conmoción oscura, hasta entonces ni gustada ni presentida. El fuego del rubor quemábale las mejillas; el corazón quería saltársele del pecho; un nudo de divina angustia oprimía su garganta, escalofríos misteriosos recorrían su carne. Temblorosa, con el temblor que la proximidad del hombre infunde en las vír-
20 genes, quiso huir de aquellos ojos dominadores que la miraban siempre, pero el sortilegio resistió. El emigrado la retuvo con un extraño gesto, tiránico y amante, y ella llorosa, vencida, cubrióse el rostro con las manos, las hermosas manos de novicia, pálidas, místicas, ardientes.

CAPÍTULO VII

25 La Condesa apareció en la puerta de la estancia, donde se detuvo jadeante y sin fuerza:
—¡Rosarito, hija mía, ven a darme el brazo!...

Con la muleta apartaba el blasonado portier. Rosarito se limpió los ojos, y acudió velozmente. La noble señora apoyó la diestra
30 blanca y temblona en el hombro de su nieta, y cobró aliento en un suspiro.
—¡Allá va camino de la rectoral ese bienaventurado de Don Benicio!...

Después sus ojos buscaron al emigrado:
35 —¿Tú, supongo que hasta mañana no te pondrás en camino? Aquí estás seguro como no lo estarías en parte ninguna.

En los labios de Don Miguel asomó una sonrisa de hermoso des-

50. para que ... peligros *so that She will see you safely through so many dangers*

dén. La boca de aquel hidalgo aventurero reproducía el gesto con que los grandes señores de otros tiempos desafiaban la muerte. Don Rodrigo Calderón debió de sonreír así sobre el cadalso.[51] La Condesa, dejándose caer en el canapé, añadió con suave ironía:

—He mandado disponer la habitación en que, según las crónicas, 5 vivió Fray Diego de Cádiz [52] cuando estuvo en el Pazo. Paréceme que la habitación de un santo es la que mejor conviene a vuesa mercé...[53]

Y terminó la frase con una sonrisa. El mayorazgo se inclinó mostrando asentimiento burlón:

—Santos hubo que comenzaron siendo grandes pecadores. 10

—¡Si Fray Diego quisiese hacer contigo un milagro!

—Esperémoslo, prima.

—¡Yo lo espero!

El viejo conspirador, cambiando repentinamente de talante, exclamó con cierta violencia: 15

—¡Diez leguas he andado por cuetos y vericuetos, y estoy más que molido, prima!

Don Miguel se había puesto en pie. La Condesa le interrumpió murmurando:

—¡Válgate Dios con la vida que traes! Pues es menester recogerse 20 y cobrar fuerzas para mañana.

Después, volviéndose a su nieta, añadió:

—Tú le alumbrarás y enseñarás el camino, pequeña.

Rosarito asintió con la cabeza, como hacen los niños tímidos, y fué a encender uno de los candelabros que había sobre la gran con- 25 sola situada enfrente del estrado. Trémula como una desposada se adelantó hasta la puerta donde hubo de esperar a que terminase el coloquio que el mayorazgo y la Condesa sostenían en voz baja. Rosarito apenas percibía un vago murmullo. Suspirando apoyó la cabeza en la pared y entornó los párpados. Sentíase presa de una turba- 30 ción llena de palpitaciones tumultuosas y confusas. En aquella actitud de cariátide parecía figura ideal detenida en el lindar [54] de la otra vida. Estaba tan pálida y tan triste que no era posible contemplarla un instante sin sentir anegado el corazón por la idea de la muerte... Su abuela la llamó: 35

—¿Qué te pasa pequeña?

51. Don Rodrigo Calderón   the favorite of the Duke of Lerma, decapitated in 1621 when his protector fell from favor
52. Fray Diego de Cádiz (1743–1801), Spanish Capuchin monk noted for his austerity. He was beatified by Leo XIII in 1894.
53. vuesa mercé = Vuestra merced   your grace
54. en el lindar   on the threshold

Rosarito por toda respuesta abrió los ojos, sonriendo tristemente. La anciana movió la cabeza con muestra de disgusto, y se volvió a Don Miguel:

—A ti aún espero verte mañana. El capellán nos dirá la misa de 5 alba en la capilla, y quiero que la oigas...

El mayorazgo se inclinó, como pudiera hacerlo ante una reina. Después, con aquel andar altivo y soberano, que tan en consonancia estaba con la índole de su alma, atravesó la sala. Cuando el portier cayó tras él, la Condesa de Cela tuvo que enjugarse algunas lágrimas.

10 —¡Qué vida, Dios mío! ¡Qué vida!

CAPÍTULO VIII

La sala del Pazo —aquella gran sala adornada con cornucopias y retratos de generales, de damas y obispos— yace sumida en trémula penumbra. La anciana Condesa dormita en el canapé. Encima del velador parecen hacer otro tanto [55] el bastón del mayorazgo y la 15 labor de Rosarito. Tropel de fantasmas se agita entre los cortinajes espesos. ¡Todo duerme! Mas he aquí que de pronto la Condesa abre los ojos y los fija con sobresalto en la puerta del jardín. Imagínase haber oído un grito en sueños, uno de esos gritos de la noche, inarticulados y por demás medrosos. Con la cabeza echada hacia delante, 20 y el ánimo acobardado y suspenso, permanece breves instantes en escucha... ¡Nada! El silencio es profundo. Solamente turba la quietud de la estancia el latir acompasado y menudo de un reloj que brilla en el fondo apenas esclarecido...

La Condesa ha vuelto a dormirse.

25 Un ratón sale de su escondite y atraviesa la sala con gentil y vivaz trotecillo. Las cornucopias le contemplan desde lo alto. Parecen pupilas de monstruos ocultos en los rincones oscuros. El reflejo de la luna penetra hasta el centro del salón. Los daguerrotipos centellean sobre las consolas, apoyados en los jarrones llenos de rosas. Por in-30 tervalos se escucha la voz aflautada y doliente de un sapo que canta en el jardín. Es la medianoche, y la luz de la lámpara agoniza.

La Condesa se despierta, y hace la señal de la cruz.

De nuevo ha oído un grito, pero esta vez tan claro, tan distinto, que ya no duda. Requiere la muleta, y en actitud de incorporarse 35 escucha. Un gatazo negro, encaramado en el respaldo de una silla, acéchala con ojos lucientes. La Condesa siente el escalofrío del

55. parecen ... tanto *seem to be doing the same thing*

miedo. Por escapar a esta obsesión de sus sentidos, se levanta y sale de la estancia. El gatazo negro la sigue maullando lastimeramente. Su cola fosca, su lomo enarcado, sus ojos fosforescentes, le dan todo el aspecto de un animal embrujado. El corredor es oscuro. El golpe de la muleta resuena como en la desierta nave de una iglesia. Allá   5
al final, una puerta entornada deja escapar un rayo de luz...

La Condesa de Cela llega temblando.

La cámara está desierta, parece abandonada. Por una ventana abierta, que cae al jardín, alcánzase a ver [56] en esbozo fantástico masas de árboles que se recortan sobre el cielo negro y estrellado. 10
La brisa nocturna estremece las bujías de un candelabro de plata que lloran sin consuelo en las doradas arandelas. Aquella ventana abierta sobre el jardín misterioso y oscuro tiene algo de evocador y sugestivo. ¡Parece que alguno acaba de huir por ella!...

La Condesa se detiene paralizada de terror.   15

En el fondo de la estancia, el lecho de palo santo donde había dormido Fray Diego de Cádiz, dibuja sus líneas rígidas y severas a través de luengos cortinajes de antiguo damasco carmesí que parece tener algo de litúrgico. A veces una mancha negra pasa corriendo sobre el muro. Tomaríasela [57] por la sombra de un pájaro gigan- 20
tesco. Se la ve posarse en el techo y deformarse en los ángulos, arrastrarse por el suelo y esconderse bajo las sillas. De improviso, presa de un vértigo funambulesco, otra vez salta al muro, y galopa por él como una araña...

La Condesa cree morir.   25

En aquella hora, en medio de aquel silencio, el rumor más leve acrecienta su alucinación. Un mueble que cruje, un gusano que carcome en la madera, el viento que se retuerce en el mainel de las ventanas, todo tiene para ella entonaciones trágicas o pavorosas. Encorvada sobre la muleta, separa las cortinas, y mira... ¡Rosarito 30
está allí inanimada, yerta, blanca! Dos lágrimas humedecen sus mejillas. Los ojos tienen la mirada fija y aterradora de los muertos. ¡Por su corpiño blanco corre un hilo de sangre!... El alfilerón de oro que momentos antes aún sujetaba la trenza de la niña, está bárbaramente clavado en su pecho, sobre el corazón. La rubia cabellera ex- 35
tiéndese por la almohada, trágica, magdalénica...

56. alcánzase a ver *one can make out*
57. Tomaríasela *One might take it*

Pío Baroja

(1872–1956)

Pío Baroja y Nessi was born in San Sebastián, December 28, 1872. His father, a mining engineer, took the family to Madrid in 1879, to Pamplona in 1881, and back to Madrid in 1886. In the capital Baroja completed his *bachillerato* and started to study medicine. He was a voracious if disorganized reader and an indifferent medical student, discouraged by ill-qualified teachers. When the family moved to Valencia, he continued his studies and, after failing several times, managed to become a doctor. A tendency to melancholy and pessimism was aggravated by the year he spent as physician in the dreary town of Cestona in his native Basque region; it was there, however, that he wrote many of the stories later collected as *Vidas sombrías* (1900). He abandoned his medical career and moved to Madrid where, together with his brother Ricardo, he took over the management of a bakery.

Madrid was no less disappointing; it seemed to him a hive of politics, roguery, and squalor; yet he did make friends among the literati of the time and contributed to newspapers and magazines. In 1902 he gave up the bakery, an event which almost formally brought his youth to a close. That same year marked the publication of one of his most significant novels, *Camino de perfección,* and his decision to devote himself exclusively to literature. The feeling of personal and general failure, the awareness that he could never adapt to the accepted modes of life inclined him to the role of the egocentric, the socially marginal individual, free in his semi-isolation: "Un hombre un poco digno no podía ser en este tiempo más que un solitario," he later wrote.

Baroja seems to have slipped into premature old age with a sense of relief, for he could now novelize his disenchantment and pessimism. In a world where Nature is indifferent, where men are cruel and predatory, where ideologies cancel one another out, where one's being counts for little, in short, in a world headed for doom, Baroja forged for himself an existence described by one of his characters in *El gran torbellino del mundo* (1926): "Pocos gritos, ninguna tragedia, la casa segura, el perro vigilante y bien atado. Nada de alarmas, de locuras, ni de fantasías. Nada de dramas familiares, ni de pasiones, ni de problemas, ni de escándalos, ni de lloro, ni de sermones, ni de envidias, ni de lamentos. Un horizonte suave, gris, eso era mi ideal."

Baroja lived with his mother until her death in 1935; the year was divided between an apartment in Madrid and the home he bought in 1912 in the Basque region and called "Itzea." The regularity of his life was broken only by frequent trips to other European countries and by several short-lived romantic encounters in which he played the role of the sad and inadequate aspirant. He never married. In the summer of 1936, after the outbreak of the Civil War, Baroja left Spain for Paris and did not definitively return until 1940. Along with Azorín, the friend of his youth, he was dean of Spanish letters until his death in 1956.

Baroja was a voluminous writer of novels, essays, memoirs, and criticism. His novels are loose in plot, nervous, and rapid in style. The background of his books encompasses most of Europe and Spain, but the Basque country remained his favorite landscape. Despite his reiterated denial of the existence of such a group as the *Generation of 1898,* he belongs to the picture that has grown up around that concept. Like Unamuno and Machado, he combines bitter criticism of his country's weaknesses with real patriotism; although he lacks the sad grace of Azorín's style, his own style also represents a reaction against the rhetoric of the nineteenth century.

With so many of his generation, he shares cosmopolitan interests, an abhorrence of posturing, and a fierce commitment to complete sincerity which, in spite of himself, is often expressed in sentimental, even lyrical terms. Furthermore, although he was Castilian by adoption, his sentimental roots were deep in his *patria chica,* or the region of his birth; and when he tried his hand at politics, he found himself temperamentally unfit. A party of one, he was anticlerical, anti-Catholic, anti-Semitic, antidemocratic, antibourgeois, anticapitalist, and antisocialist. Although Baroja read everything he could find, his philosophical formation was a potpourri of many schools.

In Schopenhauer, however, he found a philosophical statement of his own pessimism, and in Nietzsche he found a rationale of vitalism and dynamism in the concept of the superman.

Some of Baroja's most significant characters are men caught in the deadlock of desire for conquest and weakness of will, or *abulia*, ending in defeatism and acid commentary on a world they could never change. César Moncada of *César o nada* (1911) adopts Cesare Borgia's motto *"Aut Caesar, aut nihil"* as his own, but his Machiavellian ambitions break on the rock of his basic pessimism, his *lepra sentimental*. Silvestre Paradox (*Aventuras, inventos y mixtificaciones de Silvestre Paradox*, 1901) and Juan de Labraz (*El mayorazgo de Labraz*, 1903) are also weighed down by *abulia*, while Fernando Ossorio of *Camino de perfección*, incapable of adapting himself to society, chooses the life of an aimless wanderer. In *El mundo es ansi* (1912), Arcelu says: "Tengo un instinto de destrucción grande; ahora, como no tengo voluntad ni perseverancia, no lo he podido realizar nunca."

There are some, however, who manage to escape the dreary futility of life; such men of action abound in Baroja's work and personify to a certain degree the Nietzschean superman who by courage and daring rises above the conventional notions of good and evil. Martín Zalacaín of *Zalacaín el aventurero* (1909), for example, is an audacious smuggler, an adventurer unencumbered by the introspection that leads to perplexity and inertia, while Eugenio de Aviraneta, the protagonist of the twenty-two volumes of *Memorias de un hombre de acción* (1913–1935) is an extrovert of indefatigable energy.

Of Baroja's many self-revelatory and autobiographical works, *Juventud, egolatría* (1917) and his memoirs *Desde la última vuelta del camino* (7 volumes, 1941–1949) are perhaps the most rewarding.

El árbol de la ciencia

PRIMERA PARTE
LA VIDA DE UN ESTUDIANTE EN MADRID

I
ANDRÉS HURTADO COMIENZA LA CARRERA

Serían las diez de la mañana de un día de octubre. En el patio de
la Escuela de Arquitectura, grupos de estudiantes esperaban a que se
abriera la clase.

De la puerta de la calle de los Estudios, que daba a este patio,
iban entrando muchachos jóvenes que, al encontrarse reunidos, se 5
saludaban, reían y hablaban.

Por una de estas anomalías clásicas de España, aquellos estudiantes
que esperaban en el patio de la Escuela de Arquitectura no eran
arquitectos del porvenir sino futuros médicos y farmacéuticos.

La clase de Química general del año preparatorio de Medicina y 10
Farmacia se daba en esta época en una antigua capilla del Instituto
de San Isidro, convertida en clase, y ésta tenía su entrada por la
Escuela de Arquitectura.

La cantidad de estudiantes y la impaciencia que demostraban por
entrar en el aula se explicaba fácilmente por ser aquél primer día de 15
curso y del comienzo de la carrera.

Ese paso del bachillerato al estudio de Facultad [1] siempre da al
estudiante ciertas ilusiones, le hace creerse más hombre, que su vida
ha de cambiar.

Andrés Hurtado, algo sorprendido de verse entre tanto compa- 20
ñero,[2] miraba atentamente, arrimado a la pared, la puerta de un
ángulo del patio por donde tenía que pasar.

Los chicos se agrupaban delante de aquella puerta como el público
a la entrada de un teatro.

1. Facultad   School of Medicine, in this case
2. tanto compañero = tantos compañeros

Andrés seguía apoyado en la pared, cuando sintió que le agarraban del brazo y le decían: [3]

—¡Hola, chico!

Hurtado se volvió y se encontró con su compañero de Instituto
5 Julio Aracil.

Habían sido condiscípulos en San Isidro; [4] pero Andrés hacía
tiempo que no veía a Julio. Este había estudiado el último año del
bachillerato, según dijo, en provincias.

—¿Qué, tú también vienes aquí? —le preguntó Aracil.
10 —Ya ves.

—¿Qué estudias?

—Medicina.

—¡Hombre! Yo también. Estudiaremos juntos.

Aracil se encontraba en compañía de un muchacho de más edad
15 que él, a juzgar por su aspecto de barba rubia y ojos claros. Este
muchacho y Aracil, los dos correctos, hablaban con desdén de los
demás estudiantes, en su mayoría palurdos provincianos, que mani-
festaban la alegría y la sorpresa de verse juntos con gritos y carcajadas.

20 Abrieron la clase, y los estudiantes, apresurándose y apretándose
como si fueran a ver un espectáculo entretenido, comenzaron a pasar.

—Habrá que ver cómo entran dentro de unos días —dijo Aracil
burlonamente.

—Tendrán la misma prisa para salir que ahora tienen para entrar
25 —repuso el otro.

Aracil, su amigo y Hurtado se sentaron juntos. La clase era la antigua capilla del Instituto de San Isidro de cuando éste pertenecía a
los jesuítas. Tenía el techo pintado con grandes figuras a estilo de
Jordaens; [5] en los ángulos de la escocia, los cuatro evangelistas, y en
30 el centro, una porción de figuras y escenas bíblicas. Desde el suelo
hasta cerca del techo se levantaba una gradería de madera muy empinada con una escalera central, lo que daba a la clase el aspecto
del gallinero de un teatro.

Los estudiantes llenaron los bancos casi hasta arriba; no estaba
35 aún el catedrático, y como había mucha gente alborotadora entre los
alumnos, alguno comenzó a dar golpecitos en el suelo con el bastón;
otros muchos le imitaron, y se produjo una furiosa algarabía.

3. le agarraban ... y le decían *somebody grabbed him ... and said to him*
4. Instituto San Isidro a secondary school
5. Jacob Jordaens (1593–1678), Flemish painter

De pronto se abrió una puertecilla del fondo de la tribuna, y apareció un señor viejo, muy empaquetado, seguido de dos ayudantes jóvenes.

Aquella aparición teatral del profesor y de los ayudantes provocó grandes murmullos; alguno de los alumnos más atrevidos comenzó a 5 aplaudir, y viendo que el viejo catedrático, no sólo no se incomodaba, sino que saludaba como reconocido, aplaudieron aún más.

—Esto es una ridiculez —dijo Hurtado.

—A él no le debe parecer eso —replicó Aracil riéndose—; pero si es tan majadero que le gusta que le aplaudan, le aplaudiremos. 10

El profesor era un pobre hombre presuntuoso, ridículo. Había estudiado en París y había adquirido los gestos y las posturas amaneradas de un francés petulante.

El buen señor comenzó un discurso de salutación a sus alumnos, muy enfático y altisonante, con algunos toques sentimentales: les 15 habló de su maestro Liebig, de su amigo Pasteur, de su camarada Berthelot,[6] de la Ciencia, del microscopio...

Su melena blanca, su bigote engomado, su perilla puntiaguda que le temblaba al hablar, su voz hueca y solemne le daban el aspecto de un padre severo de drama; y alguno de los estudiantes que encon- 20 tró este parecido, recitó en voz alta y cavernosa los versos de don Diego Tenorio, cuando entra en la hostería del Laurel, en el drama de Zorrilla: [7]

Que un hombre de mi linaje
descienda a tan ruin mansión. 25

Los que estaban al lado del recitador irrespetuoso se echaron a reír, y los demás estudiantes miraron al grupo de los alborotadores.

—¿Qué es eso? ¿Qué pasa? —dijo el profesor poniéndose los lentes y acercándose al barandado de la tribuna— ¿Es que alguno ha perdido la herradura por ahí? Yo suplico a los que están al lado de ese 30 asno, que rebuzna con tal perfección, que se alejen de él, porque sus coces deben ser mortales de necesidad.[8]

Rieron los estudiantes con gran entusiasmo; el profesor dió por terminada la clase, retirándose, haciendo un saludo ceremonioso, y los chicos aplaudieron a rabiar. 35

6. Justus von Liebig (1803–1873), German chemist; Louis Pasteur (1822–1895), French chemist; Marcellin Pierre Berthelot (1827–1907), French chemist

7. Primera parte, Acto primero, Escena VIII of the Romantic drama *Don Juan Tenorio* (1844) by José Zorrilla

8. de necesidad *inevitably*

Salió Andrés Hurtado con Aracil, y los dos, en compañía del joven de la barba rubia, que se llamaba Montaner, se encaminaron a la Universidad Central,[9] en donde daban la clase de Zoología y la de Botánica.

5 En esta última los estudiantes intentaron repetir el escándalo de la clase de Química; pero el profesor, un viejecillo seco y malhumorado, les salió al encuentro,[10] y les dijo que de él no se reía nadie, ni nadie le aplaudía como si fuera un histrión.

De la Universidad, Montaner, Aracil y Hurtado marcharon hacia 10 el centro.

Andrés experimentaba por Julio Aracil bastante antipatía, aunque en algunas cosas le reconocía cierta superioridad; pero sintió aún mayor adversión por Montaner.

Las primeras palabras entre Montaner y Hurtado fueron poco 15 amables. Montaner hablaba con una seguridad de todo, algo ofensiva; se creía, sin duda, un hombre de mundo. Hurtado le replicó varias veces bruscamente.

Los dos condiscípulos se encontraron en esta primera conversación completamente en desacuerdo. Hurtado era republicano; Montaner, defensor de la familia real; Hurtado era enemigo de la burguesía; Montaner, partidario de la clase rica y de la aristocracia.

—Dejad esas cosas —dijo varias veces Julio Aracil—; tan estúpido es ser monárquico como republicano; tan tonto defender a los pobres como a los ricos. La cuestión sería tener dinero, un cochecito 25 como ése —y señalaba uno— y una mujer como aquélla.

La hostilidad entre Hurtado y Montaner todavía se manifestó delante del escaparate de una librería. Hurtado era partidario de los escritores naturalistas, que a Montaner no le gustaban; Hurtado era entusiasta de Espronceda;[11] Montaner, de Zorrilla;[12] no se en-30 tendían en nada.

Llegaron a la Puerta del Sol y tomaron por la Carrera de San Jerónimo.

—Bueno, yo me voy a casa —dijo Hurtado.

—¿Dónde vives? —le preguntó Aracil.

35 —En la calle de Atocha.

—Pues los tres vivimos cerca.

9. the University of Madrid
10. les salió al encuentro *cut them short*
11. José de Espronceda (1808–1842), Spanish Romantic poet
12. José Zorrilla (1817–1893), Spanish Romantic playwright and poet

Fueron juntos a la plaza de Antón Martín,[13] y allí se separaron con muy poca afabilidad.

II

LOS ESTUDIANTES

En esta época era todavía Madrid una de las pocas ciudades que conservaba espíritu romántico.

Todos los pueblos tienen, sin duda, una serie de fórmulas prácti- 5 cas para la vida, consecuencia de la raza, de la historia, del ambiente físico y moral. Tales fórmulas, tal especial manera de ver, consti- tuye un pragmatismo útil simplificador, sintetizador. El pragma- tismo nacional cumple su misión mientras deja paso libre a la reali- dad; pero si se cierra este paso, entonces la normalidad de un pueblo 10 se altera, la atmósfera se enrarece, las ideas y los hechos toman pers- pectivas falsas. En un ambiente de ficciones, residuo del pragma- tismo viejo y sin renovación, vivía el Madrid de hace años.

Otras ciudades españolas se habían dado alguna cuenta de la necesidad de transformarse y de cambiar; Madrid seguía inmóvil, sin 15 curiosidad, sin deseo de cambio.

El estudiante madrileño, sobre todo el venido de provincias, lle- gaba a la corte con un espíritu donjuanesco con la idea de divertirse, jugar, perseguir a las mujeres; pensando, como decía el profesor de Química con su solemnidad habitual, quemarse pronto en un am- 20 biente demasiado oxigenado.

Menos [14] el sentido religioso, la mayoría no lo tenían, ni les preo- cupaba gran cosa la religión; los estudiantes de las postrimerías del siglo XIX venían a la corte con el espíritu de un estudiante del siglo XVII, con la ilusión de imitar, dentro de lo posible, a don Juan 25 Tenorio y de vivir

llevando a sangre y a fuego
amores y desafíos.[15]

El estudiante culto, aunque quisiera ver las cosas dentro de la realidad e intentara adquirir una idea clara de su país y del papel 30

13. Puerta del Sol, Carrera de San Jerónimo, calle de Atocha, plaza de Antón Martín, all squares and streets in Madrid
14. menos *as for*
15. *Primera parte, Acto primero, Escena XII* of *Don Juan Tenorio.* The first line actually reads "buscando a sangre y a fuego."

que representaba en el mundo, no podía. La acción de la cultura europea en España era realmente restringida y localizada a cuestiones técnicas; los periódicos daban una idea incompleta de todo; la tendencia general era hacer creer que lo grande de España podía
5 ser pequeño fuera de ella, y al contrario, por una especie de mala fe internacional.

Si en Francia o en Alemania no hablaban de las cosas de España, o hablaban de ellas en broma, era porque nos odiaban; teníamos aquí grandes hombres que producían la envidia de otros países:
10 Castelar, Cánovas, Echegaray...[16] España entera, y Madrid, sobre todo, vivía en un ambiente de optimismo absurdo, todo lo español era lo mejor.

Esa tendencia natural a la mentira, a la ilusión del país pobre que se aísla, contribuía al estancamiento, a la fosilificación de las ideas.
15 Aquel ambiente de inmovilidad, de falsedad, se reflejaba en las cátedras. Andrés Hurtado pudo comprobarlo al comenzar a estudiar Medicina. Los profesores del año preparatorio eran viejísimos; había algunos que llevaban cerca de cincuenta años explicando.

Sin duda no los jubilaban por sus influencias y por esa simpatía y
20 respeto que ha habido siempre en España por lo inútil.

Sobre todo, aquella clase de Química de la antigua capilla del Instituto de San Isidro era escandalosa. El viejo profesor recordaba las conferencias del Instituto de Francia,[17] de célebres químicos, y creía, sin duda, que explicando la obtención del nitrógeno y del
25 cloro estaba haciendo un descubrimiento, y le gustaba que le aplaudieran. Satisfacía su pueril vanidad dejando los experimentos aparatosos para la conclusión de la clase, con el fin de retirarse entre aplausos como un prestidigitador.

Los estudiantes le aplaudían riendo a carcajadas. A veces, en me-
30 dio de la clase, a alguno de los alumnos se le ocurría marcharse, se levantaba y se iba. Al bajar por la escalera de la gradería los pasos del fugitivo producían gran estrépito, y los demás muchachos, sentados, llevaban el compás golpeando con los pies y con los bastones.

En la clase se hablaba, se fumaba, se leían novelas, nadie seguía la
35 explicación; alguno llegó a presentarse con una corneta, y cuando el profesor se disponía a echar en un vaso de agua un trozo de potasio,

16. Emilio Castelar (1832–1899), orator and statesman; Antonio Cánovas del Castillo (1828–1897), statesman and historian; José Echegaray (1832–1916), engineer, mathematician, and statesman, also foremost Spanish playwright of the end of the nineteenth century, Nobel Prize winner, 1904
17. Instituto de Francia *Institut de France,* center of higher learning in Paris

dió dos toques de atención; [18] otro metió un perro vagabundo, y fué un problema echarlo.

Había estudiantes descarados que llegaban a las mayores insolencias: gritaban, rebuznaban, interrumpían al profesor. Una de las gracias de estos estudiantes era la de dar un nombre falso cuando se 5 lo preguntaban.

—Usted —decía el profesor señalándole con el dedo, mientras le temblaba la perilla por la cólera—, ¿cómo se llama usted?

—¿Quién? ¿Yo?

—Sí, señor; ¡usted, usted! ¿Cómo se llama usted? —añadía el pro- 10 fesor, mirando la lista.

—Salvador Sánchez.[19]

—Alias Frascuelo, decía alguno, entendido con él.[20]

—Me llamo Salvador Sánchez; no sé a quién le importará que me llame así, y si hay alguno que le importe, que lo diga —replicaba el 15 estudiante, mirando al sitio donde había salido la voz y haciéndose el incomodado.[21]

—¡Vaya usted a paseo! —replicaba otro.

—¡Eh! ¡Eh! ¡Fuera! ¡Al corral! —gritaban varias voces.

—Bueno, bueno. Está bien. Váyase usted —decía el profesor, te- 20 miendo las consecuencias de estos altercados.

El muchacho se marchaba, y a los pocos días volvía a repetir la gracia, dando como suyo el nombre de algún político célebre o de algún torero.

Andrés Hurtado, los primeros días de clase, no salía de [22] su 25 asombro. Todo aquello era demasiado absurdo. El hubiese querido encontrar una disciplina fuerte y al mismo tiempo afectuosa, y se encontraba con una clase grotesca en que los alumnos se burlaban del profesor. Su preparación para la Ciencia no podía ser más desdichada. 30

Andrés is pursued by a feeling of isolation and futility. His mother is dead, and he despises his father. He studies medicine without enthusiasm, prefers reading and gazing out the window, and has few friends aside from Julio Aracil, Montaner, Rafael Sañudo, and Fermín Ibarra. 35

18. dió dos ... atención *he blew twice*
19. Salvador Sánchez (Frascuelo) (1842–1898) famous bullfighter
20. entendido con él *in cahoots with him*
21. haciéndose el incomodado *pretending to be offended*
22. no salía de *could not get over*

X
PASO POR SAN JUAN DE DIOS

Sin gran brillantez, pero también sin grandes fracasos, Andrés
Hurtado iba avanzando en su carrera.

Al comenzar el cuarto año se le ocurrió a Julio Aracil asistir a
unos cursos de enfermedades venéreas que daba un médico en el
5 Hospital de San Juan de Dios. Aracil invitó a Montaner y a Hurtado a que le acompañaran; unos meses después iba a haber exá-
menes de alumnos internos [23] para el ingreso en el Hospital general;
pensaban presentarse los tres, y no estaba mal [24] ver enfermos con
frecuencia.

10 La visita en San Juan de Dios fué un nuevo motivo de depresión
y melancolía para Hurtado. Pensaba que por una causa o por otra
el mundo le iba presentando su cara más fea.

A los pocos días de frecuentar el hospital, Andrés se inclinaba a
creer que el pesimismo de Schopenhauer [25] era una verdad casi mate-
15 mática. El mundo le parecía una mezcla de manicomio y de hospital;
ser inteligente constituía una desgracia, y sólo la felicidad podía
venir de la inconsciencia y de la locura. Lamela,[26] sin pensarlo, viviendo con sus ilusiones, tomaba las proporciones de un sabio.

Aracil, Montaner y Hurtado visitaron una sala de mujeres de San
20 Juan de Dios.

Para un hombre excitado e inquieto como Andrés, el espectáculo
tenía que ser deprimente. Las enfermas eran de lo más caído y miserable. Ver tanta desdichada [27] sin hogar, abandonada, en una sala
negra, en un estercolero humano; comprobar y evidenciar la podre-
25 dumbre que envenena la vida sexual, le hizo a Andrés una angustiosa impresión.

El hospital aquel, ya derruído por fortuna, era un edificio inmundo, sucio, maloliente; las ventanas de las salas daban a la calle
de Atocha y tenían, además de las rejas, unas alambreras, para que
30 las mujeres recluídas no se asomaran y escandalizaran. De este modo
no entraba allí ni el sol ni el aire.

El médico de la sala, amigo de Julio, era un vejete ridículo, con
unas largas patillas blancas. El hombre, aunque no sabía gran cosa,

23. alumnos internos *assistants, interns*
24. y no estaba mal *and it wasn't a bad idea*
25. Arthur Schopenhauer (1788–1860), German philosopher
26. Antonio Lamela, an eccentric fellow-student of Andrés Hurtado
27. tanta desdichada = tantas desdichadas

quería darse aire de catedrático, lo cual a nadie podía parecer un crimen; lo miserable, lo canallesco, era que trataba con una crueldad inútil a aquellas desdichadas acogidas allí, y las maltrataba de palabra y de obra.[28]

¿Por qué? Era incomprensible. Aquel petulante idiota mandaba llevar castigadas a las enfermas a las guardillas y tenerlas uno o dos días encerradas por delitos imaginarios. El hablar de una cama a otra durante la visita, el quejarse en la cura, cualquier cosa bastaba para estos severos castigos. Otras veces mandaba ponerlas a pan y agua. Era un macaco cruel este tipo, a quien habían dado una misión tan humana como la de cuidar de pobres enfermas.

Hurtado no podía soportar la bestialidad de aquel idiota de las patillas blancas; Aracil se reía de las indignaciones de su amigo.

Una vez Hurtado decidió no volver más por allá. Había una mujer que guardaba constantemente en el regazo un gato blanco. Era una mujer que debía haber sido muy bella, con los ojos negros, grandes, sombreados, la nariz algo corva y el tipo egipcio. El gato era, sin duda, lo único que le quedaba de un pasado mejor. Al entrar el médico, la enferma solía bajar disimuladamente al gato de la cama y dejarlo en el suelo; el animal se quedaba escondido, asustado, al ver entrar al médico con sus alumnos; pero uno de los días el médico lo vió y comenzó a darle patadas.

—Coged ese gato y matadlo —dijo el idiota de las patillas blancas al practicante.

El practicante y una enfermera comenzaron a perseguir al animal por toda la sala; la enferma miraba angustiada esta persecución.

—Y a esta tía llevadla a la guardilla —añadió el médico.

La enferma seguía la caza con la mirada y, cuando vió que cogían a su gato, dos lágrimas gruesas corrían por sus mejillas pálidas.

—¡Canalla! ¡Idiota! —exclamó Hurtado, acercándose al médico con el puño levantado.

—No seas estúpido —dijo Aracil—. Si no quieres venir aquí, márchate.

—Sí, me voy, no tengas cuidado, por no patearle las tripas a ese idiota miserable.[29]

Desde aquel día ya no quiso volver más a San Juan de Dios.

La exaltación humanitaria de Andrés hubiera aumentado sin las

---

28. de palabra y de obra *in word and deed*

29. por no ... miserable *to keep myself from knocking the wretched idiot's block off*

influencias que obraban en su espíritu. Una de ellas era la de Julio, que se burlaba de todas las ideas exageradas, como decía él; la otra, la de Lamela, con su idealismo práctico, y, por último, la lectura de *Parerga y Paralipomena,* de Schopenhauer, que le inducía a la no
5 acción.

A pesar de estas tendencias enfrenadoras, durante muchos días estuvo Andrés impresionado por lo que dijeron varios obreros en un mitin de anarquistas del Liceo Rius. Uno de ellos, Ernesto Alvarez, un hombre moreno, de ojos negros y barba entrecana, habló en
10 aquel mitin de una manera elocuente y exaltada; habló de los niños abandonados, de los mendigos, de las mujeres caídas...

Andrés sintió el atractivo de este sentimentalismo, quizá algo morboso. Cuando exponía sus ideas acerca de la injusticia social, Julio Aracil le salía al encuentro con su buen sentido:
15   —Claro que hay cosas malas en la sociedad —decía Aracil—. ¿Pero quién las va a arreglar? ¿Esos vividores que hablan en los mítines? Además, hay desdichas que son comunes a todos; esos albañiles de los dramas populares que se nos vienen a quejar que sufren el frío del invierno y el calor del verano, no son los únicos; lo mismo nos
20 pasa a los demás.

Las palabras de Aracil eran la gota de agua fría en las exaltaciones humanitarias de Andrés.

—Si quieres dedicarte a esas cosas —le decía—, hazte político, aprende a hablar.
25   —Pero si yo no me quiero dedicar a político —replicaba Andrés, indignado.

—Pues si no, no puedes hacer nada.

Claro que toda reforma en un sentido humanitario tenía que ser colectiva y realizarse por un procedimiento político, y a Julio no le
30 era muy difícil convencer a su amigo de lo turbio de la política.

Julio llevaba la duda a los romanticismos de Hurtado; no necesitaba insistir mucho para convencerle de que la política era un arte de granjería.

Realmente, la política española nunca ha sido nada alto ni nada
35 noble; no era difícil convencer a un madrileño de que no debía tener confianza en ella.

La inacción, la sospecha de la inanidad y de la impureza de todo, arrastraban a Hurtado cada vez más a sentirse pesimista.

Se iba inclinando a un anarquismo espiritual, basado en la sim-
40 patía y en la piedad, sin solución práctica ninguna.

La lógica justiciera y revolucionaria de los Saint-Just [30] ya no le entusiasmaba, le parecía un poco artificial y fuera de la naturaleza. Pensaba que en la vida ni había ni podía haber justicia. La vida era una corriente tumultuosa e inconsciente, donde todos los actores representaban una comedia que no comprendían; y los hombres, 5 llegados a un estado de intelectualidad, contemplaban la escena con una mirada compasiva y piadosa.

Estos vaivenes en las ideas, esta falta de plan y de freno, le llevaba a Andrés al mayor desconcierto, a una sobreexcitación cerebral continua e inútil.   10

SEGUNDA PARTE

LAS CARNARIAS

Julio Aracil is anxious for Andrés to meet the Minglanillas, *a family of three women, the mother doña Leonarda, and her two daughters Lulú and Niní.*

II

UNA CACHUPINADA [31]

Antes de Carnaval, Julio Aracil le dijo a Hurtado:

—¿Sabes? Vamos a tener baile en casa de las Minglanillas.   15

—¡Hombre! ¿Cuándo va a ser eso?

—El domingo de Carnaval. El petróleo para la luz y las pastas, el alquiler del piano y el pianista se pagarán entre todos. De manera que si tú quieres ser de la cuadrilla, ya estás apoquinando.[32]

—Bueno. No hay inconveniente. ¿Cuánto hay que pagar?   20

—Ya te lo diré uno de estos días.

—¿Quiénes van a ir?

—Pues irán algunas muchachas de la vecindad, con sus novios;

---

30. Antoine Louis de Saint-Just (1767–1794), French revolutionary leader, who died on the guillotine
31. cachupinada *entertainment* (unusual word)
32. De manera que ... apoquinando. *So if you want to join in, you have to contribute.*

Casares, ese periodista amigo mío; un sainetero y otros. Estará bien.³³ Habrá chicas guapas.

El domingo de Carnaval, después de salir de guardia del Hospital, fué Hurtado al baile. Eran ya las once de la noche. El sereno abrió
5 la puerta. La casa de doña Leonarda rebosaba de gente; la había hasta en la escalera.

Al entrar Andrés se encontró a Julio en un grupo de jóvenes a quienes no conocía. Julio le presentó a un sainetero, un hombre estúpido y fúnebre, que a las primeras palabras, para demostrar sin
10 duda su profesión, dijo unos cuantos chistes, a cuál más conocidos y vulgares.³⁴ También le presentó a Antoñito Casares, empleado y periodista, hombre de gran partido ³⁵ entre las mujeres.

Antoñito era un andaluz con una moral de chulo; se figuraba que dejar pasar a una mujer sin sacarle algo era una gran torpeza. Para
15 Casares toda mujer le debía sólo por el hecho de serlo, una contribución, una gabela.

Antoñito clasificaba a las mujeres en dos clases: una, las pobres, para divertirse, y otra, las ricas, para casarse con alguna de ellas por su dinero, a ser posible.³⁶
20 Antoñito buscaba la mujer rica con una constancia de anglosajón. Como tenía buen aspecto y vestía bien, al principio las muchachas a quienes se dirigía le acogían como a un pretendiente aceptable. El audaz trataba de ganar terreno; hablaba a las criadas, mandaba cartas, paseaba la calle. A esto llamaba él *trabajar* a una mujer. La
25 muchacha, mientras consideraba al galanteador como un buen partido, no le rechazaba; pero cuando se enteraba de que era un empleadillo humilde, un periodista desconocido y gorrón, ya no le volvía a mirar a la cara.

Julio Aracil sentía un gran entusiasmo por Casares, a quien con-
30 sideraba como un compadre digno de él. Los dos pensaban ayudarse mutuamente para subir en la vida.

Cuando comenzaron a tocar el piano todos los muchachos se lanzaron en busca de pareja.

—¿Tú sabes bailar? —le preguntó Aracil a Hurtado.
35 —Yo, no.

33. Estará bien. *It will be fun.*
34. a cuál ... vulgares *each of them older and more vulgar than the last*
35. de gran partido *of great reputation*
36. a ser posible *if possible*

—Pues mira, vete al lado de Lulú, que tampoco quiere bailar, y trátala con consideración.

—¿Por qué me dices esto?

—Porque hace un momento —añadió Julio con ironía— doña Leonarda me ha dicho: "A mis hijas hay que tratarlas como si fue- 5 ran vírgenes, Julito, como si fueran vírgenes".

Y Julio Aracil sonrió, remedando a la madre de Niní, con su sonrisa de hombre mal intencionado y canalla.

Andrés fué abriéndose paso. Había varios quinqués de petróleo iluminando la sala y el gabinete. En el comedorcito, la mesa ofrecía 10 a los concurrentes bandejas con dulces y pastas y botellas de vino blanco. Entre las muchachas que más sensación producían en el baile había una rubia, muy guapa, muy vistosa. Esta rubia tenía su historia. Un señor rico que la rondaba se la llevó a un hotel de la Prosperidad,[37] y días después la rubia se escapó del hotel, huyendo 15 del raptor, que al parecer era un sátiro.

Toda la familia de la muchacha tenía cierto estigma de anormalidad. El padre, un venerable anciano por su aspecto, había tenido un proceso por violar a una niña, y un hermano de la rubia, después de disparar dos tiros a su mujer, intentó suicidarse.   20

A esta rubia guapa, que se llamaba Estrella, la distinguían casi todas las vecinas con un odio furioso.

Al parecer, por lo que dijeron, exhibía en el balcón, para que rabiaran las muchachas de la vecindad, medias negras caladas, camisas de seda llenas de lacitos y otra porción de prendas interiores 25 lujosas y espléndidas, que no podían proceder más que de un comercio poco honorable.

Doña Leonarda no quería que sus hijas se trataran con aquella muchacha; según decía, ella no podía sancionar amistades de cierto género.   30

La hermana de la Estrella, Elvira, de doce o trece años, era muy bonita, muy descocada, y seguía, sin duda, las huellas de la mayor.

—¡Esta *peque* de la vecindad es más sinvergüenza! —dijo una vieja detrás de Andrés, señalando a Elvira.

La Estrella bailaba como hubiese podido hacerlo la diosa Venus, 35 y al moverse, sus caderas y su pecho abultado se destacaban de una manera insultante.

37. la Prosperidad,   formerly on the outskirts of Madrid, now part of the city proper

Casares, al verla pasar, la decía:

—¡Vaya usted con Dios, guerrera! [38]

Andrés avanzó en el cuarto hasta sentarse cerca de Lulú.

—Muy tarde ha venido usted —le dijo ella.

5   —Sí; he estado de media guardia [39] en el Hospital.

—¿Qué, no va usted a bailar?

—Yo no sé.

—¿No?

—No. ¿Y usted?

10 —Yo no tengo ganas. Me mareo.

Casares se acercó a Lulú a invitarla a bailar.

—Oiga usted, negra —la dijo.

—¿Qué quiere usted, blanco? —le preguntó ella con descaro.

—¿No quiere usted darse unas vueltecitas conmigo? [40]

15 —No, señor.

—¿Y por qué?

—Porque no me sale... de adentro —contestó ella de una manera achulada.

—Tiene usted mala sangre, negra [41] —le dijo Casares.

20 —Sí; que usted la debe tener buena, blanco —replicó ella.

—¿Por qué no ha querido usted bailar con él? —le preguntó Andrés.

—Porque es un boceras; un tío antipático que cree que todas las mujeres están enamoradas de él. ¡Que se vaya a paseo! [42]

25 Siguió el baile con animación creciente, y Andrés permaneció sin hablar al lado de Lulú.

—Me hace usted mucha gracia [43] —dijo ella de pronto, riéndose, con una risa que le daba la expresión de una alimaña.

—¿Por qué? —preguntó Andrés, enrojeciendo súbitamente.

30 —¿No le ha dicho a usted Julio que se entienda conmigo? ¿Sí, verdad?

—No; no me ha dicho nada.

—Sí; diga usted que sí. Ahora, que usted es demasiado delicado para confesarlo. A él le parece eso muy natural. Se tiene una novia

38. ¡Vaya usted con Dios, guerrera! *What a girl!*

39. de media guardia *on night duty*

40. ¿No quiere usted darse unas vueltecitas conmigo? *Want to try a few turns with me?*

41. Tiene usted mala sangre, negra *You've got a bad temper, sweetie*

42. ¡Que se vaya a paseo! *Let him get lost!*

43. Me hace ... gracia *You're a funny fellow*

pobre, una señorita cursi como nosotras para entretenerse, y despúes buscar una mujer que tenga algún dinero para casarse.

—No creo que ésa sea su intención.

—¿Que no? ¡Ya lo creo! ¿Usted se figura que no va a abandonar a Niní? En seguida que acabe la carrera. Yo le conozco mucho a Julio. 5 Es un egoísta y un canallita. Está engañando a mi madre y a mi hermana... y total, ¿para qué?

—No sé lo que hará Julio...; yo sé que no lo haría.

—Usted, no, porque usted es de otra manera... Además, en usted no hay caso,[44] porque no se va a enamorar de mí, ni aun para di- 10 vertirse.

—¿Por qué no?

—Porque no.[45]

Ella comprendía que no gustara a los hombres. A ella misma le gustaban más las chicas, y no es que tuviera instintos viciosos; pero 15 la verdad era que no le hacían impresión los hombres.

Sin duda, el velo que la naturaleza y el pudor ha puesto sobre todos los motivos de la vida sexual, se había desgarrado demasiado pronto para ella; sin duda supo lo que eran la mujer y el hombre en una época en que su instinto nada le decía, y esto le había producido 20 una mezcla de indiferencia y de repulsión por todas las cosas del amor.

Andrés pensó que esta repulsión provenía más que nada de la miseria orgánica,[46] de la falta de alimentación y de aire.

Lulú le confesó que estaba deseando morirse, de verdad, sin ro- 25 manticismo alguno; creía que nunca llegaría a vivir bien.

La conversación les hizo muy amigos a Andrés y a Lulú.

A las doce y media hubo que terminar el baile. Era condición indispensable, fijada por doña Leonarda; las muchachas tenían que trabajar al día siguiente, y por más que [47] todo el mundo pidió que 30 se continuara, doña Leonarda fué inflexible, y para la una estaba ya despejada la casa.

Andrés meets the dregs of Madrid—rogues, parasites, criminals. He is, however, attracted by the frankness and intelligence of the moody Lulú, but considers her nothing more than a friend. 35

44. en usted no hay caso   *there's no danger as far as you're concerned*
45. Porque no.   *Just because*
46. miseria orgánica   *undernourishment*
47. por más que   *despite the fact that*

IX
LA CRUELDAD UNIVERSAL

Tenía Andrés un gran deseo de comentar filosóficamente las vidas de los vecinos de la casa de Lulú. A sus amigos no le interesaban estos comentarios y filosofías, y decidió, una mañana de un día de fiesta, ir a ver a su tío Iturrioz.

5   Al principio de conocerle —Andrés no le trató a su tío hasta los catorce o quince años—, Iturrioz le pareció un hombre seco y egoísta, que lo tomaba todo con indiferencia; luego, sin saber a punto fijo hasta dónde llegaba su egoísmo y su sequedad, encontró que era una de las pocas personas con quien se podía conversar acerca de puntos
10 trascendentales.

Iturrioz vivía en un quinto piso del barrio de Argüelles, en una casa con una hermosa azotea.

Le asistía un criado, antiguo soldado de la época en que Iturrioz fué médico militar.

15   Entre amo y criado habían arreglado la azotea, pintando las tejas con alquitrán, sin duda para hacerlas impermeables, y puesto unas graderías donde estaban escalonadas las cajas de madera y los cubos llenos de tierra, donde tenían sus plantas.

Aquella mañana en que se presentó Andrés en casa de Iturrioz, su
20 tío se estaba bañando y el criado le llevó a la azotea.

Se veía desde allí el Guadarrama [48] entre dos casas altas; hacia el oeste, el tejado del cuartel de la Montaña ocultaba los cerros de la Casa de Campo,[49] y a un lado del cuartel se destacaba la torre de Móstoles [50] y la carretera de Extremadura, con unos molinos de
25 viento en sus inmediaciones. Más al sur brillaban, al sol de una mañana de abril, las manchas verdes de los cementerios de San Isidro y San Justo, las dos torres de Getafe [51] y la ermita del Cerrillo de los Angeles.

Poco después salió Iturrioz a la azotea.

30   —Qué, ¿te pasa algo? —le dijo a su sobrino al verle.

—Nada; venía a charlar un rato con usted.

—Muy bien, siéntate; yo voy a regar mis tiestos.

Iturrioz abrió la fuente que tenía en un ángulo de la terraza,

48. Guadarrama   mountain range between Madrid and Segovia
49. Casa de Campo   a palace
50. Móstoles   small town near Madrid
51. Getafe   town near Madrid

llenó una cuba y comenzó con un cacharro a echar agua en las plantas.

Andrés habló de la gente de la vecindad de Lulú, de las escenas del Hospital, como casos extraños, dignos de un comentario; de Manolo *el Chafandín,* del *tío Miserias,* de don Cleto, de doña Virginia...[52]

—¿Qué consecuencias puede sacarse de todas estas vidas? —preguntó Andrés al final.

—Para mí, la consecuencia es fácil —contestó Iturrioz, con el bote de agua en la mano—. Que la vida es una lucha constante, una cacería cruel en que nos vamos devorando los unos a los otros. Plantas, microbios, animales.

—Sí, yo también he pensado en eso —repuso Andrés—; pero voy abandonando la idea. Primeramente el concepto de la lucha por la vida llevada así a los animales, a las plantas y hasta los minerales, como se hace muchas veces, no es más que un concepto antropomórfico; después, ¿qué lucha por la vida es la de ese hombre don Cleto, que se abstiene de combatir; o la de ese hermano Juan,[53] que da su dinero a los enfermos?

—Te contestaré por partes —repuso Iturrioz, dejando el bote para regar; porque esas discusiones le apasionaban—. Tú me dices, este concepto de la lucha es un concepto antropomórfico. Claro, llamamos a todos los conflictos luchas, porque es la idea humana que más se aproxima a esa relación que para nosotros produce un vencedor y un vencido. Si no tuviéramos este concepto en el fondo, no hablaríamos de lucha. La hiena que monda los huesos de un cadáver, la araña que sorbe una mosca, no hace más ni menos que el árbol bondadoso llevándose de la tierra el agua y las sales necesarias para su vida. El espectador indiferente, como yo, ve a la hiena, a la araña y al árbol, y se los explica. El hombre justiciero le pega un tiro a la hiena, aplasta con la bota a la araña y se sienta a la sombra del árbol, y cree que hace bien.

—Entonces, ¿para usted no hay lucha, ni hay justicia?

—En un sentido absoluto, no; en un sentido relativo, sí. Todo lo que vive tiene un proceso para apoderarse primero del espacio,

52. All people Andrés Hurtado has met: Manolo *el Chafandín* is a ne'er-do-well and parasite; *tío Miserias* is a usurer; don Cleto is a poverty-stricken old man living on charity; doña Virginia is an abortionist and procuress.

53. hermano Juan a mysterious character who devotes himself to caring for those with contagious diseases in the *Hospital General*

ocupar un lugar; luego, para crecer y multiplicarse; este proceso de
la energía de un vivo contra los obstáculos de un medio, es lo que
llamamos lucha. Respecto de la justicia, yo creo que lo justo en el
fondo es lo que nos conviene. Supón, en el ejemplo de antes, que
5 la hiena, en vez de ser muerta por el hombre, mata al hombre; que
el árbol cae sobre él y le aplasta; que la araña le hace una picadura
venenosa; pues nada de eso nos parece justo, porque no nos conviene. A pesar de que en el fondo no haya más que esto, un interés
utilitario, ¿quién duda que la idea de justicia y de equidad es una
10 tendencia que existe en nosotros? ¿Pero cómo la vamos a realizar?

—Eso es lo que yo me pregunto: ¿Cómo realizarla?

—¿Hay que indignarse porque una araña mate a una mosca?
—siguió diciendo Iturrioz—. Bueno. Indignémonos. ¿Qué vamos a
hacer? ¿Matarla? Matémosla. Eso no impedirá que sigan las arañas
15 comiéndose a las moscas. ¿Vamos a quitarle al hombre esos instintos
fieros que te repugnan? ¿Vamos a borrar esa sentencia del poeta
latino: [54] *Homo homini lupus,* el hombre es un lobo para el hombre? Está bien. En cuatro o cinco mil años lo podremos conseguir.
El hombre ha hecho de un carnívoro como el chacal, un omnívoro
20 como el perro; pero se necesitan muchos siglos para eso. No sé si
habrás leído que Spallanzani [55] había acostumbrado a una paloma
a comer carne y a un águila a comer y digerir pan. Ahí tienes el caso
de esos grandes apóstoles religiosos y laicos; son águilas que se
alimentan de pan en vez de alimentarse de carnes palpitantes; son
25 lobos vegetarianos. Ahí tienes el caso del hermano Juan...

—Ese no creo que sea un águila, ni un lobo.

—Será un mochuelo o una garduña; pero de instintos perturbados.

—Sí, es muy posible —repuso Andrés—; pero creo que nos hemos
desviado de la cuestión; no veo la consecuencia.

30 —La consecuencia a la que yo iba, era ésta: que ante la vida no
hay más que dos soluciones prácticas para el hombre sereno, o la
abstención y la contemplación indiferente de todo, o la acción limi-
tándose a un círculo pequeño. Es decir, que se puede tener el quijotismo contra una anomalía; pero tenerlo contra una regla general,
35 es absurdo.

—De manera que, según usted, el que quiera hacer algo tiene que
restringir su acción justiciera a un medio pequeño.

—Claro, a un medio pequeño; tú puedes abarcar en tu contempla-

54. The Latin poet (primarily a playwright) is Plautus (*c.* 250–184 B.C.).
55. Lazaro Spallanzani (1729–1799), Italian physiologist

ción la casa, el pueblo, el país, la sociedad, el mundo, todo lo vivo
y todo lo muerto; pero si intentas realizar una acción, y una acción
justiciera, tendrás que restringirte hasta el punto de que todo te
vendrá ancho, quizá hasta la misma conciencia.[56]

—Es lo que tiene de bueno la filosofía [57] —dijo Andrés con amar-   5
gura—; le convence a uno de que lo mejor es no hacer nada.

Iturrioz dió unas cuantas vueltas por la azotea y luego dijo:

—Es la única objeción que me puedes hacer; pero no es mía la
culpa.

—Ya lo sé.   10

—Ir a un sentido de justicia universal —prosiguió Iturrioz— es
perderse; adaptando el principio de Fritz Müller de que la embriología de un animal reproduce su genealogía,[58] o como dice Haeckel,
que la ontogenia es una recapitulación de la filogenia,[59] se puede
decir que la psicología humana no es más que una síntesis de la psi-   15
cología animal. Así se encuentran en el hombre todas las formas de
la explotación y de la lucha: la del microbio, la del insecto, la de la
fiera... Ese usurero que tú me has descrito, el *tío Miserias,* ¡qué de
avatares no tiene en la zoología! Ahí están los acinéticos,[60] chupa-
dores que absorben la substancia protoplasmática de otros infuso-   20
rios; [61] ahí están todas las especies de aspergirlos, que viven sobre las
substancias en descomposición. Estas antipatías de gente maleante,
¿no están admirablemente representadas en este antagonismo irreductible del bacilo de pus azul con la bacteridia carbuncosa?

—Sí, es posible —murmuró Andrés.   25

—Y entre los insectos ¡qué de tíos Miserias!, ¡qué de Victorios!,[62]
¡qué de Manolos los Chafandines, no hay! Ahí tienes el *ichneumon,*
que mete sus huevos en la lombriz y la inyecta una substancia que
obra como el cloroformo; el *sphex,* que coge las arañas pequeñas,
las agarrota, las sujeta y envuelve en la tela y las echa vivas en las   30
celdas de sus larvas, para que las vayan devorando; ahí están las

56. restringirte hasta ... la misma conciencia   *restrict yourself more and more,*
perhaps even within your own conscience
57. Es lo ... filosofía   *That's what's nice about philosophy*
58. Fritz Müller (1821–1897), German naturalist who developed the idea of
ancestral recapitulation as evidence in favor of Darwin's theories
59. Ernest Heinrich Haeckel (1834–1919), German biologist responsible for
the law that ontogeny recapitulates phylogeny; that is, the organism in its development is to a great extent an epitome of the form-modifications undergone
by the successive ancestors of the species in the course of their historic evolution
60. acinéticos   *acinetids* one-celled organisms
61. infusorios   *infusoria,* protozoa found in infusions of decaying matter
62. Victorio   a rake, nephew of *tío Miserias*

avispas, que hacen lo mismo, arrojando al *spoliarium,* que sirve de despensa para sus crías, los pequeños insectos, paralizados por un lancetazo que les dan con el aguijón en los ganglios motores; ahí está el *estafilino,*[63] que se lanza a traición sobre otro individuo de
5 su especie, le sujeta, le hiere y le absorbe los jugos; ahí está el *meloe,* que penetra subrepticiamente en los panales de las abejas, se introduce en el alvéolo en donde la reina pone su larva, se atraca de miel y luego se come a la larva; ahí está...

—Sí, sí, no siga usted más; la vida es una cacería horrible.
10 —La Naturaleza es lo que tiene; cuando trata de reventar a uno, lo revienta a conciencia. La justicia es una ilusión humana; en el fondo, todo es destruir, todo es crear. Cazar, guerrear, digerir, respirar, son las formas de creación y de destrucción al mismo tiempo.

—Y entonces, ¿qué hacer? —murmuró Andrés—. ¿Ir a la incons-
15 ciencia? ¿Digerir, guerrear, cazar con la serenidad de un salvaje?

—¿Crees tú en la serenidad del salvaje? —preguntó Iturrioz—. ¡Qué ilusión! Eso también es una invención nuestra. El salvaje nunca ha sido sereno.

—¿Es que no habrá plan ninguno para vivir con cierto decoro?
20 —preguntó Andrés.

—El que lo tiene es porque ha inventado uno para su uso. Yo creo que todo lo natural, que todo lo espontáneo, es malo; que sólo lo artificial, lo creado por el hombre, es bueno. Si pudiera, viviría en un club de Londres; no iría nunca al campo, sino a un parque; bebería
25 agua filtrada y respiraría aire esterilizado...

Andrés ya no quiso atender a Iturrioz, que comenzaba a fantasear por entretenimiento. Se levantó y se apoyó en el barandado de la azotea.

Sobre los tejados de la vecindad revoloteaban unas palomas; en
30 un canalón grande corrían y jugueteaban unos gatos.

Separados por una tapia alta había enfrente dos jardines: uno era de un colegio de niñas; el otro, de un convento de frailes.

El jardín del convento se hallaba rodeado de árboles frondosos; el del colegio no tenía más que algunos macizos con hierbas y flores,
35 y era una cosa extraña que daba cierta impresión de algo alegórico ver al mismo tiempo jugar a las niñas corriendo y gritando, y a los frailes que pasaban silenciosos, en filas de cinco o seis, dando la vuelta al patio.

63. estafilino *rove beetle,* predatory insect

—Vida es lo uno y vida es lo otro —dijo Iturrioz, filosóficamente, comenzando a regar sus plantas.

Andrés se fué a la calle.

¿Qué hacer? ¿Qué dirección dar a la vida? —se preguntaba con angustia. Y la gente, las cosas, el sol, le parecían sin realidad ante el problema planteado en su cerebro.

Luisito, the young brother Andrés adores, dies of tuberculosis. Andrés is at loose ends; he can find no spiritual or even physical anchorage. He finds no meaning in life except emptiness and stupidity. His uncle Iturrioz tells him that when the fruit of the tree of knowledge was eaten, death came into the world and inhibited the pure, thoughtless will to live.

Andrés is appointed to the position of doctor in Alcolea del Campo, a small, backward town between Castile and Andalusia. After living a while at the inn, he finds himself a room with a family consisting of José (Pepinito), his wife Dorotea, her old mother, and their little daughter. The other doctor in town, Don Juan Sánchez, has been practicing medicine for over thirty years but is more interested in bullfights than in his patients and is the object of Andrés's contempt. Hostility springs up between them immediately.

QUINTA PARTE
LA EXPERIENCIA EN EL PUEBLO

V
ALCOLEA DEL CAMPO

Las costumbres de Alcolea eran españolas puras, es decir, de un absurdo completo.

El pueblo no tenía el menor sentido social; las familias se metían en sus casas,[64] como los trogloditas en su cueva. No había solidaridad; nadie sabía ni podía utilizar la fuerza de la asociación. Los hombres iban al trabajo y a veces al casino. Las mujeres no salían más que los domingos a misa.

64. se metían en sus casas   *kept close to home*

Por falta de instinto colectivo el pueblo se había arruinado.

En la época del tratado de los vinos con Francia, todo el mundo, sin consultarse los unos a los otros, comenzó a cambiar el cultivo de sus campos, dejando el trigo y los cereales, y poniendo viñedos; pronto el río de vino de Alcolea se convirtió en río de oro. En este momento de prosperidad, el pueblo se agrandó, se limpiaron las calles, se pusieron aceras, se instaló la luz eléctrica...; luego vino la terminación del tratado, y como nadie sentía la responsabilidad de representar el pueblo, a nadie se le ocurrió decir: "Cambiemos el cultivo; volvamos a nuestra vida antigua; empleemos la riqueza producida por el vino en transformar la tierra para las necesidades de hoy." Nada.

El pueblo aceptó la ruina con resignación.

—Antes éramos ricos —se dijo cada alcoleano—.[65] Ahora seremos pobres. Es igual; viviremos peor; suprimiremos nuestras necesidades.

Aquel estoicismo acabó de hundir al pueblo.

Era natural que así fuese; cada ciudadano de Alcolea se sentía tan separado del vecino como de un extranjero. No tenían una cultura común (no la tenían de ninguna clase); no participaban de admiraciones comunes: sólo el hábito, la rutina, les unía; en el fondo, todos eran extraños a todos.

Muchas veces a Hurtado le parecía Alcolea una ciudad en estado de sitio. El sitiador era la moral, la moral católica. Allí no había nada que no estuviera almacenado y recogido: las mujeres en sus casas, el dinero en las carpetas, el vino en las tinajas.

Andrés se preguntaba: "¿Qué hacen estas mujeres? ¿En qué piensan? ¿Cómo pasan las horas de sus días?" Difícil era averiguarlo.

Con aquel régimen de guardarlo todo, Alcolea gozaba de un orden admirable; sólo un cementerio bien cuidado podía sobrepasar tal perfección.

Esta perfección se conseguía haciendo que el más inepto fuera el que gobernara. La ley de selección en pueblos como aquél se cumplía al revés. El cedazo iba separando el grano de la paja, luego se recogía la paja y se desperdiciaba el grano.

Algún burlón hubiera dicho que este aprovechamiento de la paja entre españoles no era raro. Por aquella selección a la inversa, resultaba que los más aptos allí eran precisamente los más ineptos.

En Alcolea había pocos robos y delitos de sangre; en cierta época los había habido entre jugadores y matones; la gente pobre no se

65. alcoleano *inhabitant of Alcolea*

movía, vivía en una pasividad lánguida; en cambio, los ricos se agitaban, y la usura iba sorbiendo toda la vida de la ciudad.

El labrador de humilde pasar [66] que durante mucho tiempo tenía una casa con cuatro o cinco parejas de mulas, de pronto aparecía con diez, luego con veinte; sus tierras se extendían cada vez más, y él se colocaba entre los ricos.

La política de Alcolea respondía perfectamente al estado de inercia y desconfianza del pueblo. Era una política de caciquismo, una lucha entre dos bandos contrarios, que se llamaban el de los *Ratones* y el de los *Mochuelos;* los *Ratones* eran liberales, y los *Mochuelos,* conservadores.

En aquel momento dominaban los *Mochuelos.* El *Mochuelo* principal era el alcalde, un hombre delgado, vestido de negro, muy clerical, cacique de formas suaves,[67] que suavemente iba llevándose todo lo que podía del Municipio.

El cacique liberal del partido de los *Ratones* era don Juan, un tipo bárbaro y despótico, corpulento y forzudo, con unas manos de gigante, hombre que, cuando entraba a mandar, trataba al pueblo en conquistador.[68] Este gran *Ratón* no disimulaba como el *Mochuelo;* se quedaba con todo lo que podía, sin tomarse el trabajo de ocultar decorosamente sus robos.

Alcolea se había acostumbrado a los *Mochuelos* y a los *Ratones,* y los consideraba necesarios. Aquellos bandidos eran los sostenes de la sociedad; se repartían el botín; tenían unos para otros un *tabú* especial, como el de los polinesios.

Andrés podía estudiar en Alcolea todas aquellas manifestaciones del árbol de la vida, y de la vida áspera manchega: la expansión del egoísmo, de la envidia, de la crueldad, del orgullo.

A veces pensaba que todo esto era necesario; pensaba también que se podía llegar, en la indiferencia intelectualista, hasta disfrutar contemplando estas expansiones, formas violentas de la vida.

¿Por qué incomodarse, si todo está determinado, si es fatal, si no puede ser de otra manera? —se preguntaba—. ¿No era científicamente un poco absurdo el furor que le entraba muchas veces al ver las injusticias del pueblo? Por otro lado, ¿no estaba también determinado, no era fatal el [69] que su cerebro tuviera una irritación que le hiciera protestar contra aquel estado de cosas violentamente?

66. labrador de humilde pasar   *small farmer*
67. de formas suaves   *easy-mannered*
68. en conquistador   *like a conqueror*
69. Do not translate *el.*

Andrés discutía muchas veces con su patrona. Ella no podía comprender que Hurtado afirmase que era mayor delito robar a la comunidad, al Ayuntamiento, al Estado, que robar a un particular. Ella decía que no: que defraudar a la comunidad no podía ser
5 tanto como robar a una persona. En Alcolea casi todos los ricos defraudaban a la Hacienda, y no se les tenía por ladrones.[70]

Andrés trataba de convencerla de que el daño hecho con el robo a la comunidad era más grande que el producido contra el bolsillo de un particular; pero la Dorotea no se convencía.

10 —¡Qué hermosa sería una revolución —decía Andrés a su patrona—, no una revolución de oradores y de miserables charlatanes, sino una revolución de verdad! Mochuelos y Ratones, colgados de los faroles, ya que aquí no hay árboles.

Dorotea se reía de estas ideas de su huésped, que le parecían ab-
15 surdas.

Como buen epicúreo, Andrés no tenía tendencia alguna por el apostolado.[71]

Los del Centro republicano le habían dicho que diera conferencias acerca de higiene; pero él estaba convencido de que todo
20 aquello era inútil, completamente estéril.

¿Para qué? Sabía que ninguna de estas cosas había de tener eficacia, y prefería no ocuparse de ellas.

Cuando le hablaban de política, Andrés decía a los jóvenes republicanos:

25 —No hagan ustedes un partido de protesta. ¿Para qué? Lo menos malo que puede ser es una colección de retóricos y de charlatanes; lo más malo es que sea otra banda de Mochuelos o de Ratones.

—¡Pero, don Andrés! ¡Algo hay que hacer!

—¡Qué van ustedes a hacer! ¡Es imposible! Lo único que pueden
30 ustedes hacer es marcharse de aquí.

El tiempo en Alcolea le resultaba a Andrés muy largo.

Por la mañana hacía su visita; después volvía a casa y tomaba el baño.

Al atravesar el corralillo se encontraba con la patrona, que dirigía
35 alguna labor de la casa; la criada solía estar lavando la ropa en una media tinaja, cortada en sentido longitudinal, que parecía una canoa, y la niña correteaba de un lado a otro.

70. y no ... ladrones *and they weren't considered thieves*
71. apostolado *apostleship,* preaching the desirability of a new system

En este corralillo tenían una sarmentera, donde se secaban las gavillas de sarmientos, y montones de leña de cepas viejas.

Andrés abría la antigua tahona y se bañaba. Después iba a comer.

El otoño todavía parecía verano: era costumbre dormir la siesta. Estas horas de siesta se le hacían a Hurtado pesadas, horribles.

En su cuarto echaba una estera en el suelo y se tendía sobre ella, a obscuras. Por la rendija de las ventanas entraba una lámina de luz; en el pueblo dominaba el más completo silencio; todo estaba aletargado bajo el calor del sol; algunos moscones rezongaban en los cristales; la tarde, bochornosa, era interminable.

Cuando pasaba la fuerza del día,[72] Andrés salía al patio y se sentaba a la sombra del emparrado a leer.

El ama, su madre y la criada cosían cerca del pozo; la niña hacía encaje de bolillos con hilos y unos alfileres clavados sobre una almohada; al anochecer regaban los tiestos de claveles, de geranios y de albahacas.

Muchas veces venían vendedores y vendedoras ambulantes a ofrecer frutas, hortalizas o caza.

—¡Ave María Purísima! [73] —decían al entrar. Dorotea veía lo que traían.

—¿Le gusta a usted esto, don Andrés? —le preguntaba Dorotea a Hurtado.

—Sí; pero por mí no se preocupe usted —contestaba él.

Al anochecer volvía el patrón. Estaba empleado en unas bodegas, y concluía a aquella hora el trabajo. *Pepinito* [74] era un hombre petulante; sin saber nada tenía la pedantería de un catedrático. Cuando explicaba algo, bajaba los párpados, con un aire de suficiencia tal, que a Andrés le daban ganas de estrangularle.

Pepinito trataba muy mal a su mujer y a su hija; constantemente las llamaba estúpidas, borricas, torpes; tenía el convencimiento de que él era el único que hacía bien las cosas.

—¡Que este bestia tenga una mujer tan guapa y tan simpática es verdaderamente desagradable! —pensaba Andrés.

Entre las manías de *Pepinito* estaba la de pasar por tremendo; [75] le gustaba contar historias de riñas y de muertes. Cualquiera, al

---

72. la fuerza del día *the hottest part of the day*
73. ¡Ave María Purísima! *Hail Mary!*
74. Pepinito *Little Cucumber*, nickname of José, Andrés Hurtado's landlord
75. pasar por tremendo *showing off* or *liking to be considered tough*

oírle, hubiese creído que se estaban matando continuamente en
Alcolea; contaba un crimen ocurrido hacía cinco años en el pueblo,
y le daba tales variaciones y lo explicaba de tan distintas maneras,
que el crimen se desdoblaba y se multiplicaba.

5   *Pepinito* era del Tomelloso, y todo lo refería a su pueblo. El
Tomelloso, según él, era la antítesis de Alcolea; Alcolea era lo vulgar; el Tomelloso, lo extraordinario; que se hablase de lo que se
hablase,[76] *Pepinito* le decía a Andrés:

—Debía usted ir al Tomelloso. Allí no hay ni un árbol.

10 —Ni aquí tampoco —le contestaba Andrés, riendo.

—Sí. Aquí hay algunos —replicaba *Pepinito*—. Allí todo el pueblo
estaba agujereado por las cuevas para el vino, y no crea usted que
son modernas, no, sino antiguas. Allí ve usted tinajones grandes
metidos en el suelo. Allí todo el vino que se hace es natural; malo

15 muchas veces, porque no saben prepararlo, pero natural.

—¿Y aquí?

—Aquí ya emplean la química —decía *Pepinito,* para quien Alcolea era un pueblo degenerado por la civilización—: tartratos, campeche, fuchsina, demonios le echan éstos al vino.[77]

20 Al final de septiembre, unos días antes de la vendimia, la patrona
le dijo a Andrés:

—¿Usted no ha visto nuestra bodega?

—No.

—Pues vamos ahora a arreglarla.

25 El mozo y la criada estaban sacando leña y sarmientos, metidos
durante todo el invierno en el lagar; y dos albañiles iban picando
las paredes. Dorotea y su hija le enseñaron a Hurtado el lagar a la
antigua, con su viga para prensar, las chanclas de madera y de esparto que se ponen los pisadores en los pies y los vendos para suje-

30 társelas.

Le mostraron las piletas donde va cayendo el mosto y lo recogen
en cubos, y la moderna bodega capaz para dos cosechas, con barricas
y conos de madera.

—Ahora, si no tiene usted miedo, bajaremos a la cueva antigua

35 —dijo Dorotea.

—Miedo, ¿de qué?

—¡Ah! Es una cueva donde hay duendes, según dicen.

76. que se ... hablase   *whatever the subject of conversation*
77. tartratos ... al vino   *tartrates, dyewood, fuchsin, they put all sorts of things
in the wine*

—Entonces hay que ir a saludarlos.

El mozo encendió un candil y abrió una puerta que daba al corral. Dorotea, la niña y Andrés le siguieron. Bajaron a la cueva por una escalera desmoronada. El techo rezumaba humedad. Al final de la escalera se abría una bóveda que daba paso a una verdadera catacumba, húmeda, fría, larguísima, tortuosa. 5

En el primer trozo de esta cueva había una serie de tinajones empotrados a medias en la pared; en el segundo, de techo más bajo, se veían las tinajas de Colmenar, altas, enormes, en fila, y a su lado, las hechas en el Toboso, pequeñas, llenas de mugre, que parecían 10 viejas gordas y grotescas.

La luz del candil, al iluminar aquel antro, parecía agrandar y achicar alternativamente el vientre abultado de las vasijas.

Se explicaba que la fantasía de la gente hubiese transformado en duendes aquellas ánforas vinarias, de las cuales, las ventrudas, abul- 15 tadas tinajas toboseñas, parecían enanos; y las altas y airosas, fabricadas en Colmenar, tenían aire de gigantes. Todavía en el fondo se abría un anchurón con doce grandes tinajones. Este hueco se llamaba la Sala de los Apóstoles.

El mozo aseguró que en aquella cueva se habían encontrado 20 huesos humanos, y mostró en la pared la huella de una mano, que él suponía era de sangre.

—Si a don Andrés le gustara el vino —dijo Dorotea—, le daríamos un vaso de este añejo que tenemos en la solera.

—No, no; guárdelo usted para las grandes fiestas. 25

Días después comenzó la vendimia. Andrés se acercó al lagar, y el ver aquellos hombres sudando y agitándose en el rincón bajo de techo,[78] le produjo una impresión desagradable. No creía que esta labor fuera tan penosa.

Andrés recordó a Iturrioz, cuando decía que sólo lo artificial es 30 bueno, y pensó que tenía razón. Las decantadas labores rurales, motivo de inspiración para los poetas, le parecían estúpidas y bestiales. ¡Cuánto más hermosa, aunque estuviera fuera de toda idea de belleza tradicional, la función de un motor eléctrico, que no este trabajo muscular, rudo, bárbaro y mal aprovechado! 35

In the town Casino, *or* Club, *Andrés finds no one he can respect.*

78. bajo de techo *low-roofed*

VIII
EL DILEMA

Poco a poco, y sin saber cómo, se formó alrededor de Andrés una mala reputación; se le consideraba hombre violento, orgulloso, mal intencionado, que se atraía la antipatía de todos.

Era un demagogo, malo, dañino, odiaba a los ricos y no quería a
5 los pobres.

Andrés fué notando la hostilidad de la gente del casino y dejó de frecuentarlo.

Al principio se aburría.

Los días iban sucediéndose a los días y cada uno traía la misma
10 desesperanza, la seguridad de no saber qué hacer, la seguridad de sentir y de inspirar antipatía, en el fondo sin motivo, por una mala inteligencia.[79]

Se había decidido a cumplir sus deberes de médico al pie de la letra.[80]

15 Llegar a la abstención pura, completa, en la pequeña vida social de Alcolea, le parecía la perfección.

Andrés no era de estos hombres que consideran el leer como un sucedáneo de vivir; [81] él leía porque no podía vivir. Para alternar [82] con esta gente del casino, estúpida y mal intencionada, prefería
20 pasar el tiempo en su cuarto, en aquel mausoleo blanqueado y silencioso.

¡Pero con qué gusto hubiera cerrado los libros si hubiera habido algo importante que hacer; algo como pegarle fuego al pueblo o reconstruirlo!

25 La inacción le irritaba.

De haber [83] caza mayor, le hubiera gustado marcharse al campo; pero para matar [84] conejos prefería quedarse en casa.

Sin saber qué hacer, paseaba como un lobo por aquel cuarto. Muchas veces intentó dejar de leer estos libros de filosofía. Pensó
30 que quizá le irritaban. Quiso cambiar de lecturas. Don Blas [85] le

79. una mala inteligencia *a misunderstanding*
80. al pie de la letra *scrupulously*
81. un sucedáneo de vivir *a substitute for life*
82. Para alternar *Rather than associate*
83. De haber *Had there been*
84. para matar *rather than kill*
85. Don Blas an eccentric Andrés had met in the Casino

prestó una porción de libros de historia. Andrés se convenció de que la historia era una cosa vacía. Creyó, como Schopenhauer,[86] que el que lea con atención *Los Nuevos libros de Herodoto* [87] tiene todas las combinaciones posibles de crímenes, destronamientos, heroísmos e injusticias, bondades y maldades que puede suministrar la his-   5
toria.

Intentó también un estudio poco humano y trajo de Madrid y comenzó a leer un libro de astronomía, la *Guía del Cielo*, de Klein,[88] pero le faltaba la base de las matemáticas, y pensó que no tenía fuerza en el cerebro para dominar esto. Lo único que aprendió fué   10
el plano estelar. Orientarse en ese infinito de puntos luminosos, en donde brillan como dioses Arcturus y Vega, Altair y Aldebarán,[89] era para él una voluptuosidad algo triste; recorrer con el pensamiento esos cráteres de la luna y el mar de la Serenidad; leer esas hipótesis acerca de la Vía Láctea y de su movimiento alrededor de   15
ese supuesto sol central que se llama Alción y que está en el grupo de las Pléyades, le daba vértigo.

Se le ocurrió también escribir; pero no sabía por dónde empezar, ni manejaba suficientemente el mecanismo del lenguaje para expresarse con claridad.   20

Todos los sistemas que discurría para encauzar su vida dejaban precipitados insolubles, que demostraban el error inicial de sus sistemas.

Comenzaba a sentir una irritación profunda contra todo.

A [90] los ocho o nueve meses de vivir así, excitado y aplanado al   25
mismo tiempo, empezó a padecer dolores articulares; además, el pelo se le caía muy abundantemente.

—Es la castidad —se dijo.

Era lógico; era un neuroartrítico.[91] De chico [92] su artritismo se había manifestado por jaquecas y por tendencia hipocondríaca. Su   30
estado artrítico se exacerbaba. Se iban acumulando en el organismo

86. Cf. footnote 25.

87. Herodotus (*c.* 484–*c.* 428 B.C.), Greek historian, known as the Father of History

88. Hermann Klein (1844–1914), German scientist

89. Arcturus, Vega, Altair, Aldebarán names of stars

90. A *After*

91. neuroartrítico *neuroarthritic,* one who suffers from arthritis for nervous reasons

92. De chico *As a little boy*

las substancias de desecho y esto tenía que engendrar productos de oxidación incompleta; el ácido úrico sobre todo.

El diagnóstico lo consideró como exacto; el tratamiento era lo difícil.

5 Este dilema se presentaba ante él. Si quería vivir con una mujer tenía que casarse, someterse. Es decir, dar por una cosa de la vida toda su independencia espiritual, resignarse a cumplir obligaciones y deberes sociales, a guardar consideraciones a su suegro, a una suegra, a un cuñado, cosa que le horrorizaba.

10 Seguramente, entre aquellas muchachas de Alcolea, que no salían más que los domingos a la iglesia, vestidas como papagayos, con un mal gusto exorbitante, había algunas, quizá muchas, agradables, simpáticas. Pero ¿quién las conocía? Era casi imposible hablar con ellas. Solamente el marido podría llegar a saber su manera de ser y
15 de sentir.

Andrés se hubiera casado con cualquiera, con una muchacha sencilla; pero no sabía dónde encontrarla. Las dos señoritas que trataba un poco eran la hija del médico Sánchez y la del secretario.

La hija de Sánchez quería ir monja; [93] la del secretario era de una
20 cursilería verdaderamente venenosa; tocaba el piano muy mal, calcaba las laminitas del *Blanco y Negro* [94] y luego las iluminaba, y tenía unas ideas ridículas y falsas de todo.

De no casarse [95] Andrés podía transigir e ir con los perdidos del pueblo a casa de la Fulana o de la Zutana,[96] a estas dos calles donde
25 las mujeres de vida airada vivían como en los antiguos burdeles medievales; pero esta promiscuidad era ofensiva para su orgullo. ¿Qué más triunfo para la burguesía local y más derrota para su personalidad si se hubiesen contado sus devaneos? No; prefería estar enfermo.

30 Andrés decidió limitar la alimentación, tomar sólo vegetales y no probar la carne, ni el vino, ni el café. Varias horas después de comer y de cenar bebía grandes cantidades de agua. El odio contra el espíritu del pueblo le sostenía en su lucha secreta; era uno de esos odios profundos, que llegan a dar serenidad al que lo siente; un
35 desprecio épico y altivo. Para él no había burlas; todas resbalaban por su coraza de impasibilidad.

93. ir monja   *to be a nun*
94. *Blanco y Negro*   a magazine
95. De no casarse   *If he did not get married*
96. la Fulana ... la Zutana   *So-and-so ... Such-and-such* (fem.)

Algunas veces pensaba que esta actitud no era lógica. ¡Un hombre que quería ser de ciencia y se incomodaba porque las cosas no eran como él hubiese deseado! Era absurdo. La tierra allí era seca; no había árboles; el clima era duro; la gente tenía que ser dura también. 5

La mujer del secretario del Ayuntamiento y presidenta de la Sociedad del Perpetuo Socorro,[97] le dijo un día:

—Usted, Hurtado, quiere demostrar que se puede no tener religión y ser más bueno que los religiosos.

—¿Más bueno, señora? —replicó Andrés—. Realmente eso no es 10 difícil.

Al cabo de un mes de nuevo régimen, Hurtado estaba mejor; la comida escasa y sólo vegetal, el baño, el ejercicio al aire libre le iban haciendo un hombre sin nervios. Ahora se sentía como divinizado por su ascetismo, libre; comenzaba a vislumbrar ese estado de "ata- 15 raxia" cantado por los epicúreos y los pirronianos.[98]

Ya no experimentaba cólera por las cosas ni por las personas.

Le hubiera gustado comunicar a alguien sus impresiones y pensó escribir a Iturrioz; pero luego creyó que su situación espiritual era más fuerte siendo él solo el único testigo de su victoria. 20

Ya comenzaba a no tener espíritu agresivo. Se levantaba muy temprano, con la aurora, y paseaba por aquellos campos llanos, por los viñedos, hasta un olivar que él llamaba el trágico por su aspecto. Aquellos olivos viejos, centenarios, retorcidos, parecían enfermos atacados por el tétanos; entre ellos se levantaba una casa aislada 25 y baja con bardales de cambroneras, y en el vértice de la colina había un molino de viento tan extraordinario, tan absurdo, con su cuerpo rechoncho y sus brazos chirriantes, que a Andrés le dejaba siempre sobrecogido.

Muchas veces salía de casa cuando aún era de noche y veía la 30 estrella del crepúsculo palpitar y disolverse como una perla en el horno de la aurora llena de resplandores.

Por las noches, Andrés se refugiaba en la cocina, cerca del fogón bajo. Dorotea, la vieja y la niña hacían sus labores al amor de [99] la lumbre y Hurtado charlaba o miraba arder los sarmientos. 35

97. Sociedad del Perpetuo Socorro   lay sorority dedicated to the Virgin
98. "ataraxia": freedom from concern, inner tranquillity; epicúreos: *Epicureans,* followers of Epicurus (*c.* 341–270 B.C.), Greek philosopher who held that pleasure was the highest good; pirronianos: *Pyrrhonians,* followers of Pyrrho (*c.* 360–270 B.C.), Greek skeptic
99. al amor de   *huddling by*

Andrés becomes even more unpopular when he is instrumental in convincing the authorities that Tío Garrota, *suspected of having murdered his wife, had not been guilty of any crime.*

X
DESPEDIDA

Andrés, que hasta entonces había tenido simpatía entre la gente
5 pobre, vió que la simpatía se trocaba en hostilidad. En la primavera decidió marcharse y presentar la dimisión de su cargo.

Un día de mayo fué el fijado para la marcha; se despidió de don Blas Carreño y del juez y tuvo un violento altercado con Sánchez, quien, a pesar de ver que el enemigo se le iba, fué bastante torpe
10 para recriminarle con acritud. Andrés le contestó rudamente y dijo a su compañero unas cuantas verdades un poco explosivas.

Por la tarde, Andrés preparó su equipaje y luego salió a pasear. Hacía un día tempestuoso, con vagos relámpagos, que brillaban entre dos nubes. Al anochecer comenzó a llover, y Andrés volvió a
15 su casa.

Aquella tarde, *Pepinito,* su hija y la abuela habían ido a Mailo, un pequeño balneario próximo a Alcolea.

Andrés acabó de preparar su equipaje. A la hora de cenar entró la patrona en su cuarto.

20   —¿Se va usted de verdad mañana, don Andrés?

—Sí.

—Estamos solos; cuando usted quiera cenaremos.

—Voy a terminar en un momento.

—Me da pena verle a usted marchar. Ya le teníamos a usted como
25 de la familia.

—¡Qué se le va a hacer! [100] Ya no me quieren en el pueblo.

—No lo dirá usted por nosotros.[101]

—No, no lo digo por ustedes. Es decir, no lo digo por usted. Si siento dejar el pueblo es, más que nada, por usted.

30   —¡Bah! Don Andrés.

—Créalo usted o no lo crea, tengo una gran opinión de usted. Me parece usted una mujer muy buena, muy inteligente...

—¡Por Dios, don Andrés, que me va usted a confundir! [102] —dijo ella riendo.

---

100. ¡Qué se le va a hacer!   *What can we do!*
101. No ... nosotros.   *You're not referring to us.*
102. que me ... confundir   *you're going to make me blush*

—Confúndase usted todo lo que quiera, Dorotea. Eso no quita para que sea verdad.[103] Lo malo que tiene usted...[104]

—Vamos a ver lo malo... —replicó ella con seriedad fingida.

—Lo malo que tiene usted —siguió diciendo Andrés— es que está usted casada con un hombre que es un idiota, un imbécil petulante, que le hace sufrir a usted, y a quien yo, como usted,[105] engañaría con cualquiera.

—¡Jesús! ¡Dios mío! ¡Qué cosas me está usted diciendo!

—Son las verdades de la despedida... Realmente yo he sido un imbécil en no haberle hecho a usted el amor.

—¿Ahora se acuerda usted de eso, don Andrés?

—Sí, ahora me acuerdo. No crea usted que no lo he pensado otras veces; pero me ha faltado decisión. Hoy estamos solos en toda la casa. ¿No?

—Sí, estamos solos. ¡Adiós, don Andrés! Me voy.

—No se vaya usted, tengo que hablarle.

Dorotea, sorprendida del tono de mando de Andrés, se quedó.

—¿Qué me quiere usted? —dijo.

—Quédese usted aquí conmigo.

—Pero yo soy una mujer honrada, don Andrés —replicó Dorotea con voz ahogada.

—Ya lo sé, una mujer honrada y buena, casada con un idiota. Estamos solos, nadie habría de saber que usted había sido mía. Esta noche, para usted y para mí, sería una noche excepcional, extraña...

—Sí. ¿Y el remordimiento?

—¿Remordimiento?

Andrés, con lucidez, comprendió que no debía discutir este punto.

—Hace un momento no creía que le iba a usted a decir esto. ¿Por qué se lo digo? No lo sé. Mi corazón palpita ahora como un martillo de fragua.

Andrés se tuvo que apoyar en el hierro de la cama, pálido y tembloroso.

—¿Se pone usted malo? —murmuró Dorotea con voz ronca.

—No; no es nada.

Ella también estaba turbada, palpitante. Andrés apagó la luz y se acercó a ella.

Dorotea no resistió. Andrés estaba en aquel momento en plena inconsciencia...

---

103. Eso no ... verdad. *That doesn't change the facts in any way.*
104. Lo malo que tiene usted *The trouble with you is*
105. como usted *if I were you*

Al amanecer comenzó a brillar la luz del día por entre las rendijas de las maderas. Dorotea se incorporó. Andrés quiso retenerla entre sus brazos.

—No, no —murmuró ella con espanto, y, levantándose rápida-
5 mente, huyó del cuarto.

Andrés se sentó en la cama atónito, asombrado de sí mismo.

Se encontraba en un estado de irresolución completa; sentía en la espalda como si tuviera una plancha que le sujetara los nervios y tenía temor de tocar con los pies el suelo.

10 Sentado, abatido, estuvo con la frente apoyada en las manos, hasta que oyó el ruido del coche que venía a buscarle. Se levantó, se vistió y abrió la puerta antes que llamaran, por miedo al pensar en el ruido de la aldaba; un mozo entró en el cuarto y cargó con el baúl y la maleta y los llevó al coche. Andrés se puso el gabán y subió a la
15 diligencia, que comenzó a marchar por la carretera polvorienta.

—¡Qué absurdo! ¡Qué absurdo es todo esto! —exclamó luego—. Y se refería a su vida y a esta última noche tan inesperada, tan aniquiladora.

En el tren su estado nervioso empeoró. Se sentía desfallecido, ma-
20 reado. Al llegar a Aranjuez [106] se decidió a bajar del tren. Los tres días que pasó aquí tranquilizaron y calmaron sus nervios.

*Andrés returns to Madrid on the eve of the outbreak of the Spanish-American War and is shocked by the general feeling of false optimism. After the defeat, Andrés is equally amazed at the wide-
25 spread indifference. His former friends live uninspired lives; everywhere he finds stagnation, pettiness, poverty. He resumes his friendship with Lulú, who now has a small store of her own. Her sister Nini is married. Andrés is reduced to accepting the hateful position of* médico de higiene, *whose work consists of periodic examinations
30 of prostitutes.*

106. Aranjuez small town near Madrid, summer residence of the Spanish Bourbons

SEXTA PARTE

LA EXPERIENCIA EN MADRID

VI

LA TIENDA DE CONFECCIONES

Cerca de un mes tardó Hurtado en ir a ver a Lulú, y cuando fué se encontró un poco sorprendido al entrar en la tienda. Era una tienda bastante grande, con el escaparate ancho y adornado con ropas de niño, gorritos rizados y camisas llenas de lazos.

—Al fin ha venido usted —le dijo Lulú.   5

—No he podido venir antes. Pero ¿toda esta tienda es de usted? —preguntó Andrés.

—Sí.

—Entonces es usted capitalista; es usted una burguesa infame.

Lulú se rió satisfecha; luego enseñó a Andrés la tienda, la tras- 10 tienda y la casa. Estaba todo muy bien arreglado y en orden. Lulú tenía una muchacha que despachaba y un chico para los recados. Andrés estuvo sentado un momento. Entraba bastante gente en la tienda.

—El otro día vino Julio [107] —dijo Lulú— y hablamos mal de usted. 15

—¿De veras?

—Sí; y me dijo una cosa que usted había dicho de mí, que me incomodó.

—¿Qué le dijo a usted?

—Me dijo que usted había dicho una vez, cuando era estudiante, 20 que casarse conmigo era lo mismo que casarse con un orangután. ¿Es verdad que ha dicho usted de mí eso? ¡Conteste usted!

—No lo recuerdo; pero es muy posible.

—¿Que lo haya dicho usted?

—Sí.   25

—¿Y qué debía hacer yo con un hombre que paga así la estimación que yo le tengo?

—No sé.

107. Julio Aracil   Hurtado's friend

—¡Si al menos, en vez de orangután, me hubiera usted llamado mona![108]

—Otra vez será. No tenga usted cuidado.

Dos días después, Hurtado volvió a la tienda, y los sábados se
5 reunía con Lulú y su madre en el café de la Luna. Pronto pudo comprobar que el señor de los anteojos pretendía a Lulú. Era aquel señor un farmacéutico que tenía botica en la calle del Pez, hombre muy simpático e instruído. Andrés y él hablaron de Lulú.

—¿Qué le parece a usted esta muchacha? —le preguntó el farma-
10 céutico.

—¿Quién? ¿Lulú?

—Sí.

—Pues es una muchacha por la que yo tengo una gran estimación —dijo Andrés.

15 —Yo también.

—Ahora, que me parece que no es una mujer para casarse con ella.

—¿Por qué?

—Es mi opinión; a mí me parece una mujer cerebral, sin fuerza orgánica y sin sensualidad, para quien todas las impresiones son
20 puramente intelectuales.

—¡Qué sé yo! No estoy conforme.[109]

Aquella misma noche Andrés pudo ver que Lulú trataba demasiado desdeñosamente al farmacéutico.

Cuando se quedaron solos, Andrés le dijo a Lulú:

25 —Trata usted muy mal al farmacéutico. Eso no me parece digno de una mujer como usted, que tiene un fondo de justicia.[110]

—¿Por qué?

—Porque no. Porque un hombre se enamore de usted, ¿hay motivo para que usted le desprecie? Eso es una bestialidad.

30 —Me da la gana de hacer bestialidades.

—Habría que desear que a usted le pasara lo mismo[111] para que supiera lo que es estar desdeñada sin motivo.

—¿Y usted sabe si a mí me pasa lo mismo?

—No; pero me figuro que no. Tengo demasiada mala idea de las
35 mujeres para creerlo.

---

108. mona means both *monkey* (fem.) and *cute*
109. ¡Qué sé yo! No estoy conforme. *I don't know. I don't think so.*
110. fondo de justicia *sense of justice*
111. Habría que desear ... lo mismo *We'd have to wish for the same thing to happen to you*

—¿De las mujeres en general y de mí en particular?

—De todas.

—¡Qué mal humor se le va poniendo a usted, don Andrés! Cuando sea usted viejo no va a haber quien le aguante.[112]

—Ya soy viejo. Es que indignan esas necedades de las mujeres. ¿Qué le encuentra usted a ese hombre para desdeñarle así? Es un hombre culto, amable, simpático, gana para vivir...

—Bueno, bueno; pero a mí me fastidia. Basta ya de esa canción.[113]

In his official capacity, Andrés witnesses the brutality and horrors connected with prostitution. He gives up his job and obtains a position with La Esperanza, *a social agency helping the poor. He is obliged to make thirty to forty visits a day to the sick who live in the most squalid conditions. Now he is exasperated by the stupidity of the poor, and his only refuge is Lulú's shop.*

IX
AMOR, TEORÍA Y PRÁCTICA

Andrés divagaba, lo que era un gran placer, en la tienda de Lulú. Ella le oía sonriente, haciendo de cuando en cuando alguna objeción. Le llamaba siempre, en burla, don Andrés.

—Tengo una pequeña teoría acerca del amor —le dijo un día él.

—Acerca del amor debía usted tener una teoría grande —repuso burlonamente Lulú.

—Pues no la tengo. He encontrado que en el amor, como en la medicina de hace ochenta años, hay dos procedimientos: la alopatía y la homeopatía.[114]

—Explíquese usted claro, don Andrés —replicó ella con severidad.

—Me explicaré. La alopatía amorosa está basada en la neutralización. Los contrarios se curan con los contrarios. Por este principio, el hombre pequeño busca mujer grande; el rubio, mujer morena, y el moreno, rubia. Este procedimiento es el procedimiento de los tímidos, que desconfían de sí mismo... El otro procedimiento...

112. no va ... aguante *you will be unbearable*

113. Basta ya ... canción. *Let's not talk about it any more.*

114. alopatía *allopathy,* system of fighting disease by use of remedies producing effects different from those produced by the disease treated; homeopatía *homeopathy,* system of treating disease by remedies which produce on a healthy person effects similar to the symptoms of the complaint of the patient, the remedies being usually administered in minute doses

—Vamos a ver el otro procedimiento.

—El otro procedimiento es el homeopático. Los semejantes se curan con los semejantes. Este es el sistema de los satisfechos de su
físico. El moreno con la morena, el rubio con la rubia. De manera
5 que, si mi teoría es cierta, servirá para conocer a la gente.

—¿Sí?

—Sí; se ve un hombre gordo, moreno y chato, al lado de una mujer
gorda, morena y chata, pues es un hombre petulante y seguro de sí
mismo; pero si el hombre gordo, moreno y chato tiene una mujer
10 flaca, rubia y nariguda, es que no tiene confianza en su tipo ni en la
forma de su nariz.

—De manera que yo, que soy morena y algo chata...

—No; usted no es chata.

—¿Algo tampoco? [115]

15 —No.

—Muchas gracias, don Andrés. Pues bien: yo que soy morena,
y creo que algo chata, aunque usted diga que no, si fuera petulante
me gustaría ese mozo de la peluquería de la esquina, y si fuera completamente humilde, me gustaría el farmacéutico, que tiene unas
20 buenas napias.[116]

—Usted no es un caso normal.

—¿No?

—No.

—¿Pues qué soy?

25 —Un caso de estudio.[117]

—Yo seré un caso de estudio; pero nadie me quiere estudiar.

—¿Quiere usted que la estudie yo, Lulú?

Ella contempló durante un momento a Andrés, con una mirada
enigmática, y luego se echó a reír.

30 —Y usted, don Andrés, que es un sabio, que ha encontrado esas
teorías sobre el amor, ¿qué es eso del amor?

—¿El amor?

—Sí.

—Pues el amor, y le voy a parecer a usted un pedante, es la con-
35 fluencia del instinto fetichista y del instinto sexual.

—No comprendo.

—Ahora viene la explicación. El instinto sexual empuja al hombre

115. ¿Algo tampoco? *Not even a little bit?*
116. unas buenas napias *a pretty long nose*
117. Un caso de estudio. *A case that calls for study.*

a la mujer y la mujer al hombre, indistintamente; pero el hombre, que tiene un poder de fantasear, dice: esa mujer, y la mujer dice: ese hombre. Aquí empieza el instinto fetichista; sobre el cuerpo de la persona elegida porque sí, se forja otro más hermoso y se le adorna y se le embellece, y se convence uno de que el ídolo forjado 5 por la imaginación es la misma verdad. Un hombre que ama a una mujer la ve en su interior [118] deformada, y a la mujer que quiere al hombre le pasa lo mismo, lo deforma. A través de una nube brillante y falsa, se ven los amantes el uno al otro, y en la obscuridad ríe el antiguo diablo, que no es más que la especie. 10

—¡La especie! ¿Y qué tiene que ver ahí la especie?

—El instinto de la especie es la voluntad de tener hijos, de tener descendencia. La principal idea de la mujer es el hijo. La mujer, instintivamente, quiere primero el hijo; pero la Naturaleza necesita vestir ese deseo en otra forma más poética, más sugestiva, y crea esas 15 mentiras, esos velos que constituyen el amor.

—¿De manera que el amor, en el fondo, es un engaño?

—Sí, es un engaño como la misma vida; por eso alguno ha dicho, con razón: una mujer es tan buena como otra, y a veces más; lo mismo se puede decir del hombre: un hombre es tan bueno como 20 otro, y a veces más.

—Eso será para la persona que no quiere.

—Claro, para el que no está ilusionado, engañado... Por eso sucede que los matrimonios de amor producen más dolores y desilusiones que los de conveniencia. 25

—¿De verdad cree usted eso?

—Sí.

—Y a usted, ¿qué le parece que vale más, engañarse y sufrir o no engañarse nunca?

—No sé. Es difícil saberlo. Creo que no puede haber una regla 30 general.

Estas conversaciones les entretenían.

Una mañana, Andrés se encontró en la tienda con un militar joven, hablando con Lulú. Durante varios días lo siguió viendo. No quiso preguntar quién era, y sólo cuando lo dejó de ver se enteró 35 de que era primo de Lulú.

En ese tiempo, Andrés empezó a creer que Lulú estaba displicente con él. Quizá pensaba en el militar.

Andrés quiso perder la costumbre de ir a la tienda de confec-

118. en su interior *in his mind's eye*

ciones, pero no pudo. Era el único sitio agradable en donde se encontraba bien...

Un día de otoño, por la mañana, fué a pasear por la Moncloa.[119] Sentía esa melancolía, un poco ridícula, del solterón. Un vago sen-5 timentalismo anegaba su espíritu al contemplar el campo, el cielo puro y sin nubes; el Guadarrama, azul como una turquesa.

Pensó en Lulú y decidió ir a verla. Era su única amiga. Volvió hacia Madrid, hasta la calle del Pez, y entró en la tiendecita.

Estaba Lulú sola, limpiando con el plumero los armarios. Andrés 10 se sentó en su sitio.

—Está usted muy bien hoy,[120] muy guapa —dijo de pronto Andrés.

—¿Qué hierba ha pisado usted hoy,[121] don Andrés, para estar tan amable?

—Verdad. Está usted muy bien. Desde que está usted aquí se va 15 usted humanizando. Antes tenía usted una expresión muy satírica, muy burlona, pero ahora, no; se le va a usted poniendo una cara más dulce. Yo creo que de tratar así a las madres que vienen a comprar gorritos para sus hijos se le va poniendo a usted una cara maternal.

20 —Y, ya ve usted, es triste hacer siempre gorritos para los hijos de los demás.

—Qué, ¿querría usted más que fueran para sus hijos?

—Si pudiera ser, ¿por qué no? Pero yo no tendré hijos nunca. ¿Quién me va a querer a mí?

25 —El farmacéutico del café, el teniente...; puede usted echárselas de modesta,[122] y anda usted haciendo conquistas...

—¿Yo?

—Usted, sí.

Lulú siguió limpiando los estantes con el plumero.

30 —¿Me tiene usted odio, Lulú? —dijo Hurtado.

—Sí, porque me dice tonterías.

—Deme usted la mano.

—¿La mano?

—Sí.

35 —Ahora siéntese usted a mi lado.

—¿A su lado de usted?

119. la Moncloa   park in Madrid
120. Está usted muy bien hoy   *You look very nice today*
121. ¿Qué hierba ... hoy ... ?   *What's come over you today ... ?*
122. echárselas de modesta   *play modest*

—Sí.

—Ahora míreme usted a los ojos. Lealmente.

—Ya le miro a los ojos. ¿Hay más que hacer?

—¿Usted cree que no la quiero a usted, Lulú?

—Sí..., un poco...; ve usted que no soy una mala muchacha, pero 5
nada más.

—¿Y si hubiera algo más? Si yo la quisiera a usted con cariño, con
amor, ¿qué me contestaría usted?

—No; no es verdad. Usted no me quiere. No me diga usted eso.

—Sí, sí, es verdad —y acercando la cabeza de Lulú a él, la besó en 10
la boca.

Lulú enrojeció violentamente; luego palideció y se tapó la cara
con las manos.

—Lulú, Lulú —dijo Andrés—. ¿Es que la he ofendido a usted?

Lulú se levantó y paseó un momento por la tienda, sonriendo.   15

—Ya ve usted, Andrés; esa locura, ese engaño que dice usted que
es el amor, lo he sentido yo por usted desde que le vi.

—¿De verdad?

—Sí, de verdad.

—¿Y yo ciego?   20

—Sí, ciego, completamente ciego.

Andrés tomó la mano de Lulú entre las suyas y la llevó a sus
labios. Hablaron los dos largo rato, hasta que se oyó la voz de doña
Leonarda.

—Me voy —dijo Andrés, levantándose.   25

—¡Adiós! —exclamó ella, estrechándose contra él—. Ya no me
dejes más, Andrés. Donde tú vayas, llévame.

SÉPTIMA PARTE

LA EXPERIENCIA DEL HIJO

I

EL DERECHO A LA PROLE

Unos días más tarde, Andrés se presentaba en casa de su tío.
Gradualmente llevó la conversación a tratar de cuestiones matrimoniales, y después dijo: 30

—Tengo un caso de conciencia.

—¡Hombre!

—Sí. Figúrese usted que un señor a quien visito, todavía joven, pero hombre artrítico, nervioso, tiene una novia, antigua amiga
5 suya, débil y algo histérica. Este señor me pregunta: "¿Usted cree que me puedo casar?" Y yo no sé qué contestarle.

—Yo le diría que no —contestó Iturrioz—. Ahora, que él hiciera después lo que quisiera.

—Pero hay que darle una razón.

10 —¡Qué más razón! El es casi un enfermo; ella también; él vacila... basta, que no se case.

—No, eso no basta.

—Para mí, sí; yo pienso en el hijo; yo no creo, como Calderón, que el delito mayor del hombre sea el haber nacido. Esto me parece una
15 tontería poética. El delito mayor del hombre es hacer nacer.

—¿Siempre? ¿Sin excepción?

—No. Para mí el criterio es éste: se tienen hijos sanos, a quienes se les da un hogar, protección, educación, cuidados..., podemos otorgar la absolución a los padres; se tienen hijos enfermos, tuberculosos,
20 sifilíticos, neurasténicos, consideremos criminales a los padres.

—¿Pero eso se puede saber con anterioridad?

—Sí, yo creo que sí.

—No lo veo tan fácil.

—Fácil no es; pero sólo el peligro, sólo la posibilidad de engendrar
25 una prole enfermiza, debía bastar al hombre para no tenerla. El perpetuar el dolor en el mundo me parece un crimen.

—¿Pero puede saber nadie [123] cómo será su descendencia? Ahí tengo yo un amigo enfermo, estropeado, que ha tenido hace poco una niña, sana, fortísima.

30 —Eso es muy posible. Es frecuente que un hombre robusto tenga hijos raquíticos, y al contrario; pero no importa. La única garantía de la prole es la robustez de los padres.

—Me choca en un antiintelectualista como usted esa actitud tan de intelectual —dijo Andrés.

35 —A mí también me choca en un intelectual como tú esa actitud de hombre de mundo. Yo te confieso, para mí nada tan repugnante como esa bestia prolífica, que entre vapores de alcohol va engendrando hijos que hay que llevar al cementerio o que si no van a engrosar los ejércitos del presidio o de la prostitución. Yo tengo ver-

123. nadie *anyone*

dadero odio a esa gente sin conciencia que llena de carne enferma y
podrida la tierra. Recuerdo una criada de mi casa; se casó con un
idiota borracho que no podía sostenerse a sí mismo, porque no
sabía trabajar. Ella y él eran cómplices de chiquillos enfermizos y
tristes, que vivían entre harapos, y aquel idiota venía a pedirme 5
dinero, creyendo que era un mérito ser padre de su abundante y re-
pulsiva prole. La mujer, sin dientes, con el vientre constantemente
abultado, tenía una indiferencia de animal para los embarazos, los
partos y las muertes de los niños. ¿Se ha muerto uno? Pues se hace
otro —decía cínicamente—. No, no debe ser lícito engendrar seres que 10
vivan en el dolor.

—Yo creo lo mismo.

—La fecundidad no puede ser un ideal social. No se necesita cantidad, sino calidad. Que los patriotas y los revolucionarios canten al
bruto prolífico, para mí siempre sería un animal odioso. 15

—Todo eso está bien —murmuró Andrés—, pero no resuelve mi
problema. ¿Qué le digo yo a ese hombre?

—Yo le diría: "Cásese usted si quiere; pero no tenga usted hijos.
Esterilice su matrimonio".

—Es decir, que nuestra moral acaba por ser inmoral. Si Tolstoi [124] 20
le oyera, le diría: "Es usted un canalla de la facultad".[125]

—¡Bah! Tolstoi es un apóstol y los apóstoles dicen las verdades
suyas, que, generalmente, son tonterías para los demás. Yo, a ese
amigo tuyo, le hablaría claramente; le diría: "¿Es usted un hombre
egoísta, un poco cruel, fuerte, sano, resistente para el dolor propio 25
e incomprensivo para los padecimientos ajenos? [126] ¿Sí? Pues cásese
usted, tenga usted hijos: será usted un buen padre de familia... Pero
si es usted un hombre impresionable, nervioso, que siente demasiado
el dolor, entonces no se case usted, y si se casa, no tenga hijos".

Andrés salió de la azotea aturdido. Por la tarde escribió a Iturrioz 30
una carta diciéndole que el artrítico que se casaba era él.

II
LA VIDA NUEVA

A Hurtado no le preocupaban gran cosa las cuestiones de forma,
y no tuvo ningún inconveniente en casarse en la iglesia, como quería

124. Leo Tolstoy (1828–1910), Russian novelist and moral philosopher
125. Es usted ... facultad. *You're a vile doctor.*
126. resistente para ... ajenos *able to stand your own pain and indifferent
to the sufferings of others*

doña Leonarda. Antes de casarse llevó a Lulú a ver a su tío Iturrioz
y simpatizaron.[127]

Ella le dijo a Iturrioz:

—A ver si encuentra usted para Andrés algún trabajo en que
5 tenga que salir poco de casa, porque haciendo visitas está siempre de
un humor malísimo.

Iturrioz encontró el trabajo, que consistía en traducir artículos y
libros para una revista médica que publicaba al mismo tiempo obras
nuevas de especialidades.

10 —Ahora te darán dos o tres libros en francés para traducir —le dijo
Iturrioz—; pero vete aprendiendo el inglés, porque dentro de unos
meses te encargarán alguna traducción de este idioma, y entonces, si
necesitas, te ayudaré yo.

—Muy bien. Se lo agradezco a usted mucho.

15 Andrés dejó su cargo en la Sociedad "La Esperanza." Estaba de-
seándolo; tomó una casa en el barrio de Pozas, no muy lejos de la
tienda de Lulú.

Andrés pidió al casero que de los tres cuartos que daban a la calle
hiciera uno, y que no le empapelara el local que quedase después,
20 sino que lo pintara de un color cualquiera.

Este cuarto sería la alcoba, el despacho, el comedor para el matrimonio. La vida en común la harían constantemente allí.

—La gente hubiera puesto aquí la sala y el gabinete y después se
hubieran ido a dormir al sitio peor de la casa —decía Andrés.

25 Lulú miraba estas disposiciones higiénicas como fantasías, chifla-
duras; tenía una palabra especial para designar las extravagancias
de su marido.

—¡Qué hombre más ideático! —decía.

Andrés pidió prestado a Iturrioz algún dinero para comprar mue-
30 bles.

—¿Cuánto necesitas? —le dijo el tío.

—Poco; quiero muebles que indiquen pobreza; no pienso recibir
a nadie.

Al principio doña Leonarda quiso ir a vivir con Lulú y con An-
35 drés, pero éste se opuso.

—No, no —dijo Andrés—; que vaya con tu hermana y con don
Prudencio.[128] Estará mejor.

—¡Qué hipócrita! Lo que sucede es que no la quieres a mamá.

127. simpatizaron *they liked each other*
128. Don Prudencio Niní's husband

—¡Ah, claro! Nuestra casa ha de tener una temperatura distinta a la de la calle. La suegra sería una corriente de aire frío. Que no entre nadie, ni de tu familia ni de la mía.

—¡Pobre mamá! ¡Qué idea tienes de ella! —decía riendo Lulú.

—No, es que no tenemos el mismo concepto de las cosas: ella cree 5 que se debe vivir para fuera, y yo, no.

Lulú, después de vacilar un poco, se entendió con su antigua amiga y vecina la Venancia y la llevó a su casa. Era una vieja muy fiel, que tenía cariño a Andrés y a Lulú.

—Si le preguntan por mí —le decía Andrés—, diga usted siempre 10 que no estoy.

—Bueno, señorito.

Andrés estaba dispuesto a cumplir bien [129] en su nueva ocupación de traductor.

Aquel cuarto aireado, claro, donde entraba el sol, en donde tenía 15 sus libros, sus papeles, le daba ganas de trabajar.

Ya no sentía la impresión de animal acosado, que había sido en él habitual. Por la mañana tomaba un baño y luego se ponía a traducir.

Lulú volvía de la tienda y la Venancia les servía la comida.

—Coma usted con nosotros —le decía Andrés.   20

—No, no.

Hubiera sido imposible convencer a la vieja de que se podía sentar a la mesa con sus amos.

Después de comer, Andrés acompañaba a Lulú a la tienda y luego volvía a trabajar en su cuarto.   25

Varias veces le dijo a Lulú que ya tenían bastante para vivir con lo que ganaba él, que podían dejar la tienda; pero ella no quería.

—¿Quién sabe lo que puede ocurrir? —decía Lulú—; hay que ahorrar, hay que estar prevenidos por si acaso.

De noche aun quería Lulú trabajar en la máquina, pero Andrés 30 no se lo permitía.

Andrés estaba cada vez más encantado de su mujer, de su vida y de su casa. Ahora le asombraba cómo no había notado antes aquellas condiciones de arreglo, de orden y de economía de Lulú.

Cada vez trabajaba con más gusto. Aquel cuarto grande le daba 35 la impresión de no estar en una casa con vecinos y gente fastidiosa, sino en el campo, en algún sitio lejano.

Andrés hacía sus trabajos con gran cuidado y calma. En la redacción de la revista le habían prestado varios diccionarios científi-

---

129. cumplir bien *do his work well*

cos modernos e Iturrioz le dejó dos o tres de idiomas, que le servían mucho.

Al cabo de algún tiempo, no sólo tenía que hacer traducciones, sino estudios originales, casi siempre sobre datos y experiencias ob-
5 tenidos por investigadores extranjeros.

Muchas veces se acordaba de lo que decía Fermín Ibarra; [130] de los descubrimientos fáciles que se desprenden de los hechos anteriores sin esfuerzo. ¿Por qué no había experimentadores en España, cuando la experimentación para dar fruto no exigía más que dedi-
10 carse a ella?

Estas ideas, que hacía tiempo le hubieran producido indignación y cólera, ya no le exasperaban.

Andrés se encontraba tan bien, que sentía temores. ¿Podría durar esta vida tranquila? ¿Habría llegado a fuerza de ensayos a una
15 existencia no sólo soportable, sino agradable y sensata?

Su pesimismo le hacía pensar que la calma no iba a ser duradera.

Algo va a venir el mejor día [131] —pensaba— que va a descomponer este bello equilibrio.

Muchas veces se le figuraba que en su vida había una ventana
20 abierta a un abismo. Asomándose a ella, el vértigo y el horror se apoderaban de su alma.

Por cualquier cosa, por cualquier motivo, temía que este abismo se abriera de nuevo a sus pies.

Para Andrés todos los allegados eran enemigos; realmente la
25 suegra, Niní, su marido, los vecinos, la portera, miraban el estado feliz del matrimonio como algo ofensivo para ellos.

—No hagas caso de lo que te digan —recomendaba Andrés a su mujer—. Un estado de tranquilidad como el nuestro es una injuria para toda esa gente que vive en una perpetua tragedia de celos, de
30 envidias, de tonterías. Ten en cuenta que han de querer envenenarnos.

—Lo tendré en cuenta —replicaba Lulú, que se burlaba de la grave recomendación de su marido.

Niní, algunos domingos, por la tarde, invitaba a su hermana a ir
35 al teatro.

—¿Andrés no quiere venir? —preguntaba Niní.

—No. Está trabajando.

—Tu marido es un erizo.

130. Fermín Ibarra   a friend of Andrés
131. el mejor día   *any day now*

—Bueno, dejadle.

Al volver Lulú por la noche contaba a su marido lo que había visto. Andrés hacía alguna reflexión filosófica que a Lulú le parecía muy cómica; cenaban, y después de cenar, paseaban los dos un momento.

El verano, salían casi todos los días al anochecer. Al concluir su trabajo, Andrés iba a buscar a Lulú a la tienda, dejaban en el mostrador a la muchacha y se marchaban a corretear por el Canalillo o la Dehesa de Amaniel.[132]

Otras noches entraban en los cinematógrafos de Chamberí,[133] y Andrés oía entretenido los comentarios de Lulú, que tenían esa gracia madrileña ingenua y despierta que no se parece en nada a las groserías estúpidas y amaneradas de los especialistas en madrileñismo.[134]

Lulú le producía a Andrés grandes sorpresas; jamás hubiera supuesto que aquella muchacha, tan atrevida al parecer, fuera íntimamente de una timidez tan completa.

Lulú tenía una idea absurda de su marido; lo consideraba como un portento.

Una noche que se les hizo tarde,[135] al volver del Canalillo, se encontraron en un callejón sombrío, que hay cerca del abandonado cementerio de la Patriarcal, con dos hombres de mal aspecto.[136] Estaba ya obscuro; un farol medio caído, sujeto en la tapia del camposanto, iluminaba el camino, negro por el polvo del carbón y abierto entre las dos tapias. Uno de los hombres se les acercó a pedirles limosna de una manera un tanto sospechosa. Andrés contestó que no tenía un cuarto y sacó la llave de casa del bolsillo, que brilló como si fuera el cañón de un revólver.

Los dos hombres no se atrevieron a atacarles, y Lulú y Andrés pudieron llegar a la calle de San Bernardo sin el menor tropiezo.

—¿Has tenido miedo, Lulú? —le preguntó Andrés.

—Sí; pero no mucho. Como iba contigo...

—¡Qué espejismo! —pensó él—. Mi mujer cree que soy un Hércules.

132. el Canalillo small canal which in the early part of the century carried drinking water to Madrid; today a part of the Canal de Isabel II; la Dehesa de Amaniel park in Madrid

133. Chamberí section of Madrid

134. los especialistas en madrileñismo *those who specialize in being* madrileños

135. que se les hizo tarde *as it was getting late*

136. de mal aspecto *evil-looking*

Todos los conocidos de Lulú y de Andrés se maravillaban de la armonía del matrimonio.

—Hemos llegado a querernos de verdad —decía Andrés—, porque no teníamos interés en mentir.¹³⁷

III

EN PAZ

5 Pasaron muchos meses y la paz del matrimonio no se turbó.

Andrés estaba desconocido.¹³⁸ El método de vida, el no tener que sufrir el sol, ni subir escaleras, ni ver miserias, le daba una impresión de tranquilidad, de paz.

Explicándose como un filósofo, hubiera dicho que la sensación de 10 conjunto de su cuerpo, la *cenesthesia* era en aquel momento pasiva, tranquila, dulce; su bienestar físico le preparaba para ese estado de perfección y de equilibrio intelectual, que los epicúreos y los estoicos griegos llamaron *ataraxia*,¹³⁹ el paraíso del que no cree.

Aquel estado de serenidad le daba una gran lucidez y mucho 15 método en sus trabajos. Los estudios de síntesis que hizo para la revista médica tuvieron gran éxito. El director le alentó para que siguiera por aquel camino. No quería ya que tradujera, sino que hiciera trabajos originales para todos los números.

Andrés y Lulú no tenían nunca la menor riña; se entendían muy 20 bien. Sólo en cuestiones de higiene y alimentación, ella no le hacía mucho caso a su marido.

—Mira, no comas tanta ensalada —le decía él.

—¿Por qué? Si me gusta.

—Sí; pero no te conviene ese ácido. Eres artrítica, como yo.

25 —¡Ah, tonterías!

—No son tonterías.

Andrés daba todo el dinero que ganaba a su mujer.

—A mí no me compres nada —le decía.

—Pero necesitas...

30 —Yo, no. Si quieres comprar, compra algo para la casa o para ti.

Lulú seguía con la tiendecita; iba y venía del obrador a su casa, unas veces de mantilla,¹⁴⁰ otras con un sombrero pequeño.

---

137. porque ... mentir *because we had no reason to lie*
138. desconocido *quite different*
139. Cf. footnote 98.
140. de mantilla *wearing a shawl*

Desde que se había casado estaba de mejor aspecto; [141] como andaba más al aire libre tenía un color sano. Además, su aire satírico se había suavizado, y su expresión era más dulce.

Varias veces desde el balcón vió Hurtado que algún pollo o algún viejo había venido hasta casa siguiendo a su mujer.

—Mira, Lulú —le decía—, ten cuidado; te siguen.[142]

—¿Sí?

—Sí; la verdad es que te estás poniendo muy guapa. Vas a hacerme celoso.

—Sí, mucho. Tú ya sabes demasiado cómo yo te quiero —replicaba ella—. Cuando estoy en la tienda, siempre estoy pensando: ¿Qué hará aquél? [143]

—Deja la tienda.

—No, no. ¿Y si tuviéramos un hijo? Hay que ahorrar.

¡El hijo! Andrés no quería hablar, ni hacer la menor alusión a este punto verdaderamente delicado; le producía una gran inquietud.

"La religión y la moral vieja gravitan todavía sobre uno —se decía—; no puede uno echar fuera completamente el hombre supersticioso que lleva en la sangre la idea del pecado."

Muchas veces, al pensar en el porvenir, le entraba un gran terror; sentía que aquella ventana sobre el abismo podía entreabrirse.

Con frecuencia, marido y mujer iban a visitar a Iturrioz, y éste, también a menudo, pasaba un rato en el despacho de Andrés.

Un año, próximamente, después de casados, Lulú se puso algo enferma; estaba distraída, melancólica, preocupada.

—¿Qué le pasa? ¿Qué tiene? —se preguntaba Andrés con inquietud.

Pasó aquella racha de tristeza, pero al poco tiempo volvió de nuevo con más fuerza; los ojos de Lulú estaban velados; en su rostro se notaban señales de haber llorado.

Andrés, preocupado, hacía esfuerzos para parecer distraído; pero llegó un momento en que le fué imposible fingir que no se daba cuenta del estado de su mujer.

Una noche le preguntó lo que ocurría, y ella, abrazándose a su cuello, le hizo tímidamente la confesión de lo que le pasaba.

Era lo que temía Andrés. La tristeza de no tener el hijo, la sospe-

141. estaba de mejor aspecto   *she looked better*
142. te siguen   *you're being followed*
143. ¿Qué hará aquél?   *What can he be doing?*

cha de que su marido no quería tenerlo, hacía llorar a Lulú a lágrima viva,[144] con el corazón hinchado por la pena.

¿Qué actitud tomar ante un dolor semejante? ¿Cómo decir a aquella mujer que él se consideraba como un producto envenenado y
5 podrido, que no debía tener descendencia?

Andrés intentó consolarla, explicarse... Era imposible. Lulú lloraba, le abrazaba, le besaba con la cara llena de lágrimas.

—¡Sea lo que sea! [145] —murmuró Andrés.

Al levantarse Andrés al día siguiente, ya no tenía la serenidad de
10 costumbre.

Dos meses más tarde, Lulú, con la mirada brillante, le confesó a Andrés que debía estar embarazada.

El hecho no tenía duda. Ya Andrés vivía en una angustia continua. La ventana que en su vida se abría a aquel abismo que le pro-
15 ducía el vértigo, estaba de nuevo de par en par.

El embarazo produjo en Lulú un cambio completo; de burlona y alegre la hizo triste y sentimental.

Andrés notaba que ya le quería de otra manera; tenía por él un cariño celoso e irritado; ya no era aquella simpatía afectuosa y bur-
20 lona tan dulce; ahora era un amor animal. La naturaleza recobraba sus derechos. Andrés, de ser un hombre lleno de talento y un poco *ideático,* había pasado a ser su hombre. Ya en esto, Andrés veía el principio de la tragedia. Ella quería que le acompañara, le diera el brazo, se sentía celosa, suponía que miraba a las demás mujeres.

25 Cuando adelantó el embarazo Andrés comprobó que el histerismo de su mujer se acentuaba.

Ella sabía que estos desórdenes nerviosos los tenían las mujeres embarazadas y no les daba importancia; pero él temblaba.

La madre de Lulú comenzó a frecuentar la casa, y como tenía mala
30 voluntad para Andrés, envenenaba todas las cuestiones.

Uno de los médicos que colaboraba en la revista, un hombre joven, fué varias veces a ver a Lulú.

Según decía se encontraba bien; sus manifestaciones histéricas no tenían importancia: eran frecuentes en las embarazadas. El que se
35 encontraba cada vez peor era Andrés.

Su cerebro estaba en una tensión demasiado grande, y las emociones que cualquiera podía sentir en la vida normal, a él le desequilibraban.

—Ande usted, salga usted —le decía el médico.

144. a lágrima viva *with bitter tears*
145. ¡Sea lo que sea! *Let come what may!*

Pero fuera de casa ya no sabía qué hacer.

No podía dormir, y después de ensayar varios hipnóticos, se decidió a tomar morfina. La angustia le mataba.

Los únicos momentos agradables de su vida eran cuando se ponía a trabajar. Estaba haciendo un estudio sintético de las aminas, y 5 trabajaba con toda su fuerza para olvidarse de sus preocupaciones y llegar a dar claridad a sus ideas.

IV
TENÍA ALGO DE PRECURSOR

Cuando llegó el embarazo a su término, Lulú quedó con el vientre excesivamente aumentado.

—A ver si tengo dos —decía ella riendo.   10

—No digas esas cosas —murmuraba Andrés, exasperado y entristecido.

Cuando Lulú creyó que el momento se acercaba, Hurtado fué a llamar a un médico joven, amigo suyo y de Iturrioz, que se dedicaba a partos.   15

Lulú estaba muy animada y muy valiente. El médico le había aconsejado que anduviese, y, a pesar de que los dolores le hacían encogerse y apoyarse en los muebles, no cesaba de andar por la habitación.

Todo el día lo pasó así. El médico dijo que los primeros partos 20 eran siempre difíciles; pero Andrés comenzaba a sospechar que aquello no tenía el aspecto de un parto normal.

Por la noche, las fuerzas de Lulú comenzaron a ceder. Andrés la contemplaba con lágrimas en los ojos.

—Mi pobre Lulú, lo que estás sufriendo —la decía.   25

—No me importa el dolor —contestaba ella—. ¡Si el niño viviera!

—Ya vivirá, ¡no tenga usted cuidado! —decía el médico.

—No, no; me da el corazón que no.[146]

La noche fué terrible. Lulú estaba extenuada. Andrés, sentado en una silla, la contemplaba estúpidamente. Ella, a veces, se acercaba 30 a él.

—Tú también estás sufriendo. ¡Pobre! Y le acariciaba la frente y le pasaba la mano por la cara.

Andrés, presa de una impaciencia mortal, consultaba al médico a cada momento; no podía ser aquello un parto normal; debía de 35 existir alguna dificultad; la estrechez de la pelvis, algo.

146. me da el corazón que no *something tells me it won't*

—Si para la madrugada esto no marcha —dijo el médico—, veremos qué se hace.

De pronto, el médico llamó a Hurtado.

—¿Qué pasa? —preguntó éste.

5   —Prepare usted los fórceps inmediatamente.

—¿Qué ha ocurrido?

—La providencia del cordón umbilical.[147] El cordón está comprimido.

Por muy rápidamente que el médico introdujo las dos láminas del 10 fórceps e hizo la extracción, el niño salió muerto.

Acababa de morir en aquel instante.

—¿Vive? —preguntó con ansiedad.

Al ver que no le respondían, comprendió que estaba muerto, y cayó desmayada. Recobró pronto el sentido.

15   El médico dejó a Lulú que descansara. La madre quiso ver el niño muerto. Andrés, al tomar el cuerpecito sobre una sábana doblada, sintió una impresión de dolor agudísimo, y se le llenaron los ojos de lágrimas.

Lulú comenzó a llorar amargamente.

20   —Bueno, bueno —dijo el médico—; basta; ahora hay que tener energía.

Lulú quedó en un estado de debilidad grande; su organismo no reaccionaba con la necesaria fuerza.

Durante dos días estuvo en este estado de depresión. Tenía la 25 seguridad de que se iba a morir.

—Si siento morirme —le decía a Andrés— es por ti. ¿Qué vas a hacer tú, pobrecito, sin mí? —y le acariciaba la cara.

Otras veces era el niño lo que la preocupaba, y decía:

—Mi pobre hijo. Tan fuerte como era. ¿Por qué se habrá muerto, 30 Dios mío?

Andrés la miraba con los ojos secos.

En la mañana del tercer día Lulú murió. Andrés salió de la alcoba extenuado. Estaban en la casa doña Leonarda y Niní con su marido. Ella parecía ya una jamona; él, un chulo viejo lleno de alhajas. An-35 drés entró en el cuartucho donde dormía, se puso una inyección de morfina, y quedó sumido en un sueño profundo.

Se despertó a media noche y saltó de la cama. Se acercó al cadáver de Lulú, estuvo contemplando a la muerta largo rato y la besó en la frente varias veces.

147. La providencia del cordón umbilical. *The condition of the umbilical cord.*

Había quedado blanca, como si fuera de mármol, con un aspecto de serenidad y de indiferencia que a Andrés le sorprendió.

Estaba absorto en su contemplación cuando oyó que en el gabinete hablaban. Reconoció la voz de Iturrioz, y la del médico; había otra voz, pero para él era desconocida. 5

Hablaban los tres confidencialmente.

—Para mí —decía la voz desconocida— esos reconocimientos continuos que hacen en los partos son perjudiciales. Yo no conozco este caso, pero ¿quién sabe? Quizá esta mujer, en el campo, sin asistencia ninguna, se hubiera salvado. La Naturaleza tiene recursos que noso- 10 tros no conocemos.

—Yo no digo que no —contestó el médico que había asistido a Lulú—; es muy posible.

—¡Es lástima! —exclamó Iturrioz—. ¡Este muchacho, ahora, marchaba tan bien! 15

Andrés, al oír lo que decía, sintió que se le traspasaba el alma. Rápidamente, volvió a su cuarto y se encerró en él.

. . .

Por la mañana, a la hora del entierro, los que estaban en la casa comenzaron a preguntarse qué hacía Andrés.

—No me choca nada que no se levante —dijo el médico—, porque 20 toma morfina.

—¿De veras? —preguntó Iturrioz.

—Sí.

—Vamos a despertarle entonces —dijo Iturrioz.

Entraron en el cuarto. Tendido en la cama, muy pálido, con los 25 labios blancos, estaba Andrés.

—¡Está muerto! —exclamó Iturrioz.

Sobre la mesilla de noche se veía una copa y un frasco de aconitina cristalizada de Duquesnel.[148]

Andrés se había envenenado. Sin duda, la rapidez de la intoxica- 30 ción no le produjo convulsiones ni vómitos.

La muerte había sobrevenido por parálisis inmediata del corazón.

—¡Ha muerto sin dolor! —murmuró Iturrioz—. Este muchacho no tenía fuerza para vivir. Era un epicúreo, un aristócrata, aunque él no lo creía. 35

—Pero había en él algo de precursor —murmuró el otro médico.

Madrid, 1911.

148. aconitina ... Duquesnel *a drug used for neuralgic and rheumatic pain*

Azorín

(1873–   )

In the essay, novel, short story, and drama, "Azorín" expressed with delicate sensitivity the intellectual and artistic preoccupations of the group to which he gave the name of *Generation of 1898*. Born in Monóvar (Alicante) in 1873, José Martínez Ruiz adopted the name of Azorín after creating the figure of Antonio Azorín, his *"yo literario"* and the central character of *La voluntad* (1902), *Antonio Azorín* (1903), and his *Las confesiones de un pequeño filósofo* (1904). After eight years in the Piarist school in Yecla (so poignantly described in the *Confesiones*), Azorín studied law at the Universities of Valencia, Granada, and Madrid but, like Pío Baroja, found his teachers and his studies unsatisfactory. In 1896 he therefore decided to abandon his legal career and soon began his literary apprenticeship by contributing to newspapers and magazines. Despite an essentially introspective nature, Azorín aspired to combine both the contemplative and the active life by participating in public affairs. He served as deputy to the *Cortes* five times between 1907 and 1919 and as Undersecretary of Public Education both in 1917 and 1919.

Like so many of his contemporaries, Azorín discovered the essence of Spain in the melancholy immobility of the Castilian landscape and in the minutiae of daily life he observed in small villages and cities. In the words of the author himself, "Lo que da la medida de un artista es su sentimiento de la naturaleza, del paisaje... Un escritor será tanto más artista cuanto mejor sepa interpretar la emoción del paisaje." Azorín was at first indignant at the sadness and resignation which seemed to pervade the life of Castile, and although he urged that this melancholy give way to *goce,* with time he himself was drawn to the life of quiet contemplation.

The author's preoccupation with concrete objects against a minutely described landscape stemmed mainly from a desire to capture the fleeting moment of time and make it eternal, for Azorín was acutely conscious of the implacable, relentless passage of time—the ever-present feeling that "ya es tarde." In *Antonio Azorín* the painful awareness of time in flux is expressed in these terms: "Azorín, todo es perecedero acá en la tierra, y la belleza es tan contingente y deleznable como todo... No hay nadie consagrado... La vida es movimiento, cambio, transformación." Yet, although individuals die, Spain itself neither changes nor dies: "España se repite, repite lo de ayer hoy, lo de hoy mañana. Vivir aquí es volver a hacer lo mismo." Hence, Azorín's formula of eternity "vivir es ver volver," which is his version of the Nietzschean idea of the *ewige Wiederkunft* or eternal recurrence. This theme is elaborated repeatedly in his works, most notably in *Castilla* (1912) and *Doña Inés* (1925).

As a corollary to the problem of time and eternity, Azorín explored the problem of will and its opposite *abulia*. Both Antonio Azorín of *La voluntad* and *tío* Pablo of *Doña Inés* are superb examples of *abúlicos* or men suffering from paralysis of the will to act. The close relationship between the uselessness of action and the destruction wrought by time is evident since "...el tiempo es el gran arreglador de los conflictos...el tiempo lo va apaciguando todo."

Perhaps more than any of his contemporaries Azorín was possessed of a sensibility perfectly in harmony with the austerity of the world he describes. The Senecan stoicism which, according to Ganivet, lies at the root of Spanish morality is doubly reflected in both the artist and his landscape. Lyrical rather than dramatic, Azorín's quiet narrative flows on with deceptive simplicity, unruffled by violent passions, alien to all exaggeration and rhetoric. His scenes are short fragments, glimpses into a limited reality. *"Primores de lo vulgar,"* said Ortega y Gasset, characterizing Azorín's art of the miniature. Azorín prefers the *menudos hechos,* the small concrete facts of life, expressed with subdued emotion in the minor key of brief sentences.

Aside from his delicately written novels and evocative essays, Azorín also wrote plays, among them *Old Spain* (1926) and *Brandy, mucho brandy* (1927); a collection of short stories entitled *Blanco en azul* (1929); and various works of literary criticism and interpretation. Among these last *Lecturas españolas* (1912), *Clásicos y mo-*

dernos (1913), and *Al margen de los clásicos* (1915) are particularly noteworthy. A synthesis of the complex art of Azorín is found in such works as *La ruta de Don Quijote* (1905) and *Una hora de España* (1924) which combine his keen, personal sense of landscape with literary perception.

Las confesiones
de un pequeño filósofo

I

YO NO SÉ SI ESCRIBIR...

Lector: yo soy un pequeño filósofo; yo tengo una cajita de plata de fino y oloroso polvo de tabaco, un sombrero grande de copa y un paraguas de seda con recia armadura de ballena. Lector: yo emborrono estas páginas en la pequeña biblioteca del Collado de Salinas.[1] Quiero evocar mi vida. Es medianoche; el campo reposa en 5 un silencio augusto; cantan los grillos en un coro suave y melódico; las estrellas fulguran en el cielo fuliginoso; de la inmensa llanura de las viñas sube una frescor grata y fragante.

Yo estoy sentado ante la mesa; sobre ella hay puesto un velón con una redonda pantalla verde que hace un círculo luminoso sobre el 10 tablero y deja en una suave penumbra el resto de la sala. Los volúmenes reposan en sus armarios; apenas si[2] en la oscuridad destacan los blancos rótulos que cada estante lleva —*Cervantes, Garcilaso, Gracián, Montaigne, Leopardi, Mariana, Vives, Taine, La Fontaine*—,[3] a fin de que me sea más fácil recordarlos y pedir, estando 15 ausente, un libro.

Yo quiero evocar mi vida; en esta soledad, entre estos volúmenes, que tantas cosas me han revelado, en estas noches plácidas, solemnes, del verano, parece que resurge en mí, viva y angustiosa, toda mi

1. **Collado de Salinas**   Azorín's country house in Alicante
2. **apenas si**   Omit *si* in translation.
3. **Miguel de Cervantes**   (1547–1616), author of *Don Quixote;* Garcilaso de la Vega (1503–1536), lyric poet, best known for his *Églogas;* Baltasar Gracián (1584–1658), Jesuit philosopher, author of the complex and cynical *Criticón* and *Oráculo Manual;* Michel de Montaigne (1533–1592), French philosopher and moralist, best known for his *Essays;* Giacomo Leopardi (1798–1837), Italian Romantic poet; Juan de Mariana (1537–1624), Spanish Jesuit, author of an *Historia de España;* Luis Vives (1492–1540), Spanish humanist and philosopher of the Renaissance; Hippolyte Taine (1829–1893), French philosopher, historian, and critic; Jean de La Fontaine (1621–1695), French poet, best known for his *Fables*

vida de niño y de adolescente. Y si dejo la mesa y salgo un momento
al balcón, siento como un aguzamiento doloroso de la sensibilidad
cuando oigo en la lejanía el aullido plañidero y persistente de un
perro, cuando contemplo el titileo misterioso de una estrella en la
5 inmensidad infinita.

Y entonces, estremecido, enervado, retorno a la mesa y dudo ante
las cuartillas de si un pobre hombre como yo, es decir, de si un
pequeño filósofo, que vive en un grano de arena perdido en lo infinito, debe estampar en el papel los minúsculos acontecimientos de
10 su vida prosaica...

II

ESCRIBIRÉ

No voy a contar mi vida de muchacho y mi adolescencia punto
por punto, tilde por tilde.[4] ¿Qué importan y qué podrían decir los
títulos de mis libros primeros, la relación de mis artículos agraces,
los pasos que di en tales redacciones o mis andanzas primitivas a
15 caza de editores? Yo no quiero ser dogmático e hierático; y para
lograr que caiga sobre el papel, y el lector la reciba, una sensación
ondulante, flexible, ingenua de mi vida pasada, yo tomaré entre mis
recuerdos algunas notas vivaces e inconexas —como lo es la realidad—, y con ellas saldré del grave aprieto en que me han colocado
20 mis amigos, y pintaré mejor mi carácter, que no [5] con una seca y
odiosa ringla de fechas y de títulos.

Y sea el lector bondadoso, que a la postre todos hemos sido muchachos, y estas liviandades de la mocedad no son sino prólogos ine-
ludibles de otras hazañas más fructuosas y trascendentales que reali-
25 zamos —¡si las realizamos!— en el apogeo de nuestra vida.

III

LA ESCUELA

Estos primeros tiempos de mi infancia aparecen entre mis recuerdos un poco confusos, caóticos, como cosas vividas en otra existencia, en un lejano planeta. ¿Cómo iba yo a la escuela? ¿Por dónde
iba? ¿Qué emociones experimentaba al entrar? ¿Qué emociones sen-
30 tía al verme fuera de las cuatro paredes hórridas? No miento si digo
que aquellas emociones debían de ser de pena, y que éstas debían de

4. punto ... tilde *in all detail*
5. Omit *no* in translation.

serlo de alegría. Porque este maestro que me inculcó las primeras luces era un hombre seco, alto, huesudo, áspero de condición, brusco de palabras, con unos bigotes cerdosos y lacios, que yo sentía raspear en mis mejillas cuando se inclinaba sobre el catón para adoctrinarme con más ahinco. Y digo ahinco, porque yo —como hijo del alcalde— recibía del maestro todos los días una lección especial. Y esto es lo que aun ahora trae a mi espíritu un sabor de amargura y de enojo.

Cuando todos los chicos se habían marchado, yo me quedaba solo en la escuela... La escuela se levantaba a un lado del pueblo, a vista de la huerta y de las redondas colinas que destacan suaves en el azul luminoso; tenía delante un pequeño jardín con acacias amarillentas y ringleras de evónimus. El edificio había sido convento de franciscanos; el salón de la escuela era largo, de altísimo techo, con largos bancos, con un macilento Cristo bajo dosel morado, con un inmenso mapa cuajado de líneas misteriosas, con litografías en las paredes. Estas litografías, que luego he vuelto a encontrar en el colegio, han sido la pesadilla de mi vida. Todas eran de colores chillones y representaban pasajes bíblicos; yo no los recuerdo todos, pero tengo, allá en los senos recónditos de la memoria, la imagen de un anciano de barbas blancas que asoma, encima de un monte, por entre nubes, y le entrega a otro anciano dos tablas formidables, llenas de garabatos, largas y con las puntas superiores redondas.

Yo me quedaba solo en la escuela; entonces el maestro me llevaba, pasando por los claustros y por el patio, a sus habitaciones. Ya aquí, entrábamos en el comedor. Y ya en el comedor, abría yo la cartilla, y durante una hora este maestro feroz me hacía deletrear con una insistencia bárbara.

Yo siento aún su aliento de tabaco y percibo el rascar, a intervalos, de su bigote cerdoso. Deletreaba una página, me hacía volver atrás; volvíamos a avanzar, volvíamos a retroceder; se indignaba de mi estulticia; exclamaba a grandes voces: [6] "¡Que no! Que no!" Y al fin yo, rendido, anonadado, oprimido, rompía en un largo y amargo llanto...

Y entonces él cesaba de hacerme deletrear y decía moviendo la cabeza: "Yo no sé lo que tiene este chico..." [7]

6. exclamaba a grandes voces *he shouted*
7. Yo no sé ... chico ... *I don't know what's the matter with this boy ...*

IV
LA ALEGRÍA

¿Cuándo jugaba yo? ¿Qué juegos eran los míos? Os diré uno: no conozco otro. Era por la noche, después de cenar; todo el día había estado yo trafagando en la escuela a vueltas con las cartillas,[8] o bien metido en casa, junto al balcón, repasando los grabados de un libro.
5 Cuando llegaba la noche, se hacía como un oasis en mi vida; la luna bañaba suavemente la estrecha callejuela; un frescor vivificante venía de los huertos cercanos. Entonces mi vecino y yo jugábamos a *la lunita*. Este juego consiste en ponerse en un cuadro de luz y en gritarle al compañero que uno "está en su luna", es decir, en la del
10 adversario; entonces el otro viene corriendo a desalojarle ferozmente de su posesión, y el perseguido se traslada a otro sitio iluminado por la luna..., hasta que es alcanzado.

Mi vecino era un muchacho recogido y taciturno, que luego se hizo clérigo; yo creo que éste ha sido nuestro único juego. Pero a
15 veces tenía un corolario verdaderamente terrible. Y consistía en que una criada de la vecindad, que era la mujer más estupenda que he conocido, salía vestida bizarramente con una larga levita, con un viejo sombrero de copa y con una escoba al hombro. Esto era para nosotros algo así como [9] una hazaña mitológica; nosotros admirába-
20 mos profundamente a esta criada. Y luego, cuando en esta guisa, nos llevaba a una de las eras próximas, y nos revolcábamos, bañados por la luz de la luna, en estas noches serenas de Levante, sobre la blanda y cálida paja, a nuestra admiración se juntaba una intensa ternura hacia esta mujer única, extraordinaria, que nos regalaba la
25 alegría...

V
EL SOLITARIO

Y vais a ver un contraste terrible: esta mujer extraordinaria servía a un amo que era su polo opuesto. Vivía enfrente de casa; era un señor silencioso y limpio; se acompañaba siempre de dos grandes perros; le gustaba plantar muchos árboles... Todos los días, a una
30 hora fija, se sentaba en el jardín del casino, un poco triste, un poco

---

8. todo el día ... cartillas *I had been slaving away all day in school going over my primers*
9. algo así como *something like*

cansado, luego tocaba un pequeño silbo. Y entonces ocurría una cosa insólita: del boscaje del jardín acudían piando alegremente todos los pájaros; él les iba echando las migajas que sacaba de sus bolsillos. Los conocía a todos: los pájaros, los dos lebreles silenciosos y los árboles eran sus únicos amigos. Los conocía a todos: los nom- 5 braba por sus nombres particulares, mientras ellos triscaban sobre la fina arena; reprendía a éste cariñosamente porque no había venido el día anterior; saludaba al otro que acudía por vez primera. Y cuando ya habían comido todos, se levantaba y se alejaba lentamente, seguido de sus dos perros enormes, silenciosos. 10

Había hecho mucho bien en el pueblo; pero las multitudes son inconstantes y crueles. Y este hombre un día, hastiado, amargado por las ingratitudes, se marchó al campo. Ya no volvió jamás a pisar el pueblo ni a entrar en comunión con los hombres; llevaba una vida de solitario entre las florestas que él había hecho arraigar y 15 crecer. Y como si este apartamiento le pareciese tenue, hizo construir una pequeña casa en la cima de una montaña, y allí esperó sus últimos instantes.

Y vosotros diréis: "Este hombre abominaba de la vida con todas sus fuerzas." No, no; este hombre no había perdido la esperanza. 20 Todos los días le llevaban del pueblo unos periódicos; yo lo recuerdo. Y estas hojas diarias eran como una lucecita, como un débil lazo de amor que aun los hombres que más abominan de los hombres conservan, y a los cuales les deben el perdurar sobre la tierra.[10]

VI
"ES YA TARDE"

Muchas veces, cuando yo volvía a casa —una hora, media hora 25 después de haber cenado todos—, se me amonestaba porque *volvía tarde*. Ya creo haber dicho en otra parte que en los pueblos sobran las horas, que hay en ellos ratos interminables en que no se sabe qué hacer, y que, sin embargo, siempre es tarde.

¿Por qué es tarde? ¿Para qué es tarde? ¿Qué empresa vamos a rea- 30 lizar que exige de nosotros esta rigurosa contabilidad de los minutos? ¿Qué destino secreto pesa sobre nosotros que nos hace desgranar uno a uno los instantes en estos pueblos estáticos y grises? Yo no lo sé; pero yo os digo que esta idea de que siempre es tarde es la idea

10. y a los cuales ... tierra *and to which they owe their continued existence on earth*

fundamental de mi vida; no sonriáis. Y que si miro hacia atrás, veo que a ella le debo esta ansia inexplicable, este apresuramiento por algo que no conozco, esta febrilidad, este desasosiego, esta preocupación tremenda y abrumadora por el interminable sucederse de las
5 cosas a través de los tiempos.

He de decirlo, aunque no he pasado por este mal: ¿sabéis lo que es maltratar a un niño? Yo quiero que huyáis de estos actos como de una tentación ominosa. Cuando hacéis con la violencia derramar las primeras lágrimas a un niño, ya habéis puesto en su espíritu la
10 ira, la tristeza, la envidia, la venganza, la hipocresía... Y entonces, con estos llantos, con estas explosiones dolorosas de sollozos y de gemidos, desaparece para siempre la visión riente e ingenua de la vida, y se disuelve poco a poco, inexorablemente, aquella secreta e inefable comunidad espiritual que debe haber entre los que nos han
15 puesto en el mundo y nosotros los que venimos a continuar, amorosamente, sus personas y sus ideas.

VII
CAMINO DEL COLEGIO

Cuando los pámpanos se iban haciendo amarillos y llegaban los crepúsculos grises del otoño, entonces yo me ponía más triste que nunca, porque sabía que era llegada la hora de ir al colegio. La pri-
20 mera vez que hice este viaje fué a los ocho años. De Monóvar a Yecla [11] íbamos en carro, caminando por barrancos y alcores; llevábamos como viático una tortilla y chuletas y longanizas fritas.

Y cuando se acercaba este día luctuoso, yo veía que repasaban y planchaban la ropa blanca: las sábanas, las almohadas, las toallas,
25 las servilletas... Y luego, la víspera de la partida, bajaban de las falsas un cofre forrado de piel cerdosa, y mi madre iba colocando en él la ropa con mucho apaño. Yo quiero consignar que ponía también un cubierto de plata; ahora, cuando a veces revuelvo el aparador, veo desgastado este cubierto que me ha servido durante ocho
30 años, y siento por él una profunda simpatía.

De Monóvar a Yecla hay seis u ocho horas: salíamos al romper el alba; llegábamos a prima tarde.[12] El carro iba dando tumbos por los hondos relejes; a veces parábamos para almorzar bajo un olivo.

11. Monóvar   about 22 miles from Alicante; Yecla   an ancient city about 41 miles north of Murcia
12. a prima tarde   *early in the afternoon*

Y yo tengo muy presente que, ya al promediar la caminata,[13] se columbraban desde lo alto de un puerto pedregoso, allá en los confines de la inmensa llanura negruzca, los puntitos blancos del poblado y la gigantesca cúpula de la Iglesia Nueva, que refulgía.

Y entonces se apoderaba de mí una angustia indecible; sentía 5 como si me hubieran arrancado de pronto de un paraíso delicioso y me sepultaran en una caverna lóbrega. Recuerdo que una de las veces quise escaparme; aún me lo cuenta riendo un criado viejo, que es el que me llevaba. Yo me arrojé del carro y corría por el campo; entonces él me cogió, y decía dando grandes carcajadas: "¡No, no, 10 Antoñito, si no vamos a Yecla!"

Pero sí que íbamos: [14] el carro continuó su marcha, y yo entré otra vez en esta ciudad hórrida, y me vi otra vez, irremediablemente, discurriendo, puesto en fila, por los largos claustros, o sentado, silencioso e inmóvil, en los bancos de la sala de estudio. 15

IX
LA VIDA EN EL COLEGIO

Nos levantábamos a las cinco: aún era de noche; yo, que dormía pared por medio [15] de uno de los padres semaneros,[16] le oía, entre sueños, toser violentamente minutos antes de la hora. Al poco se abría la puerta; una franja de luz se desparramaba sobre el pavimento semioscuro. Y luego sonaban unas recias palmadas que nos 20 ponían en conmoción a todos. Estas palmadas eran verdaderamente odiosas; pero nos levantábamos —porque de retardarnos hubiéramos perdido el chocolate— y nos dirigíamos, con la toalla liada al cuello, hacia los lavabos. Aquí poníamos la cabeza bajo la espita y nos corría la helada agua por la tibia epidermis con una agridulce 25 sensación de bienestar y desagrado.

Yo recuerdo que muchas mañanas abría una de las ventanas que daban a la plaza; el cristal estaba empañado por la escarcha; una foscura recia borraba el jardín y la plaza. De pronto, a lo lejos, se oía un ligero cascabeleo. Y yo veía pasar, emocionado, nostálgico, la 30 diligencia, con su farol terrible, que todas las madrugadas a esta hora entraba en la ciudad, de vuelta de la estación lejana.

Cuando nos habíamos acabado de vestir, nos poníamos de rodillas

13. ya ... caminata *when the trip was half over*
14. pero sí que íbamos *but we were going*
15. pared por medio *on the other side of the wall*
16. padre semanero *priest on duty that week*

en una de las salas; en esta postura rezábamos unas breves oraciones.
Luego bajábamos a la capilla a oír misa. Esta misa diaria, al romper
el alba, ha dejado en mí un imborrable sedimento de ansiedad, de
preocupación por el misterio, de obsesión del porqué y del fin de las
5 cosas... Yo me contemplo, durante ocho años, todas las madrugadas,
en la capilla oscura. En el fondo, dos cirios chisporrotean; sus llamas
tiemblan a intervalos, con esas ondulaciones que parecen el lenguaje mudo de un dolor misterioso; el celebrante rezonguea con un
murmullo bajo y sonoro; en los cristales de las ventanas, la pálida
10 claror del alba pone sus luces mortecinas.

Después de la misa pasábamos al salón de estudio; y cuando había
transcurrido media hora, sonaba en el claustro una campana y
descendíamos al comedor.

Otra vez subíamos a estudiar, después del desayuno, y tras otra
15 media hora —que nosotros aprovechábamos afanosamente para dar
el último vistazo a los libros— bajábamos a las clases. Duraban las
clases tres horas: una hora cada una. Y cuando las habíamos rema-
tado, sin intervalo de una a otra, subíamos otra vez a esta horrible
sala de estudio. Estudiábamos media hora antes de comer; sonaba
20 de nuevo la campana; descendíamos —siempre de dos en dos— al
comedor. La comida transcurría en silencio; un lector —cada día le
tocaba a un colegial— leía unas páginas de Julio Verne [17] o del *Quijote.*[18] Luego, idos [19] al patio, teníamos una hora de asueto. Y otra
vez subíamos al nefasto salón; permanecíamos hora y media inmó-
25 viles sobre los libros, y, al cabo de este tiempo, tornaba a tocar la
campana y bajábamos a las aulas. Por la tarde teníamos dos horas
de clase; después merendábamos, nos expansionábamos una hora en
el patio y volvíamos a colocarnos en nuestros pupitres, atentos sobre
los textos.

30 Ahora estábamos en esta forma hora y media: el tiempo nos parecía interminable. Nada pesaba más sobre nuestros cerebros vírgenes
que este lapso eterno que pasábamos a la luz opaca de quinqués
sórdidos, en esta sala fría y destartalada, con los codos apoyados sobre la tabla y la cabeza entre las manos, fija la vista en las páginas
35 antipáticas, mientras rumiábamos mentalmente frases abstractas y
áridas...

17. Jules Verne (1828–1905), French novelist, author of *Around the World
in 80 Days, 20,000 Leagues Under the Sea*
18. El Quijote refers to Cervantes's novel *Don Quijote de la Mancha* (Part
I, 1605; Part II, 1615).
19. idos *having gone*

Volvía a sonsonear el esquilón: descendíamos, por los claustros oscuros, al comedor. Y cuando habíamos despachado la cena, tiritando, en la larga sala con mesas de mármol, subíamos al segundo piso. Entonces nos arrodillábamos, rezábamos unas oraciones y cada uno se dirigía a su cama. 5

XIV
YECLA

"Yecla —ha dicho un novelista— es un pueblo terrible." Sí que lo es; en este pueblo se ha formado mi espíritu. Las calles son anchas, de casas sórdidas o viejos caserones destartalados; parte del poblado se asienta en la falda de un monte yermo; parte se explaya en una pequeña vega verde, que hace más hórrida la inmensa mancha gris, 10 esmaltada con grises olivos, de la llanura sembradiza...

En la ciudad hay diez o doce iglesias; las campanas tocan a todas horas; pasan labriegos con capas pardas; van y vienen devotas con mantillas negras. Y de cuando en cuando discurre por las calles un hombre triste que hace tintinear una campanilla, y nos anuncia que 15 un convecino nuestro acaba de morirse.

En Semana Santa [20] toda esta melancolía congénita llega a su estado agudo: forman las procesiones largas filas de encapuchados, negros, morados, amarillos, que llevan Cristos sanguinosos y Vírgenes doloridas; suenan a lo lejos unas bocinas roncas con sones pla- 20 ñideros; tañen las campanas; en las iglesias, sobre las losas, entre cuatro blandones, en la penumbra de la nave, un crucifijo abre sus brazos, y las devotas suspiran, lloran y besan sus pies claveteados.

Y esta tristeza, a través de siglos y siglos, en un pueblo pobre, en que los inviernos son crueles, en que apenas se come, en que las 25 casas son desabrigadas, ha ido formando como un sedimento milenario, como un recio ambiente de dolor, de resignación, de mudo e impasible renunciamiento a las luchas vibrantes de la vida.

XVII
MIS AFICIONES BIBLIOGRÁFICAS

Hace un momento ha salido el maestro; no hay nada comparable en la vida a estos breves y deliciosos respiros que los muchachos 30

20. Semana Santa *Holy Week,* the week between Palm Sunday and Easter Sunday

tenemos cuando se aleja de nosotros, momentáneamente, este hombre terrible que nos tiene quietos y silenciosos en los bancos. A las posturas violentas de sumisión, a los gestos modosos, suceden repentinamente los movimientos libres, los saltos locos, las caras ex-
5 pansivas. A la inacción letal, sucede la vida plena e inconsciente. Y esta vida, aquí entre nosotros, en esta clase soleada, en este minuto en que está ausente el maestro, consiste en subirnos a los bancos, en golpear los pupitres, en correr desaforadamente de una parte a otra.

Sin embargo, yo no corro, ni grito, ni golpeo; yo tengo una preo-
10 cupación terrible. Esta preocupación consiste en ver lo que dice un pequeño libro que guardo en el bolsillo. No puedo ya hacer memoria de quién me lo dió ni cuándo comencé a leerlo, pero sí afirmo que este libro me interesaba profundamente, porque trataba de brujas, de encantamientos, de misteriosas artes mágicas. ¿Tenía la
15 cubierta amarilla? Sí, sí, la tenía; este detalle no se ha desaferrado de mi cerebro.

Y es el caso que yo comienzo a leer este pequeño libro en medio de la formidable batahola de los muchachos enardecidos; nunca he experimentado una delicia tan grande, tan honda, tan intensa como
20 esta lectura... Y de pronto, en este embebecimiento mío, siento que una mano cae sobre el libro brutalmente; entonces levanto la vista y veo que el bullicio ha cesado y que el maestro me ha arrebatado mi tesoro.

No os diré mi angustia y mi tristeza, ni trataré de encareceros la
25 honda huella que dejan en los espíritus infantiles, para toda la vida, estas transiciones súbitas y brutales del placer al dolor. Desde la fecha de este caso he andado mucho por el mundo, he leído infinitos libros; pero nunca se va de mi cerebro el ansia de esta lectura deliciosa y el amargor cruel de esta interrupción bárbara.

XIX
EL PADRE MIRANDA

30   El padre Miranda tenía la clase de Historia Universal; pero cuando se presentaba en lontananza un sermón ya no teníamos clase. Entonces él nos dejaba en el aula charlando y se salía a pasear por el claustro, mientras repetía en voz baja, gargajeando ruidosamente, de cuando en cuando, los períodos de su próximo discurso.

35   El padre Miranda era un hombre bajo y excesivamente grueso; era bueno. Cuando estaba en su silla, repantigado, explicando las

cosas terribles de los héroes que pueblan la historia, ocurría que, con frecuencia, su voz se iba apagando, apagando, hasta que su cabeza se inclinaba un poco sobre el pecho y se quedaba dormido. Esto nos era extraordinariamente agradable; nosotros olvidábamos los héroes de la historia y nos poníamos a charlar alegres. Y como 5 el ruido fuera creciendo, el padre Miranda volvía a abrir los ojos y continuaba tranquilamente explicando las hazañas terribles.

Fué rector del colegio un año o dos; durante este tiempo, el padre Miranda iba diezmando las palomas del palomar del colegio; nosotros las veíamos pasar frente a las ventanas del estudio en una ban- 10 dada rauda. Poco a poco la bandada iba siendo más diminuta...

—Es el padre Miranda que se las come —nos decían sonriendo los fámulos.

Y esta ferocidad de este hombre afable levantaba en nuestro espíritu —lo que no lograban ni César ni Aníbal [21] con sus hazañas— 15 un profundo movimiento de admiración.

Luego, el padre Miranda dejó de ser rector; de la ancha celda directorial pasó a otra celda más modesta; no pudo ya ejercer su tiranía sobre las nuevas palomas. Y véase [22] lo que es la vida; ahora que era ya completamente bueno y manso, nosotros le mirábamos con 20 cierto desdén, como a un ser débil, cuando pasaba y repasaba por los largos claustros, resignado con su desgracia.

Algunos años después, siendo yo ya estudiante de facultad mayor,[23] me encontré en Yecla un día de Todos los Santos.[24] Por la tarde fuí al cementerio, y vagando ante las largas filas de nichos, 25 pararon mis ojos en un epitafio que comenzaba así: *Hic jacet Franciscus Miranda, sacerdos Scholarum Piarum...*[25]

XXI
CÁNOVAS NO TRAÍA CHALECO

Vivía cerca del colegio una mujercita que nos traía sugestionados a todos: [26] era el espíritu del pecado. Habitaba frente a un patio

---

21. Aníbal *Hannibal,* Carthaginian general (247–183 B.C.)
22. Y véase *And just see*
23. facultad mayor In universities, the schools of theology, law, and medicine
24. día de Todos los Santos *All Saints' Day,* November 1
25. Hic jacet ... Piarum Latin for "Here lies Francisco Miranda, a priest of the Piarist schools." The Piarist schools were institutes of secondary education founded in the seventeenth century in Rome.
26. que nos ... todos *who had us all under her spell*

exterior; su casa era pequeñita; estaba enjalbegada de cal, con grandes desconchaduras; no tenía piso bajo habitable; se subía al principal, único en la casa, por una angosta y pendiente escalerilla; arriba, en la fachada, bajo el alero del tejado, se abría una pequeña
5 ventana. Y a esta ventana se asomaba la mujercita; nosotros, cuando salíamos a jugar al patio, no hacíamos más que mirar a esta ventana.

—¿Qué estará haciendo ahora ella? —pensábamos.

Ella, entonces, al oír nuestros bullicios, hacía su aparición miste-
10 riosa en la ventana, y nosotros la contemplábamos desde lejos con ojos grandes y ávidos.

Nos atraía esta mujercita: ya he dicho que era el espíritu del pecado. Nosotros teníamos vagas noticias de que en la ciudad había un conventículo de mujeres execrables; pero esta pecadora que vi-
15 vía sola, independiente, a orillas de la carretera, allí, bajo nuestras ventanas, esta mujercita era algo portentoso e inquietante.

Y como nos atraía tanto, al fin caímos; es decir, yo no fuí, yo era entonces uno de *los pequeños,* y quien fué figuraba entre *los mayores.* Se llamaba Cánovas; su nombre quiero que pase a la posteridad.
20 Se llamaba Cánovas. ¿Qué se ha hecho de este Cánovas? Cánovas fué el que se arriesgó a ir a casa de la mujercita. Aconteció esto una tarde que estábamos en el patio y se había ausentado el escolapio hebdomadario. Cánovas saltó las tapias; yo no me hallaba presente cuando partió; pero le vi regresar por lo alto de una pared, pálido,
25 emocionado y sin chaleco.

¿Por qué no traía chaleco Cánovas? Este detalle es conmovedor; me dijeron al oído que Cánovas no tenía dinero cuando fué a ver la mujercita y que apeló al recurso de dejarse allí esta sencilla y casi inútil prenda de indumentaria...[27] Desde aquel día, tanto entre los
30 pequeños como entre los mayores, Cánovas fué un héroe querido y respetado.

XXVI

MI TÍO ANTONIO

Mi tío Antonio era un hombre escéptico y afable; llevaba una larga y fina cadena de oro que le pasaba y repasaba por el cuello; se ponía: unas veces, una gorra antigua con dos cintitas detrás, y otras,
35 un sombrero hongo, bajo de copa y espaciado de alas. Y cuando por

27. prenda de indumentaria *article of dress*

las mañanas salía a la compra —sin faltar una—, llevaba un carrick [28] viejo y la pequeña cesta metida debajo de las vueltas.

Era un hombre dulce: cuando se sentaba en *la sala,* se balanceaba en la mecedora suavemente, tarareando por lo bajo, al par que en el piano tocaban la sinfonía de una vieja ópera... Tenía la cabeza redonda y abultada, con un mostacho romo que le ocultaba la comisura de los labios, con una abundosa papada que caía sobre el cuello bajo y cerrado de la camisa. Yo no sé si mi tío Antonio había pisado alguna vez las Universidades; tengo vagos barruntos de que fracasaron unos estudios comenzados. Pero tenía —lo que vale más que todos los títulos— una perspicacia natural, un talento práctico y, sobre todo, una bondad inquebrantable que ha dejado en mis recuerdos una suave estela de ternura.

Él era feliz en su modesta posición: no tenía mucha hacienda; poseía unos viñalicos y unas tierras paniegas. Y esos viñalicos, que amaba con un intenso amor, él se esforzaba todas las tardes en limpiarlos de pedrezuelas, agachado penosamente, sufriendo con su gordura.

Digo todas las tardes, y he de confesar que no es del todo exacto, porque muchas tardes no iba a sus viñas. Y era porque él tenía una gran afición a echar una mano [29] de tute en el casino, o bien de dominó, o bien de otra cosa —todas lícitas—; y así pasaba agradablemente las horas desde después de la comida hasta bien cerrada la noche.[30]

Yo creo que mi tío Antonio había estado en Madrid; no sé cuándo, no sé con qué motivos, no sé cuánto tiempo. Él, cuando estábamos en *la sala,* y me tenía sobre sus rodillas, siendo yo muy niño, me contaba cosas estupendas que había visto en la corte. Yo soñaba con mi fantasía de muchacho. En una rinconera había un loro disecado, inmóvil sobre su alcándara; en las paredes se veían cuadros con perritos bordados en cañamazo; sobre la mesa había cajas pequeñas cubiertas de conchas y caracoles. Y cuando mi tío callaba para oír el piano que tocaba la sinfonía de *El Barbero de Sevilla,*[31] yo veía a lo lejos la maravillosa ciudad, es decir, Madrid, con teatros, con jardines, con muchos coches que corrían haciendo un ruido enorme.

28. carrick   a loose cloak without sleeves of the type worn by the English actor David Garrick (1717–1779)
29. echar una mano   *to play a hand*
30. hasta bien ... noche   *until late at night*
31. El Barbero de Sevilla   *The Barber of Seville,* opera by Gioacchino Rossini (1792–1868)

XXVII
MI TÍA BÁRBARA

Respecto a mi tía Bárbara, yo he de declarar que, aunque la llamo así, tía, como si lo fuese carnal, no sé a punto fijo qué clase de parentesco me unía con ella. Creo que era tía lejana de mi padre. Ello es que era una vieja menudita, encorvada, con la cara arrugada y
5 pajiza, vestida de negro, siempre con una mantilla de tela negra. Yo no sé por qué suspiran tanto estas viejas vestidas de negro. Mi tía Bárbara llevaba continuamente un rosario en la mano; iba a todas misas y a todas las novenas. Y cuando entraba en casa de mi tío Antonio, de vuelta de la iglesia, y me encontraba a mí en ella, me
10 abrazaba, me apretujaba entre sus brazos sollozando y gimiendo.

Si yo la hiciera hablar en estas páginas, cometería una indiscreción suprema; yo no recuerdo haberle oído decir nada, aparte de sus breves y dolorosas imprecaciones al cielo: *¡Ay, Señor!* Pero tengo idea de que ella había contado algunas veces la entrada de los fran-
15 ceses en la ciudad el año 1808.[32]

Sí; era una pequeña vieja silenciosa; encorvadita; vivía en una casa diminuta; la tarde que no había función de iglesia, o bien después de la función, si la había (y claro está que en Yecla la había todos los días, perdurablemente), recorría las casas de los parientes,
20 pasito a paso, enterándose de todas las calamidades, sentándose, muy arrebujada, en un cabo del sofá, suspirando con las manos juntas: *¡Ay, Señor!*

XXXI
EL MONSTRUO Y LA VIEJA

Yo estoy en la entrada de la casa de mi tío Antonio; los cazos y pucheros de la espetera lucen sobre la pared blanca. Yo estoy en la
25 entrada de la casa de mi tío Antonio; tengo entre las manos un libro en que voy viendo toscos grabados abiertos en madera;[33] representan una cigüeña que mete el pico por una ampolla, ante los ojos estupefactos de una vulpeja;[34] un cuervo que está posado en una

32. The reference is to the War of Independence (or Peninsular War) which began in 1808 with a national uprising against French rule. In 1814 Napoleon was finally defeated and the French driven out of Spain.
33. grabados ... madera *woodcuts*
34. La Fontaine, *Fables,* "The Fox and the Stork" (Book I, No. XVIII)

rama y tiene cogido un queso redondo; [35] una serpiente que se empeña en rosigar una lima...[36]

Yo estoy sentado en un amplio sillón de cuero; al lado, en la herrería paredaña, suenan los golpes joviales y claros de los machos que caen sobre el yunque; de cuando en cuando se oye tintinear en 5 la cocina el almirez. El aparcero ha entrado hace un momento y ha dicho que en la tormenta del otro día se le han apedreado los majuelos de La Herrada; [37] este año apenas podrá coger doscientos cántaros de vino; las mieses también se han agotado por falta de lluvias oportunas; él está atribulado, no sabe cómo va a salir de sus 10 apuros. Se hace un gran silencio en la entrada; los martillos marchan con su *tic-tac* ruidoso y alegre; el labriego mira tristemente al suelo y se soba la barba intonsa con la mano; luego ha dicho: *¡Ea, Dios dirá!* [38] Y se ha marchado lentamente, suspirando.

Ha transcurrido otro rato en silencio; por la calle se ha oído 15 sonsonear una campanilla y una voz que gritaba: *¡Esta tarde, a las cuatro, el entierro de don Juan Antonio!*

Cuando el tintineo de la campanilla se alejaba, se ha abierto un poco la puerta de la calle y ha asomado una vieja, vestida de negro, con la cara arrugada y pajiza. Esta vieja lleva una cesta debajo del 20 brazo, y se ha puesto a rezar, en un tono de habla lento y agudo, por todos los difuntos de la casa; luego, cuando ha concluído, ha gritado: *¡Señores, una limosnica, por el amor de Dios!*, y como se hiciese una gran pausa y no saliese nadie, la vieja ha exclamado: *¡Ay, Señor!* 25

Entonces, en el viejo reloj se ha hecho un sordo ruido, y se ha abierto una portezuela por la que ha asomado un pequeño monstruo que ha gritado: *Cu-cú, cu-cú...*

La vieja, después, ha tornado a preguntar: *Señora, ¡una limosnica, por el amor de Dios!* Otra vez se ha transcurrido un largo rato; la 30 vieja ha vuelto a suspirar: *¡Ay, Señor!* Y en el viejo reloj, que repite sus horas, este pequeño monstruo, que es como el símbolo de lo inexorable y de lo eterno, ha vuelto a aparecer y ha tornado a gritar: *Cu-cú, cu-cú, cu-cú...*

---

35. *Ibid.,* "The Fox and the Crow" (Book I, No. II)
36. *Ibid.,* "The Serpent and the File" (Book V, No. XVI)
37. La Herrada   village in the province of Alicante
38. ¡Ea, Dios dirá! *It will be as God wills!*

XXXIV
LA IRONÍA

> Je partirai! Steamer balançant ta mâture
> Lève l'ancre pour une exotique nature.
> STÉPHANE MALLARMÉ, *Brise marine.*[39]

Vamos a partir; la diligencia está presta. ¿Adónde vamos? No lo sé; éste es el mayor encanto de los viajes...

Yo no he podido ver una diligencia a punto de partida sin sentir vivos deseos de montar en ella; no he podido ver un barco enfilando
5 la boca del puerto sin experimentar el ansia de hallarme en él, colocado en la proa, frente a la inmensidad desconocida.

Vamos a partir. ¿Adónde vamos? No lo sé; éste es el mayor encanto de los viajes... Yo tengo vivo entre mis recuerdos de niño el haber visto un barquito, lo que se llama un *modelo,* metido en un desván,
10 revuelto entre trastos viejos; luego visité el mar en Alicante, y vi sobre la mancha azul, grandes, enormes, muchos barcos como este pequeñito del desván.

Y entre todos estos barcos yo sentí —y siento— una viva simpatía por las goletas, por los bergantines, por las polacras, por todos esos
15 barcazos pintados de blanco, viejos, lentos, con una pequeña cocina, con las planchas de cobre verdosas. ¿Qué hacen estos barcos? ¿Adónde van? Yo tengo presente la imagen de uno de ellos: era una polacra vieja de las que transportan petróleo en sus bodegas; hacía dos meses que permanecía inactiva en el puerto; la pequeña cocina
20 estaba apagada y llena de polvo; en la litera del capitán no había colchones. Nos acompañaba un marinero de la tierra, un hombre moreno, con una barba canosa y corta, con unos ojuelos hundidos y brillantes. Recorrimos todo el barco, solitario, silencioso; como pasáramos por una camarilla en que había un armario lleno de tarros
25 de ginebra, yo dije señalándolos: "Esto es ginebra." Entonces el viejo marino los miró un momento en silencio con sus ojillos brillantes, y luego contestó con una ironía maravillosa, soberbia, que yo no he encontrado después en los grandes maestros: "¡Ha sido!"

---

39. "I will depart! Steamer rocking your masts
     Weigh anchor for an exotic shore."
        Stéphane Mallarmé (French Symbolist poet, 1842–1898), *Sea Breeze.*

XXXV
¡MENCHIRÓN!

La casa tiene un pequeño huerto detrás; es grande; enormes salas suceden a salas enormes; hay pasillos largos, escaleras con grandes bolas lucientes en los ángulos de la barandilla, cocinas de campana, caballerizas... Y en esta casa vive Menchirón. Al escribir este nombre, que debe ser pronunciado enfáticamente —¡Menchirón!—, parece 5 que escribo el de un viejo hidalgo que ha peleado en Flandes.[40] Y es un hidalgo, en efecto, Menchirón; pero un hidalgo viejo, cansado, triste, empobrecido, encerrado en este poblachón sombrío. Yo no puedo olvidar su figura: era alto y corpulento, llevaba siempre unas zapatillas viejas bordadas en colores; no usaba nunca som- 10 brero, sino una gorra, e iba envuelto en una manta que le arrastraba indolentemente... Este contraste entre su indumentaria astrosa y su alta alcurnia causaba un efecto prodigioso en mi imaginación de muchacho. Luego supe que un gran dolor pesaba sobre su vida: en su enorme casa solariega había una habitación cerrada hermética- 15 mente; en ella aparecía una cama deshecha; sobre la mesa se veían frascos de medicamentos viejos, y sobre los muebles destacaban acá y allá ropas finas y suaves de una mujer. Nadie había puesto los pies en esta estancia desde hacía mucho tiempo: en ella murió años atrás una muchacha delicada, la más bonita de la ciudad, hija del 20 viejo hidalgo. Y el viejo hidalgo había dejado, en supremo culto hacia la niña, la cama, las ropas y los muebles tal como estaban cuando ella se fué del mundo.

¡Menchirón! Helo aquí, por las calles de Yecla, contemplado por mis ojos ansiosos, hastiado, cansado, con su manta que arrastra, con 25 sus zapatillas, con su gorra sobre la frente. Yo vi, años después, su epitafio en el cementerio: decía que el muerto era excelentísimo e ilustrísimo; rezaba una porción de títulos y sinecuras modernísimos. Pero yo hubiera puesto este otro:

"Aquí yace don Joaquín Menchirón. Nació en 1590; murió en 30 1650. Peleó en Flandes, en Italia y en Francia; asistió con Spínola [41]

40. Flandes *Flanders,* a medieval county which lies principally in Northern Belgium and now forms the provinces of East and West Flanders, as well as a small part of the Netherlands and the French department of Le Nord. The reference is to the wars between Spain and the Low Countries under Philip II (1556–1598), Philip III (1598–1621), and Philip IV (1621–1665).

41. Ambrosio, Marqués de Spínola   Italian captain who served Spain as chief of troops during the Protestant wars in the Low Countries

a la toma de Ostende; [42] se halló en la rendición de Breda.[43] Cuando
se sintió viejo se retiró a su casa de Madrid; con los años adoleció de
la gota. Un día, estando dormitando en el sillón, de donde no podía
moverse, oyó los clarines de una tropa que se marchaba a la guerra;
5 quiso levantarse súbitamente, cayó al suelo y murió."

XXXVI
"AZORÍN ES UN HOMBRE RARO"

Cuando la dueña de la casa me ha dicho: "Deje usted el sombrero", yo he sentido una impresión tremenda. ¿Dónde lo dejo?
¿Cómo lo dejo? Yo estoy sentado en una butaca, violentamente, en
el borde; tengo el bastón entre las piernas, y sobre las rodillas el
10 sombrero. ¿Cómo lo dejo? ¿Dónde? En las paredes de la sala veo
cuadros con flores que ha pintado la hija de la casa; en el techo están
figuradas unas nubes azules, y entre ellas revolotean cuatro o seis
golondrinas. Yo me muevo un poco en la butaca y contesto a una
observación de la señora diciendo que, efectivamente, "este año
15 hace mucho calor". Luego, durante una breve pausa, examino los
muebles. Y ahora sí que experimento una emoción terrible: estos
muebles nuevos, llamativos, puestos simétricamente (o, lo que es
más enorme, en una desimetría estudiada); estos muebles de los
bazares y de las tiendas frívolas, yo no quisiera tener que echarles
20 encima el peso de mi crítica. ¿Qué voy a decir de estas abrumadoras
sillitas dobles, de respaldo invertido, pintadas de blanco perla y
que no pueden faltar en las casas elegantes? ¿Qué voy a pensar
de los jarrones que hay sobre la consola y de las figuritas de porcelana? El señor de la casa rompe el breve silencio y me pregunta
25 qué me parece de [44] la última crisis; yo me agarro a sus palabras como un náufrago para salir de este conflicto interior que
me atosiga; pero veo que no sé qué opinión dar sobre la última
crisis.

Entonces se hace otro largo silencio: repaso mientras tanto el
30 puño de mi bastón... Al fin, la señora dice una frivolidad, y yo
contesto con otro monosílabo.

42. Ostende *Ostend,* city in Belgium on the North Sea, conquered by Spínola
in 1604
43. Breda city in Holland, conquered by Spínola in 1626. Velázquez im-
mortalized the surrender of Breda in his painting *Las lanzas* or *La rendición de
Breda.*
44. qué me parece de *what I think of*

¿Para qué haré yo visitas? No, no; yo tengo muy presentes [45] estas sensaciones de muchacho, y por este motivo no he querido nunca hacer visitas; a mí no se me ocurre nada en estas salas en que hay golondrinas pintadas en el techo, ni sé qué contestarles a estos señores. Por eso, ellos, cuando les dicen que yo tengo mucho talento 5 —cosa que yo no creo—, asienten discretamente; pero mueven la cabeza y añaden:

—Sí, sí; pero Azorín es un hombre raro.

XXXVII

LOS TRES COFRECILLOS

Si yo tuviera que hacer el resumen de mis sensaciones de niño en estos pueblos opacos y sórdidos, no me vería muy apretado. Escribi- 10 ría sencillamente los siguientes corolarios:

"¡Es ya tarde!"

"¡Qué le vamos a hacer", y

"¡Ahora se tenía que morir!" [46]

Tal vez estas tres sentencias le parezcan extrañas al lector; no lo 15 son de ningún modo; ellas resumen brevemente la psicología de la raza española; ellas indican la resignación, el dolor, la sumisión, la inercia ante los hechos, la idea abrumadora de la muerte. Yo no quiero hacer vagas filosofías; me repugnan las teorías y las leyes generales, porque sé que circunstancias desconocidas para mí pue- 20 den cambiar la faz de las cosas, o que un ingenio más profundo que el mío puede deducir de los pequeños hechos que yo ensamblo leyes y corolarios distintos a los que yo deduzco. Yo no quiero hacer filosofías nebulosas: que vea cada cual en los hechos sus propios pensamientos. Pero creo que nuestra melancolía es un producto —como 25 notaba Baltasar Gracián—[47] de la sequedad de nuestras tierras; y que la idea de la muerte es la que domina con imperio avasallador en los pueblos españoles. Yo, siendo niño, oía contar muchas veces que un vecino o un amigo estaba enfermo: luego, inmediatamente, la persona que contaba o la que oía se quedaba un momento pen- 30 sativa y agregaba:

—¡Ahora se tenía que morir!

---

45. tengo muy presentes *I remember very well*
46. ¡Qué le vamos a hacer! *What can we do!*
    ¡Ahora se tenía que morir! *His time had come!*
47. Gracián Cf. footnote 3.

Y éste es uno de los tres apotegmas, uno de los tres cofrecillos misteriosos e irrompibles en que se cierra toda la mentalidad de nuestra raza.

XXXVIII
LAS VIDAS OPACAS

Yo no he ambicionado nunca, como otros muchachos, ser general
5 u obispo; mi tormento ha sido —y es— no tener un alma multiforme y ubicua para poder vivir muchas vidas vulgares e ignoradas; es decir: no poder meterme en el espíritu de este pequeño regatón que está en su tiendecilla oscura; de este oficinista que copia todo el día expedientes y por la noche van él y su mujer a casa de un compa-
10 ñero, y allí hablan de cosas insignificantes; de este saltimbanqui que corre por los pueblos; de este hombre anodino que no sabemos lo que es ni de qué vive y que nos ha hablado una vez en una estación o en un café...

Las pequeñas tiendas tienen un atractivo poderoso. ¿Cómo viven
15 estos regatones, estos percoceros con sus bujerías de plata, estos sombrereros con sus sombreros humildes, estos cereros con sus velas rizadas? Hay en las viejas ciudades españolas calles estrechas —tal vez con el ábside de una vetusta iglesia en el fondo—, donde todos estos mercaderes tienen sus tiendecillas, y hay una hora profunda, una
20 hora única en que todas estas tiendas irradian su alma verdadera.

Esta hora es por la noche, después de cenar; ya los canónigos se han retirado de sus tertulias; las calles están desiertas; la campana de la catedral lanza nueve graves y largas vibraciones. Entonces os paseáis bajo los soportales: las tiendas tienen ya sus escaparates apa-
25 gados; acaso algunas estén también entornadas; pero sentís que un reposo profundo ha invadido los reducidos ámbitos; un hálito de vida monótona y vulgar se escapa de la anaquelería y del pequeño mostrador; tal vez un niño, que se ha levantado con la aurora, duerme de bruces sobre la tabla; en la trastienda, allá en el fondo,
30 se ve el resplandor de una lámpara... Y la campana de la catedral vuelve a sonar con sus vibraciones graves y largas.

XL
ESAS MUJERES...

¿No habéis encontrado nunca en vuestra vida una mujer que os ha hechizado durante un momento y que luego ha desaparecido?

Estas mujeres son como estrellas que pasan rápidas en las noches sosegadas del estío. Habréis encontrado una vez, en un balneario, en una estación, en una tienda, en un tranvía, una de esas mujeres cuya vista es como una revelación, como una floración repentina y potente que surge desde el fondo de vuestra alma. Tal vez esta mujer no es hermosa; las que dejan más honda huella en nuestro espíritu no son las que nos deslumbran desde el primer momento...

Vosotros entráis en un vagón del ferrocarril u os sentáis junto al mar en un balneario; después vais mirando a las personas que están junto a vosotros. He aquí una mujer rubia, vestida de negro, en quien vosotros no habéis reparado al sentaros. Examinadla bien: los minutos van pasando; las olas van y vienen mansamente; el tren cruza los campos. Examinadla bien: posad los ojos en su pelo, en su busto, en su boca, en su barbilla redondeada y fina. Y ved cómo vais descubriendo en ella secretas perfecciones, cómo va brotando en vosotros una simpatía recia e indestructible hacia esta desconocida que se ha aparecido momentáneamente en vuestra vida.

Y será sólo un minuto; esta mujer se marchará; quedará en vuestra alma como un tenue reguero de luz y de bondad; sentiréis como una indefinible angustia cuando la veáis alejarse para siempre. ¿Por qué? ¿Qué afinidad había entre esta mujer y vosotros? ¿Cómo vais a razonar vuestra tristeza? No lo sabemos; pero presentimos vagamente, como si bordeáramos un mundo desconocido, que esta mujer tiene algo que no acertamos a explicar, y que al marcharse se ha llevado algo que nos pertenece y que no volveremos a encontrar jamás.

Yo he sentido muchas veces estas tristezas indefinibles; era muchacho; en los veranos iba frecuentemente a la capital de la provincia y me sentaba largas horas en los balnearios, junto al mar. Y yo veía entonces, y he visto luego, alguna de estas mujeres misteriosas, sugestionadoras, que, como el mar azul que se ensanchaba ante mi vista, me hacía pensar en lo Infinito.

XLII
MARÍA ROSARIO

María Rosario, tú tenías entonces quince años; llevabas un traje negro y un delantal blanco; tus zapatos eran pequeñitos y nuevos. María Rosario, tú te ponías a coser en el patio, en un patio con un toldo y grandes evónimus en cubas pintadas de verde; el piso era de ladrillos rojos muy limpios. Y aquí, en este patio, tú te sentabas delante de la máquina; a tu lado estaba tu tía con su traje negro y su cara pálida; más lejos, en un ángulo, estaba Teresica. Y había un ancho fayanco atestado de ropa blanca y de telas a medio cortar,[48] y tú revolverías con tus manos delicadas estas telas blancas y ponías una sobre la máquina. Tus pies pequeñitos movían los pedales de hierro, y entonces la máquina marchaba, marchaba en el sosiego del patio con un ruido ligero y rítmico.

María Rosario, yo pienso a ratos, después de tanto tiempo, en tus manos blancas, en tus pies pequeños, en tu busto suavemente henchido; yo quisiera volver a aquellos años y oír el ruido de la máquina en ese patio, y ver tus ojos claros, y tocar con las dos manos muy blandamente tus cabellos largos.

Y esto no puede ser, María Rosario; tú vivirás en una casa oscura; te habrás casado con un hombre que redacte terribles escritos para el juzgado; acaso te hayas puesto gruesa, como todas las muchachas de pueblo cuando se casan; tal vez encima de la mesa del comedor haya unos pañales... Y yo siento una secreta angustia cuando evoco este momento único de nuestra vida, que ya no volverá, María Rosario, en que estábamos los dos frente a frente, mirándonos de hito en hito sin decir nada.

YO, PEQUEÑO FILÓSOFO

> No me podrán quitar el dolorido sentir...
> GARCILASO, *Égloga I.*[49]

I

Yo, pequeño filósofo, he cogido mi paraguas de seda roja y he montado en el carro, para hacer, tras largos años de ausencia, el mismo viaje a Yecla que tantas veces hice en mi infancia. Y he puesto también como viático una tortilla y unas chuletas fritas. Y he visto también desde lo alto del puerto pedregoso los puntitos imperceptibles del poblado, allá en los confines de la inmensa llanura, con la cúpula de la Iglesia Nueva que irradia luminosa. Y he entrado después en la ciudad sombría... Todo está lo mismo: las calles an-

48. a medio cortar *partially cut*
49. Garcilaso Garcilaso de la Vega. Cf. footnote 3.

chas, las iglesias, los caserones, las puertas grandes de los corrales con elevadas tapias.

Y por la tarde he recorrido las calles anchas y he pasado por la huerta. Y al anochecer, cuando he vuelto a la casa en que vivió mi tío Antonio, he dejado mi paraguas en un rincón y me he puesto a 5 escribir estas páginas. Son los últimos días del otoño; ha caído la tarde en un crepúsculo gris y frío. La fragua que había paredaña, ya no repiquetea; al pasar ya no he podido ver el ojo vivo y rojo del hogar que brillaba en el fondo oscuro. Las calles están silenciosas, desiertas; un viento furioso hace golpetear a intervalos una ventana 10 del desván; a lo lejos brillan ante las hornacinas, en las fachadas, los farolillos de aceite. He oído las lechuzas en la alta torre de la iglesia lanzar sus resoplidos misteriosos. Y he sentido, en este ambiente de inercia y de resignación, una tristeza íntima, indefinible.

Esta tarde, mientras paseaba por la huerta con algunos antiguos 15 camaradas, veía a lo lejos la enorme ciudad, agazapada en la falda del cerro gris, bajo el cielo gris. Discurríamos silenciosos. Cuando llegaba la noche, uno de los acompañantes ha dado unos golpes en el suelo con el bastón, y ha pronunciado estas palabras terribles:

—Volvamos, que ya es tarde.   20

Yo, al oírlas, he experimentado una ligera conmoción. *Es ya tarde.* Toda mi infancia, toda mi juventud, toda mi vida han surgido en un instante. Y he sentido —no sonriáis— esa sensación vaga, que a veces me obsesiona, del tiempo y de las cosas que pasan en una corriente vertiginosa y formidable.   25

II

No he podido resistir al deseo de visitar el colegio en que transcurrió mi niñez. "No entres en esos claustros —me decía una voz interior—, vas a destruirte una ilusión consoladora. Los sitios en que se deslizaron nuestros primeros años no se deben volver a ver; así conservamos engrandecidos los recuerdos de cosas que en la realidad 30 son insignificantes." Pero yo no he atendido esta instigación interna; insensiblemente me he encontrado en la puerta del colegio; luego he subido lentamente las viejas escaleras. Todo está en silencio; en la lejanía se oye el coro monótono, plañidero, de la escuela de niños.   35

Siento una opresión vaga cuando entro en el largo salón con piso de madera, en que mis pasos hacen un sordo ruido; como en mi

infancia, me detengo emocionado. Levanto los ojos: a lo lejos, al
otro lado del patio, en el observatorio, el anemómetro con sus
cacitos [50] sigue girando. No ha parado desde entonces; corre siempre, siempre, sobre la ciudad, sobre los hombres, indiferente a sus
5 alegrías y a sus pesares.

He subido las mismas escaleras, ya desgastadas, que tantas veces
he pisado para subir al dormitorio. Aquí, en un rellano, había una
ventana por la que se columbraba el verde paisaje de la huerta; yo
echaba siempre por ella una mirada hacia los herrenes y los árboles.
10 Ahora han cubierto sus cristales con papel de colores. Ya no se ve
nada; yo he sentido una indignación sorda. Luego, cuando he
querido penetrar en el salón de estudio, he visto que ya no está
donde se hallaba; lo han trasladado a una sala interior. Desde sus
ventanas ya tampoco [51] se apacentarán las infantiles y ávidas ima-
15 ginaciones con el suave y confortante panorama de la vega; los ojos,
cansados de las páginas áridas, no podrán ya volverse hacia este
paisaje sosegado y recibir el afluvio amoroso y supremamente educador de la Naturaleza...

¿Tenía yo razón para volverme a indignar? Sí, yo me he vuelto a
20 indignar en la medida discreta que me permite mi pequeña filosofía.
Y después, cuando ha tocado una campana y he visto cruzar a lo
lejos una larga fila de colegiales con sus largas blusas, yo, aunque
pequeño filósofo, me he estremecido, porque he tenido un instante,
al ver estos niños, la percepción aguda y terrible de que "todo es
25 uno y lo mismo", como decía otro filósofo, no tan pequeño; es decir,
de que era yo en persona que tornaba a vivir en estos claustros; de
que eran mis afanes, mis inquietudes y mis anhelos que volvían a
comenzar en un ritornelo doloroso y perdurable. Y entonces me he
alejado un poco triste, cabizbajo, apoyado en mi indefectible para-
30 guas rojo.

50. el anemómetro con sus cacitos   *the anemometer with its little cups.* The
anemometer is an instrument for measuring the velocity of the wind.
51. ya tampoco   *no longer*

Antonio Machado

(1875–1939)

The finest Spanish poet of his generation and one of the greatest in Europe, Antonio Machado was born in Seville in 1875. When he was eight, his family went to Madrid. There he received his early education at the *Institución Libre de Enseñanza* which, according to one critic, determined in large part his "laicismo, preocupación pedagógica, amor a la naturaleza y al paisaje, vocación por el trabajo personal, antítesis de las 'dos Españas'." * After completing his studies at the University of Madrid, Machado went to Paris where he came in contact with many prominent literary figures, among them Rubén Darío and Oscar Wilde. The products of the poet's apprenticeship were collected in the *Soledades* of 1903, later revised and augmented under the title of *Soledades, galerías y otros poemas* (1907).

In 1907 Machado went to Soria where he had obtained the position of teacher of French, and there he met and subsequently married Leonor Izquierdo. In 1910 they went to Paris, and the poet studied at the Collège de France under Henri Bergson. The brief years of his marriage were extremely happy ones, but in 1912 Leonor died, leaving him with a feeling of loss and desolation which was to be reflected in many of his poems, some written as late as 1930. After his wife's death, Machado moved to Baeza where his philosophic preoccupations deepened and his poems became more disciplined, culminating in the *Campos de Castilla*.

In 1919 Machado was transferred to Segovia where he taught French and Spanish literature. From that time until he moved to the capital in 1931, the poet divided his time between Segovia and

---

* It has become the habit to refer to the division between the traditionalist Spaniard and the progressive as "the two Spains."

Madrid. Although he was deeply introspective and uncommunica-
tive and preferred reading and walking to the gregarious social life,
his shabbily dressed figure soon became a familiar one in literary
circles. It was in these mature years of his life that he met his "autumn love," the woman known as Guiomar in his later love poetry.
Machado lived in Madrid, teaching at the Instituto Calderón de la
Barca, until the outbreak of the Civil War in 1936, at which time
he went to Valencia. A staunch Republican, he fled to France at the
beginning of 1939 and died within two weeks of reaching Collioure,
a small town in the Pyrenees.

From the first, as in the case of so many of his contemporaries,
Machado's work represented a reaction against the Modernist school
headed by Rubén Darío. His love for Castile, his admonitions to
Spanish youth to shake off their apathy, and his search for God bring
him closest to Unamuno, with whom he entertained cordial relations throughout the years. To Machado, poetry is an art neither musical nor decorative but "una honda palpitación del espíritu." His
poetry constitutes a tireless probing into the basic problems of man's
existence: the joy of love and the poignancy of loss, the contemplation of time in endless flux, the anguished uncertainty over the
existence of God, and the terrible consciousness of death.

Like Azorín, Machado stands absorbed before the timeless austerity of the Castilian landscape, seeking in its harsh contours the
essence of Spain. His quest for what Unamuno so aptly called the
intrahistorical Spain led him back to the pre-Golden Age classics,
to the anonymous *Cid,* to Gonzalo de Berceo, to the gnomic verse
of Don Sem Tob. The latter without doubt influenced the epigram-
matic form of Machado's baffling and paradoxical *Proverbios y can-
tares,* while the long *romance* or ballad *La tierra de Alvargonzález*
recalls the primitive vigor of early epic poetry.

Machado found in the landscape of his country not only a motive
for metaphysical reflection and introspection, but also a stimulus to
purposeful action. A denouncer of the obscurantist "official" Spain,
an enemy of intellectual torpor, mediocrity, and complacency, he
attempted to rouse his countrymen from their state of atony in some
of his most compelling poems. Most of his commentaries on pros-
ody, the poetic art and philosophy, Machado put into the mouths of
two "doubles," alter egos whom he called Abel Martín and Juan
de Mairena, projections of the self not wholly contained in his
verse. Martín the metaphysician and Mairena the critic and moralist

comment on life ironically and often racetiously; since they are professors and poets, they love to indulge in speculation and paradox.

In prose, then, as well as in verse, Antonio Machado is a faithful reflection of the temper of his age. In his own words, "Todo producto del arte, por humilde que sea, estará siempre dentro de la ideología y de la sentimentalidad de una época."

Selected Poems

RETRATO

Mi infancia son recuerdos de un patio de Sevilla,
y un huerto claro donde madura el limonero;
mi juventud, veinte años en tierra de Castilla;
mi historia, algunos casos que recordar no quiero.

5   Ni un seductor Mañara,[1] ni un Bradomín [2] he sido
—ya conocéis mi torpe aliño indumentario—,[3]
mas recibí la flecha que me asignó Cupido,
y amé cuanto ellas pueden tener de hospitalario.[4]

Hay en mis venas gotas de sangre jacobina,[5]
10   pero mi verso brota de manantial sereno;
y, más que un hombre al uso [6] que sabe su doctrina
soy, en el buen sentido de la palabra, bueno.

Adoro la hermosura, y en la moderna estética
corté las viejas rosas del huerto de Ronsard; [7]

1. Don Miguel de Mañara (1626–1679), a nobleman of Seville who, in his youth, was a notorious Don Juan; later in life he saw the error of his ways and died in the odor of sanctity. In 1778 he was made a "Venerable."
2. El Marqués de Bradomín is the Don Juanesque hero of the four *Sonatas* of Valle-Inclán.
3. mi torpe aliño indumentario   *my slovenly appearance*
4. y amé ... hospitalario   *and I loved as much as they* (the arrows of Cupid) *permitted;* i.e., I had my love affairs
5. jacobina = radical. The Jacobins were a society of radical democrats in France during the revolution of 1789.
6. hombre al uso   *conventional man*
7. Pierre de Ronsard (1524–1585), French poet, best known today for his lyric verse

mas no amo los afeites de la actual cosmética,
ni soy un ave de esas del nuevo gay-trinar.[8]

Desdeño las romanzas de los tenores huecos
y el coro de los grillos que cantan a la luna.
A distinguir me paro las voces de los ecos,   5
y escucho solamente, entre las voces, una.

¿Soy clásico o romántico? No sé. Dejar quisiera
mi verso, como deja el capitán su espada:
famosa por la mano viril que la blandiera,[9]
no por el docto oficio del forjador preciada.[10]   10

Converso con el hombre que siempre va conmigo
—quien habla solo espera hablar a Dios un día—;
mi soliloquio es plática con este buen amigo
que me enseñó el secreto de la filantropía.

Y al cabo, nada os debo; debéisme cuanto he escrito.[11]   15
A mi trabajo acudo, con mi dinero pago
el traje que me cubre y la mansión que habito,
el pan que me alimenta y el lecho en donde yago.[12]

Y cuando llegue el día del último viaje,
y esté al partir la nave que nunca ha de tornar,   20
me encontraréis a bordo, ligero de equipaje,
casi desnudo, como los hijos de la mar.

CAMPOS DE SORIA

¡Soria fría, *Soria pura,*   arruinado, sobre el Duero;[13]
cabeza de Extremadura,   con sus murallas roídas
con su castillo guerrero   y sus casas denegridas!

8. gay-trinar   the poetic art of the troubadours
9. que la blandiera   *that had wielded it*
10. no por ... preciada   *and not prized for the skill of the man who had forged the sword*
11. debéisme ... escrito   *you owe me all I have written*
12. yago   first person singular of present indicative of *yacer,* to lie
13. The Duero river runs through the provinces of Soria, Burgos, Valladolid, Zamora, and Salamanca.

¡Muerta ciudad de señores,
soldados o cazadores;
de portales con escudos
de cien linajes hidalgos,
5 de galgos flacos y agudos,
y de famélicos galgos,
que pululan
por las sórdidas callejas,

y a la medianoche ululan,
cuando graznan las cornejas!

¡Soria fría! La campana
de la Audiencia da la una.
Soria, ciudad castellana   5
¡tan bella! bajo la luna.

LA SAETA [14]

¿Quién me presta una escalera
para subir al madero,[15]

para quitarle los clavos
a Jesús el Nazareno? [16]

SAETA POPULAR.

¡Oh, la saeta, el cantar
al Cristo de los gitanos,
siempre con sangre en las manos,
siempre por desenclavar! [17]
5 ¡Cantar del pueblo andaluz,
que todas las primaveras [18]
anda pidiendo [19] escaleras
para subir a la cruz!

¡Cantar de la tierra mía,
que echa flores
al Jesús de la agonía,[20]
y es la fe de mis mayores!
¡Oh, no eres tú mi cantar!   5
¡No puedo cantar, ni quiero
a ese Jesús del madero,
sino al que anduvo en el mar! [21]

14. saeta   a type of religious song sung in Andalusia, usually in the streets during Holy Week
15. madero   the Cross
16. Jesús el Nazareno   *Jesus of Nazareth*
17. por desenclavar   *to be unnailed*
18. primaveras   reference to religious festivals in the springtime
19. anda pidiendo   *keeps on asking for*
20. Jesús de la agonía   *Jesus on the Cross*
21. After feeding vast crowds with five loaves and two fishes, Jesus bade His disciples pass over the sea in a boat. "And when he had sent the multitudes away, he went up into a mountain apart to pray: and when the evening was come he was there alone. But the ship was now in the midst of the sea, tossed with the waves: for the wind was contrary. And in the fourth watch of the night Jesus went unto them, walking on the sea." (Matt. 14:22–25)

LLANTO DE LAS VIRTUDES Y COPLAS
POR LA MUERTE DE DON GUIDO

Al fin, una pulmonía
mató a don Guido, y están
las campanas todo el día
doblando por él. ¡Din-dan! [22]

5 Murió don Guido, un señor,
de mozo [23] muy jaranero,
muy galán y algo torero;
de viejo,[24] gran rezador.[25]

Dicen que tuvo un serrallo
10 este señor de Sevilla;
que era diestro
en manejar el caballo,
y un maestro
en refrescar manzanilla.

15 Cuando mermó su riqueza,
era su monomanía
pensar que pensar debía
en asentar la cabeza.[26]

Y asentóla
20 de una manera española,

que fué casarse con una
doncella de gran fortuna
y repintar sus blasones,
hablar de las tradiciones
de su casa,   5
a escándalos y amoríos
poner tasa,[27]
sordina a sus desvaríos.[28]

Gran pagano,
se hizo hermano   10
de una santa cofradía; [29]
el Jueves Santo [30] salía,
llevando un cirio en la mano
—¡aquel trueno!—,[31]
vestido de nazareno.[32]   15
Hoy nos dice la campana
que han de llevarse mañana
al buen don Guido, muy serio,[33]
camino del cementerio.

Buen don Guido, ya eres ido   20
y para siempre jamás...[34]
Alguien dirá: ¿Qué dejaste?

22. ¡Din-dan! *Ding-dong!*
23. de mozo *as a young man*
24. de viejo *as an old man*
25. gran rezador *much given to prayer*
26. pensar que pensar debía en asentar la cabeza *to think that he ought to consider settling down*
27. poner tasa *to cut down*
28. sordina a sus desvaríos *to hush up his misdeeds*
29. hermano de una santa cofradía *member of a brotherhood,* a secular confraternity usually devoted to a saint
30. Jueves Santo *Holy Thursday*
31. ¡aquel trueno! *that rake!*
32. vestido de nazareno *dressed as a penitent*
33. muy serio *very solemnly,* also refers to the serious demeanor of the dead man
34. ya eres ido y para siempre jamás *now you are gone, forevermore*

Yo pregunto: ¿Qué llevaste
al mundo donde hoy estás?

lo infinito:
cero, cero.

¿Tu amor a los alamares
y a las sedas y a los oros,
5 y a la sangre de los toros
y al humo de los altares?

¡Oh las enjutas mejillas,
amarillas,
y los párpados de cera,   5
y la fina calavera
en la almohada del lecho!

Buen don Guido y equipaje,
¡buen viaje!...

¡Oh fin de una aristocracia!
La barba canosa y lacia
sobre el pecho;   10
El acá
10 y el allá,[35]
caballero,
se ve en tu rostro marchito,

metido en tosco sayal,[36]
las yertas manos en cruz
¡tan formal!
el caballero andaluz.

UNA ESPAÑA JOVEN

...Fué un tiempo de mentira, de infamia. A España toda,
la malherida España, de carnaval vestida
nos la pusieron,[37] pobre y escuálida y beoda,
para que no acertara la mano con la herida.[38]

5   Fué ayer; éramos casi adolescentes; era
con tiempo malo, encinta de lúgubres presagios,
cuando montar quisimos en pelo [39] una quimera,
mientras la mar dormía ahita de naufragios.

Dejamos en el puerto la sórdida galera,
10   y en una nave de oro nos plugo [40] navegar
hacia los altos mares, sin aguardar ribera,[41]
lanzando velas y anclas y gobernalle al mar.

35. El acá y el allá   *Both this world and the next*
36. metido en tosco sayal   *dressed in coarse sackcloth*
37. de carnaval vestida nos la pusieron   *they presented her to us decked out
in carnival colors*
38. para que ... herida   *so our hands would not feel the wound*
39. montar ... en pelo   *to ride bareback*
40. nos plugo   *we were pleased*
41. sin aguardar ribera   *heedless of safety*

Ya entonces, por el fondo de nuestro sueño —herencia
de un siglo que vencido sin gloria se alejaba—
un alba entrar quería; con nuestra turbulencia
la luz de las divinas ideas batallaba.

Mas cada cual el rumbo siguió de su locura;   5
agilitó su brazo, acreditó su brío;
dejó como un espejo bruñida su armadura [42]
y dijo: "El hoy es malo, pero el mañana... es mío".

Y es hoy aquel mañana de ayer... Y España toda,
con sucios oropeles de carnaval vestida   10
aún la tenemos: pobre y escuálida y beoda;
mas hoy de un vino malo: la sangre de su herida.

Tú, juventud más joven, si de más alta cumbre
la voluntad te llega, irás a tu aventura,
despierta y transparente a la divina lumbre,   15
como el diamante clara, como el diamante pura.

A DON MIGUEL DE UNAMUNO

Por su libro *Vida de Don Quijote y Sancho.*

Este donquijotesco
don Miguel de Unamuno, fuerte vasco,
lleva el arnés grotesco
y el irrisorio casco
del buen manchego.[43] Don Miguel camina,   5
jinete de quimérica montura,
metiendo espuela de oro a su locura,
sin miedo de la lengua que malsina.[44]

A un pueblo de arrieros,
lechuzos y tahures y logreros [45]   10

42. dejó como ... armadura *polished his armor to mirrorlike sparkle*
43. del buen manchego *of Don Quijote de la Mancha*
44. lengua que malsina *maligners*
45. arrieros, lechuzos y tahures y logreros *muleteers, bill collectors, gamblers, and profiteers*

dicta lecciones de Caballería.
Y el alma desalmada de su raza,
que bajo el golpe de su férrea maza
aun duerme, puede que [46] despierte un día.

5   Quiere enseñar el ceño de la duda,
antes de que cabalgue, al caballero;
cual [47] nuevo Hamlet, a mirar desnuda
cerca del corazón la hoja de acero.

Tiene el aliento de una estirpe fuerte
10   que soñó más allá de sus hogares
y que el oro buscó tras de los mares.
Él señala la gloria tras la muerte.

Quiere ser fundador, y dice: Creo;
Dios y adelante el ánima española...
15   Y es tan bueno y mejor que fué Loyola: [48]
sabe a Jesús [49] y escupe al fariseo.[50]

A JUAN RAMÓN JIMÉNEZ

Por su libro *Arias tristes.*

Era una noche del mes
de mayo, azul y serena.
Sobre el agudo ciprés
brillaba la luna llena,

5 iluminando la fuente
en donde el agua surtía

sollozando intermitente.
Sólo la fuente se oía.

Después, se escuchó el acento
de un oculto ruiseñor.
Quebró una racha de viento 5
la curva del surtidor.

46. puede que *may*
47. cual = como
48. St. Ignatius Loyola, founder of the Jesuit Order, was, like Unamuno, a Basque. Unamuno draws many parallels between Loyola and Don Quijote in his book *Vida de Don Quijote y Sancho.*
49. sabe a Jesús *he reminds us of Jesus*
50. fariseo *Pharisee,* belonging to the sect among the ancient Jews noted for strict observance of the letter of the law; by extension, a self-righteous person, outwardly religious

Y una dulce melodía
vagó por todo el jardín;
entre los mirtos tañía
un músico su violín.

5   Era un acorde lamento
de juventud y de amor
para la luna y el viento,
el agua y el ruiseñor.

"El jardín tiene una fuente
y la fuente una quimera..."
Cantaba una voz doliente,
alma de la primavera.

Calló la voz y el violín   5
apagó su melodía.
Quedó la melancolía
vagando por el jardín.
Sólo la fuente se oía.

PÍO BAROJA

En Londres o Madrid, Ginebra o Roma,
ha sorprendido,[51] ingenuo paseante,
el mismo *taedium vitae* [52] en vario idioma,
en múltiple careta igual semblante.

Atrás las manos enlazadas lleva,   5
y hacia la tierra, al pasear, se inclina;
todo el mundo a su paso es senda nueva,
camino por desmonte o por ruina.

Dió, aunque tardío, el siglo diecinueve
un ascua de su fuego al gran Baroja,   10
y otro siglo, al nacer, guerra le mueve,[53]

que enceniza su cara pelirroja.
De la rosa romántica, en la nieve,
él ha visto caer la última hoja.

AZORÍN

La roja tierra del trigal de fuego,
y del habar florido la fragancia,

---

51. ha sorprendido   *came upon*
52. *taedium vitae*   Latin for "boredom of life"
53. guerra le mueve   *excites him to contention*

y el lindo cáliz de azafrán manchego
amó, sin mengua de la lis de Francia.[54]

5

¿Cuya es la doble faz, candor y hastío,
y la trémula voz y el gesto llano,
y esa noble apariencia de hombre frío
que corrige la fiebre de la mano?

No le pongáis, al fondo, la espesura
de aborrascado monte o selva huraña
sino, en la luz de una mañana pura,

10

lueñe [55] espuma de piedra, la montaña
y el diminuto pueblo en la llanura,
¡la aguda torre en el azul de España!

EL CRIMEN FUÉ EN GRANADA

I

EL CRIMEN

Se le vió, caminando entre fusiles,
por una calle larga,
salir al campo frío,
aún con estrellas, de la madrugada.

5

Mataron a Federico [56]
cuando la luz asomaba.
El pelotón de verdugos
no osó mirarle la cara.
Todos cerraron los ojos;

10

rezaron: ¡ni Dios te salva! [57]
Muerto cayó Federico.
—sangre en la frente y plomo en las entrañas—.
...Que fué en Granada el crimen
sabed —¡pobre Granada!— en su Granada...

54. lis de Francia *fleur-de-lis*, French heraldic sign
55. lueñe = distante
56. Frederico García Lorca, the Spanish poet murdered in 1936. Cf. Introduction to García Lorca.
57. rezaron: ¡ni Dios te salva! *they all said: not even God can save you!*

II
EL POETA Y LA MUERTE

Se le vió caminar solo con Ella,[58]
sin miedo a su guadaña.
—Ya el sol en torre y torre; los martillos
en yunque —yunque y yunque de las fraguas.
Hablaba Federico,   5
requebrando a la muerte. Ella escuchaba.
"Porque ayer en mi verso, compañera,
sonaba el golpe de tus secas palmas,
y diste el hielo a mi cantar, y el filo
a mi tragedia de tu hoz de plata,   10
te cantaré la carne que no tienes,
los ojos que te faltan,
tus cabellos que el viento sacudía,
los rojos labios donde te besaban...
Hoy como ayer, gitana, muerte mía,   15
qué bien contigo a solas,
por estos aires de Granada, ¡mi Granada!"

III

Se le vió caminar...
                    Labrad, amigos,
de piedra y sueño, en el Alhambra,[59]
un túmulo al poeta,
sobre una fuente donde llore el agua,   5
y eternamente diga:
el crimen fué en Granada, ¡en su Granada!

58. Ella = La Muerte
59. Alhambra   Moorish palace in Granada, one of the show places of the
world

José Ortega y Gasset
(1883–1955)

Metaphysician, critic of art and literature, philosopher of history, politics, and sociology, José Ortega y Gasset was born in Madrid on May 9, 1883. In 1898 he entered what is now the University of Madrid, and in 1904 he received his doctorate there. In 1905 he left for Germany where for the next two years he studied at Leipzig, Berlin, and Marburg. From 1910 to 1936, he was professor of metaphysics at the University of Madrid and during this period wrote most of his important works. In 1923 he founded the *Revista de Occidente* which, by publishing articles, reviews, and translations of the highest intellectual order, made the Spanish-reading public aware of the most significant trends in European thought. The review ceased appearing in 1936, but the publishing house bearing its name has continued to carry on the fine work.

From 1936 to 1945 Ortega lived in France, Holland, Argentina, and Portugal; in 1945 he returned to Spain and three years later founded the *Instituto de Humanidades* where he taught and lectured. Between 1949 and 1951 he lectured also in the United States, Germany, and Switzerland. On October 18, 1955, Ortega y Gasset died in Madrid, leaving behind him an international reputation and a generation of important disciples, several of whom are distinguished philosophers in their own right.

The books, articles, essays, and introductions Ortega wrote between 1902 and 1943 are contained in the six massive volumes of his *Obras completas,* and his posthumous works continue to appear periodically. Since we are dealing with such a fertile mind, it would perhaps be best to point out simply the titles of his most decisive works: *Meditaciones del Quijote* (1914); *España invertebrada* (1921); *El tema de nuestro tiempo* and *Las Atlántidas* (1924); *La deshu-*

manización del arte e ideas sobre la novela (1925); *La rebelión de las masas* (1930); *Ideas y creencias* (1940); *Historia como sistema* (1941).

Ortega began his writing career by publishing articles in literary magazines and in the newspaper *El Imparcial.* Indeed, a good part of his work, it must be confessed, is a superior type of journalism, for Ortega was motivated by the desire to excite the largest possible public to thought, to "seduce" readers into thinking about philosophical problems by using "medios líricos." It is precisely because Ortega avoided purely formalistic philosophy, because he conceived his role to be that of intellectual leader as well as academic philosopher, because he took care to make his prose as supple and stimulating as his thoughts, that Ortega is considered one of the great men of letters of modern Spain.

Years before the general vogue of existentialism, Ortega denied that man is constituted of essences. "Yo soy yo y mi circunstancia" is the oft-quoted declaration Ortega made in his *Meditaciones del Quijote.* The human being is not to be defined only in terms of soul, spirit, or, as the rationalists from the seventeenth century down would have it, reason. Reason, Ortega holds, cannot be abstracted from existence; it can only be perceived in direct relationship with the reality and rhythm of life in all its manifestations. The mathematical reason that functions so well in revealing the laws of nature is inadequate for the human sciences of sociology, politics, and history.

Since ratiocination and spontaneity exist in a state of dialectic or tension, pure reason is less encompassing than what Ortega calls *razón vital.* Since reality or concrete life is always changing, thinking loses authenticity when put into a strait-jacket of convention. Cultural values must then be created and re-created to keep abreast of the changing forms of spontaneous living. For too long, thinkers overemphasized purely cultural categories, playing with them in the abstract but forgetting that reason is a "tiny island afloat on the sea of primeval vitality." The balance to be maintained between pure reason and pure vitality is in essence the "theme of our time." *Razón vital* is neither primitive irrationalism nor devitalized reason, but reason "rooted in life." In Ortega's own terms, "La razón es sólo una forma y función de la vida."

It is not difficult to see that an extension of such an idea would involve the thinker in the problems of the philosophy of history. If man has no fixed nature in history, he takes his shape *from* history, and every man's activity is ultimately rooted *in* history. Life is not given to us ready-made; it is always a *quehacer,* or something to be done. Living comes before theorizing, or, to use the more fashionable terminology of contemporary thinkers, existence precedes essence.

If life is in a constant process of making itself, each man must determine what he is going to do and what he is going to be; each man must choose from among many pressures and possibilities. Thus, not only is the individual faced with the choice between authenticity or self-realization and inauthenticity or infidelity to self; he also finds himself floundering in a sense of uneasiness or insecurity. This is what Ortega, indulging his propensity for vivid metaphors, calls *naufragio.* Man is compelled to lean on something, and what he leans on Ortega calls *creencias.* Such beliefs—customs, manners, habits—of which man is most often unaware cut down on the range of uneasy choices. When, however, these beliefs fail him, he conceives his own ideas, and this is philosophy.

Outside of Spain, and especially in the English-speaking countries, Ortega is best known for his *La rebelión de las masas,* since it seems to touch on a sensitive nerve of our times. By *rebelión* Ortega does not refer to political revolution; he means, rather, that when democracy, which he holds to be valid only within the limits of law, is applied indiscriminately to art, literature, social comportment, taste, religion, and education, there is a perversion of values. This is what happens when the *hombre-masa,* complacent and undistinguished, seeks through sheer numbers to impose his mediocre standards upon the *minoría selecta* or élite. The result is a tyranny of the masses, a tyranny as oppressive as the political tyrannies of the *ancien régime,* of oligarchy or plutocracy.

Democracy is valid only in juridical terms; when it seeks supremacy in other vital areas, it levels everything down to a least common denominator and results in anaemic uniformity. Only when the individual makes constant demands of himself, only when he is moved by lofty obligations as well as by his rights, only when he seeks to *superarse,* is he an *hombre selecto.* Society should, therefore, be so organized as to recognize not only the rights of the majority but the privileges of the select minority; it should also be so dynamic as to add to the numbers of that minority.

El tema de nuestro tiempo

VI

LAS DOS IRONÍAS, O SÓCRATES
Y DON JUAN

Nunca han faltado a la vida humana sus dos dimensiones: cultura y espontaneidad; pero sólo en Europa han llegado a plena diferenciación, disociándose hasta el punto de constituir dos polos antagónicos. En la India o en la China, ni la ciencia ni la moral han logrado nunca erigirse en poderes independientes de la vida espontánea y ejercer como tales su imperio sobre ésta. El pensamiento del oriental, más o menos certero y profundo, no se ha desprendido jamás del sujeto para conquistar esa clara existencia objetiva que tiene, por ejemplo, una ley física ante la conciencia del europeo. Caben puntos de vista [1] desde los cuales parezca la vida de Oriente más perfecta que la occidental; pero su cultura es evidentemente menos cultura que la nuestra, realiza menos radicalmente el sentido que damos a este término. La gloria y, tal vez, la tragedia de Europa estriban, por el contrario, en haber llevado esa dimensión trascendente de la vida a sus postreras consecuencias. La sabiduría y la moral orientales no han perdido nunca su carácter tradicionalista. El chino es incapaz de formarse una idea del mundo fundándose sólo en la razón, en la verdad de esa idea. Para prestarle su adhesión, para convencerse, necesita verla autorizada por un pasado inmemorial; es decir, que ha de encontrar su fundamento en los hábitos mentales que la raza ha depositado en su organismo. Lo que se es [2] por tradición no se es por cultura. El tradicionalismo no es más que una forma de la espontaneidad. Los hombres de 1789 [3] hicieron saltar todo el pasado fundándose para su formidable eversión en la razón pura; en cambio, para hacer la última revolución china [4] fué

1. Caben puntos de vista *There are points of view*
2. se es *one is*
3. The French Revolution
4. The overthrow of the Ch'ing dynasty in 1911

183

preciso predicarla, mostrando que era recomendada por los más auténticos dogmas de Confucio.[5]

Toda la gracia y el dolor de la historia europea provienen, acaso, de la extrema disyunción y antítesis a que se han llevado ambos términos. La cultura, la razón ha sido purificada hasta el límite último, hasta romper casi su comunicación con la vida espontánea, la cual, por su parte, quedaba también exenta, brava y como en estado primigenio. En esta superlativa tensión se ha originado el incomparable dinamismo, la inagotable peripecia y la permanente vibración de nuestra historia continental. En la historia del Asia nos parece siempre que asistimos al proceso vegetativo de una planta, de un ser inerte, sin resorte suficiente para combatir contra el Destino. Este resorte vigoroso se dispara constantemente a lo largo de la evolución occidental, y es debido al desnivel entre los dos polos de la vida. Por eso, nada esclarece mejor el proceso histórico de Europa como fijar las distintas etapas de la relación entre cultura y espontaneidad.

Porque no debe olvidarse que la cultura, la razón, no han existido desde siempre en la tierra. Hubo un momento, de cronología perfectamente determinada, en que se descubre el polo objetivo de la vida: la razón. Puede decirse que en ese día nace Europa como tal. Hasta entonces, la existencia en nuestro continente se confundía con la que había sido en Asia o en Egipto. Pero un día, en las plazuelas de Atenas, Sócrates descubre la razón...

No creo que pueda hablar discretamente sobre los deberes del hombre actual quien no se haya hecho bien cargo de lo que significa ese descubrimiento socrático.[6] En él está encerrada la clave de la historia europea, sin la cual nuestro pasado y nuestro presente son un jeroglífico ininteligible.

Antes de Sócrates se había razonado; en rigor, se llevaba dos siglos razonando dentro del orbe helénico.[7] Para descubrir una cosa es, claro está, menester que esta cosa exista de antemano. Parménides y Heráclito[8] habían razonado, pero no lo sabían. Sócrates es el primero en darse cuenta de que la razón es un nuevo universo, más

5. Confucio *Confucius* (550–479 B.C.), Chinese sage
6. No creo ... socrático. *I do not think that anyone who has not taken full account of the significance of that Socratic discovery can speak with authority about the duties of contemporary man.*
7. en rigor ... helénico *in fact, for two centuries people living within the sphere of Hellenic civilization had been reasoning things out*
8. Parmenides and Heraclitus, pre-Socratic philosophers

perfecto y superior al que espontáneamente hallamos en torno nuestro. Las cosas visibles y tangibles varían sin cesar, aparecen y se consumen, se transforman las unas en las otras: lo blanco se ennegrece, el agua se evapora, el hombre sucumbe; lo que es mayor en comparación con una cosa resulta ser menor en comparación con otra. Lo propio acontece con el mundo interior de los hombres: los deseos y afanes se cambian y se contradicen; el dolor, al menguar, se hace placer; el placer, al reiterarse, fastidia o duele. Ni lo que nos rodea ni lo que somos por dentro nos ofrece punto seguro donde asentar nuestra mente. En cambio, los conceptos puros, los *logoi*,[9] constituyen una clase de seres inmutables, perfectos, exactos. La idea de blancura no contiene sino blancor;[10] el movimiento no se convierte jamás en quietud; el uno es invariablemente uno, como el dos es siempre dos. Estos conceptos entran en relación unos con otros sin turbarse jamás ni padecer vacilaciones: la grandeza repele inexorablemente a la pequeñez; en cambio, la justicia se abraza a la unidad. La justicia, en efecto, es siempre una y la misma.

Debió ser una emoción sin par la que gozaron estos hombres que, por vez primera, vieron ante su mente erguirse los perfiles rigorosos de las ideas, de las "razones". Por muy impenetrables que dos cuerpos sean, lo son mucho más dos conceptos.[11] La Identidad, por ejemplo, ofrece una absoluta resistencia a confundirse con la Diferencia.[12] El hombre virtuoso es siempre, a la vez, más o menos vicioso; pero la Virtud está exenta de Vicio. Los conceptos puros son, pues, más claros, más inequívocos, más resistentes que las cosas de nuestro contorno vital,[13] y se comportan según leyes exactas e invariables.

El entusiasmo que la súbita revelación de este mundo ejemplar produjo en las generaciones socráticas llega estremecido hasta nosotros en los diálogos de Platón.[14] No cabía duda: se había descubierto la verdadera realidad, en confrontación con la cual la otra, la que la vida espontánea nos ofrece, queda automáticamente descalificada. Tal experiencia imponía a Sócrates y a su época una acti-

9. *logoi* Greek
10. La idea de ... blancor *The idea of whiteness embraces only that which is white*
11. Por muy impenetrables ... conceptos. *However mutually impenetrable two solid bodies may be, two concepts are even more so.*
12. La Identidad ... Diferencia. *Sameness, for example, manifests absolute resistance to being confused with Difference.*
13. nuestro contorno vital *our environment*
14. Platón *Plato*

tud muy clara, según la cual la misión del hombre consiste en substituir lo espontáneo con lo racional. Así, en el orden intelectual, debe el individuo reprimir sus convicciones espontáneas, que son sólo opinión—*doxa*—, y adoptar en vez de ellas los pensamientos de la
5 razón pura, que son el verdadero "saber"—*episteme*.[15] Parejamente, en la conducta práctica, tendrá que negar y suspender todos sus deseos y propensiones nativos para seguir dócilmente los mandatos racionales.

El tema del tiempo de Sócrates consistía, pues, en el intento de
10 desalojar la vida espontánea para suplantarla con la pura razón. Ahora bien, esta empresa trae consigo una dualidad en nuestra existencia, porque la espontaneidad no puede ser anulada: sólo cabe detenerla conforme va produciéndose,[16] frenarla y cubrirla con esa vida segunda, de mecanismo reflexivo, que es la racionalidad. A
15 pesar de Copérnico,[17] seguimos viendo al sol ponerse por Occidente; pero esta evidencia espontánea de nuestra visión queda como en suspenso y sin consecuencias. Sobre ella tendemos la convicción reflexiva que nos proporciona la razón pura astronómica. El socratismo o racionalismo engendra, por lo tanto, una vida doble, en la
20 cual lo que no somos espontáneamente—la razón pura—viene a sustituir a lo que verdaderamente somos—la espontaneidad. Tal es el sentido de la ironía socrática. Porque irónico es todo acto en que suplantamos un movimiento primario con otro secundario, y, en lugar de decir lo que pensamos, fingimos pensar lo que decimos.
25 El racionalismo es un gigantesco ensayo de ironizar la vida espontánea mirándola desde el punto de vista de la razón pura.

¿Hasta qué extremo es esto posible? ¿Puede la razón bastarse a sí misma? ¿Puede desalojar todo el resto de la vida que es irracional y seguir viviendo por sí sola? A esta pregunta no se podía responder
30 desde luego; era menester ejecutar el gran ensayo. Se acababan de descubrir las costas de la razón, pero aún no se conocía su extensión ni su continente. Hacían falta siglos y siglos de fanática exploración racionalista. Cada nuevo descubrimiento de puras ideas aumentaba la fe en las posibilidades ilimitadas de aquel mundo emergente. Las
35 últimas centurias de Grecia inician la inmensa labor. Apenas se aquieta sobre el Occidente la invasión germánica,[18] prende la chispa

---

15. *doxa, episteme*   Greek
16. sólo cabe ... produciéndose   *one can only hold it back as it develops*
17. Copérnico   *Copernicus* (1473–1543), Polish astronomer who held that the planets move in orbits around the sun as a center, and not around the earth
18. Reference to the barbarian invasions from the north of Europe and the collapse of the Roman Empire in the fifth century

racionalista de Sócrates en las almas germinantes de Francia, Italia, Inglaterra, Alemania, España. Pocas centurias después, entre el Renacimiento y 1700, se construyen los grandes sistemas racionalistas. En ellos la razón pura abarca vastísimos territorios. Pudieron un momento los hombres hacerse la ilusión de que la esperanza de 5 Sócrates iba a cumplirse y la vida toda acabaría por someterse a principios de puro intelecto.

Mas, conforme se iba tomando posesión del universo de lo racional, y, sobre todo, al día siguiente de aquellas triunfales sistematizaciones—Descartes, Spinoza, Leibniz—,[19] se advertía, con nueva sor- 10 presa, que el territorio era limitado. Desde 1700 comienza el propio racionalismo[20] a descubrir, no nuevas razones, sino los límites de la razón, sus confines con el ámbito infinito de lo irracional. Es el siglo de la filosofía crítica,[21] que va a salpicar con su magnífico oleaje la centuria última, para lograr en nuestros días una definitiva demarca- 15 ción de fronteras.

Hoy vemos claramente que, aunque fecundo, fué un error el de Sócrates y los siglos posteriores. La razón pura no puede suplantar a la vida: la cultura del intelecto abstracto no es, frente a la espontánea, otra vida que se baste a sí misma y pueda desalojar a aquélla. 20 *Es tan sólo una breve isla flotando sobre el mar de la vitalidad primaria.* Lejos de poder sustituir a ésta, tiene que apoyarse en ella, nutrirse de ella como cada uno de los miembros vive del organismo entero.

Es éste el estadio de la evolución europea que coincide con nues- 25 tra generación. Los términos del problema, luego de recorrer un largo ciclo, aparecen colocados en una posición estrictamente inversa de la que presentaron ante el espíritu de Sócrates. Nuestro tiempo ha hecho un descubrimiento opuesto al suyo: él sorprendió la línea en que comienza el poder de la razón; a nosotros se nos ha 30 hecho ver,[22] en cambio, la línea en que termina. Nuestra misión es, pues, contraria a la suya. Al través de la racionalidad hemos vuelto a descubrir la espontaneidad.

Esto no significa una vuelta a la ingenuidad primigenia semejante a la que Rousseau[23] pretendía. La razón, la cultura *more geo-* 35

19. René Descartes (1596–1650), French scientist and philosopher; Benedict Spinoza (1632–1677), Dutch philosopher; Gottfried Wilhelm Leibnitz (1646–1716), German philosopher and mathematician
20. el propio racionalismo *rationalism itself*
21. The eighteenth century, known generally as the Age of Enlightenment
22. a nosotros se nos ha hecho ver *we have been made to see*
23. Jean Jacques Rousseau (1712–1778), Swiss-French philosopher and man of letters

metrico,[24] es una adquisición eterna. Pero es preciso corregir el misticismo socrático, racionalista, culturalista, que ignora los límites de aquélla o no deduce fielmente las consecuencias de esa limitación. *La razón es sólo una forma y función de la vida.* La cultura es un
5 instrumento biológico y nada más. Situada frente y contra la vida, representa una subversión de la parte contra el todo. Urge reducirla a su puesto y oficio.

El tema de nuestro tiempo consiste en someter la razón a la vitalidad, localizarla dentro de lo biológico, supeditarla a lo espontáneo.
10 Dentro de pocos años parecerá absurdo que se haya exigido a la vida ponerse al servicio de la cultura. La misión del tiempo nuevo es precisamente convertir la relación y mostrar que es la cultura, la razón, el arte, la ética quienes han de servir a la vida.

Nuestra actitud contiene, pues, una nueva ironía, de signo inverso
15 a [25] la socrática. Mientras Sócrates desconfiaba de lo espontáneo y lo miraba al través de las normas racionales, el hombre del presente desconfía de la razón y la juzga al través de la espontaneidad. No niega la razón, pero reprime y burla sus pretensiones de soberanía. A los hombres del antiguo estilo tal vez les parezca que es esto una
20 falta de respeto. Es posible, pero inevitable. Ha llegado irremisiblemente la hora en que la vida va a presentar sus exigencias a la cultura. "Todo lo que hoy llamamos cultura, educación, civilización, tendrá que comparecer un día ante el juez infalible Dionysos",[26] decía proféticamente Nietzsche [27] en una de sus obras primerizas.
25 Tal es la ironía irrespetuosa de Don Juan, figura equívoca que nuestro tiempo va afinando, puliendo, hasta dotarla de un sentido preciso. Don Juan se revuelve contra la moral, porque la moral se había antes sublevado contra la vida. Sólo cuando exista una ética que cuente, como su norma primera, la plenitud vital, podrá Don
30 Juan someterse. Pero eso significa una nueva cultura: la cultura biológica. *La razón pura tiene que ceder su imperio a la razón vital.*

---

24. *more geometrico* Latin for "in the mathematical sense"
25. de signo inverso a *which is the opposite of*
26. Dionysos *Dionysus,* pagan deity of wine, of free impulse
27. Friedrich Wilhelm Nietzsche (1844–1900), German philosopher, author of *The Birth of Tragedy*

La rebelión de las masas

COMIENZA LA DISECCIÓN
DEL HOMBRE-MASA

¿Cómo es este hombre-masa que domina hoy la vida pública? —la política y la no política—. ¿Por qué es como es?; quiero decir, ¿cómo se ha producido?

Conviene responder conjuntamente a ambas cuestiones, porque se prestan mutuo esclarecimiento. El hombre que ahora intenta po- 5
nerse al frente de la existencia europea es muy distinto del que dirigió al siglo XIX, pero fué producido y preparado en el siglo XIX. Cualquiera mente perspicaz de 1820, de 1850, de 1880, pudo, por un sencillo razonamiento a priori,[1] prever la gravedad de la situación histórica actual. Y, en efecto, nada nuevo acontece que no 10
haya sido previsto cien años hace. "¡Las masas avanzan!", decía, apocalíptico, Hegel.[2] "Sin un nuevo poder espiritual, nuestra época, que es una época revolucionaria, producirá una catástrofe", anunciaba Augusto Comte.[3] "¡Veo subir la pleamar del nihilismo!", gritaba desde un risco de la Engadina [4] el mostachudo Nietzsche.[5] Es 15
falso decir que la historia no es previsible. Innumerables veces ha sido profetizada. Si el porvenir no ofreciese un flanco a la profecía, no podría tampoco comprendérsele cuando luego se cumple y se hace pasado. La idea de que el historiador es un profeta del revés, resume toda la filosofía de la historia. Ciertamente que sólo cabe [6] 20
anticipar la estructura general del futuro; pero eso mismo es lo único que en verdad comprendemos del pretérito o del presente. Por eso, si quiere usted ver bien su época, mírela usted desde lejos.

1. a priori *prior to experience*
2. Wilhelm Friedrich Hegel (1770–1831), German philosopher of history
3. Auguste Comte (1798–1857), French philosopher, founder of the Positivistic School
4. Engadina *Engadine*, southeastern Switzerland
5. Friedrich Wilhelm Nietzsche (1844–1900), German philosopher
6. sólo cabe *one can only*

¿A qué distancia? Muy sencillo: a la distancia justa que le impida
ver la nariz de Cleopatra.[7]

¿Qué aspecto ofrece la vida de ese hombre multitudinario, que
con progresiva abundancia va engendrando el siglo XIX? Por lo
5 pronto, un aspecto de omnímoda facilidad material. Nunca ha podido el hombre medio resolver con tanta holgura su problema económico. Mientras en proporción menguaban las grandes fortunas y
se hacía más dura la existencia del obrero industrial, el hombre
medio de cualquier clase social encontraba cada día más franco su
10 horizonte económico. Cada día agregaba un nuevo lujo al repertorio
de su *standard* vital.[8] Cada día su posición era más segura y más independiente del arbitrio ajeno. Lo que antes se hubiera considerado
como un beneficio de la suerte, que inspiraba humilde gratitud
hacia el destino, se convirtió en un derecho que no se agradece, sino
15 que se exige.

Desde 1900 comienza también el obrero a ampliar y asegurar su
vida. Sin embargo, tiene que luchar para conseguirlo. No se encuentra, como el hombre medio, con un bienestar puesto ante él so-
lícitamente por una sociedad y un Estado que son un portento de
20 organización.

A esta facilidad y seguridad económica añádanse las físicas: el
confort [9] y el orden público. La vida va sobre cómodos carriles, y no
hay verosimilitud de que intervenga en ella nada violento y peligroso.[10]

25 Situación de tal modo abierta y franca tenía por fuerza que decantar en el estrato más profundo de esas almas medias una impresión vital, que podía expresarse con el giro, tan gracioso y agudo,
de nuestro viejo pueblo: "ancha es Castilla." Es decir, que en todos
esos órdenes elementales y decisivos, la vida se presentó al hombre
30 nuevo *exenta de impedimentos*. La comprensión de este hecho y su
importancia surgen automáticamente cuando se recuerda que esa
franquía vital faltó por completo a los hombres vulgares del pasado.
Fué, por el contrario, para ellos la vida un destino premioso —en lo
económico y en lo físico—. Sintieron el vivir *a nativitate* [11] como un

7. Reference to Thought 162 from the *Pensées* (*Thoughts*) of Blaise Pascal
(1623–1662), French thinker: "Cleopatra's nose: had it been shorter, the whole
aspect of the world would have been altered."
8. *standard* vital   *standard of living*
9. confort   *comfort*
10. no hay ... peligroso   *there is no likelihood of anything violent or dangerous breaking in on it*
11. *a nativitate*   Latin for "from birth"

cúmulo de impedimentos que era forzoso soportar, sin que cupiera [12] otra solución que adaptarse a ellos, alojarse en la angostura que dejaban.

Pero es aún más clara la contraposición de situaciones si de lo material pasamos a lo civil y moral. El hombre medio, desde la se- 5 gunda mitad del siglo XIX, no halla ante sí barreras sociales ningunas. Es decir, tampoco en las formas de la vida pública se encuentra al nacer con trabas y limitaciones. Nada le obliga a contener su vida. También aquí "ancha es Castilla". No existen los "estados" ni las "castas". No hay nadie civilmente privilegiado. El hombre medio 10 aprende que todos los hombres son legalmente iguales.

Jamás en toda la historia había sido puesto el hombre en una circunstancia o contorno vital que se pareciera ni de lejos [13] al que esas condiciones determinan. Se trata, en efecto, de una innovación radical en el destino humano, que es implantada por el siglo XIX. Se crea 15 un nuevo escenario para la existencia del hombre, nuevo en lo físico y lo social. Tres principios han hecho posible ese nuevo mundo: la democracia liberal, la experimentación científica y el industrialismo. Los dos últimos pueden resumirse en uno: la técnica. Ninguno de esos principios fué inventado por el siglo XIX, sino que proceden de 20 las dos centurias anteriores. El honor del siglo XIX no estriba en su invención, sino en su implantación. Nadie desconoce esto. Pero no basta con el reconocimiento abstracto, sino que es preciso hacerse cargo de sus inexorables consecuencias.

El siglo XIX fué esencialmente revolucionario. Lo que tuvo de tal 25 no ha de buscarse [14] en el espectáculo de sus barricadas, que, sin más, no constituyen una revolución, sino en que colocó al hombre medio —a la gran masa social— en condiciones de vida radicalmente opuestas a las que siempre le habían rodeado. Volvió del revés la existencia pública. La revolución no es la sublevación contra el or- 30 den preexistente, sino la implantación de un nuevo orden que tergiversa el tradicional. Por eso no hay exageración alguna en decir que el hombre engendrado por el siglo XIX es, para los efectos de la vida pública, un hombre aparte de todos los demás hombres. El del siglo XVIII se diferencia, claro está, del dominante en el XVII, y éste del que 35 caracteriza al XVI, pero todos ellos resultan parientes, similares y aun idénticos en lo esencial si se confronta con ellos este hombre nuevo. Para el "vulgo" de todas las épocas, "vida" había significado ante

<hr>

12. cupiera = hubiera
13. ni de lejos *even remotely*
14. Lo que ... buscarse *Its revolutionary nature should not be sought*

todo limitación, obligación, dependencia; en una palabra, presión. Si se quiere, dígase opresión, con tal que no se entienda por ésta sólo la jurídica y social, olvidando la cósmica. Porque esta última es la que no ha faltado nunca hasta hace cien años, fecha en que co-
5 mienza la expansión de la técnica científica —física y administrativa—, prácticamente ilimitada. Antes, aun para el rico y poderoso, el mundo era un ámbito de pobreza, dificultad y peligro.

El mundo que desde el nacimiento rodea al hombre nuevo no le mueve a limitarse en ningún sentido, no le presenta veto ni conten-
10 ción alguna, sino que, al contrario, hostiga sus apetitos, que, en principio, pueden crecer indefinidamente. Pues acontece —y esto es muy importante— que ese mundo del siglo xix y comienzos del xx, no sólo tiene las perfecciones y amplitudes que de hecho posee, sino que además sugiere a sus habitantes una seguridad radical en que
15 mañana será aún más rico, más perfecto y más amplio, como si gozase de un espontáneo e inagotable crecimiento. Todavía hoy, a pesar de algunos signos que inician una pequeña brecha en esa fe rotunda, todavía hoy muy pocos hombres dudan de que los automóviles serán dentro de cinco años más confortables y más baratos que
20 los del día. Se cree en esto lo mismo que en la próxima salida del sol. El símil es formal. Porque, en efecto, el hombre vulgar, al encontrarse con ese mundo técnica y socialmente [15] tan perfecto, cree que lo ha producido la naturaleza, y no piensa nunca en los esfuerzos geniales de individuos excelentes que supone su creación. Menos
25 todavía admitirá la idea de que todas estas facilidades siguen apoyándose en [16] ciertas difíciles virtudes de los hombres, el menor fallo de los cuales volatilizaría rápidamente la magnífica construcción.

Esto nos lleva a apuntar en el diagrama psicológico del hombre-masa actual dos primeros rasgos: la libre expansión de sus deseos
30 vitales —por lo tanto, de su persona— y la radical ingratitud hacia cuanto ha hecho posible la facilidad de su existencia. Uno y otro rasgo componen la conocida psicología del niño mimado. Y en efecto, no erraría quien utilice ésta como una cuadrícula para mirar a su través el alma de las masas actuales.[17] Heredero de un pasado
35 larguísimo y genial —genial de inspiraciones y de esfuerzos—, el

15. técnica y socialmente *technically and socially*
16. siguen apoyándose en *still require the support of*
17. no erraría ... actuales *anyone who used this (psychology) as a quadrant with which to examine the soul of present-day masses would not be wrong*

nuevo vulgo ha sido mimado por el mundo en torno. Mimar es no
limitar los deseos, dar la impresión a un ser de que todo le está per-
mitido y a nada está obligado. La criatura sometida a este régimen
no tiene la experiencia de sus propios confines. A fuerza de evitarle
toda presión en derredor, todo choque con otros seres, llega a creer 5
efectivamente que sólo él existe, y se acostumbra a no contar con los
demás, sobre todo a no contar con nadie como superior a él. Esta
sensación de la superioridad ajena sólo podía proporcionársela
quien,[18] más fuerte que él, le hubiese obligado a renunciar a un deseo, a reducirse, a contenerse. Así habría aprendido esta esencial dis- 10
ciplina: "Ahí concluyo yo y empieza otro que puede más que yo. En
el mundo, por lo visto, hay dos: yo y otro superior a mí." Al hombre
medio de otras épocas le enseñaba cotidianamente su mundo esta
elemental sabiduría, porque era un mundo tan toscamente organi-
zado, que las catástrofes eran frecuentes y no había en él nada se- 15
guro, abundante ni estable. Pero las nuevas masas se encuentran con
un paisaje lleno de posibilidades y, además, seguro, y todo ello
presto, a su disposición, sin depender de su previo esfuerzo, como
hallamos el sol en lo alto sin que nosotros lo hayamos subido al
hombro. Ningún ser humano agradece a otro el aire que respira, 20
porque el aire no ha sido fabricado por nadie: pertenece al conjunto
de lo que "está ahí", de lo que decimos "es natural", porque no
falta. Estas masas mimadas son lo bastante poco inteligentes para
creer que esa organización material y social, puesta a su disposición
como el aire, es de su mismo origen, ya que tampoco falla, al parecer, 25
y es casi tan perfecta como la natural.

Mi tesis es, pues, ésta: la perfección misma con que el siglo XIX
ha dado una organización a ciertos órdenes de la vida, es origen de
que las masas beneficiarias no la consideren como organización, sino
como naturaleza. Así se explica y define el absurdo estado de ánimo 30
que esas masas revelan: no les preocupa más que su bienestar, y, al
mismo tiempo, son insolidarias de las causas de ese bienestar. Como
no ven en las ventajas de la civilización un invento y construcción
prodigiosos, que sólo con grandes esfuerzos y cautelas se pueden sostener, creen que su papel se reduce a exigirlas perentoriamente, cual 35
si fuesen derechos nativos. En los motines que la escasez provoca
suelen las masas populares buscar pan, y el medio que emplean suele

18. sólo podía proporcionársela quien   *could only be provided by one who*

ser destruir las panaderías. Esto puede servir como símbolo del comportamiento que, en más vastas y sutiles proporciones, usan las masas actuales frente a [19] la civilización que las nutre.

VII
VIDA NOBLE Y VIDA VULGAR,
O ESFUERZO E INERCIA

Por lo pronto somos aquello que nuestro mundo nos invita a ser, y
5 las facciones fundamentales de nuestra alma son impresas en ella
por el perfil del contorno como por un molde. Naturalmente, vivir
no es más que tratar con el mundo. El cariz general que él nos presente será el cariz general de nuestra vida. Por eso insisto tanto en
hacer notar que el mundo donde han nacido las masas actuales mos-
10 traba una fisonomía radicalmente nueva en la historia. Mientras en
el pretérito vivir significaba para el hombre medio encontrar en derredor dificultades, peligros, escaseces, limitaciones de destino y dependencia, el mundo nuevo aparece como un ámbito de posibilidades prácticamente ilimitadas, seguro, donde no se depende de nadie.
15 En torno a esta impresión primaria y permanente se va a formar
cada alma contemporánea, como en torno a la opuesta se formaron
las antiguas. Porque esta impresión fundamental se convierte en voz
interior que murmura sin cesar unas como palabras [20] en lo más profundo de la persona y le insinúa tenazmente una definición de la
20 vida que es a la vez un imperativo. Y si la impresión tradicional decía: "Vivir es sentirse limitado y, por lo mismo, tener que contar con
lo que nos limita", la voz novísima grita: "Vivir es no encontrar limitación alguna, por lo tanto, abandonarse tranquilamente a sí
mismo. Prácticamente nada es imposible, nada es peligroso y, en
25 principio, nadie es superior a nadie."

Esta experiencia básica modifica por completo la estructura tradicional, perenne, del hombre-masa. Porque éste se sintió siempre
constitutivamente referido a limitaciones materiales y a poderes superiores sociales. Esto era, a sus ojos, la vida. Si lograba mejorar su
30 situación, si ascendía socialmente, lo atribuía a un azar de la fortuna, que le era nominativamente favorable. Y cuando no a esto, a
un enorme esfuerzo que él sabía muy bien cuánto le había costado.
En uno y otro caso se trataba de una excepción a la índole normal

19. frente a *with regard to*
20. unas como palabras *something like words*

de la vida y del mundo; excepción que, como tal, era debida a alguna causa especialísima.

Pero la nueva masa encuentra la plena franquía vital como estado nativo y establecido, sin causa especial ninguna. Nada de fuera la incita a reconocerse límites y, por lo tanto, a contar en todo momento con otras instancias, sobre todo con instancias superiores. El labriego chino creía, hasta hace poco, que el bienestar de su vida dependía de las virtudes privadas que tuviese a bien poseer el emperador. Por lo tanto, su vida era constantemente referida a esta instancia suprema de que dependía. *Mas el hombre que analizamos se habitúa a no apelar de sí mismo a ninguna instancia fuera de él.* Está satisfecho tal y como es. Ingenuamente, sin necesidad de ser vano, como lo más natural del mundo, tenderá a afirmar y dar por bueno cuanto en sí halla: opiniones, apetitos, preferencias o gustos. ¿Por qué no, si, según hemos visto, nada ni nadie le fuerza a caer en la cuenta de que él es un hombre de segunda clase, limitadísimo, incapaz de crear ni conservar la organización misma que da a su vida esa amplitud y contentamiento, en los cuales funda tal afirmación de su persona?

Nunca el hombre-masa hubiera apelado a nada fuera de él si la *circunstancia* no le hubiese forzado violentamente a ello. Como ahora la circunstancia no le obliga, el eterno hombre-masa, consecuente con [21] su índole, deja de apelar y se siente soberano de su vida. En cambio, el hombre selecto o excelente está constituído por una íntima necesidad de apelar de sí mismo a una norma más allá de él, superior a él, a cuyo servicio libremente se pone. Recuérdese que al comienzo distinguíamos al hombre excelente del hombre vulgar diciendo que aquél es el que se exige mucho a sí mismo, y éste, el que no se exige nada, sino que se contenta con lo que es, y está encantado consigo. Contra lo que suele creerse, es la criatura de selección, y no la masa, quien vive en esencial servidumbre. No le sabe su vida [22] si no la hace consistir en servicio a algo trascendente. Por eso no estima la necesidad de servir como una opresión. Cuando ésta, por azar, le falta, siente desasosiego e inventa nuevas normas más difíciles, más exigentes, que le opriman. Esto es la vida como disciplina —la vida noble—. La nobleza se define por la exigencia, por las obligaciones, no por los derechos. *Noblesse oblige.*[23] "Vivir a

---

21. consecuente con *in keeping with*
22. No le sabe su vida *Life holds no zest for him*
23. *Noblesse oblige* (French) *Nobility obligates (high rank, high ideals)*

gusto es de plebeyo: el noble aspira a ordenación y a ley." (Goethe.) [24] Los privilegios de la nobleza no son originariamente concesiones o favores, sino, por el contrario, conquistas. Y, en principio, supone su mantenimiento que el privilegiado sería capaz de recon5 quistarlas en todo instante,[25] si fuese necesario y alguien se lo disputase. Los derechos privados o *privi-legios* no son, pues, pasiva posesión y simple goce, sino que representan el perfil adonde llega el esfuerzo de la persona. En cambio, los derechos comunes, como son los "del hombre y del ciudadano", son propiedad pasiva, puro usu10 fructo y beneficio, don generoso del destino con que todo hombre se encuentra, y que no responde a esfuerzo ninguno, como no sea [26] el respirar y evitar la demencia. Yo diría, pues, que el derecho impersonal se tiene, y el personal se sostiene.

Es irritante la degeneración sufrida en el vocabulario usual por 15 una palabra tan inspiradora como "nobleza". Porque al significar para muchos "nobleza de sangre", hereditaria, se convierte en algo parecido a los derechos comunes, en una calidad estática y pasiva, que se recibe y se transmite como una cosa inerte. Pero el sentido propio, el *etymo* [27] del vocablo "nobleza" es esencialmente dinámico. 20 Noble significa el "conocido": se entiende el conocido de todo el mundo, el famoso, que se ha dado a conocer sobresaliendo de la masa anónima. Implica un esfuerzo insólito que motivó la fama. Equivale, pues, noble, a esforzado o excelente. La nobleza o fama del hijo es ya puro beneficio. El hijo es conocido porque su padre 25 logró ser famoso. Es conocido por reflejo, y, en efecto, la nobleza hereditaria tiene un carácter indirecto, es luz espejada, es nobleza lunar como hecha con muertos. Sólo queda en ella de vivo, auténtico, dinámico, la incitación que produce en el descendiente a mantener el nivel de esfuerzo que el antepasado alcanzó.[28] Siempre, aun 30 en este sentido desvirtuado, *noblesse oblige*. El noble originario se obliga a sí mismo, y al noble hereditario le obliga la herencia. Hay, de todas suertes,[29] cierta contradicción en el traspaso de la nobleza,

24. Johann Wolfgang von Goethe (1749–1832), German poet and man of letters
25. supone su mantenimiento ... todo instante *the maintenance of them requires that the privileged person be capable of reconquering them at any time*
26. como no sea *unless it be*
27. *etymo* Greek for "origin"
28. Sólo queda ... alcanzó. *It is only living, authentic, and dynamic insofar as it moves the descendant to maintain the level of effort achieved by the ancestor.*
29. de todas suertes *in any case*

desde el noble inicial, a sus sucesores. Más lógicos, los chinos invierten el orden de la transmisión, y no es el padre quien ennoblece al hijo, sino el hijo quien, al conseguir la nobleza, la comunica a sus antepasados, destacando con su esfuerzo a su estirpe humilde. Por eso, al conceder los rangos de nobleza, se gradúan por el número de generaciones atrás que quedan prestigiadas, y hay quien sólo hace noble a su padre y quien alarga su fama hasta el quinto o décimo abuelo.[30] Los antepasados viven del hombre actual, cuya nobleza es efectiva, actuante; en suma: *es;* no *fué.*

La "nobleza" no aparece como término formal hasta el Imperio romano, y precisamente para oponerlo a la nobleza hereditaria, ya en decadencia.

Para mí, nobleza es sinónimo de vida esforzada, puesta siempre a superarse a sí misma,[31] a trascender de lo que ya es hacia lo que se propone como deber y exigencia. De esta manera, la vida noble queda contrapuesta a la vida vulgar o inerte, que, estáticamente, se recluye en sí misma, condenada a perpetua inmanencia, como [32] una fuerza exterior no la obligue a salir de sí. De aquí que [33] llamemos masa a este modo de ser hombre, no tanto porque sea multitudinario, cuanto porque es inerte.

Conforme se avanza por la existencia, va uno hartándose de advertir [34] que la mayor parte de los hombres —y de las mujeres— son incapaces de otro esfuerzo que el estrictamente impuesto como reacción a una necesidad externa. Por lo mismo, quedan más aislados y como monumentalizados en nuestra experiencia los poquísimos seres que hemos conocido capaces de un esfuerzo espontáneo y lujoso.[35] Son los hombres selectos, los nobles, los únicos activos, y no sólo reactivos, para quienes vivir es una perpetua tensión, un incesante entrenamiento. Entrenamiento = *áskesis.*[36] Son los ascetas.

30. Por eso ... décimo abuelo. *That is why, when noble ranks are conferred, they are scaled according to the number of generations back that take on distinction; some only make their fathers noble while others bestow renown upon ancestors as far back as the fifth or tenth generation.*

31. nobleza ... a sí misma *nobility is synonymous with the life of exertion, always dedicated to outdoing itself*

32. como *unless*

33. De aquí que *That is why*

34. Conforme ... de advertir *The longer one lives, the more one realizes*

35. Por lo mismo ... lujoso. *Therefore, the very few people whom we have known to be capable of spontaneous and wholehearted effort represent isolated and monumental cases.*

36. *áskesis* Greek

No sorprenda esta aparente digresión.[37] Para definir al hombre-masa actual, que es tan masa como el de siempre, pero que quiere suplantar a los excelentes, hay que contraponerlo a las dos formas puras que en él se mezclan: la masa normal y el auténtico noble o 5 esforzado.

Ahora podemos caminar más de prisa, porque ya somos dueños de lo que, a mi juicio, es la clave o ecuación psicológica del tipo humano dominante hoy. Todo lo que sigue es consecuencia o corolario de esa estructura radical que podría resumirse así: el mundo organi-10 zado por el siglo XIX, al producir automáticamente un hombre nuevo, ha metido en él formidables apetitos, poderosos medios de todo orden para satisfacerlos —económicos, corporales (higiene, salud media superior a la de todos los tiempos), civiles y técnicos (entiendo por éstos la enormidad de conocimientos parciales y de efi-15 ciencia práctica que hoy tiene el hombre medio y de que siempre careció en el pasado) —. Después de haber metido en él todas estas potencias, el siglo XIX lo ha abandonado a sí mismo, y entonces, siguiendo el hombre medio su índole natural, se ha cerrado dentro de sí. De esta suerte, nos encontramos con una masa más fuerte que la 20 de ninguna época, pero, a diferencia de la tradicional, hermetizada en sí misma, incapaz de atender a nada ni a nadie, creyendo que se basta —en suma: indócil. Continuando las cosas como hasta aquí, cada día se notará más en toda Europa —y por reflejo en todo el mundo— que las masas son incapaces de dejarse dirigir en ningún 25 orden. En las horas difíciles que llegan para nuestro continente, es posible que, súbitamente angustiadas, tengan un momento la buena voluntad de aceptar, en ciertas materias especialmente premiosas, la dirección de minorías superiores.

Pero aun esa buena voluntad fracasará. Porque la textura radical 30 de su alma está hecha de hermetismo e indocilidad,[38] porque les falta, de nacimiento, la función de atender a lo que está más allá de ellas, sean hechos, sean personas.[39] Querrán seguir a alguien, y no podrán. Querrán oír, y descubrirán que son sordas.

Por otra parte, es ilusorio pensar que el hombre medio vigente, 35 por mucho que haya ascendido su nivel vital en comparación con el de otros tiempos, va a poder regir por sí mismo el proceso de la civi-

37. No sorprenda esta aparente digresión. *This apparent digression should not surprise you.*
38. está hecha de hermetismo e indocilidad *is closed-in and rebellious*
39. sean hechos, sean personas *whether it be facts or people*

lización. Digo *proceso*, no ya *progreso*. El simple proceso de mantener la civilización actual es superlativamente complejo y requiere sutilezas incalculables. Mal puede gobernarlo este hombre medio que ha aprendido a usar muchos aparatos de civilización, pero que se caracteriza por ignorar de raíz los principios mismos de la civiliza- 5 ción.

Reitero al lector que, paciente, haya leído hasta aquí, la conveniencia de no entender todos estos enunciados atribuyéndoles desde luego un significado político.[40] La actividad política, que es de toda la vida pública la más eficiente y la más visible, es, en cambio, la 10 postrera, resultante de otras más íntimas e impalpables. Así, la indocilidad política no sería grave si no proviniese de una más honda y decisiva indocilidad intelectual y moral. Por eso, mientras no hayamos analizado ésta, faltará la última claridad al teorema de este ensayo.   15

40. la conveniencia de ... político   *the importance of not giving to the facts enunciated here a primarily political significance*

Ramón Pérez de Ayala

(1880–   )

Born in Oviedo (Asturias) in 1880, Ramón Pérez de Ayala continues the nineteenth-century realistic tradition of the novels of Pérez Galdós and Clarín, but adds a philosophical and intellectual orientation that is the mark of the twentieth-century writer. Essentially satirical and ironic, Ayala reflects in his works the varied problems of modern existence: the relationship of art to life, the apparent contradiction between dream and reality, the struggle between weakness of will and aggressiveness.

After receiving his early education in a Jesuit school (of which we receive such an unsympathetic portrait in the novel *A.M.D.G.*, 1910), Ayala studied law at the University in Oviedo. He traveled extensively through France, Italy, England, and Germany and during the first World War was foreign correspondent for *La Prensa* of Buenos Aires. As a result, the works of Ayala often have a cosmopolitan rather than a purely Spanish stamp. When Ayala confines himself to Spain, however, he usually writes of Pilares (Oviedo), which is associated with him as Dublin is with James Joyce and Yoknapatawpha County with William Faulkner.

Antonio Machado has described Ayala as having the air of "...mayorazgo en corte; / de bachelor en Oxford o estudiante / de Salamanca, señoril el porte." In *Tinieblas en las cumbres* (1907) and *La pata de la raposa* (1912), Pérez de Ayala provides us with a self-portrait in the person of Alberto Díaz de Guzmán, the central figure of both novels. Weak-willed, intellectual, and pessimistic, Alberto is the incarnation of the man of the *Generation of 1898* and the illustration of the theory expressed in *Prometeo* that "el pensamiento es rémora de la acción." Guzmán is to Ayala what Azorín is to José

Martínez Ruiz, what Juan de Mairena is to Antonio Machado, and the Marqués de Bradomín to Valle-Inclán. Guzmán reappears in *Troteras y danzaderas* (1913) but no longer in a dominant role. As the title suggests, *Troteras...* is a novel of entertainers and demi-mondaines, of painters and writers, constituting a comprehensive picture of the bohemian life in Madrid. Many thinly-disguised thinkers and artists of the period parade through its pages, forming a vivid background for the unfolding of the tragedy of the poet Teófilo.

The later novels of Ayala are less conventionally realistic in atmosphere, and the protagonists are less individualized and more symbolic, particularly in *Belarmino y Apolonio* (1921), *Tigre Juan* and *El curandero de su honra* (1926), and the three *Novelas poemáticas* (1916) of which *Prometeo* is the first. Belarmino and Apolonio represent, respectively, the philosophical and the dramatic sense or, to put it differently, the Apollonian and the Dionysian. In *Tigre Juan* and its sequel *El curandero de su honra*, the author again presents two antithetical symbols: Tigre Juan, an anti-Don Juan, vigorous and virile, and Vespasiano Cebón, a local Tenorio who proves to be weak and effeminate. In addition, the traditional concept of honor is examined and elaborated, with a conclusion that is uncompromisingly anti-Calderonian. The originality of Ayala's thought combined with a great richness of language make these novels extraordinarily provocative.

The lyrical as well as the intellectual gifts of Ayala are best exhibited in the *Novelas poemáticas*, three long short stories with poetic counterparts preceding each chapter. The second and third of the stories, *Luz de domingo* and *La caída de los Limones* are somber, tragic tales of evil, brutality, and corruption. The theme implicit in all the *Novelas poemáticas*, as well as in the Alberto Díaz de Guzmán cycle, is the frustration produced by the lack of equilibrium between the individual and the circumstances of his life, by the disproportion between man's ambitions and the deficient means at his disposal for their realization.

In addition to the novels, Ayala composed various collections of poems, short stories, and critical essays. According to the author, "no hay más poesía que la poesía del entendimiento," a belief which perhaps explains his relative lack of success as a poet in *La paz del sendero* (1903), *El sendero innumerable* (1916), and *El sendero andante* (1921). Many of the essays in *Política y toros* (1918) and *Las máscaras* (1917–19), however, reveal the subtle irony and wit usually associated with the author.

Pérez de Ayala is a master stylist; his works cannot fail to impress with their complexity of lexicographical invention. Because he is a keen observer of humanity, his psychological insights are astonishingly accurate and, consequently, often biting. While he shared many of the preoccupations of the *Generation of 1898,* Ayala stands midway between that generation and the more experimental post-Civil War era.

Tres novelas poemáticas

PROMETEO

Odysseus era profesor de lengua y literatura griega en la Universidad literaria de Pilares.[1] No es de extrañar que, dada su profesión, fuera muy dado a hablar empleando locuciones homéricas. Este falso Odysseus fué gran amigo nuestro. De aquí que, recordando, como recordamos, muy vivamente sus modos y carácter, habiéndo- 5 nos sentido, por un momento, bajo la sugestión de aquella fuerte personalidad, hayamos comenzado a relatar su verídica historia en un estilo alegórico, épico y desaforado.[2] En los raptos de entusiasmo báquico,[3] que en él eran harto frecuentes, decía ser Odysseus. Odysseus era el héroe de la antigüedad que más amaba y admiraba, por 10 la mezcla de lo heroico con lo humorístico. Cuando leía la *Odisea* derramaba lágrimas amargas, no de exaltación, sino de tristeza, como un desterrado en el tiempo que hubiera nacido con treinta siglos de retraso.[4] Este moderno Odysseus figuraba en el escalafón con el nombre de 15 Marco de Setiñano. Pero tampoco era éste su verdadero nombre. Se llamaba propiamente Juan Pérez Setignano.

Había nacido en Florencia, ciudad que, en edades de paganía, tuvo por numen tutelar al dios Ares, según los griegos, o Marte,[5] según los latinos, y más tarde, cuando la ley nueva de Cristo, se co- 20

1. The author frequently uses the imaginary town of Pilares as a setting for his tales. It represents Oviedo, the Asturian capital.

2. The first chapter, or *invocación*, has been omitted in this text. In it the author equates the adventures of his *falso Odysseus* with those of Homer's Odysseus, most particularly the visit to the land of the lotus-eaters, his stay with the enchantress Circe, his descent into Hades, his escape from the nymph Calypso, and his shipwreck and subsequent rescue by Nausicaä. The style of the first chapter is deliberately high-flown and rhapsodic.

3. en los raptos ... báquico *under the influence of drink* Bacchus was god of the vine and was therefore associated with drunkenness.

4. como un desterrado ... retraso *like an exile in time who had been born thirty centuries too late*

5. Ares ... Marte *Ares or Mars,* god of war

locó bajo la advocación del Bautista.[6] Su padre era español; su madre, italiana, de linaje noble. Su padre había sido un guapo mozo, magnífico por la figura y por la pereza, cualidad por donde, al decir de algunas autoridades, se echa de ver que el hombre desciende de
5 origen divino. La pereza de este gran hombre, que se llamaba Antonio Pérez Fillol, era ya más que divina, pues en su vida hizo otra cosa que comer, dormir y enamorar mujeres, o, por mejor decir, dejarse enamorar.[7] Era hijo de Antonio Pérez Novella, pintor mediocre, nacido en Murcia,[8] que se había establecido de asiento en Flo-
10 rencia,[9] y allí está enterrado. También guapo mozo, que esto de la hermosura, gentileza y arrogante porte era el único patrimonio de la familia. Por las buenas partes de Antonio Pérez Fillol y su hermosa presencia, se amarteló Beatriz de Setignano, joven florentina, agraciada, discreta, de sangre ilustre y no mal apañada de fortuna.[10]
15 Casáronse, tuvieron un hijo, Juan; murió la mujer a los siete u ocho años, y cuando al guapo mozo, su viudo, se le concluyó el dinero que su mujer había dejado, se quitó de en medio, arrojándose al Arno.[11] Andaba entonces el hijo por los dieciséis años. Unos tíos maternos le tomaron a su cuidado hasta que dió cabo a una carrera literaria.
20 Había salido como su padre y abuelo: aventajado de estatura, fornido, el rostro aguileño, armonioso y varonil.[12] Desde niño había sido taciturno y altivo. No se mezclaba en los juegos infantiles, sino que andaba solo, imaginando empresas nunca vistas. Su cabeza estaba atormentada por sueños y quimeras disformes. En la crisis de
25 la adolescencia, y a la muerte de su padre, su temperamento se mudó. Parecíale sentirse hombre ya, libre por entero y dueño de sí mismo y de lo porvenir. Se mezcló en la sociedad moza de los otros estudiantes, y a tiempo que seguía con deleite sus cursos universitarios dedicóse señaladamente a cultivar la fortaleza y agilidad del
30 cuerpo. De muy joven contrajo el vicio de la bebida.[13] El mismo día

6. y más tarde ... Bautista *and later, with the advent of Christianity, it placed itself under the patronage of St. John the Baptist*
7. La pereza ... enamorar. *The indolence of this great man, whose name was Antonio Pérez Fillol, was even more than divine, for the only things he ever did in his life were to eat, sleep, and make love to women, or, to be more exact, to permit himself to be made love to.*
8. Murcia   *province in southeastern Spain*
9. que se había ... Florencia   *who had settled in Florence*
10. y no mal apañada de fortuna   *and not badly off*
11. Arno   *river in Florence*
12. Había salido ... varonil. *He had turned out like his father and grandfather: tall, robust, with a face that was sharp, even-featured, and manly.*
13. De muy joven ... bebida. *He became addicted to drink at an early age.*

que se graduó de doctor en letras, su tío le tomó aparte y le habló
así:

—Sabrás que tu padre consumió la fortuna de tu madre, toda ella,
a excepción de sesenta mil liras, en las cuales no pudo tocar porque
yo las había puesto a buen recaudo.[14] Estas sesenta mil liras están   5
a tu disposición. Con esto, como comprenderás, no se puede vivir;
pero considero que no es floja ayuda para que, con calma y pensán-
dolo bien, veas lo que has de hacer, y por dónde te has de encaminar.
Tienes en tu favor cuanto un hombre puede apetecer al comenzar
la vida. Si fracasas, tuya será la culpa. Mientras escoges tu senda,   10
mi casa es tu casa.

Después de la entrevista, Juan se encerró a meditar. No sabía en
qué resolverse. Escrutaba el futuro, y todos los horizontes le parecían
angostos para su ambición. Tenía el ánimo heroico, y no sabía lo
que quería: no sabía en qué resolverse. Si le hubieran preguntado   15
"¿quieres ser rey?", él hubiera respondido "¡bah!", con gesto despectivo. Quería ser él, él mismo, pero en forma que no acertaba todavía a definir; quería su propia exaltación hasta un grado máximo,
a modo de gran dique levantado en mitad del caudal de las edades,[15]
que detiene y recoge todas las aguas del pasado en un ancho y pro-   20
fundo remanso y luego las va vertiendo al futuro en eminente e im-
petuosa cascada. En suma, que sus anhelos eran tan vagos, que optó
por esperar a que se fuesen concretando y esclareciendo.[16] A partir
de aquel instante se retiró del trato de gentes y se aplicó a leer y
estudiar. Las más de las horas del día y de la noche se las pasaba   25
sobre los libros. Y las horas de asueto las dedicaba a ejercitarse en
actos gallardos y violentos: nadar, cabalgar. Cuando el tío le preguntaba:

—¿Vas pensando en algo?

Él respondía: 30

—No sé, por ahora. Estudio, cavilo. Cuando menos, no habré perdido el tiempo, pues mis estudios me pueden servir para conseguir
una cátedra.

—Pero, ¿vas a dedicarte a dómine? ¿Qué buscas en los libros?

—La sabiduría.   35

—La sabiduría no conduce al éxito. Para llegar a él se basta la in-

14. yo las había puesto a buen recaudo   *I had put them safely aside*
15. a modo de ... edades   *something like a large dike rising in the midst of
the stream of history*
16. optó ... esclareciendo   *he decided to wait until they should take concrete
form and become clearer*

teligencia con sus luces naturales, sin otro adiestramiento, y aun se basta el instinto, a condición que el uno o la otra se injerten con la voluntad. Querer es poder. Pero, para querer, se necesita un objeto palmario, visto en una sola faz. Y la sabiduría nos presenta los
5 objetos en todas sus faces, nos estorba a que caminemos en línea recta hacia el fin, y nos fuerza a girar en torno de un punto, como la mariposa en torno de la luz con que se fascina o se abrasa. La sabiduría no conduce al éxito. ¿O es que buscas la sabiduría por sí misma?

10 —Por sí misma. Busco conocer las cosas en todas sus faces, y, más que en todas sus faces, en todos sus recónditos sentidos y correspondencias.

—Pero es que tampoco para eso sirven los libros. La sabiduría se adquiere por el estudio directo de la naturaleza y de los hombres, no
15 por el estudio de la letra muerta; la otorga la experiencia lenta y espaciada de una vida que ha sabido emplearse bien, no la experiencia graciosa y amena de los libros. La experiencia de uno nunca ha aprovechado a otro. Y cuando ya se ha adquirido la sapiencia que es en la extrema edad, cuando nos falta la fuerza de usarla, dime:
20 ¿para qué la queremos?

—No me importa que esa plena sabiduría no se alcance sino en la extrema edad. No acierto a presumir qué goce será ése de conocer plenamente, porque no alcanzo que pueda ser mayor que el de ir conociendo poco a poco y paso a paso.

25 —En resolución, que quieres ser hombre de pensamiento.

—Sí.

—Preferiría que quisieras ser hombre de acción.

—También.

—No se compadece lo uno con lo otro. El pensamiento es rémora
30 de la acción.

—Por el contrario, tengo para mí, que es estímulo y fuerza motriz. La paloma puede creer que volaría más rauda sin la pesadez del aire, y es lo cierto que, sin apoyar sus alas en el aire denso, caería en tierra.

35 —Conozco la metáfora. Lo malo, querido Juan, es que no te entiendo.

—Yo tampoco me entiendo, tío.

—Pues esperemos a que te entiendas y nos entendamos.

—Esperemos.

40 Era el caso que Juan se sentía arrebatado hacia los libros y hacia

la bebida por un poder de atracción superior a su voluntad. No leía
como quiera y a la ventura, con sorda y embotada voracidad, a modo
de lector indigesto y pedante; [17] leía con método las obras más se-
lectas, así en las lenguas clásicas como en las lenguas cultas modernas; ingería con voluptuosidad los jugos más quintaesenciados, ran- 5
cios y generosos del corazón e intelecto humanos a través de los
siglos, y los asimilaba en sangre y carne de su espíritu.[18] Leía como
bebía; paladeando y de manera que sus pulsos se agitaban, la mente
se le aguzaba y se le infundía como una nueva vida. Con esto, en su
espíritu se iban amalgamando sinnúmero de bullentes inquietudes, 10
presunciones, ansias, vislumbres, ímpetus y terrores, que en él
afluían, llegando de zonas remotas, de los puntos cardinales del
alma de la humanidad, dispersa en las diversas edades y en los di-
versos países. Pero se le había grabado aquella sentencia de su tío:
"Sólo la acción conduce al éxito". El éxito, esto es, la realización 15
cabal del propio destino. Juan confiaba en su destino. Díjose un día:
"Quiero hallar mis normas de acción". Y salió de Florencia, en un
viaje de aprendizaje por toda Italia. Visitó las ciudades, mezclóse
con muchas clases de hombres, altas y bajas, solicitó el comercio de
las mujeres, escudriñó, meditó, pasó noches en claro, con la botella 20
al alcance de la mano, los codos en la mesa y la frente en las palmas;
pero no lograba resolver el gran problema: el de ponerse de acuerdo
consigo mismo, el de descubrir el ideal que a él le convenía. "Hombre de acción, sí", se decía; "pero, ¿en dónde están las acciones nobles e inauditas en que emplearse?" Italia le parecía un país dema- 25
siado sujeto a regla y medida, como una obra de arte ya resuelta,
como una escultura modelada con minuciosidad. Todo estaba petri-
ficado, todo tenía forma acabada y definitiva; sobre todas las cosas
se reflejaba el crepúsculo dorado de la tradición. Y era una tradición
deficiente, de que Juan no gustaba; una tradición muerta, escindida 30
en varias tradiciones, sin fundirse, sin cópula, sin fecundidad: la tradición de Roma, de la fuerza sin gracia ni astucia, y la tradición del
Renacimiento, de la gracia y la astucia sin fuerza. Para Juan, la
tradición viva, la verdadera tradición, debía ser un misterio de trinidad, una, eternamente renovada, fuerza, gracia y astucia, enten- 35
diendo por astucia la inteligencia activa. Una noche, en Nápoles,

17. **No leía ... pedante** *He didn't read carelessly and at random with the
dull and insensible voracity of the confused, pedantic reader*
18. **ingería con voluptuosidad ... espíritu** *he voluptuously drank in the most
rarefied, ancient, and noble essences of the human heart and mind and assimilated them into the flesh and blood of his spirit*

frente al mar Tirreno,[19] Juan olió aromas de naranjo. Pensó: "Parece que estoy en España... ¿Por qué? ¿Por qué?" Y no atinó con la respuesta de pronto. Nunca había estado en España, y en aquel trance sintió la nostalgia de España. "¡Oh dulce patria mía!", sus-
5 piró. ¿Por qué? Y tuvo una revelación subitánea. "No me mueve la tradición de Italia, porque no soy italiano. Soy español. Italia es una escultura. España es todavía carne joven, no tradición, sino herencia ciega. Es el país de las posibilidades. Es la patria virgen, casi niña, para los hombres de acción y los hombres de pensamiento. ¿Por qué?
10 No sé por qué; pero es así." Era una revelación. Verdad que aquella noche había bebido más que de costumbre. Pero aquella noche fué en su vida como una marca donde se dobla el camino.[20] Escribió a su tío, despidiéndose, y embarcó para España en el primer barco: un barco inglés que iba a Nueva York y hacía escala en Gibraltar. La
15 corta travesía de Italia a España dióle ocasión a conocer de cerca algún ejemplar del hombre anglosajón. Trató con ingleses y norteamericanos. En ellos vió algo que se acercaba al arquetipo heroico hacia donde él se orientaba, en el cual se funde la fortaleza, la gracia y la astucia en proporciones de equilibrio perfecto. Pensó entonces
20 que acaso la reviviscencia moderna del argonauta [21] legendario, en su corazón aventurero y claro, era el tipo del explorador inglés, y en la desapoderada voluntad de riqueza, aventajándole en lograrla, el tipo del financiero yanqui. Pero ambos tipos, bien que heroicos dentro de los tiempos actuales, los juzgaba Juan mezquinos en su
25 ambición. Él aspiraba al tipo semidivino, al Prometeo,[22] y si no a serlo él mismo, cuando menos a concebirlo, a comprenderlo, a adivinarlo, a ayudar a su gestación.

Llegó Juan a España y lo primero fué a Sevilla, y allí alargó la estancia cerca de dos meses, aguardando las ferias. Las corridas de
30 toros le impresionaron vivamente. Creyó, por unos días, sentir la vocación del torero. La gran fiesta le solicitaba con dos fuertes incentivos: el sentido trágico sin simulación, esto es, lidia con elementos

---

19. mar Tirreno *the Tyrrhenian Sea,* an arm of the Mediterranean lying between Italy, Sicily, Sardinia, and Corsica

20. Pero aquella noche ... camino. *But that night constituted a signpost in his life, marking a bend in the road.*

21. argonauta According to legend, the Argonauts set sail in the ship Argo in quest of the Golden Fleece. Jason, Hercules, Orpheus, Castor, and Pollux were among those who undertook the voyage.

22. Prometeo Prometheus enraged the gods by stealing fire from heaven and bringing it down to earth for man's use. To punish him, Zeus had Prometheus chained to a rock where a vulture constantly gnawed at his vitals.

ciegos y hostiles de la naturaleza, con la muerte, y la sanción inmediata del éxito, ante la muchedumbre delirante e inebriada. Lo
tomó tan a pecho, que se lanzó a ensayar los primeros rudimentos
del arte, en capeas y tentaderos, y hubo de cortar barba y cabello,[23]
que daban a su cabeza un aspecto capitolino.[24] Halló muy presto 5
que el arte de los toros no encerraba dificultades técnicas, ni exigía
gran valor o habilidad. Su esencia era la gracia, don que los dioses
otorgan a capricho, no la fuerza, cualidad que el hombre puede adquirir o robustecer. Por lo tanto, como toda obra que se engendra
por otorgamiento gracioso, era una actividad de decadencia. Renun- 10
ció a ser torero; pero continuó en Sevilla, invadido por dulce pereza
de los sentidos, y se dejó crecer nuevamente la barba. Y esta temporada en Sevilla constituye una de las aventuras a que se alude en la
invocación de esta historia,[25] y que Juan denominaba "estancia en
la tierra de los lotófagos, los cuales se alimentan con una flor que 15
hace perder la memoria y proporciona el olvido." [26] Y por huir de
aquella amenazadora olvidanza de todo, Juan cayó en los brazos de
una encantadora sevillana, Lolita *la de la carne,* apodada así, a pesar
de su delgadez, por haber nacido en la Puerta de la Carne. Y la tal es
la Kirke de la invocación,[27] de quien Juan se libertó por los buenos 20
oficios de Hermeias,[28] que también se dice Mercurio, dios que preside a la distribución de las riquezas y bienes de pecunia, para que
se entienda que no hemos insinuado una malicia sino simplemente
dado a entender que como a Juan los amores de Lolita le salían por
un ojo de la cara,[29] y de las sesenta mil liras apenas le quedaban la 25
mitad, acordó no acordarse más de su amada y abandonó Sevilla.

23. Bullfighters are traditionally clean-shaven.
24. The Capitoline, the smallest of the seven hills of Rome, was crowned in
ancient times with the temple of Jupiter. The suggestion here is that Juan had
resembled a Greek god before he cut his hair and beard.
25. Cf. footnote 2.
26. In the course of his wanderings, Odysseus and his men stopped in Lotus
land. Once having tasted the lotus, his men lost all memory of their former
lives and no longer desired to return home. Odysseus was obliged to drag them
back to the ship by force.
27. Kirke *Circe,* a beautiful enchantress who turned men into swine. Odysseus escaped her evil magic, thanks to an herb provided by Hermes. Circe was
so impressed by Odysseus' seeming immunity that she released his crew from
her spell. Cf. footnote 2.
28. Hermeias *Hermes* or *Mercury,* the god of commerce and the protector of
traders as well as the messenger of Zeus
29. para que se entienda ... ojo de la cara *so that it will be understood that
we haven't hinted at anything malicious but have simply insinuated that since
Lolita's love was costing Juan a fortune*

Recorrió gran parte de España en busca de la tradición viva y trina,
con el siguiente resultado: que en el Mediodía, la gracia y la astucia
carecían de fuerza; que en Levante, la fuerza y la astucia carecían
de gracia, y en el Norte, la fuerza y la gracia carecían de astucia.
5 Entonces se encaminó al centro, en donde supuso que se juntarían
los radios de la fuerza, la gracia y la astucia, o sutilidad. Y fué a
dar en una ciudad centenaria, centenariamente muerta, cuyo nombre no tenemos para qué decir.[30] Y esta aventura es la que Juan denominaba "descendimiento a las moradas del recuerdo pobladas por
10 las cabezas vacías de los que dejaron de existir" porque la ciudad,
si bien abundaba en figuras semovientes que parecían hombres no
eran sino fantasmas.[31] Y allí consultó a Teiresias, que era un sabio
y tenía cara de buho. Y el sabio de cara de buho le dijo a Juan: "Infortunado, has venido a unas regiones adonde no se puede llegar sin
15 haber perdido la humanidad. Ya no eres hombre, ni podrás recobrar
tu estado de hombre. Serás, de aquí en adelante, un recuerdo de
hombre". Y Juan sintió en sus entrañas el sutil y pálido terror. Y de
aquella ciudad del silencio, Juan se partió para Madrid. Este Madrid de nuestros pecados le cautivó por su aliento maligno. Adquirió
20 muy presto innumerables amigos y se hizo madrileño neto y castizo.
Por entonces fué cuando se naturalizó español, adoptando el nombre de Marco de Setiñano, porque mantenía aún el ánimo heroico,
y Juan Pérez le parecía un conjuro vehemente a la Némesis [32] ple-
beya. Su etapa en Madrid la rotulaba Marco "episodio en que mis
25 compañeros hicieron matanza y comieron de los rebaños de Helios,
incitando a los dioses a que se vengasen"; [33] y con este título daba a
entender, por manera alegórica, que en Madrid se vive de noche, y
el castigo es no hacer cosa que valga. Iba escaseando ya el dinero, o
lo que es lo mismo, Marco anduvo entre Skyla y Kharybdis,[34] y de

30. Y fué a dar ... decir. *And he wound up in an ancient city, dead for ages
past, the name of which we have no reason to reveal.*

31. An ironical parallel with the descent of Odysseus into Hades. When
Odysseus was about to leave Aeaea, Circe told him that the only way to find out
how to reach home was to descend into the underworld and summon the ghost
of the prophet Teiresias.

32. Nemesis was the goddess of retributive justice.

33. Teiresias had warned Odysseus against allowing any harm to come to the
oxen of the Sun (Helios), but Odysseus' starving men subsequently disobeyed
the order. Furious, Helios prevailed upon Zeus to punish the crew. This he did
by hurling a thunderbolt once they had set sail, with the result that all but
Odysseus were drowned. Cf. *The Odyssey*, Book XII.

34. After the destruction of his ship and loss of his crew, Odysseus found
himself once again near the rock Scylla and the whirlpool Charybdis. Cf. footnote 36.

Herodes a Pilatos.[35] Como Odysseus a la higuera,[36] Marco se agarró
a una cátedra de griego que se anunció a oposición en la Universidad
de Pilares. Revalidó su título en España y obtuvo la cátedra sin dificultad ninguna. Contrajo otra vez el amor a los libros y se aplicó a
poner en orden sus pensamientos y la moral de sus experiencias. En 5
el amor a las libaciones ambrosianas no había desfallecido un punto.
Cuando ganó su cátedra y fué a establecerse a Pilares, tenía treinta
y tres años; estaba en la plenitud de su edad. Agudo y perspicaz en
sus juicios dióse cuenta al momento de lo que era Pilares y sus mora-
dores, y del destino que el porvenir le aguardaba allí. Nada más 10
oportuno que atenerse a sus propias palabras. A los pocos meses de
regentar su cátedra escribía así a su tío:
   "Querido tío: Estoy de dómine en una provincia española. Vine a
España creyendo que era el país de las posibilidades. Ahora se me
figura el país de las imposibilidades. Esto por lo que se refiere a mí, 15
porque he renunciado al éxito y me declaro un hombre frustrado.
Soy un hombre frustrado porque no he tenido padre, o lo he tenido
a medias, que la función del padre no es sólo engendrar. Mi padre me
transmitió un elemento del éxito: la fuerza. La gracia se la debo a mi
madre. Lo demás me lo he hecho yo mismo. Creo que soy un hombre 20
perfecto como se lo demostrará a usted la naturalidad con que hablo
de mi perfección. Esto explica, además, por qué soy un hombre
frustrado: porque, para hacerme hombre, he necesitado tiempo, y al
llegar a la sazón de perfecta madurez, veo que con ella coincide el período de declinación de los elementos del éxito. El resultado de mis 25
viajes y estudios se puede sintetizar en unos breves postulados: la felicidad está reservada al hombre de acción; pero el hombre de acción
no inventa la acción, la realiza; la acción la concibe el hombre de
pensamiento; luego el hombre de pensamiento debe preceder al hombre de acción; el hombre de pensamiento comienza por creerse feliz 30
en la fruición de puro conocer por conocer; hasta que llega el dolor
de conocer que la felicidad reside solamente en la acción; y, por último, de este dolor asciende al alto goce de conocer que también a él
le está reservada la más noble manera de acción: la de engendrar el
hombre de acción; y este goce se acrecienta cuando el hombre de 35
pensamiento es conjuntamente frustrado hombre de acción, cuando
sabe que él mismo pudo ser hombre de acción. Dicho con otras pa-

35. Luke 23:6–11. When Pilate heard that Jesus was from Galilee, he sent
Him to Herod, who in turn sent Him back to Pilate.
   36. While Charybdis swallowed up the salt sea, Odysseus saved himself by
clinging to a wild fig tree growing above the rock. Cf. *The Odyssey*, Book XII.

labras: que si bien he renunciado al éxito personal, ha sido porque
aspiro al éxito anónimo de la paternidad. Lo que yo hubiera querido ser, lo será mi hijo, Prometeo, hombre semidivino, redentor
—que ahora más que nunca necesita de él la humanidad—, sutura
5 viva e intersección del cielo con la tierra. He aquí cómo imagino yo
la humanidad. Lo que para nosotros es cielo, mirando hacia arriba
desde la tierra, es del otro lado suelo, para los dioses que lo miran
hacia abajo y sobre él se pasean. Y la humanidad es a modo de guirnalda que cuelga de esa techumbre, haciendo grandes y variadas
10 combas de un punto a otro, de los varios por donde pende. Pues
esos puntos con que, de largo en largo, la humanidad está unida al
cielo, son los hombres, que yo llamo Prometeos. Cuando de uno a
otro la distancia histórica se dilata demasiado, la comba es tan baja,
que la humanidad se hunde en el lodo. Pues bien: sueño con mi
15 Prometeo. Mi espíritu y mi carne están embebidos en este sentido
del futuro, y me lo auguran. Dirá usted que todo esto es porque estoy
enamorado y deseo casarme. No, señor. Aún no conozco la mujer con
quien me he de casar. Voy a buscarla con toda parsimonia y serenidad. Será fuerte, como yo soy fuerte; será hermosa, como yo soy her-
20 moso; será inteligente, como yo soy inteligente. Iré al matrimonio
con la conciencia de mi responsabilidad, con la clara conciencia de
ser instrumento providencial y dilecto del genio de la especie."
    A esto, el tío respondió:
    "Querido sobrino: Estoy muy achacoso. Pronto moriré. En mi
25 testamento te dejo una partida de cien mil liras. Tu carta me ha
complacido mucho. Siempre te tuve por loco y esto es lo que me
complace. Tu padre se pasaba de cuerdo, y era muy antipático. No
creo, como tú, que la humanidad es ornamento adosado al cielo por
la naturaleza semidivina de algunos hombres de excepción. Estos
30 hombres tocan el cielo con la frente porque los demás hombres los
aúpan. No es por virtud de la cima del árbol el ser cima, sino por
virtud del tronco y de las raíces. No es por virtud de la punta de una
pirámide el ser punta, sino de la base. Deja que la humanidad se
hunda de firme en el lodo, hasta que haga pie. Después ya vendrá el
35 Prometeo. Y, a partir de aquí, tienes razón: el Prometeo nace de
hombres como tú, hombres animados de ímpetu ascendente, frustrados por esto mismo.[37] Estos hombres frustrados, amado Juan, tengo
para mí que son la levadura de la humanidad."

    37. hombres animados ... esto mismo   *men impelled by a desire to soar, frus-
trated for that very reason*

Al recibir la carta, Marco comentó: "Mi tío está algo chocho, pero no va descarriado".

Marco regentaba su cátedra regularmente;[38] pero vivía, sobre todo, entregado a la obsesión de la paternidad heroica. Por consecuencia, hubo de verse embestido por reiteradas comezones eróticas, que arreciaron con la primavera. Tal fué la razón de que comenzara a hacerle cucamonas a Federica Gómez, mujer sentimental, vehemente y metida en mantecas, viuda por contera.[39] Federica se apasionó por Marco, y Marco, por pasatiempo, se dejó ir adonde ella le llevase, y fué a una hermosa casa de campo así que comenzó el estío, y, por desgracia, con el estío el hastío de Marco.

Nausikáa [40] se llamaba Perpetua Meana. Cuando Marco supo su nombre y apellido, celebró el primero, reputándolo muy bello, y significativo, y le hizo ascos al segundo, por carecer de eufonía y por otros motivos. Perpetua era una buena moza, bien repartida de carnes, pero sobria de curvas,[41] conforme al canon griego; muy rubia y muy blanca, con la piel cubierta de vello plateado; los ojos, negros. Como nacida en Andalucía, e hija de andaluza, naturalmente graciosa, sin incurrir en extremos de movilidad; y era llana y abierta sin desenvoltura. Era la esencia de la femineidad, por su lindeza y su delicada frescura de rosa; un poco varonil, por el carácter y la expresión. Habíase muerto la madre y ella regía la casa como her-

38. Marco ... regularmente *Marco fulfilled the duties of his professorship perfunctorily*

39. Tal fué ... contera. *That's why he began to say sweet nothings to Federica Gómez, a woman who was sentimental, persuasive, and plump, and a widow to boot.* In Chapter I we are humorously told that after 40 days "which seemed to him like 40 years" Marco managed to escape the cloying affections of Federica ("Calypso") by surreptitiously putting out to sea in a raft. Cf. *The Odyssey*, Book V.

40. Nausikáa = *Nausicaä* In Chapter I, Ayala describes the destruction of Odysseus' (Marco's) raft in a violent storm. He is washed ashore on a beach and, naked and exhausted, soon falls into a heavy sleep. At the same time, Nausicaä (Perpetua) who is staying in a house nearby, dreams of her impending marriage. On the following morning she adorns herself as nicely as possible "just in case" and, accompanied by her sisters and friends, goes down to the beach to play badminton and to go swimming. Odysseus (Marco) is awakened by their voices and is presently discovered by one of the girls. All but Nausicaä (Perpetua) run away in fright and Marco, covering himself with some leaves, implores her aid in truly Homeric phrases. She provides him with a sheet in which to wrap himself and promises to help him. Cf. *The Odyssey*, Book VI, wherein Odysseus is found by Nausicaä, daughter of King Alcinoüs, after the destruction of his raft by Poseidon.

41. Perpetua ... curvas *Perpetua was a good-looking girl, nicely proportioned but without too many curves*

mana mayor. Cumplía los veinticinco años cuando Marco la encontró en la guisa que se ha referido. Sus dos hermanas eran también bonitas, pero habían salido un tanto escuchimizadas. Tenía
tres hermanos que eran tres bárbaros. Al uno le había dado por tocar
5 el acordeón; [42] a otro, por pintar, al tercero, por cazar. El padre
había sido nombrado delegado de Hacienda en Pilares, precisamente
aquella primavera en que Marco adolecía de encalabrinamiento
por las mantecosas hechuras de Federica. [43] Don Tesifonte Meana
(nombre que Marco reputó muy bello y eufónico) era extremeño, y,
10 sin duda, descendía de casta de conquistadores, porque las horas que
no estaba en la oficina las dedicaba exclusivamente a la conquista
de las criadas de servir. Al mes de posar en Pilares era ídolo del
gremio de menegildas, a causa de su largueza retributiva, pesadilla
en el cuartel y famoso por todas partes. Aunque machucho, conser-
15 vábase alto y erguido, de buena planta y no mal ver. [44] Así don Tesifonte como su prole eran personas con ángel, gozaban el don de la
simpatía, captaban los afectos. A poco de llegar a Pilares, la familia
Meana había establecido amistad estrechísima, casi fraternal, con
una familia indígena, la de la marquesa viuda de San Albano. La
20 marquesa dedicaba todo linaje de efusiones a don Tesifonte, y don
Tesifonte se conducía con peregrina gentilidad hacia la marquesa.
Los dos hijos de la San Albano, Donatín y Fidelín, no disimulaban
su inclinación por las dos hijas menores de don Tesifonte, Cachito
y Pujito, apelativos derivados contra todas las leyes lingüísticas de
25 Concepción y Paula. Quedaba Perpetua de non. [45] Dígase de paso que
Perpetua nunca había gozado gran favor entre el mocerío masculino,
sin duda por cierto aire de majestad e imperio que los galanes le
reprochaban como poco femenino, un si era no era hombruno. [46]
Por último, dos de los hijos de don Tesifonte, Fernando y Alfonso,
30 compartían su amor por la pintura y el acordeón con el amor a
las dos hijas de la marquesa, María Cleofé y Anuncia. Quedaba de
non Eduardo, último vástago de don Tesifonte, aquél que se com-
placía en los ejercicios cinegéticos, en andar a trancas y barrancas

42. Al uno ... acordeón   *One had taken it into his head to play the accordion*
43. Marco adolecía ... Federica   *Marco was afflicted with a fancy for the well-
padded person of Federica*
44. de buena planta y no mal ver   *with a fine physique and not bad-looking
at all*
45. Quedaba ... non.   *Perpetua was left without a partner.*
46. un si ... hombruno   *somewhat masculine*

por montes y vericuetos y en perseguir y dar muerte a las silvestres alimañas.[47] En resolución: que las dos familias estaban tan unidas por fuertes afinidades que amenazaban confundirse en una sola. Entrando el estío, la San Albano invitó a los Meana a una suntuosa finca, con un castillo medioeval y rica heredad, que poseía a la orilla 5 del mar, en San Albano, que allí radicaba el título, por gracia de su santidad León XIII.[48] Los Meana no se hicieron rogar. Don Tesifonte permaneció en Pilares porque la Delegación de Hacienda le mantenía adscrito a su gleba.

En la playa de San Albano fué donde Marco, huyendo de Fede- 10 rica, y después de naufragar, echó pie a tierra y se halló como Odysseus: desnudo, molido y hambriento.[49]

Estaba la marquesa entregada a las artes cosméticas, en manos de una sirviente que la peinaba con prolijidad y artificio, de manera que la rala pelambre simulase la lozanía lanuda de una res merina. 15 A pesar de la penuria capilar,[50] la marquesa sostenía con lustre, decoro y disimulo, el claudicante retablo de su belleza. Había sido muy hermosa. Ahora, si no lo era, lo parecía. Conservaba la piel tirante y rosada, los dientes incólumes, y los miembros ágiles, hasta cierto punto. Descollaba entre las matronas por lo joven del rostro, 20 lo erguido del talle y la prestancia del ademán. Estaba ahora en su gabinete, junto al balcón, de cara al jardín, con los ojos entornados, como si el cosquilleo de la nuca le provocase ensueños gratos. Sintió pisadas.

—¿Quién entra sin mi permiso? —interrogó con sobresalto, pues 25 no quería que nadie penetrase en los misterios de su tocado.

—Soy yo, marquesa —respondió Perpetua, adelantándose decidida.

—Pero, ¿no estabas en la playa con las otras chicas?

—Verá usted. Ocurre algo grave.

La marquesa hubiera deseado componer una actitud estatuaria de 30 patricia ecuanimidad, indicando que estaba dispuesta a recibir las nuevas más trágicas; pero la peinadora la tenía condenada a una postura ridícula y desgonciada.

—¿Se ha ahogado alguien?

47. aquél que ... alimañas *the one who enjoyed hunting, going hammer and tongs up hill and down dale to pursue and kill the creatures of the forest*
48. Leo XIII, Pope from 1878–1903
49. Cf. footnote 40.
50. penuria capilar *sparseness of hair*

—Ahogarse, no. Pero, si no se ha ahogado ha sido de milagro.

—Dime la verdad; no pierdas tiempo en circunloquios. ¿Quién se ha ahogado?

—Nadie. Anoche, al parecer, ha habido un naufragio cerca de la
5 playa.

—He oído el temporal. No pude dormir en toda la noche.

—Yo duermo siempre como un cesto.[51] Al caso. Esta mañana hemos encontrado un náufrago en la playa. Es un hombre, un joven, como de unos treinta años. Estaba desnudo, rendido y hambriento.
10 Lo hemos traído y está esperando en la huerta.

—Pero, hijita, ¿ha venido con vosotras así, en ese estado... de inocencia?

—No, señora. Ninguna le hemos visto, porque se cubrió con ramascas. Es decir, yo le he visto los brazos y la parte alta del pecho.
15 Luego, le dimos unas sábanas. Y así ha venido. Parece un moro. Es muy alto, muy fuerte y muy guapo.

—Guapo tiene que ser para que, con semejante traje, te haya parecido bien. ¿Y qué quieres que haga yo?

—Ayudarle, ofrecerle algo.

20 —Bien pensado. Mira, que le hagan una taza de flor de malva bien caliente, porque es seguro que habrá cogido un catarro.

—No es eso. Yo digo que se quede aquí en casa. Que se quede a comer...

—¿A la mesa con nosotros?

25 —Sí, señora.

—¿Te has vuelto loca, hijita? ¿Un hombre envuelto en una sábana, sentado a la mesa con nosotros?

—Es que, para la hora de comer, ya se habrá vestido. Mi plan es éste: que se ponga un traje de Fernando. Luego, que coma aquí,
30 que descanse, que duerma en casa esta noche. Y mañana será otro día. Nos contará su historia, que debe ser muy interesante.

—Dios sabe lo que será el tal hombre.

—Es un caballero, un gran caballero; no hay más que verle.[52]

—Ya me tienes afanada por conocer al náufrago. Bueno, hijita;
35 haz y dispón como si ésta fuera tu casa.

—Pues ya está todo dispuesto. Ni sus hijos, ni mis hermanos se han levantado aún, menos Eduardo, que ha salido temprano a cazar. Ya he pedido ropa de los cuatro para que Marco se la pruebe; por-

---

51. Yo ... cesto. *I always sleep like a log.*
52. no hay ... verle *you have only to look at him*

que, se me olvidaba: el náufrago nos ha dicho que se llama Marco Setiñano.

—Es nombre que me suena, y no sé de qué.⁵³ Ahora, déjame que concluya de aviarme y luego bajaré a ofrecerle la hospitalidad a ese hombre extraño, caído del cielo o salido del mar. 5

A Marco le habían acomodado en una alcoba de la casa, adonde un criado le trajo, poco después, un gran brazado de ropa. Ninguna le servía.

—Dígale usted a la señorita que hay imposibilidad física y metafísica, de que yo pueda incluirme en estas mezquinas prendas so 10 pena de estallarlas y continuar tan edénico como antes. ¿Qué hay, amigo? Por lo estulto de la faz con que me miras, y lo boquiabierto que estás, colijo que no comprendes el habla culta. Mira, lo mejor es que le digas a la señorita que se coloque del otro lado de esa puerta, para que yo le explique lo que ocurre. 15

Perpetua, de la parte de afuera del aposento, y Marco, adentro, hablaron así:

—Señorita, esta ropa no me sirve.

—Ya lo presumía. Pues usted dirá lo que se le ocurre.

—Diversas soluciones. Primera, que me proporcionen un escoplo 20 de carpintero para rebajarme el volumen y acomodarlo a la capacidad de la ropa. ¿Aprobada?

—Rechazada.

—Segunda, llamar a un camisero, a un zapatero y a un sastre para que me tomen medidas de camisas, zapatos y trajes. ¿Aprobada? 25

—En San Albano no hay camiseros, zapateros, ni sastres.

—Tercera, vestirme de mujer, si bien declaro que repugno toda mixtificación, particularmente ésta. ¿Aprobada?

—Rechazada enérgicamente.

—Cuarta: que salga un mandadero, a uña de caballo para Pilares, 30 con una carta mía, y me traiga ropa y dinero, pues me encuentro desnudo y con los bolsillos vacíos. ¿Aprobada?

—Aprobada. Pero, entretanto que va y vuelve, que es un día, ¿qué va usted a hacer?

—Envíeme usted una baraja y haré solitarios. 35

—¡Qué atrocidad! Es preciso que salga usted.

—Saldré con la sábana.

—La marquesa no quiere.

53. Es nombre ... qué. *It's a name that sounds familiar although I can't place it.*

—La aderezaré a manera de túnica, adoptando un pergenio helénico.

—Ni por esas.[54]

—Pues, entonces, no hay remedio. Busque usted por la comarca
5 un hombre de mi cuerpo.

—¡Ah! ¡Ya está! —exclamó Perpetua, palmoteando—. Pepón,[55] el
hijo del jardinero. Es un animal.

—Pues ensayemos si su animalidad coincide con la mía.

—No he querido ofenderle.

10 —Ya lo sé. No me ha ofendido.

—Lo malo es que sus vestidos son muy burdos.

—No importa.

—Vuelvo al instante.

—Un momento, antes de que se vaya usted...

15 —Diga.

—¿Ha oído usted algo de Prometeo?

—¿De Prometeo?

—¿No ha soñado usted algo raro?

—Sí, señor; precisamente anoche he soñado cosas muy raras; pero
20 no recuerdo nada de Prometeo.

—Está bien. Gracias.

—Voy volando.

Marco se vistió con la ropa de Pepón: pantalón de pana, acuchillado por las caderas con decoraciones de paño verde, camisa de fra-
25 nela, alpargatas y unos calcetines de Fernando. En tal traza se presentó a la marquesa a hacerle zalemas y locuaces muestras de
agradecimiento por tan noble hospitalidad. La marquesa echó de
ver al punto la nada común presencia de Marco, así como lo distinguido y cultivado de sus maneras.[56] Ofrecióle la matrona, con abierta
30 cordialidad, su casa para que en ella se quedase cuanto tiempo tuviese a bien; y el náufrago respondió que aceptaba sólo entretanto
que de Pilares le traían ropa y dineros. Luego, la marquesa, acom-
pañada de Perpetua y las otras jóvenes, fueron enseñando al extranjero las varias estancias y dependencias de la casa y los jardines en
35 torno de ella hasta que fué hora de comer. Para entonces ya se habían levantado los nada diligentes mancebos Donatín, Fidelín, Fer-

54. Ni por esas. *That won't do either.*
55. Pepón *Big Joe*
56. La marquesa ... maneras. *The Marchioness immediately noticed Marco's
unusual bearing as well as the elegance and refinement of his manners.*

nando y Alfonso, que fueron presentados al misterioso huésped, acogiéndole con no disimulada frialdad los San Albano, y todos se sentaron a la mesa.

—Dice usted, caballero, que su nombre y apellido... —insinuó la marquesa, mirando con los impertinentes de concha en la sopera, 5 que un criado le puso al lado, como si buscase el nombre y apellido en la sopa, que era de letras.

—Marco de Setiñano.

—Sí, ya sé. Digo que no son de estas tierras.

—No, señora. Aunque naturalizado en España, soy nacido en 10 Italia. Setiñano es apellido florentino, familia de duques.

—En Italia todos son príncipes y aventureros. Gran país de farsantes —manifestó Donatín, que estaba muy enchipado con lo flamante del título y olvidaba que venía de Roma.

—Joven, ha dicho usted una insolencia —respondió Marco, con 15 naturalidad olímpica y abrumadora, sin dignarse mirar a Donatín, el cual un poco cortado, rectificó:

—No he querido referirme a usted. Comprenderá usted que estoy acostumbrado a tratar con duques.

—Y yo con lacayos y advenedizos —replicó Marco, contemplando a 20 Donatín con tan absoluto desdén, que el puñado de letras que éste tenía en la boca se le convirtió en una masa indeglutible de cacofonías.

Perpetua sintió que el corazón se le alzaba en el pecho, henchido de placer. La marquesa se dijo en sus adentros: "Es un príncipe de 25 incógnito". Amonestó a su mayorazgo:

—Donatín, eres un jovenzuelo inconveniente y sin experiencia. Debías aprovechar la lección que te ha dado este caballero, y en lo sucesivo ser más cuidadoso con las obligaciones que la hospitalidad impone a las personas bien nacidas. Y usted, señor Setiñano, sabrá 30 dispensar la ligereza de su corta edad. Continuemos hablando de usted, de su naufragio. El *yacht, ¿*era de usted?

—¿Qué *yacht,* marquesa?

—El *yacht* en donde usted navegaba.

—Señora, yo no navegaba en un *yacht.* Iba navegando en una 35 balsa.

Y comenzó a narrar la historia de su naufragio, suprimiendo los orígenes, por no escandalizar a las damas. Habló con singular elocuencia y color, de suerte que a todos los tenía embelesados. Luego le preguntaron de Italia, y volvió a hablar con emoción y hermosura. 40

Al final de la comida se presentó el menor de los Meana, Eduardo, que venía de cazar. Comenzaba la carrera de Filosofía y Letras, y así que vió a Setiñano se adelantó a saludarle.

—¿Cómo? ¿Conoces al señor Setiñano? —interrogaron a un tiempo
5 la marquesa y Perpetua.

—Es el profesor de griego de la Universidad.

La marquesa sufrió una decepción.

—Azares de fortuna me obligaron a entrar en el profesorado —explicó Marco.

10 La marquesa caviló. Murmuró como si meditase en voz alta.

—Griego. Pero ¿el griego existe?

—Existe y no existe —respondió Setiñano—. El griego clásico es una lengua muerta.

—¡Una lengua muerta! —repitió la marquesa—. Pues a mí se me
15 figuraba que no existía. Como se dice, cuando una cosa no se entiende, que está en griego... Verdad que ¡qué más no existir que estar muerta! [57] ¿Y cómo se puede estudiar o conocer una lengua muerta? No se me alcanza.

—Porque, si bien actualmente no se habla, se conservan obras y
20 monumentos escritos de cuando se hablaba.

—¡Ah, ya! Lo que más me sorprende es cómo un duque se pone a estudiar esas rarezas.

—Señora, en Italia existe, desde el Renacimiento, la tradición de que los magnates sean doctos en humanidades.

25 —Sí, sí; tiene usted razón. No había caído en la cuenta. Pues es claro.

La marquesa, bien que no hubiera entendido, aprobó con vehemencia, no queriendo patentizar de nuevo su simplicidad e ignorancia.

30 Después de comer, todos se retiraron a sus habitaciones, y Marco quedó a solas en la que le habían destinado. Doblada la tarde,[58] salieron las familias de paseo al campo. Iban por parejas: un San Albano con una Meana, un Meana con una San Albano; a la zaga, la marquesa, apoyándose en el brazo de Marco, a quien aceptaba
35 como paladín magnífico, a pesar de la burda estofa de sus arreos, y, al otro lado de la marquesa, Perpetua, que se sonreía a sí misma de continuo, pero no pronunciaba palabra.

---

57. ¡qué más ... muerta! *how is it possible to be more nonexistent than to be dead!*
58. Doblada la tarde *In the late afternoon*

A la noche, antes de recogerse a dormir, la marquesa habló a Perpetua:

—Tenías razón, hijita: el náufrago es el hombre más guapo que yo he visto en mi vida. Además, ¡qué ciencia la suya! [59] ¿Has conocido a nadie que tanto sepa?   5

Perpetua no respondió. Salió dando las buenas noches; se desnudó con aceleramiento; se hundió entre las sábanas; apagó la luz; requirió, anhelante, el numen nebuloso de los sueños, en cuyo regazo se aloja el porvenir.

Al día siguiente, poco antes de la comida, llegaron don Tesifonte   10
y el emisario con las ropas de Marco y unos papeles.

—Buenos ojos le vean a usted,[60] don Tesifonte —dijo la marquesa.

Y luego, escudriñándole con los impertinentes:

—Le encuentro a usted decaído, muy avejentado.   15

"Maldita vieja, metomentodo", pensó don Tesifonte. Y prosiguió cavilando: "Sin duda ese diablejo turgente y revoltoso de Manuela tiene la culpa de mi decaimiento". Manuela era una cocinera que traía muy levantado de cascos a don Tesifonte.[61]

Añadió en voz alta: 20

—El mucho trabajo y el mucho calor, mi querida y respetable amiga.

—Pues yo encuentro a papá como siempre...

Marco, entretanto, había abierto los papeles y les pasaba la vista.

—¡Caramba! —exclamó—. Mi tío el duque de Setiñano, ha muerto. 25

—¿Hereda usted el título? —inquirió con trémula solicitud la marquesa.

—No, señora. Tenía hijos.

—Vaya por Dios; [62] ni título ni dinero.

—Dinero sí. Una bicoca: poco más de veinte mil duros.   30

—Pues, entonces, enhorabuena —dijo la marquesa, con demasiada espontaneidad.

—Marquesa... —reprochó Perpetua.

—Ha dicho bien la marquesa —atajó Marco—. Mi tío ha muerto de muerte natural y en la extrema vejez. Ante una vida tan ar-   35
moniosa y plena, y con tan buena medida y en su punto acabada,[62]

59. ¡qué ... suya! *how learned he is!*
60. Buenos ojos ... usted *Welcome*
61. que traía ... Tesifonte *who had D. Tesifonte all agog*
62. Vaya por Dios *Oh, well*
63. y con ... acabada *and so well balanced and finished at its appointed time*

como un círculo perfecto que se cierra, no hay razón para el gesto plañidero. Era una gran inteligencia y un gran corazón. Sólo le faltó el Prometeo. Su hijo Vittorio no será, ciertamente, Prometeo.

Marco miró a Perpetua en los ojos, y Perpetua, que no había so-
5 ñado la noche antes, creyó en aquel punto que estaba soñando, y las perspectivas de su sueño eran infinitas.

En el paseo de la tarde, don Tesifonte daba el brazo a la marquesa. Marco caminaba a la par de Perpetua.

—Por fin —habló Marco—, ya me tiene usted vestido de persona
10 ¿Verdad que soy otro hombre?

—Sí que lo es usted; pero voy a decirle mi parecer. Con el traje de aldeano me parecía usted mejor que con éste de caballero. Con la sábana me parecía usted mejor que con el de aldeano. Y cuando se me apareció usted de rodillas, entre la mata de cinamomo, me pa-
15 reció usted mejor que con la sábana.

—Ha hablado usted con singular discreción y con palabras llenas de sentido. En tan breves frases lo ha dicho usted todo. ¿Quiere usted que nuestra conversación sea interpretación y explanación de lo que usted ha dicho?
20 —Sea.

—Una cuestión previa. Hasta donde alcanza mi corta experiencia de las cosas de España, soy de opinión que ninguna joven española hubiera osado hablar como usted. Sus palabras han sido de cristal.

—Si mis hermanas, o las San Albano me hubieran oído, se hubie-
25 ran escandalizado, como si se tratase de expresiones cínicas y desver-
gonzadas.

El rostro de Perpetua revelaba una seriedad marmórea y una pálida castidad.

—Estoy satisfecho —dijo Marco, con expresión grave y amorosa—.
30 Iniciemos el comentario a sus primeras palabras. Pudiera entenderse que en el rápido lapso de unas horas, y a través de las cuatro etapas en que me he ido transformando ante sus ojos, he ido desmereciendo en el gusto de usted.

—No es eso precisamente. Para mí sigue usted siendo el mismo, y
35 no sólo no ha desmerecido en otros respectos, sino que ha ganado.

—¿Me consiente usted que hable con palabras absolutamente lim-
pias y veraces, huyendo de todo eufemismo, hipocresía o ficción, y dando a los sentimientos el nombre que les cuadra?

—De ese modo me gusta que hablemos.
40 —Ha dicho usted hace un instante que para usted sigo siendo el

mismo. Supongo que significaba usted el mismo hombre, el mismo individuo, el mismo ser abandonado a sí propio que se le apareció a usted detrás de aquella mata. (Perpetua asintió). En efecto: aquél era yo en mi individualidad más concreta. Luego, fué conociendo usted poco a poco, gradualmente, la persona social de mí mismo, 5 aquella complicación de usos, costumbres, atavíos, convencionalismos y demás externidades que componen la persona social, y las más de las veces no sirve sino para ocultar la miseria de la individualidad concreta. ¿Me explico? (Perpetua asintió). Demos un salto en las ideas. Imaginemos el proceso de una joven española que llega 10 a casarse. Conoce a su prometido en un baile o en un paseo, es decir, en la más externa externidad del individuo que ha de ser un día su esposo. Gradualmente, conforme la intimidad y confianza se van estrechando, es posible que llegue a ver a su novio en mangas de camisa, con sábanas de baño... Lo que es seguro es que no le verá 15 como usted me vió hasta tanto que no se hayan casado ya.[64] (Marco hizo una pausa muy meditada). Nosotros hemos comenzado por lo último. (Marco hizo otra pausa, y la prolongó hasta que Perpetua hablase).

—¿Y cómo quería usted que fuese? —preguntó Perpetua, tomando 20 el coloquio en un sesgo festivo—. Espero que usted no pretenderá que la gente ande por bailes y paseos como Dios los echó al mundo, y unas ramas por todo vestido. ¡Tendría que ver![65] —concluyó con una risa artificiosa.

—Tendría que ver, sí. Pero no sea usted infiel consigo misma. He- 25 mos quedado en emplear palabras transparentes y veraces —dijo Marco, con gravedad—. Dado en lo que ha venido a parar la raza humana, es ciertamente imposible que se concierten uniones conociéndose antes los contrayentes en su individualidad concreta. ¿Me explico? 30

—Demasiado.

—Pero, el que no pueda ser, no impide que debiera ser.[66] El matrimonio debe ser una obra sabia de selección de la especie. Y lo que les está vedado al común de las gentes les es otorgado a algunos elegidos como por vía providencial. Un filósofo de la antigüedad quería 35 que no se verificasen uniones sino entre individuos perfectos y ade-

---

64. hasta tanto ... ya Omit *no* in translation.
65. ¡Tendría que ver! *Really! (That really would be something!)*
66. Pero ... debiera ser. *But the fact that it can't be so does not mean that it shouldn't be so.*

cuados el uno al otro.[67] Y quería más: que al fruto de estas uniones,
si por accidente naciera defectuoso, no se le consintiese vivir. (Una
pausa. Perpetua caminaba con la cabeza pensativa.) ¿No descubre
usted en nuestro encuentro algo providencial?

5   —Sí.

—Y, al verme, ¿experimentó usted algún sentimiento de otra naturaleza distinta a los que hasta entonces había usted experimentado?

—No sé cómo expresarme para no parecer cínica.

—Con sinceridad.

10   —Le diré a usted que, de cuantos hombres he conocido, ninguno
me inspiró otro sentimiento que una amistad tranquila, natural. No
podía ver en ellos criaturas diferentes de mí; vamos, hombres. Sobre
poco más o menos, me parecían amigas más que amigos; amigas
poco íntimas, y, por lo tanto, cansadas para tratar con frecuencia.

15 Quizás haya influído en esto el que nadie me ha hecho el amor.
Muchas veces me he preguntado: ¿Qué es eso del amor? Cuando veo
las parejas de novios, o mis amigas me cuentan sus amoríos, me hacen el efecto de personas fingidoras, afectadas, aficionadas a teatrale-
rías y extremosidades, y por dentro, vaciedad o mentira. Cuando le

20 vi a usted... voy a ser sincera, lo primero pensé: "¡Qué guapo es este
hombre!". Era la primera vez que mi pensamiento deletreaba la palabra "hombre". Después, durante estas horas que hemos estado
juntos, he pensado con frecuencia: "Estaría al lado de Marco toda
la vida sin fastidiarme". No puedo decirle a usted más por ahora.

25   En mucho tiempo no volvieron a hablar. Marco dijo de pronto:

—¿Cuándo quieres que nos casemos?

—Cuando quieras.

—Pues el mes que viene.

Continuaron en silencio toda la tarde. De retorno del paseo, era
30 de noche y lucía la luna.

—Una cosa quiero que me aclares, Marco. Has hablado antes del
matrimonio como si se tratase de la cría de caballos, perros o cerdos
de casta. Si no es más que eso... no quiero casarme.

—Eso debe ser; pero, además, es el amor.

35   Marco tomó una mano a Perpetua y le miró a los ojos, embebidos
en luz de luna. Perpetua quiso repetir la última palabra, pero la voz
se había ausentado de su garganta.

La familia Meana estaba reputada, entre sus relaciones, como un

---

67. Cf. Plato's *Republic*, Book V.

clan de trogloditas. Su voracidad era extraordinaria. La marquesa de San Albano decía que daba gloria verles comer. El que más comía y bebía era don Tesifonte. Pero la prole, así masculina como femenina, apenas si se dejaban sacar ventaja.[68]

Aquella noche, después de cenar, don Tesifonte dijo, dirigiéndose a Marco:

—Tengo cincuenta años. (Se quitaba siete.) En mi vida he tropezado con nadie que compitiera conmigo en punto a comer y beber, como no sean mis hijos.[69] Pero esta noche, señor Setiñano, ha humillado usted mi vanidad. No creí que nadie pudiera superarme. Usted me asusta.

—Excelente don Tesifonte —respondió Marco—; como así porque estoy enamorado y a mí me sucede como a los Inmortales que habitan el dilatado Ouranos.[70] El amor no me quita el apetito: me lo robustece. Porque el amor necesita de alimento para lograr la plenitud del fruto, y yo soy el padre del futuro Prometeo.

—Debo rectificar, señor Setiñano. Ya no le reconozco a usted superioridad, porque a mí la bebida no me hace desvariar.

—¡Oh, excelente suegro! —concluyó Marco, ante los estupefactos concurrentes—. Lo que ocurre es que usted no me ha entendido. —Y lanzó una carcajada verdaderamente olímpica.

Por filo del tránsito entre la primavera y el verano, como si obedeciese al régimen de un gozoso mito solar, Perpetua anunció a Marco que iban a tener un hijo. Marco, que estaba en bata, aderezando unos escolios para la clase, alzó el faldón y con él se cubrió la cabeza.

—¿Qué haces?

—Derramar lágrimas de júbilo; y como el decoro varonil impide mostrar el rostro con lágrimas, me lo cubro con la bata, que yo bien quisiera que fuese túnica o peplo.

A seguida se levantó, estrujó a la esposa entre los brazos y prorrumpió en alaridos de entusiasmo.

En las mansas noches de primavera, marido y mujer, las manos amorosamente entretejidas, se recodaban en la galería de cristales

68. Pero ... ventaja. *But his children, male and female alike, scarcely allowed him to get the better of them.*

69. En mi vida ... hijos. *I have never met anyone who could compete with me in eating and drinking, with the exception of my children.*

70. Ouranos In Greek mythology, Ouranos is Father Heaven.

que había a espaldas de la casa. Sentía ella en sus entrañas, colmadas de ventura, la trepidación de la grande vida venidera, y él también creía sentir el armonioso bullicio de los gérmenes, comunicado a través de las dulces y laboriosas manos conyugales. Frente a la
5 galería se alzaba un collado, y en la cumbre un cementerio de funeraria espesura. Débiles relámpagos esclarecían, a veces, el horizonte, como súbito parpadeo de una gran pupila. Y Marco evocaba a Prometeo, que arrebató la lumbre viva del hogar de los Inmortales y la puso al servicio de los hombres. En ocasiones se oprimían las manos
10 con más fuerza, como en pacto tácito de mutua confianza en el destino, y sollozaban, el corazón encaramado en el vértice del pecho.[71]

Llegó el momento en que los vaticinios debían cumplirse y el ansiado héroe emerger de los nebulosos pronósticos hasta el tráfago de las luchas terrenas: el trance del alumbramiento.

15 —¿Me arrojáis del gineceo?[72] —suspiró Marco cuando le despidieron del aposento de la doliente.

Agitado y cejijunto recorría el pasillo a zancadas. Denso silencio pesaba sobre la casa. La madre aceptaba los dolores del trance con silenciosa energía.

20 Pasó la comadrona, una mujer cascajosa y expectorante, con quevedos de armadura córnea y las mangas subidas.

Marco se encaminó a un gabinete. Retrepado en una butaca, el médico leía un periódico.

—¿Todavía no? —preguntó Marco.

25 —Todavía no.

Marco se evadió al pasillo; luego a la galería de cristales. Una idea maligna culebreó de pronto entre sus sesos. Si le naciera un hijo deforme... Comenzó a tiritar. Su corazón se elevó a Dios; "¿Quién podrá hacer limpia una criatura engendrada en la corrupción sino
30 Tú solo, Señor?" Se llevó las manos a las sienes. Padecía como si fuera a perder el sentido. A seguida, una como[73] resplandeciente sonrisa le saturó el pecho y se le trasvasó a los labios. Algo extraño y recóndito cantaba en su alma prometiendo un robusto fruto de bendición para el huertecillo familiar.

35 En el seno de la alcoba nupcial comenzaron a levantarse múltiples ruidos sigilosos: jadeos, pasos, carraspeos, sollozos.

---

71. el corazón ... pecho *their hearts leaping in their breasts*
72. gineceo *gynaeceum,* in ancient Greece and Rome, the women's apartment in a house
73. una como *something like*

Marco no había querido avisar a la familia de Perpetua. Estaba
solo y como insensato.

El médico, tocándole en el hombro, le dijo:

—Ya puede entrar.

—¿Sin novedad?   5

—Sí. Un varón.

Marco se precipitó en la alcoba. La comadrona lavaba al recién
nacido. Era una criatura repugnante, enclenque, el cráneo dilatado,
la espalda sinuosa. Prometeo. La madre, con voz apenas audible,
murmuró: 10

—¿Cómo es? Bésalo.

Y como Marco, estupefacto, no diera pie ni mano,[74] insistió:

—¡Bésalo!

Medio loco de dolor, Marco impuso sus labios en aquella carne
triste y miserable, escoria de tantos ensueños heroicos. Acercóse luego 15
al lecho de Perpetua, dejó caer las rodillas en tierra y la cabeza sobre
la almohada, y allí, junto a la dulce cara febril, color de cera translú-
cida por el misterio de la maternidad, lloró sin consuelo, sin ser
dueño de sí, como un niño.

Un perro aullaba en la calle. Una campana doblaba a muerto.   20

La madre fué la nodriza del niño. Crióse raquítico, y la sinuosidad
de su espalda se definió en rotunda joroba. Fué precoz sobremanera.
A los seis años, su cara, sutil y afilada como una lámina, mostraba
tanta impertinencia, quedábase de tal suerte mirando de hito en
hito a las personas mayores, y su pupila vibraba tan agriamente, que 25
no se dijera sino que un espíritu maléfico se albergaba en él. Marco
traducía la expresión de su hijo en estos términos: ¿Por qué me has
traído al mundo? Los padres le envolvían de continuo en ternura
casi lacrimosa. Pero Prometeo era arisco; rechazaba con desvío los
halagos caseros. En cambio, con las personas de fuera, las visitas de 30
casa, hermanas y amigas de Perpetua, era mimoso y pegajoso. Aga-
zapábase el chicuelo entre las rodillas de las damas, reclinando la
cabeza en el enfaldo, tembloroso, agitado de recia y precoz lascivia.
Ellas le acariciaban, con la distraída mano enguantada, en tanto
charloteaban de naderías. En ocasiones, Prometeo asía la enguantada 35
mano femenina, aspiraba el olor y la besaba. Cuando advertía que
alguna señora le miraba con lástima, se ponía de pie de un salto y
abandonaba el gabinete con hurañía. Escondíase en un rincón a llorar, y luego se negaba a comer.

74. no diera ... mano *did not make a move*

Marco encerraba sus torturas en una muralla de silencio. La esposa, blanda y fiel, que adivinaba el lóbrego curso de sus ideas, aplacábalas besando suavemente la sien, ya cana.

A los siete años, Prometeo fué a la escuela. Condújole el primer
5 día el mismo padre. Suplicó al maestro lenidad para con el alumno. Le llevaba, sobre todo, porque se distrajera con la amistad y juegos de otros muchachos, no para que aprendiera, que sobrado tiempo le quedaba para aprender, dado que la sabiduría sirviera para algo, y puesto que harto meditabundo era Prometeo de suyo.[75] El maestro
10 respondió que así se haría. Y así se hizo.

El hijo del catedrático disfrutó de privilegios e inmunidades que la revoltosa turba escolar envidiaba. Los alumnos se vengaban en los recreos, mofándose del jorobadito y poniéndole motes. Cuando Prometeo escuchaba los insultos, su belfo, prominente y prematura-
15 mente velloso, adquiría temerosa amarillez. Luego, extraviado y lleno de frenesí, se lanzaba, como araña gigantesca sobre el denostador, mordisqueándolo y arañándolo. Se hizo temer.

Pasaban los años. Salían los jovenzuelos talludos para el Instituto; entraban nuevos párvulos. Y Prometeo continuaba en la escuela.
20 Prometeo protestaba a diario, con berrinches furiosos, contra sus trajes a la marinera. Los hacía añicos. Quería vestirse de hombre. Ya tenía catorce años. Le encargaron ropa de hombrecito. Prometeo se afanó en vestírsela y en mirarse en un espejo. Viéndose en tal guisa más corcovado que nunca, arremetió contra el espejo, dando aulli-
25 dos de dolor. La madre quiso tomarlo en sus brazos, y él la golpeó. Volvió a vestirse trajes a la marinera, con gran cuello azul, que disimulaba la joroba.

En la escuela llegó a ser un reyezuelo, consagrado por los años y la tolerancia del maestro. Tenía sus favoritos, a quienes mimaba con
30 efusiones sospechosas, y sus odios atrabiliarios, que satisfacía con encono enfermizo.

Por antojo, que la madre no acertaba a comprender, y bien que la escuela se hallase a dos pasos de la casa, Prometeo no quería ir sino en compañía de la doncella, la cual acudía también a buscarle a la
35 salida, e íbanse entrambos de paseo al parque. Llegó una ocasión en que Prometeo se negó a volver a los paseos públicos. Aborrecía los lugares concurridos en donde veía a sus antiguos compañeros gallardeando ya en incipientes aventuras amorosas.

La doncella, Luisa de nombre, y Prometeo, comenzaron a salir to-
40 das las tardes a los aledaños de la ciudad y aldeas colindantes. Reco-

75. de suyo *by nature*

rrían en silencio suaves praderas, umbrosos bosques. Las vacas pa-
cían al son del cobre adormilado.[76] En las alquerías tomaban leche
tibia, al pie del hórreo.

Un día Luisa volvió muy sofocada del paseo y anunció a la señora
su propósito de abandonar el servicio de la casa. Nadie consiguió 5
averiguar por qué.

Prometeo recibió la noticia de la marcha de Luisa con faz inmutable. Al día siguiente fué solo a la escuela. A la salida tomó rumbo
a las afueras de la ciudad, como de costumbre. Se internó en una
calleja sombrosa, orillada por el alto muro de un convento. Oíase la 10
voz vesperal del órgano.[77] Llegó a un prado en cuesta, de agrio color,
con una vereda roja surcándolo, y por ella descendió Prometeo. Detrás de unas higueras, un humo azul subía al firmamento. Prometeo
anduvo una hora a campo traviesa, a la ventura. Sentóse en una
piedra blanca y pulimentada, al borde de un camino. Obscurecía. 15
Pasó una lechera, los brazos en jarras, la cantimplora a la cabeza, y
mucho tejemaneje de refajos.[78] Cuando la tuvo cerca de sí, Prometeo le salió al paso.

—¿Me das [79] un poco de leche? Te la pagaré bien. Tengo sed
—dijo.   20

Su voz se había estrangulado. Tendió las manos, huesudas y cris-
padas, dió un salto, asió de la cintura a la aldeana y, empinándose,
intentaba alcanzar a besarle en la boca.

La lechera, no recobrada aún de la sorpresa, miraba a Prometeo
con ojos turbios, como si soñase. Se santiguó: 25

—¡Arreniego: ye el diaño! [80]

Desasióse brusca, dejando caer la cantimplora, y huyó, empujada
por el terror. Y Prometeo corrió en su seguimiento.

—¿Por qué escapas? ¿Por qué escapas?

No podía darle alcance. Le arrojó piedras.   30

Pateó. Echó espumarajos por la boca.

Y era ya noche obscura.

De matinada, allá en la aldea, Telva salía de la alquería a ordeñar
las vacas, canturreando una tonadilla. Detúvose, sin hablar. Hizo un
esfuerzo, y clamó: 35

---

76. al son ... adormilado   *to the sound of the sleepy copper bells*
77. Oíase ... órgano.   *The sound of the organ playing vespers was heard.*
78. mucho tejemaneje de refajos   *with much swishing of skirts*
79. me das   *will you give me*
80. ¡Arreniego: ye el diaño!   Dialectal form: *it's the devil!*

—¡Nolo, Nolo! ¡Per [81] las benditas ánimas!...

Asomóse Nolo amodorrado, en un ventanuco que una vid silvestre encuadraba.

—¿Qué ye aquello que se ximielga en la figar? [82] —preguntó Telva.

5 Nolo bajó a informarse de cerca. Al extremo de la quintana, colgando de una higuera, bailaba al aire el cuerpo de Prometeo, deforme y liviano, como fruto serondo.

81. per = por
82. ¿Qué ... figar? *What is that hanging from the fig tree?*

Ramón Gómez de la Serna
(1888–   )

Although in Spain Ramón Gómez de la Serna is commonly regarded as a literary school of one, a *generación unipersonal,* he is a member of that worldwide generation of writers who—aware of the disintegration of conventional concepts in science, philosophy and art—use diction and image not to confirm or corroborate, but to startle and shock. Born in Madrid in 1888, and always associated with the vanguard literary movements of that capital, he has remained the *enfant terrible* of modern Spanish letters. In addition to his steady output of books that now reach the hundred-mark, his personal behavior has won him great notoriety. His lectures from a trapeze or the back of an elephant, his madcap doings at the Bohemian café *El Pombo,* all add to the rich store of anecdotes concerning his eccentricities.

Ramón's novels (*El doctor inverosímil, El torero Camacho, Cinelandia, La viuda blanca y negra, El caballero del hongo gris, Seis falsas novelas*), his plays (*El drama del palacio deshabitado*), and his books of impressions (*El Rastro, El circo, Muestrario*) are all marked by an outrageously unconventional and purely arbitrary vision of facts and things which have become known as *ramonismo.* Some of his most entertaining books are his biographies of Azorín and Ramón del Valle-Inclán, but his fame rests mainly on his seemingly inexhaustible output of *greguerías,* those short, aphoristic statements in which the purpose of the author is, in his own words, *desviar con gracia.*

No doubt one of Ramón's motives in writing these *greguerías* is to rearrange the component parts of reality in order to scandalize the reader, but the serious student must recognize that the author is tired of traditional metaphors and overexploited patterns of language and ideas and seeks to renovate them. Some of the *greguerías* simply move us to laughter; others do not quite "come off"; still others are merely irritating; but most often the effect of telling us familiar things in an unfamiliar way is to stimulate intellectual responses of a disquieting nature. Such experimentation and *juego de ingenio* are in the respected Spanish tradition of *conceptismo* particularly associated with the seventeenth-century baroque writers Góngora and Quevedo. But the free play that Ramón allows to fantasy and the subconscious identifies him with the surrealists who, in an attempt to ferret out hidden realities behind appearances, break reality up into strange angles and curves, as in a distorting mirror.

Ramón takes vast liberties in his attempt to reconcile incompatibles and to create new linguistic and poetic tensions. The *greguería* is a sharp, intuitive image, a verbal equation born of free association and disclaiming the control of verisimilitude or logic. "La greguería," says its creator, "es el atrevimiento a definir lo que no puede definirse, a capturar lo pasajero, a acentuar lo que no puede no estar en nadie o puede estar en todos."

Greguerías

La mujer se limpia con un pañuelito muy chico los grandes dolores y los grandes catarros.

Al abrir un libro recién encuadernado suena como si tuviera reuma articular.

Lo peor de los médicos es que le miran a uno como si uno no fuera uno mismo.

Los caballeros con gola llevaban la cabeza servida en un frutero.

Vivir es amanecer.

El pez más difícil de pescar es el jabón dentro del baño.

Al caer la estrella se le corre un punto a la media[1] de la noche.

Cuando el niño se empeña en que conozcamos el tamaño de su chichón parece que nos presenta orgullosamente el brote del genio.

Cuando una mujer te plancha la solapa con la mano ya estás perdido.

Trueno: caída de un baúl por las escaleras del cielo.

Los tornillos son clavos peinados con raya en medio.

Las primeras gotas de la tormenta bajan a ver si hay tierra en que aterrizar.

Cuando la mujer pide ensalada de frutas para dos, perfecciona el pecado original.

Cuando el violinista se presenta con el violín colgado de la mano es como el ginecólogo con el niño que acaba de nacer.

1. se le corre ... media *there is a run in the stocking*

233

En la manera de matar la colilla contra el cenicero se reconoce a la mujer cruel.

El Coliseo en ruinas es como una taza rota del desayuno de los siglos.

5   El arco iris es la cinta que se pone la Naturaleza después de haberse lavado la cabeza.

El ciego mueve su blanco bastón como tomando la temperatura de la indiferencia humana.

Aquella mujer me miró como a un taxi desocupado.

10 Los grandes reflectores buscan a Dios.

Las violetas son actrices retiradas en el otoño de su vida.

Los que bajan del avión parecen salir del Arca de Noé.

La felicidad consiste en ser un desgraciado que se sienta feliz.

Roncar es tomar ruidosamente sopa de sueño.

15 Los presos a través de la reja ven la libertad a la parrilla.

Tan impaciente estaba por tomar el taxi, que abrió las dos portezuelas y entró por los dos lados.

Los recuerdos encogen como las camisetas.

Las flores que no huelen son flores mudas.

20 El que toma el refresco con dos pajas parece que toca la doble flauta de Pan.

Las latas de conserva vacías quedan con la lengua de hojalata fuera.

El único recuerdo retrospectivo que le queda al día es ese ruidito 25 que hace el despertador cuando pasa por la misma hora en que sonó la última vez.

La lechuga es toda enaguas.

Principio de primavera: un niño solo en todo el "tío vivo".

Lo más difícil de digerir en un banquete es la pata de la mesa que 30 nos ha tocado en suerte.

La escritura china es un cementerio de letras.

La cebra es el animal que luce por fuera su radiografía interior.

Estamos mirando el abismo de la vejez y los niños vienen por detrás y nos empujan.

Lo más aristocrático que tiene la botella de champaña es que no 5 consiente que se la vuelva a poner el tapón.

La faja del nene es la primera venda de la vida.

Los cocodrilos están siempre en pleno concurso de bostezos.

La arrugada corteza de los árboles revela que la Naturaleza es una anciana.   10

La T es el martillo del abecedario.

El búfalo es el toro jubilado de la prehistoria.

El bebé se saluda a sí mismo dando la mano a su pie.

A las doce las manillas del reloj presentan armas.

Al sentarnos al borde de la cama, somos presidiarios reflexionando 15 en su condena.

Las estrellas trabajan con red. Por eso no se cae ninguna sobre nuestra cabeza.

Los que juegan al aro corren detrás del reloj sin cifras.

Cuando la mujer se quita una media parece que va a mirarse una 20 herida.

Las gaviotas nacieron de los pañuelos que dicen ¡adiós! en los puertos.

Los ceros son los huevos de los que salieron las demás cifras.

Lo peor de los pobres es que no pueden dar dinero.   25

La noche que acaba de pasar se va al mismo sitio en que está la noche más antigua del mundo.

El Pensador de Rodin [2] es un ajedrecista al que le han quitado la mesa.

2. Auguste Rodin (1840–1917), French sculptor. "The Thinker" is probably his most noted figure.

Genio: el que vive de nada y no se muere.

Los pingüinos son unos niños que se han escapado de la mesa con el babero puesto.

Los paraguas están de luto por las sombrillas desaparecidas.

5 Después de usar el dentífrico nos miramos los dientes con gesto de fieras.

La Y es la copa de champaña del alfabeto.

Cuando está el armario abierto, toda la casa bosteza.

El espantapájaros semeja un espía fusilado.

10 Abrir un paraguas es como disparar contra la lluvia.

El agua se suelta el pelo en las cascadas.

El que pide un vaso de agua en las visitas es un conferenciante fracasado.

Juan Ramón Jiménez
(1881–1958)

The most "exquisite" and tenuous of the Spanish poets of this century, Juan Ramón—as he is affectionately known throughout the Spanish-speaking world—was born in Moguer, a small town in the Andalusian province of Huelva, on December 24, 1881. Even as a child he was given to solitude and retirement, predilections which marked the entire course of his life and are reflected in the delicacy and introspection of his poetry. After receiving his early education at a Jesuit school, he went to Seville to study law; there he wrote his first verses and read the Romantic poets of the nineteenth century—Lamartine, Byron, Bécquer, Espronceda, and Heine.

In 1900, invited by Rubén Darío and his disciple Francisco Villaespesa, Juan Ramón went to Madrid where he wrote his first two books, *Almas de violeta* and *Ninfeas,* the very titles of which afford us clues to his Modernist, languid, decadent inclinations. Soon after his father's death, the poet had his first serious nervous attack and spent some time in sanatoria in the south of France and then in Madrid. Loss of family fortune aggravated his difficulties and inspired thoughts of suicide, but in 1903 his *Arias tristes* was hailed by some of the outstanding writers of the day. In 1904 *Jardines lejanos* was published and *Pastorales* (published in 1911) written. The next year he returned to Moguer to spend six tranquil years during which he composed his *Elegías, La soledad sonora,* and *Poemas mágicos.* When he returned to Madrid in 1911, he was already a very well-known poet and soon moved into the *Residencia de Estudiantes,* where he enjoyed the company of the outstanding intellectuals of his day.

In 1916 Juan Ramón traveled to the United States to marry Zenobia Camprubí. The poet who lived so often in a phantasmal world, divorced from the whirl of common things, chose the perfect help-mate; for not only did he collaborate with her in translating the Hindu poet Rabindranath Tagore and many others, but one year after his marriage saw the publication of his finest verse—*Estío, Sonetos espirituales,* and *Diario de un poeta recién casado* (later known as *Diario de poeta y mar*). The year 1917 also saw the publication of the first complete edition of *Platero y yo,* destined to become his prose masterpiece. This book, later translated into many languages and a favorite of adult and child alike, is made up of short lyrical chapters in which the poet talks with and comments on the semi-human donkey Platero against the background of life in Moguer.

There followed the volumes *Eternidades, Piedra y cielo, Poesía,* and *Belleza,* containing some of his purest verse. The poet also published some short-lived literary and artistic reviews in the years that followed, attracting contributions from such young poets as Pedro Salinas, Jorge Guillén, and Rafael Alberti. He also maintained cordial relations with Federico García Lorca; and to a certain extent, despite later clashes and misunderstandings, the younger generation of poets can be said to have learned a good deal from him.

Although his reputation as a *poeta puro* spread constantly both in Spain and abroad, he continued to live a very secluded life, refusing honors and invitations. In addition to his poetry, from 1926 to 1934 he worked on a series of verbal portraits and caricatures of Spaniards and Latin-Americans, published in 1942 under the title of *Españoles de tres mundos.* At the outbreak of the Civil War, Jiménez and his wife went to Puerto Rico, Cuba, and the United States, where he taught at the University of Miami, Duke, and the University of Maryland. In 1951, after a trip to Argentina and Uruguay, Juan Ramón, accompanied by his wife, went back to Puerto Rico to teach at the University. On October 25, 1956, the poet received the Nobel Prize, an event marred by the death of Zenobia three days later. The poet died on May 30, 1958. His last books were *La estación total* (1946), *Romances de Coral Gables* (1948), and *Animal de fondo* (1949).

Although he started as a Modernist, Juan Ramón's reputation rests on the concentrated purity of his accents. If compared with Antonio Machado, the intellectual content of Juan Ramón's work strikes us as sparse, but for him poetry was not concerned with anything but the purest and most distilled states of the poet's consciousness. As he himself said, "Ni más nuevo al ir, ni más lejos—

más hondo: la depuración constante de lo mismo." Jiménez represents in modern Spanish verse complete freedom from rhetoric,
anecdote, or posturing. Instead, his poetry is delicate, vague, spiritual. In one poem, the poet tells us how poetry first came to him
pure, dressed in innocence; but then it adorned itself like a queen,
and without realizing it, he came to hate it. Only when it divested
itself of its apparel until it was clothed only in the tunic of its former innocence did he again adore it:

> Y se quitó la túnica
> y apareció desnuda toda...
> ¡Oh pasión de mi vida, poesía
> desnuda, mía para siempre!

SELECTED POEMS

MI ALMA ES HERMANA DEL CIELO

Mi alma es hermana del cielo
gris y de las hojas secas.
¡Sol interno del otoño,
pásame con tu tristeza!
5 —Los árboles del jardín
están cargados de niebla.
Mi corazón ve por ellos
esa novia que no encuentra;
y en el suelo húmedo me abren
10 sus manos las hojas secas.
¡Si mi alma fuera una hoja
y se perdiera entre ellas!—
El sol ha mandado un rayo
de oro estraño,[1] a la arboleda,

un rayo flotante, dulce
luz a las cosas secretas.
—¡Qué ternura tiene el último
sol para las hojas secas!
Una armonía sin fin   5
vaga por todas las sendas,
lenta, eterna sinfonía
de músicas y de esencias,
que dora el jardín de una
más divina primavera—.   10
Y esa luz de bruma y oro,
que pasa las hojas secas,
irisa en mi corazón
no sé qué ocultas bellezas.

1. estraño = extraño

(*Arias tristes,* 1903)

VIENTO NEGRO, LUNA BLANCA

> ...Par délicatesse
> J'ai perdu ma vie.[2]
>
> A. RIMBAUD.

Viento negro, luna blanca.
Noche de Todos los Santos.[3]
Frío. Las campanas todas
de la tierra están doblando.
5   El cielo, duro. Y su fondo
da un azul iluminado
de abajo, al romanticismo
de los secos campanarios.
Faroles, flores, coronas
10 —¡campanas que están doblando!—
... Viento largo, luna grande,
noche de Todos los Santos.
... Yo voy muerto, por la luz
15 agria de las calles; llamo
con todo el cuerpo a la vida;
quiero que me quieran; hablo
a todos los que me han hecho

mudo, y hablo sollozando,
roja de amor esta sangre
desdeñosa de mis labios.
¡Y quiero ser otro, y quiero
tener corazón, y brazos   5
infinitos, y sonrisas
inmensas, para los llantos
aquellos que dieron lágrimas
por mi culpa! [4]
            ... Pero ¿acaso,   10
puede hablar de sus rosales
un corazón sepulcrado?
—¡Corazón, estás bien muerto!
¡Mañana es tu aniversario!— [5]
Sentimentalismo, frío.   15
La ciudad está doblando.
Luna blanca, viento negro.
Noche de Todos los Santos.

(*Jardines místicos*, from *Jardines lejanos*, 1904)

LA CALLE ESPERA A LA NOCHE

La calle espera a la noche.
Todo es historia y silencio.
Los árboles de la acera
se han dormido bajo el cielo.

—Y el cielo es violeta y triste,
un cielo de abril, un bello
cielo violeta, con suaves
preludios del estrelleo.—

2. "Out of delicacy/I have ruined my life." From the poem *Chanson de la plus haute tour* by Arthur Rimbaud (1854–1891).
3. Todos los Santos *All Saints' Day*, November 1
4. por mi culpa *on my account*
5. Día de los difuntos *All Souls' Day*, November 2

Por las verjas se ve luz
en las casas. Llora un perro
ante una puerta cerrada.
Negro sobre el cielo liso,
5 revolotea un murciélago...
  —¡Oh la lámpara amarilla,
la paz de los niños ciegos,
la nostaljia [6] de las viudas,
la presencia de los muertos!
10 ¡Cuentos que en aquellas tardes

de abril, que ya nunca han vuelto,
nos contábamos, mirando
fijamente a los luceros!—
5 Y va cayendo la sombra
dulce y grande, en paz, con esos
rumores lejanos que
se escuchan desde los pueblos...

(*Pastorales*, 1911)

LLUVIA DE OTOÑO

Llueve, llueve dulcemente...

... El agua lava la yedra;
rompe el agua verdinegra;
el agua lava la piedra...
Y en mi corazón ardiente,
5 llueve, llueve dulcemente.
Está el horizonte triste;
¿el paisaje ya no existe?;
un día rosa persiste
en el pálido poniente...
10 Llueve, llueve dulcemente.
Mi frente cae en mi mano.

¡Ni una mujer, ni un hermano!
¡Mi juventud pasa en vano!
—Mi mano deja mi frente...—
Llueve, llueve dulcemente.
5 ¡Tarde, llueve; tarde, llora;
que, aunque hubiera un sol de aurora,
no llegaría mi hora
luminosa y floreciente!
¡Llueve, llora dulcemente! 10

(*Las hojas verdes*, from *Olvidanzas*, 1909)

AMANECER

Una fantasía blanca
y carmesí. El pinar blando
prende el verdor goteante
de un oro granate y májico. [7]

La aurora viene de frente,
las alondras sonrojando;
del ancho de todo el monte,
entra el mar un viento claro.

6. nostaljia = nostalgia
7. májico = mágico

Se cuelga el espacio, limpio,
de nardos que tejen rayos
de sol con hilos de brisa, entrecielo [8] puro y salado.
El mundo, que hubiera sido,
anoche, un gran carbón, mago,
se trueca en un gran diamante,

luna y sol en sólo un astro.
Ya están las rosas primeras
dispuestas a embriagarnos.
¡Pronto; que [9] la luz se mancha
con otra luz!   5
...Pasan bandadas de pájaros.

(*El pájaro en la rama*, from *Poemas agrestes*, 1910–1911)

HASTÍO

Lo mismo que el enfermo desahuciado,
que vuelve a la pared, débil, su frente,
para morirse, resignadamente
mi espalda vuelvo a tu glacial cuidado.

¡Gracias a ti, mujer! Más tú me has dado
que merecí. ¡Capricho impertinente
de niño que creía en lo demente!...
...Pero estoy ya de agradecer cansado.

Tu sol discreto que desgarra un punto
el cielo gris de enero, y, dulce, dora
mi pena, ni me gusta, ni me incita.

¡Déjame! ¡Que se caiga todo junto,
tu conciencia y mi amor, en esta hora
que llega ya, vacía e infinita!

OCTUBRE

Estaba echado yo en la tierra, enfrente
del infinito campo de Castilla,
que el otoño envolvía en la amarilla
dulzura de su claro sol poniente.

Lento, el arado, paralelamente
abría el haza oscura, y la sencilla

8. entrecielo *space between heaven and earth*
9. que *for (because)*

mano abierta dejaba la semilla
en su entraña partida [10] honradamente.
    Pensé arrancarme el corazón, y echarlo,
pleno de su sentir alto y profundo,
al ancho surco del terruño tierno,   5
a ver si con romperlo y con sembrarlo,
la primavera le mostraba [11] al mundo
el árbol puro del amor eterno.

(Sonetos espirituales, 1917)

10. partida   *broken*
11. mostraba = mostraría

Federico García Lorca
(1898–1936)

On June 5, 1898, in the small town of Fuente Vaqueros not far from Granada, there was born a child destined to be one of the most famous poets and dramatists of our century, and whose death some thirty-eight years later was to arouse the horror and indignation of the entire world. The young Federico lived with his family in Granada until 1919 and received his education close to home. As early as 1915 he began to write verses, and 1918 saw the publication of his prose *Impresiones y paisajes* on the regions of Spain he had previously visited. In 1919 he moved to the *Residencia de Estudiantes* in Madrid, and almost immediately the magnetism of his personality and the novelty of his verse attracted the intelligentsia of the capital.

In the summer of 1929 he left for New York, where he lived until the following spring when he visited Cuba for a few months. He returned to Spain in the summer of 1930 and there continued writing both poetry and drama. He directed *La Barraca,* a traveling theater that undertook to bring the Spanish Golden Age drama to the most remote villages of the country. From October, 1933, to March, 1934, he lectured in Buenos Aires to resounding acclaim. Two years later, at the beginning of the Civil War in Spain, he was forced from the house where he was staying outside Granada and shot; his body was flung into an unmarked grave.

In the case of Lorca, the dramatist and poet cannot be separated. His earliest play, *El maleficio de la mariposa,* was produced without much success in 1920, and one year later his first book of poems, *Libro de poemas,* was published. His *Primeras canciones* were written in 1922 although published in 1936; his *Canciones,* dating back to 1921–1924 were published in 1927; his *Poema del cante jondo,* written in 1921–1922, was published in 1931; his *Romancero gitano* was done between 1924–1927 and published in 1928.

Of his plays, *Mariana Pineda* was successfully shown in Madrid in 1927; *La zapatera prodigiosa* was produced in 1930 after his return from Cuba. In 1933 both *Bodas de sangre* and *El amor de don Perlimplín con Belisa en su jardín* were performed; the next year *Yerma* was produced, followed in 1935 by the puppet play *Retablillo de don Cristóbal* and *Doña Rosita la soltera*. That same year his great elegy *Llanto por la muerte de Ignacio Sánchez Mejías* was published, followed in 1936 by *Seis poemas galegos*. The last year of his life he wrote the *Diván del Tamarit* and completed his last and perhaps his finest drama *La Casa de Bernarda Alba*. His *Poeta en Nueva York* was published in its entirety only in 1940.

Although the "legend" of Lorca was already taking form during his lifetime, after his death the admiration excited by his work reached the proportions of an international cult. Yet Lorca is a *Spanish* poet—Spanish, Andalusian, Granadine. The strongest influences on the development of his mind and talent were from the very first the *nanas infantiles* or nursery rhymes of his native province, the children's games he had observed in the streets of Granada, the *cante jondo,* the Andalusian deep song so full of strange Mediterranean and Oriental rhythms and so deeply marked by the tragic sense of life, and the *romances,* or ballads, which came to him from literature and recitation.

Lorca never learned a second language—he gave up trying to learn English at Columbia University after a short half-hearted attempt—and whatever he knew of foreign literatures came to him through Spanish translations. Lorca was steeped in the tradition of his people, in the color and movement of gypsies and bullfighters, in the drama inherent in the Civil Guard, the peasantry, the religious processions. His interest in folklore, his musical talents (he was a close friend of the composer Manuel de Falla), and his love for painting (he was a good friend of Salvador Dalí, and in 1927 Lorca had a showing of his own drawings in Barcelona) all enriched his poetic powers. The full impact of such a delightful comedy as *La zapatera prodigiosa,* for example, cannot be felt in the reading: the visual and plastic elements of production, music, dancing, décor are all as important as the plot.

As in the case of his great predecessors in Spanish literature, the Archpriest of Hita, Lope de Vega, Góngora, Zorrilla, the Duque de

Rivas, the *popular* and the *culto* run parallel and also intermingle. In the eighteen ballads of the *Romancero gitano,* Lorca adheres in the main to the traditional eight-syllable meter in writing of saints and gypsies, of passion, pride, superstition, foreboding, and loneliness. His gypsies—handsome, proud, victimized—are raised to the highest coefficient not only of picturesqueness but of dramatic meaning.

The poems of the *Cante jondo* are more for the delectation of the ear than of the eye; music is suggested by the refrains and repetitions; even the titles suggest musical forms: *"siguiriya"* (*seguidilla*), *"soleá"* (*soledad*), *"saeta"* (eerie songs sung during religious processions by onlookers), *"petenera"* (a popular Andalusian song). Lorca used to recite his poems to friends, often long before they were published. The *Llanto por la muerte de Ignacio Sánchez Mejías* is one of the most intricately orchestrated poems of our times. It is divided into four parts or movements: in the first, *La cogida y la muerte,* the insistent repetition of the line *a las cinco de la tarde* is like the tolling of the death knell; in the second part, *La sangre derramada,* the line *que no quiero verla* repeated again and again, like the inevitability of death, is the verbal pantomime of grief so great that it will not recognize itself. The images—strange, broken, hallucinatory, hyperbolic—are a surrealistic apotheosis of an intimate friend and a valiant bullfighter.

Poeta en Nueva York is probably the most indecipherable and enigmatic of Lorca's poetic works. The poet, cut off from communication with people, bewildered and frightened by a civilization very different from his own, lost in what to him was a grotesque, chaotic, dehumanized world, expresses his horror in bizarre juxtapositions of images and metaphors. A measure of surcease comes in escape from this nightmarish world to Cuba, where he is on more familiar ground. In the *Diván del Tamarit,* Lorca returned to the shorter forms and the sensual themes of the *casidas* and *gacelas* of Arabic poetry.

Lorca was one of the great practitioners of the poetic drama of our times. The three most noteworthy plays, *Bodas de sangre, Yerma,* and *La casa de Bernarda Alba,* make up a trilogy of rural tragedies held together by the theme of frustration that inevitably leads to sorrow and death. In *Bodas de sangre,* frustration leads to dishonor, and dishonor is avenged by death; in *Yerma,* a play Unamuno confessed he wished he had written, a woman maddened by her obsessive desire for motherhood kills a husband who could not give her a child; in *La casa de Bernarda Alba,* fear of *el qué dirán* (gossip) forces the matriarch Bernarda to keep an iron grip on her five daughters and results in Adela's death.

There is, however, a gradual progression away from symbolism toward realism in the three plays. In *Bodas de sangre* all the characters except Leonardo remain nameless, the moon and death are symbolic figures, verse and prose alternate and the other-worldly and fantastic loom high; in *Yerma* there are still nameless characters, male and female masks, poetic interludes; but in the *Casa de Bernarda Alba* unreal elements are austerely absent; except for the delirium of the mad grandmother, even the verse form is missing. Yet even in this most realistic of Lorca's plays, the intensity of feeling, repressed by social conventions and the tyranny of a fearful mother, wrenches from the women strange, brilliant, explosive metaphors.

SELECTED POEMS

BALCÓN

La Lola
canta saetas.
Los toreritos
la rodean,
5   y el barberillo,
desde su puerta,
sigue los ritmos [1]
con la cabeza.

Entre la albahaca
y la hierbabuena,
la Lola canta
saetas.
La Lola aquella,   5
que se miraba
tanto en la alberca.

(Poema del cante jondo)

---

1. sigue los ritmos *keeps time*

SORPRESA

Muerto se quedó en la calle
con un puñal en el pecho.
No lo conocía nadie.
¡Cómo temblaba el farol!
5 Madre.
¡Cómo temblaba el farolito
de la calle!

Era madrugada. Nadie
pudo asomarse a sus ojos
abiertos al duro aire.
Que muerto se quedó en la calle
con un puñal en el pecho
y que no lo conocía nadie.

(Poema del cante jondo)

CANCIÓN TONTA

Mamá.
Yo quiero ser de plata.
Hijo,
tendrás mucho frío.
5 Mamá.
Yo quiero ser de agua.

Hijo,
tendrás mucho frío.
Mamá.
Bórdame en tu almohada.
¡Eso sí!
¡Ahora mismo!

(Canciones)

CANCIÓN DE JINETE (1860)

En la luna negra
de los bandoleros,
cantan las espuelas.

Caballito negro.
5 ¿Dónde llevas tu jinete muerto?

...Las duras espuelas
del bandido inmóvil
que perdió las riendas.

Caballito frío.
10 ¡Qué perfume de flor de cuchillo!

En la luna negra,
sangraba el costado
de Sierra Morena.[2]

Caballito negro.
¿Dónde llevas tu jinete muerto?

La noche espolea
sus negros ijares
clavándose estrellas.

Caballito frío.
¡Qué perfume de flor de cuchillo!

2. **Sierra Morena** mountain range in southern Spain

En la luna negra,
¡un grito! y el cuerno
largo de la hoguera.

Caballito negro.
¿Dónde llevas tu jinete muerto?

(*Canciones*)

PRENDIMIENTO DE ANTOÑITO EL CAMBORIO EN EL CAMINO DE SEVILLA

Antonio Torres Heredia,
hijo y nieto de Camborios,
con una vara de mimbre
va a Sevilla a ver los toros.³
5 Moreno de verde luna,
anda despacio y garboso,
Sus empavonados bucles
le brillan entre los ojos.
A la mitad del camino
10 cortó limones redondos,
y los fué tirando al agua
hasta que la puso de oro.⁴
Y a la mitad del camino,
bajo las ramas de un olmo,
15 guardia civil caminera
lo llevó codo con codo.

El día se va despacio,
la tarde colgada a un hombro,
dando una larga torera ⁵
20 sobre el mar y los arroyos.
Las aceitunas aguardan
la noche de Capricornio,
y una corta brisa, ecuestre,
salta los montes de plomo.

Antonio Torres Heredia,
hijo y nieto de Camborios,
viene sin vara de mimbre
entre los cinco tricornios.⁶

—Antonio, ¿quién eres tú?   5
Si te llamaras Camborio,
hubieras hecho una fuente
de sangre con cinco chorros.
Ni tú eres hijo de nadie,
ni legítimo Camborio.   10
¡Se acabaron los gitanos
que iban por el monte solos!
Están los viejos cuchillos
tiritando bajo el polvo.

A las nueve de la noche   15
lo llevan al calabozo
mientras los guardias civiles
beben limonada todos.
Y a las nueve de la noche
le cierran el calabozo,   20
mientras el cielo reluce
como la grupa de un potro.

(*Romancero gitano*)

3. a ver los toros *to see the bullfight*
4. hasta que ... oro *until it (the water) turned golden*
5. torera *sweep of the bullfighter's cape*
6. entre ... tricornios The patent-leather tricorn, or three-cornered hat, is a distinctive mark of the Spanish Civil Guard.

MUERTE DE ANTOÑITO EL CAMBORIO

Voces de muerte sonaron
cerca del Guadalquivir.
Voces antiguas que cercan
voz de clavel varonil.
5 Les clavó sobre las botas
mordiscos de jabalí.
En la lucha daba saltos
jabonados de delfín.
Bañó con sangre enemiga
10 su corbata carmesí,
pero eran cuatro puñales
y tuvo que sucumbir.
Cuando las estrellas clavan
rejones al agua gris,
15 cuando los erales sueñan
verónicas de alhelí,
voces de muerte sonaron
cerca del Guadalquivir.

—Antonio Torres Heredia,
20 Camborio de dura crin,
moreno de verde luna,
voz de clavel varonil:
¿Quién te ha quitado la vida
cerca del Guadalquivir?
25 —Mis cuatro primos Heredias
hijos de Benamejí.

Lo que en otros no envidiaban,
ya lo envidiaban en mí.
Zapatos color corinto,[7]
medallones de marfil,
y este cutis amasado   5
con aceituna y jazmín.
—¡Ay, Antoñito el Camborio,
digno de una Emperatriz!
Acuérdate de la Virgen
porque te vas a morir.   10
—¡Ay, Federico García,
llama a la Guardia Civil!
Ya mi talle se ha quebrado
como caña de maíz.

Tres golpes de sangre tuvo,   15
y se murió de perfil.
Viva moneda que nunca
se volverá a repetir.
Un ángel marchoso pone
su cabeza en un cojín.   20
Otros de rubor cansado
encendieron un candil.
Y cuando los cuatro primos
llegan a Benamejí,
voces de muerte cesaron   25
cerca del Guadalquivir.

(*Romancero gitano*)

7. color corinto *bronze-colored*

CASIDA DE LA MUCHACHA DORADA

La muchacha dorada
se bañaba en el agua
y el agua se doraba.

Las algas y las ramas
5 en sombra la asombraban,
y el ruiseñor cantaba
por la muchacha blanca.

Vino la noche clara
turbia de plata mala,
10 con peladas montañas
bajo la brisa parda.

La muchacha mojada
era blanca en el agua
y el agua, llamarada.

Vino el alba sin mancha,
con mil caras de vaca,
yerta y amortajada
con heladas guirnaldas.

La muchacha de lágrimas   5
se bañaba entre llamas,
y el ruiseñor lloraba
con las alas quemadas.

La muchacha dorada
era una blanca garza   10
y el agua la doraba.

(*Diván del Tamarit*)

La casa de Bernarda Alba

PERSONAJES

BERNARDA, *60 años*

MARÍA JOSEFA *(madre de Bernarda), 80 años*

ANGUSTIAS *(hija de Bernarda), 39 años*

MAGDALENA *(hija de Bernarda), 30 años*

AMELIA *(hija de Bernarda), 27 años*

MARTIRIO *(hija de Bernarda), 24 años*

ADELA *(hija de Bernarda), 20 años*

LA PONCIA *(criada), 60 años*

CRIADA, *50 años*

PRUDENCIA, *50 años*

MENDIGA

MUJER 1ª

MUJER 2ª

MUJER 3ª

MUJER 4ª

MUCHACHA

MUJERES DE LUTO

El poeta advierte que estos tres actos tienen
la intención de un documental fotográfico.

*Esta obra se estrenó el 8 de marzo de 1945 en el "Teatro Avenida",
de Buenos Aires, por la compañía de* MARGARITA XIRGU.

ACTO PRIMERO

*(Habitación blanquísima del interior de la casa de Bernarda.
Muros gruesos. Puertas en arco con cortinas de yute rematadas con
madroños y volantes. Sillas de anea. Cuadros con paisajes inverosí-*

miles de ninfas o reyes de leyenda. Es verano. Un gran silencio umbroso se extiende por la escena. Al levantarse el telón está la escena sola. Se oyen doblar las campanas.)

(Sale la Criada.)

CRIADA. Ya tengo el doble de esas campanas metido entre las sienes.   5

LA PONCIA *(sale comiendo chorizo y pan).* Llevan ya más de dos horas de gori-gori. Han venido curas de todos los pueblos. La iglesia está hermosa. En el primer responso se desmayó la Magdalena.

CRIADA. Es la que se queda más sola.

LA PONCIA. Era la única que quería al padre. ¡Ay! ¡Gracias a Dios 10 que estamos solas un poquito! Yo he venido a comer.

CRIADA. ¡Si te viera Bernarda!...

LA PONCIA. ¡Quisiera que ahora, como no come ella, que todas nos muriéramos de hambre! ¡Mandona! ¡Dominanta! ¡Pero se fastidia! Le he abierto la orza de chorizos.   15

CRIADA *(con tristeza ansiosa).* ¿Por qué no me das para mi niña, Poncia?

LA PONCIA. Entra y llévate también un puñado de garbanzos. ¡Hoy no se dará cuenta!

VOZ *(dentro).* ¡Bernarda!   20

LA PONCIA. La vieja. ¿Está bien cerrada?

CRIADA. Con dos vueltas de llave.

LA PONCIA. Pero debes poner también la tranca. Tiene unos dedos como cinco ganzúas.

VOZ. ¡Bernarda!   25

LA PONCIA *(a voces).* ¡Ya viene! *(A la Criada.)* Limpia bien todo. Si Bernarda no ve relucientes las cosas me arrancará los pocos pelos que me quedan.

CRIADA. ¡Qué mujer!

LA PONCIA. Tirana de todos los que la rodean. Es capaz de sentarse 30 encima de tu corazón y ver cómo te mueres durante un año sin que se le cierre esa sonrisa fría que lleva en su maldita cara. ¡Limpia, limpia ese vidriado!

CRIADA. Sangre en las manos tengo de fregarlo todo.

LA PONCIA. Ella la más aseada, ella la más decente, ella la más alta. 35 ¡Buen descanso ganó su pobre marido!

(Cesan las campanas.)

CRIADA. ¿Han venido todos sus parientes?

LA PONCIA. Los de ella. La gente de él la odia. Vinieron a verlo muerto y le hicieron la cruz.

CRIADA. ¿Hay bastantes sillas?

LA PONCIA. Sobran. Que se sienten en el suelo. Desde que murió el
5   padre de Bernarda no han vuelto a entrar las gentes bajo estos techos. Ella no quiere que la vean en su dominio. ¡Maldita sea!

CRIADA. Contigo se portó bien.

LA PONCIA. Treinta años lavando sus sábanas; treinta años comiendo sus sobras; noches en vela cuando tose; días enteros mirando por
10 la rendija para espiar a los vecinos y llevarle el cuento; vida sin secretos una con otra, y sin embargo, ¡maldita sea! ¡Mal dolor de clavo le pinche en los ojos!

CRIADA. ¡Mujer!

LA PONCIA. Pero yo soy buena perra; ladro cuando me lo dicen y
15 muerdo los talones de los que piden limosna cuando ella me azuza; mis hijos trabajan en sus tierras y ya están los dos casados, pero un día me hartaré.

CRIADA. Y ese día...

LA PONCIA. Ese día me encerraré con ella en un cuarto y le estaré
20 escupiendo un año entero. "Bernarda, por esto, por aquello, por lo otro", hasta ponerla como un lagarto machacado por los niños, que es lo que es ella y toda su parentela. Claro es que no le envidio la vida. Le quedan cinco mujeres, cinco hijas feas, que quitando Angustias, la mayor, que es la hija del primer marido y
25 tiene dineros, las demás, mucha puntilla bordada, muchas camisas de hilo, pero pan y uvas por toda herencia.

CRIADA. ¡Ya quisiera tener yo lo que ellas!

LA PONCIA. Nosotras tenemos nuestras manos y un hoyo en la tierra de la verdad.[1]

30 CRIADA. Ésa es la única tierra que nos dejan a las que no tenemos nada.

LA PONCIA (en la alacena). Este cristal tiene unas motas.

CRIADA. Ni con el jabón ni con bayeta se le quitan.

(Suenan las campanas.)

35 LA PONCIA. El último responso. Me voy a oírlo. A mí me gusta mucho cómo canta el párroco. En el "Pater Noster" subió, subió la voz que parecía un cántaro de agua llenándose poco a poco; claro es que al final dió un gallo; pero da gloria oírlo. Ahora, que nadie

---

1. un hoyo ... verdad   *a hole in God's earth*

como el antiguo sacristán Tronchapinos. En la misa de mi madre,
que esté en gloria, cantó. Retumbaban las paredes y cuando decía
Amén era como si un lobo hubiese entrado en la iglesia. (*Imi-
tándolo.*) ¡Amé-é-én! (*Se echa a toser.*)

CRIADA. Te vas a hacer el gaznate polvo.[2]   5
LA PONCIA. ¡Otra cosa hacía polvo yo![3] (*Sale riendo.*)

(*La Criada limpia. Suenan las campanas.*)

CRIADA (*llevando el canto*). Tin, tin, tan. Tin, tin, tan. ¡Dios lo haya
perdonado!
MENDIGA (*con una niña*). ¡Alabado sea Dios!   10
CRIADA. Tin, tin, tan. ¡Que nos espere muchos años! Tin, tin, tan.
MENDIGA (*fuerte y con cierta irritación*). ¡Alabado sea Dios!
CRIADA (*irritada*). ¡Por siempre!
MENDIGA. Vengo por las sobras.

(*Cesan las campanas.*)   15

CRIADA. Por la puerta se va a la calle. Las sobras de hoy son para mí.
MENDIGA. Mujer, tú tienes quien te gane.[4] ¡Mi niña y yo estamos
solas!
CRIADA. También están solos los perros y viven.
MENDIGA. Siempre me las dan.   20
CRIADA. Fuera de aquí. ¿Quién os dijo que entraseis? Ya me habéis
dejado los pies señalados.[5] (*Se van.*) (*Limpia.*) Suelos barnizados
con aceite, alacenas, pedestales, camas de acero, para que trague-
mos quina las que vivimos[6] en las chozas de tierra con un plato y
una cuchara. Ojalá que un día no quedáramos ni uno para con- 25
tarlo. (*Vuelven a sonar las campanas.*) Sí, sí, ¡vengan clamores!
¡Venga caja con filos dorados y toalla para llevarla! ¡Que lo
mismo estarás tú que estaré yo! Fastídiate, Antonio María Benavides, tieso con tu traje de paño y tus botas enterizas. ¡Fastídiate![7]
¡Ya no volverás a levantarme las enaguas detrás de la puerta de tu 30
corral! (*Por el fondo, de dos en dos empiezan a entrar mujeres de
luto, con pañuelos grandes, faldas y abanicos negros. Entran lentamente hasta llenar la escena.*) (*La Criada rompiendo a gritar.*) ¡Ay,

2. Te vas ... polvo. *You're going to ruin your throat.*
3. ¡Otra cosa ... yo! *I'd rather ruin something else!*
4. tú tienes ... gane *you have somebody to look after you*
5. Ya ... señalados. *You've already tracked up my floor.*
6. para que ... vivimos *so that those of us who live ... can suffer*
7. ¡Fastídiate! *Stew in your own juice!*

Antonio María Benavides, que ya no verás estas paredes ni comerás el pan de esta casa! Yo fuí la que más te quiso de las que te sirvieron. (*Tirándose del cabello.*) ¿Y he de vivir yo después de haberte marchado? ¿Y he de vivir?

5 (*Terminan de entrar las doscientas mujeres y aparece Bernarda y sus cinco hijas.*)

BERNARDA (*a la Criada*). ¡Silencio!

CRIADA (*llorando*). ¡Bernarda!

BERNARDA. Menos gritos y más obras. Debías haber procurado que
10 todo esto estuviera más limpio para recibir al duelo. Véte. No es éste tu lugar. (*La Criada se va llorando.*) Los pobres son como los animales; parece como si estuvieran hechos de otras sustancias.

MUJER 1ª. Los pobres sienten también sus penas.

BERNARDA. Pero las olvidan delante de un plato de garbanzos.

15 MUCHACHA (*con timidez*). Comer es necesario para vivir.

BERNARDA. A tu edad no se habla delante de las personas mayores.

MUJER 1ª. Niña, cállate.

BERNARDA. No he dejado que nadie me dé lecciones. Sentarse. (*Se sientan. Pausa. Fuerte.*) Magdalena, no llores; si quieres llorar te
20 metes debajo de la cama. ¿Me has oído?

MUJER 2ª (*a Bernarda*). ¿Habéis empezado los trabajos en la era?

BERNARDA. Ayer.

MUJER 3ª. Cae el sol, como plomo.

MUJER 1ª. Hace años no he conocido calor igual. (*Pausa.*)

25 (*Se abanican todas.*)

BERNARDA. ¿Está hecha la limonada?

LA PONCIA. Sí, Bernarda. (*Sale con una gran bandeja llena de jarritas blancas que distribuye.*)

BERNARDA. Dále a los hombres.

30 LA PONCIA. Ya están tomando en el patio.

BERNARDA. Que salgan por donde han entrado. No quiero que pasen por aquí.

MUCHACHA (*a Angustias*). Pepe el Romano estaba con los hombres del duelo.

35 ANGUSTIAS. Allí estaba.

BERNARDA. Estaba su madre. Ella ha visto a su madre. A Pepe no lo ha visto ella ni yo.

MUCHACHA. Me pareció...

BERNARDA. Quien sí estaba era el viudo de Darajalí. Muy cerca de tu tía. A ése lo vimos todas.

MUJER 2ª (*aparte, en voz baja*). ¡Mala, más que mala!

MUJER 3ª (*lo mismo*). ¡Lengua de cuchillo!

BERNARDA. Las mujeres en la iglesia no deben de mirar más hombre 5 que al oficiante y ése porque tiene faldas. Volver la cabeza es buscar el calor de la pana.

MUJER 1ª (*en voz baja*). ¡Vieja lagarta recocida!

LA PONCIA (*entre dientes*). ¡Sarmentosa por calentura de varón! [8]

BERNARDA. ¡Alabado sea Dios!   10

TODAS (*santiguándose*). Sea por siempre bendito y alabado.

BERNARDA.	¡Descansa en paz con la santa compaña de cabecera!
TODAS.	¡Descansa en paz!
BERNARDA.	Con el ángel San Miguel 15 y su espada justiciera.
TODAS.	¡Descansa en paz!
BERNARDA.	Con la llave que todo lo abre y la mano que todo lo cierra.
TODAS.	¡Descansa en paz! 20
BERNARDA.	Con los bienaventurados y las lucecitas del campo.
TODAS.	¡Descansa en paz!
BERNARDA.	Con nuestra santa caridad y las almas de tierra y mar. 25
TODAS.	¡Descansa en paz!

BERNARDA. Concede el reposo a tu siervo Antonio María Benavides y dále la corona de tu santa gloria.

TODAS. Amén.

BERNARDA (*se pone de pie y canta*). Requiem aeternam donat eis 30 domine.[9]

TODAS (*de pie y cantando al modo gregoriano*). Et lux perpetua luce ab eis.[10] (*Se santiguan.*)

MUJER 1ª. Salud para rogar por su alma. (*Van desfilando.*)

MUJER 3ª. No te faltará la hogaza de pan caliente.   35

MUJER 2ª. Ni el techo para tus hijas. (*Van desfilando todas por delante de Bernarda y saliendo.*)

8. ¡Sarmentosa ... varón! *Itching for the warmth of a man!*
9. Words of the Requiem Mass: *"God grant them eternal rest."*
10. *"And may eternal light shine upon them."*

(Sale Angustias por otra puerta que da al patio.)

MUJER 4ª. El mismo trigo de tu casamiento lo sigas disfrutando.

LA PONCIA *(entrando con una bolsa)*. De parte de los hombres esta bolsa de dineros para responsos.

5 BERNARDA. Dáles las gracias y échales una copa de aguardiente.

MUCHACHA *(a Magdalena)*. Magdalena...

BERNARDA *(a Magdalena que inicia el llanto)*. Chisss. *(Salen todas. A las que se han ido.)* ¡Andad a vuestras casas a criticar todo lo que habéis visto! ¡Ojalá tardéis muchos años en pasar el arco de

10 mi puerta!

LA PONCIA. No tendrás queja ninguna. Ha venido todo el pueblo.

BERNARDA. Sí; para llenar mi casa con el sudor de sus refajos y el veneno de sus lenguas.

AMELIA. ¡Madre, no hable usted así!

15 BERNARDA. Es así como se tiene que hablar en este maldito pueblo sin río, pueblo de pozos, donde siempre se bebe el agua con el miedo de que esté envenenada.

LA PONCIA. ¡Cómo han puesto la solería!

BERNARDA. Igual que si hubiese pasado por ella una manada de ca-

20 bras. *(La Poncia limpia el suelo.)* Niña, dáme el abanico.

ADELA. Tome usted. *(Le da un abanico redondo con flores rojas y verdes.)*

BERNARDA *(arrojando el abanico al suelo)*. ¿Es éste el abanico que se da a una viuda? Dáme uno negro y aprende a respetar el luto de

25 tu padre.

MARTIRIO. Tome usted el mío.

BERNARDA. ¿Y tú?

MARTIRIO. Yo no tengo calor.

BERNARDA. Pues busca otro, que te hará falta. En ocho años que dure

30 el luto no ha de entrar en esta casa el viento de la calle. Hacemos cuenta que hemos tapiado con ladrillos puertas y ventanas. Así pasó en casa de mi padre y en casa de mi abuelo. Mientras,[11] podéis empezar a bordar el ajuar. En el arca tengo veinte piezas de hilo con el que podréis cortar sábanas y embozos. Magdalena

35 puede bordarlas.

MAGDALENA. Lo mismo me da.[12]

ADELA *(agria)*. Si no quieres bordarlas irán sin bordados. Así las tuyas lucirán más.

11. Mientras = mientras tanto *meanwhile, in the meantime*
12. Lo mismo me da. *It's all the same to me.*

MAGDALENA. Ni las mías ni las vuestras. Sé que yo no me voy a casar. Prefiero llevar sacos al molino. Todo menos estar sentada días y días dentro de esta sala oscura.

BERNARDA. Eso tiene ser mujer.[13]

MAGDALENA. Malditas sean las mujeres.   5

BERNARDA. Aquí se hace lo que yo mando. Ya no puedes ir con el cuento a tu padre. Hilo y aguja para las hembras. Látigo y mula para el varón. Eso tiene la gente que nace con posibles.

(Sale Adela.)

VOZ. ¡Bernarda! ¡Déjame salir!   10

BERNARDA *(en voz alta)*. ¡Dejadla ya!

(Sale la Criada.)

CRIADA. Me ha costado mucho sujetarla. A pesar de sus ochenta años, tu madre es fuerte como un roble.

BERNARDA. Tiene a quién parecerle.[14] Mi abuelo fué igual.   15

CRIADA. Tuve durante el duelo que taparle varias veces la boca con un costal vacío porque quería llamarte para que le dieras agua de fregar siquiera, para beber, y carne de perro, que es lo que ella dice que tú le das.

MARTIRIO. ¡Tiene mala intención!   20

BERNARDA *(a la Criada)*. Dejadla que se desahogue en el patio.

CRIADA. Ha sacado del cofre sus anillos y los pendientes de amatista; se los ha puesto, y me ha dicho que se quiere casar. *(Las hijas ríen.)*

BERNARDA. Vé con ella y ten cuidado que no se acerque al pozo.   25

CRIADA. No tengas miedo que se tire.

BERNARDA. No es por eso... Pero desde aquel sitio las vecinas pueden verla desde su ventana.

(Sale la Criada.)

MARTIRIO. Nos vamos a cambiar de ropa.   30

BERNARDA. Sí, pero no el pañuelo de la cabeza. *(Entra Adela.)* ¿Y Angustias?

ADELA *(con intención)*. La he visto asomada a las rendijas del portón. Los hombres se acababan de ir.

BERNARDA. ¿Y tú a qué fuiste también al portón?   35

13. Eso tiene ser mujer. *That's what it is to be a woman.*
14. Tiene ... parecerle. *She has someone to take after.*

ADELA. Me llegué a ver si habían puesto las gallinas.

BERNARDA. ¡Pero el duelo de los hombres habría salido ya!

ADELA (con intención). Todavía estaba un grupo parado por fuera.

BERNARDA (furiosa). ¡Angustias! ¡Angustias!

5 ANGUSTIAS (entrando). ¿Qué manda usted?

BERNARDA. ¿Qué mirabas y a quién?

ANGUSTIAS. A nadie.

BERNARDA. ¿Es decente que una mujer de tu clase vaya con el anzuelo detrás de un hombre [15] el día de la misa de su padre? ¡Contesta!

10 ¿A quién mirabas? (Pausa.)

ANGUSTIAS. Yo...

BERNARDA. ¡Tú!

ANGUSTIAS. ¡A nadie!

BERNARDA (avanzando y golpeándola). ¡Suave! ¡Dulzarrona! [16]

15 LA PONCIA (corriendo). ¡Bernarda, cálmate! (La sujeta.)

(Angustias llora.)

BERNARDA. ¡Fuera de aquí todas! (Salen.)

LA PONCIA. Ella lo ha hecho sin dar alcance a lo que hacía, que está francamente mal. Ya me chocó a mí verla escabullirse hacia el pa-

20 tio. Luego estuvo detrás de una ventana oyendo la conversación que traían los hombres, que como siempre no se puede oír.

BERNARDA. A eso vienen a los duelos.[17] (Con curiosidad.) ¿De qué hablaban?

LA PONCIA. Hablaban de Paca la Roseta. Anoche ataron a su marido

25 a un pesebre y a ella se la llevaron en la grupa del caballo hasta lo alto del olivar.

BERNARDA. ¿Y ella?

LA PONCIA. Ella, tan conforme.[18] Dicen que iba con los pechos fuera y Maximiliano la llevaba cogida como si tocara la guitarra. ¡Un

30 horror!

BERNARDA. ¿Y qué pasó?

LA PONCIA. Lo que tenía que pasar. Volvieron casi de día. Paca la Roseta traía el pelo suelto y una corona de flores en la cabeza.

BERNARDA. Es la única mujer mala que tenemos en el pueblo.

35 LA PONCIA. Porque no es de aquí. Es de muy lejos. Y los que fueron

---

15. ¿Es decente ... hombre ...   *Is it decent for a woman of your position to go chasing after a man ...*

16. ¡Suave! ¡Dulzarrona!   *Hypocrite! Butter wouldn't melt in your mouth!*

17. A eso ... duelos.   *That's why they come to funerals.*

18. Ella, tan conforme.   *It was perfectly all right with her.*

con ella son también hijos de forasteros. Los hombres de aquí no
son capaces de eso.

BERNARDA. No; pero les gusta verlo y comentarlo y se chupan los
dedos de que esto ocurra.

LA PONCIA. Contaban muchas cosas más.   5

BERNARDA (*mirando a un lado y otro con cierto temor*). ¿Cuáles?

LA PONCIA. Me da vergüenza referirlas.

BERNARDA. Y mi hija las oyó.

LA PONCIA. ¡Claro!

BERNARDA. Ésa sale a sus tías; blancas y untuosas y que ponían ojos   10
de carnero al piropo de cualquier barberillo. ¡Cuánto hay que
sufrir y luchar para hacer que las personas sean decentes y no tiren
al monte demasiado! [19]

LA PONCIA. ¡Es que tus hijas están ya en edad de merecer! Demasiado
poca guerra te dan.[20] Angustias ya debe tener mucho más de los   15
treinta.

BERNARDA. Treinta y nueve justos.

LA PONCIA. Figúrate. Y no ha tenido nunca novio...

BERNARDA (*furiosa*). ¡No ha tenido novio ninguna ni les hace falta!
Pueden pasarse muy bien.[21]   20

LA PONCIA. No he querido ofenderte.

BERNARDA. No hay en cien leguas a la redonda quien se pueda acercar
a ellas. Los hombres de aquí no son de su clase. ¿Es que quieres
que las entregue a cualquier gañán?

LA PONCIA. Debías haberte ido a otro pueblo.   25

BERNARDA. Eso. ¡A venderlas!

LA PONCIA. No, Bernarda, a cambiar... Claro que en otros sitios ellas
resultan las pobres.

BERNARDA. ¡Calla esa lengua atormentadora!

LA PONCIA. Contigo no se puede hablar. ¿Tenemos o no tenemos   30
confianza?

BERNARDA. No tenemos. Me sirves y te pago. ¡Nada más!

CRIADA (*entrando*). Ahí está don Arturo que viene a arreglar las particiones.

BERNARDA. Vamos. (*A la Criada.*) Tú empieza a blanquear el patio.   35

---

19. para hacer ... demasiado   *to make people behave decently and not get out
of hand*

20. ¡Es que ... merecer! Demasiado ... te dan.   *Your daughters have already
reached the age when they should be married! They give you little enough
trouble as it is.*

21. Pueden ... bien.   *They can get along very well without one.*

(*A La Poncia.*) Y tú ve guardando en el arca grande toda la ropa del muerto.

LA PONCIA. Algunas cosas las podíamos dar.

BERNARDA. Nada, ¡ni un botón! Ni el pañuelo con que le hemos ta-
5 pado la cara. (*Sale lentamente y al salir vuelve la cabeza y mira a sus criadas. Las criadas salen después.*)

(*Entran Amelia y Martirio.*)

AMELIA. ¿Has tomado la medicina?

MARTIRIO. ¡Para lo que me va a servir! [22]

10 AMELIA. Pero la has tomado.

MARTIRIO. Yo hago las cosas sin fe, pero como un reloj.

AMELIA. Desde que vino el médico nuevo estás más animada.

MARTIRIO. Yo me siento lo mismo.

AMELIA. ¿Te fijaste? Adelaida no estuvo en el duelo.

15 MARTIRIO. Ya lo sabía. Su novio no la deja salir ni al tranco de la calle. Antes era alegre; ahora ni polvos se echa en la cara.[23]

AMELIA. Ya no sabe una si es mejor tener novio o no.

MARTIRIO. Es lo mismo.

AMELIA. De todo tiene la culpa esta crítica que no nos deja vivir.
20 Adelaida habrá pasado mal rato.

MARTIRIO. Le tiene miedo a nuestra madre. Es la única que conoce la historia de su padre y el origen de sus tierras. Siempre que viene le tira puñaladas en el asunto.[24] Su padre mató en Cuba al marido de su primera mujer para casarse con ella. Luego aquí la aban-
25 donó y se fué con otra que tenía una hija y luego tuvo relaciones con esta muchacha, la madre de Adelaida, y se casó con ella des- pués de haber muerto loca la segunda mujer.

AMELIA. Y ese infame, ¿por qué no está en la cárcel?

MARTIRIO. Porque los hombres se tapan unos a otros las cosas de esta
30 índole y nadie es capaz de delatar.

AMELIA. Pero Adelaida no tiene culpa de esto.

MARTIRIO. No. Pero las cosas se repiten. Yo veo que todo es una te- rrible repetición. Y ella tiene el mismo sino de su madre y de su abuela, mujeres las dos del que la engendró.

35 AMELIA. ¡Qué cosa más grande!

MARTIRIO. Es preferible no ver a un hombre nunca. Desde niña les

---

22. ¡Para ... servir! *For all the good it's going to do me!*
23. ni polvos ... cara *she doesn't even powder her face*
24. le tira ... asunto *she "rubs it in"*

tuve miedo. Los veía en el corral uncir los bueyes y levantar los costales de trigo entre voces y zapatazos y siempre tuve miedo de crecer por temor de encontrarme de pronto abrazada por ellos. Dios me ha hecho débil y fea y los ha apartado definitivamente de mí. 5

AMELIA. ¡Eso no digas! Enrique Humanas estuvo detrás de ti y le gustabas.

MARTIRIO. ¡Invenciones de la gente! Una vez estuve en camisa detrás de la ventana hasta que fué de día, porque me avisó con la hija de su gañán que iba a venir y no vino. Fué todo cosa de lenguas.[25] 10 Luego se casó con otra que tenía más que yo.

AMELIA. ¡Y fea como un demonio!

MARTIRIO. ¡Qué les importa a ellos la fealdad! A ellos les importa la tierra, las yuntas, y una perra sumisa que les dé de comer.

AMELIA. ¡Ay! 15

(*Entra Magdalena.*)

MAGDALENA. ¿Qué hacéis?

MARTIRIO. Aquí.

AMELIA. ¿Y tú?

MAGDALENA. Vengo de correr las cámaras. Por andar un poco. De ver 20 los cuadros bordados de cañamazo de nuestra abuela, el perrito de lanas y el negro luchando con el león, que tanto nos gustaba de niñas. Aquélla era una época más alegre. Una boda duraba diez días y no se usaban las malas lenguas. Hoy hay más finura, las novias se ponen de velo blanco como en las poblaciones y se bebe 25 vino de botella, pero nos pudrimos por el qué dirán.[26]

MARTIRIO. ¡Sabe Dios lo que entonces pasaría!

AMELIA (*a Magdalena*). Llevas desabrochados los cordones de un zapato.

MAGDALENA. ¡Qué más da![27] 30

AMELIA. Te los vas a pisar y te vas a caer.

MAGDALENA. ¡Una menos!

MARTIRIO. ¿Y Adela?

MAGDALENA. ¡Ah! Se ha puesto el traje verde que se hizo para estrenar el día de su cumpleaños, se ha ido al corral, y ha comenzado a 35 voces: "¡Gallinas! ¡Gallinas, miradme!" ¡Me he tenido que reír!

25. Fué ... lenguas. *It was all just gossip.*
26. pero nos ... dirán *but we rot away for fear of what people might say about us*
27. ¡Qué más da! *What's the difference!*

AMELIA. ¡Si la hubiera visto madre!

MAGDALENA. ¡Pobrecilla! Es la más joven de nosotras y tiene ilusión. Daría algo por verla feliz. (*Pausa.*)

(*Angustias cruza la escena con unas toallas en la mano.*)

5 ANGUSTIAS. ¿Qué hora es?

MAGDALENA. Ya deben ser las doce.

ANGUSTIAS. ¿Tanto?

AMELIA. Estarán al caer.[28]

(*Sale Angustias.*)

10 MAGDALENA (*con intención*). ¿Sabéis ya la cosa? (*Señalando a Angustias.*)

AMELIA. No.

MAGDALENA. ¡Vamos!

MARTIRIO. No sé a qué cosa te refieres...

15 MAGDALENA. Mejor que yo lo sabéis las dos. Siempre cabeza con cabeza como dos ovejitas, pero sin desahogarse con nadie. ¡Lo de Pepe el Romano!

MARTIRIO. ¡Ah!

MAGDALENA (*remedándola*). ¡Ah! Ya se comenta por el pueblo. Pepe
20 el Romano viene a casarse con Angustias. Anoche estuvo rondando la casa y creo que pronto va a mandar un emisario.

MARTIRIO. Yo me alegro. Es buen hombre.

AMELIA. Yo también. Angustias tiene buenas condiciones.[29]

MAGDALENA. Ninguna de las dos os alegráis.

25 MARTIRIO. ¡Magdalena! ¡Mujer!

MAGDALENA. Si viniera por el tipo de Angustias, por Angustias como mujer, yo me alegraría, pero viene por el dinero. Aunque Angustias es nuestra hermana, aquí estamos en familia y reconocemos que está vieja, enfermiza, y que siempre ha sido la que ha tenido
30 menos méritos de todas nosotras. Porque si con veinte años parecía un palo vestido, ¡qué será ahora que tiene cuarenta!

MARTIRIO. No hables así. La suerte viene a quien menos la aguarda.

AMELIA. ¡Después de todo dice la verdad! Angustias tiene todo el dinero de su padre, es la única rica de la casa y por eso ahora que
35 nuestro padre ha muerto y ya se harán particiones vienen por ella.

MAGDALENA. Pepe el Romano tiene veinte y cinco años y es el mejor

28. Estarán al caer. *It must be about to strike (twelve).*
29. buenas condiciones *good qualities*

tipo de todos estos contornos. Lo natural sería que te pretendiera a ti, Amelia, o a nuestra Adela, que tiene veinte años, pero no que venga a buscar lo más oscuro de esta casa,[30] a una mujer que, como su padre, habla con las narices.

MARTIRIO. ¡Puede que a él le guste!   5

MAGDALENA. ¡Nunca he podido resistir tu hipocresía!

MARTIRIO. ¡Dios me valga!

(*Entra Adela.*)

MAGDALENA. ¿Te han visto ya las gallinas?

ADELA. ¿Y qué queríais que hiciera?   10

AMELIA. ¡Si te ve nuestra madre te arrastra del pelo!

ADELA. Tenía mucha ilusión con el vestido.[31] Pensaba ponérmelo el día que vamos a comer sandías a la noria. No hubiera habido otro igual.

MARTIRIO. Es un vestido precioso.   15

ADELA. Y que me está muy bien.[32] Es lo mejor que ha cortado Magdalena.

MAGDALENA. ¿Y las gallinas qué te han dicho?

ADELA. Regalarme unas cuantas pulgas que me han acribillado las piernas. (*Ríen.*)   20

MARTIRIO. Lo que puedes hacer es teñirlo de negro.

MAGDALENA. Lo mejor que puedes hacer es regalárselo a Angustias para la boda con Pepe el Romano.

ADELA (*con emoción contenida*). Pero Pepe el Romano...

AMELIA. ¿No lo has oído decir?   25

ADELA. No.

MAGDALENA. ¡Pues ya lo sabes!

ADELA. ¡Pero si no puede ser!

MAGDALENA. ¡El dinero lo puede todo![33]

ADELA. ¿Por eso ha salido detrás del duelo y estuvo mirando por el portón? (*Pausa.*) Y ese hombre es capaz de...   30

MAGDALENA. Es capaz de todo. (*Pausa.*)

MARTIRIO. ¿Qué piensas, Adela?

ADELA. Pienso que este luto me ha cogido en la peor época de mi vida para pasarlo.   35

MAGDALENA. Ya te acostumbrarás.

30. lo más ... casa   *the least eligible girl in this house*
31. Tenía ... vestido.   *I was very happy about the dress.*
32. Y que ... bien   *And it's very becoming.*
33. ¡El dinero ... todo!   *Money can do everything!*

ADELA (*rompiendo a llorar con ira*). No me acostumbraré. Yo no puedo estar encerrada. No quiero que se me pongan las carnes como a vosotras; no quiero perder mi blancura en estas habitaciones; mañana me pondré mi vestido verde y me echaré a pasear
5 por la calle. ¡Yo quiero salir!

(*Entra la Criada.*)

MAGDALENA (*autoritaria*). ¡Adela!
CRIADA. ¡La pobre! Cuánto ha sentido a su padre... (*Sale.*)
MARTIRIO. ¡Calla!
10 AMELIA. Lo que sea de una será de todas.

(*Adela se calma.*)

MAGDALENA. Ha estado a punto de oírte la criada.

(*Aparece la Criada.*)

CRIADA. Pepe el Romano viene por lo alto de la calle.

15 (*Amelia, Martirio y Magdalena corren presurosas.*)

MAGDALENA. ¡Vamos a verlo! (*Salen rápidas.*)
CRIADA (*a Adela*). ¿Tú no vas?
ADELA. No me importa.
CRIADA. Como dará la vuelta a la esquina, desde la ventana de tu
20 cuarto se verá mejor. (*Sale la Criada.*)

(*Adela queda en escena dudando; después de un instante se va también rápida hasta su habitación.*)

(*Salen Bernarda y La Poncia.*)

BERNARDA. ¡Malditas particiones!
25 LA PONCIA. ¡¡Cuánto dinero le queda a Angustias!!
BERNARDA. Sí.
LA PONCIA. Y a las otras bastante menos.
BERNARDA. Ya me lo has dicho tres veces y no te he querido replicar. Bastante menos, mucho menos. No me lo recuerdes más.

30 (*Sale Angustias muy compuesta de cara.*) [34]

BERNARDA. ¡Angustias!
ANGUSTIAS. Madre.

34. muy compuesta de cara *with her face made up*

BERNARDA. ¿Pero has tenido valor de echarte polvos en la cara? ¿Has tenido valor de lavarte la cara el día de la muerte de tu padre?

ANGUSTIAS. No era mi padre. El mío murió hace tiempo. ¿Es que ya no lo recuerda usted?

BERNARDA. Más debes a este hombre, padre de tus hermanas, que al 5 tuyo. Gracias a este hombre tienes colmada tu fortuna.

ANGUSTIAS. ¡Eso lo teníamos que ver!

BERNARDA. Aunque fuera por decencia.³⁵ ¡Por respeto!

ANGUSTIAS. Madre, déjeme usted salir.

BERNARDA. ¿Salir? Después que te haya quitado esos polvos de la cara. 10 ¡Suavona! ¡Yeyo! ³⁶ ¡Espejo de tus tías! (*Le quita violentamente con un pañuelo los polvos.*) ¡Ahora, véte!

LA PONCIA. ¡Bernarda, no seas tan inquisitiva!

BERNARDA. Aunque mi madre esté loca, yo estoy en mis cinco sentidos y sé perfectamente lo que hago.   15

(*Entran todas.*)

MAGDALENA. ¿Qué pasa?

BERNARDA. No pasa nada.

MAGDALENA (*a Angustias*). Si es que discuten por las particiones, tú que eres la más rica te puedes quedar con todo.   20

ANGUSTIAS. Guárdate la lengua en la madriguera.³⁷

BERNARDA (*golpeando en el suelo*). No os hagáis ilusiones de que vais a poder conmigo.³⁸ ¡Hasta que salga de esta casa con los pies adelante mandaré en lo mío y en lo vuestro!

(*Se oyen unas voces y entra en escena María Josefa, la madre de* 25 *Bernarda, viejísima, ataviada con flores en la cabeza y en el pecho.*)

MARÍA JOSEFA. Bernarda, ¿dónde está mi mantilla? Nada de lo que tengo quiero que sea para vosotras. Ni mis anillos ni mi traje negro de moaré. Porque ninguna de vosotras se va a casar. ¡Ninguna! Bernarda, dáme mi gargantilla de perlas.   30

BERNARDA (*a la Criada*). ¿Por qué la habéis dejado entrar?

CRIADA (*temblando*). ¡Se me escapó!

MARÍA JOSEFA. Me escapé porque me quiero casar, porque quiero

---

35. Aunque ... decencia. *If only out of a sense of decency.*
36. ¡Suavona! ¡Yeyo! *Mealy-mouthed! Hussy!*
37. Guárdate ... madriguera. *Hold your tongue.*
38. No os ... conmigo. *Don't get the idea that you will be able to get the better of me.*

casarme con un varón hermoso de la orilla del mar, ya que aquí
los hombres huyen de las mujeres.

BERNARDA. ¡Calle usted, madre!

MARÍA JOSEFA. No, no me callo. No quiero ver a estas mujeres sol-
5   teras, rabiando por la boda, haciéndose polvo el corazón, y yo me
quiero ir a mi pueblo. Bernarda, yo quiero un varón para casarme
y para tener alegría.

BERNARDA. ¡Encerradla!

MARÍA JOSEFA. ¡Déjame salir, Bernarda!

10   (*La Criada coge a María Josefa.*)

BERNARDA. ¡Ayudarla vosotras!

(*Todas arrastran a la vieja.*)

MARÍA JOSEFA. ¡Quiero irme de aquí! ¡Bernarda! ¡A casarme a la orilla del mar, a la orilla del mar!

15   *Telón rápido*

ACTO SEGUNDO

(*Habitación blanca del interior de la casa de Bernarda. Las puertas de la izquierda dan a los dormitorios. Las hijas de Bernarda están sentadas en sillas bajas cosiendo. Magdalena borda. Con ellas
está La Poncia.*)

20   ANGUSTIAS. Ya he cortado la tercera sábana.

MARTIRIO. Le corresponde a Amelia.

MAGDALENA. Angustias. ¿Pongo también las iniciales de Pepe?

ANGUSTIAS (*seca*). No.

MAGDALENA (*a voces*). Adela, ¿no vienes?

25   AMELIA. Estará echada en la cama.[39]

LA PONCIA. Ésta tiene algo.[40] La encuentro sin sosiego, temblona,
asustada como si tuviese una lagartija entre los pechos.

MARTIRIO. No tiene ni más ni menos que lo que tenemos todas.

MAGDALENA. Todas, menos Angustias.

39. Estará ... cama. *She must be lying down.*
40. Ésta tiene algo. *There's something wrong with her.*

ANGUSTIAS. Yo me encuentro bien y al que le duela que reviente.

MAGDALENA. Desde luego hay que reconocer que lo mejor que has tenido siempre es el talle y la delicadeza.

ANGUSTIAS. Afortunadamente, pronto voy a salir de este infierno.

MAGDALENA. ¡A lo mejor no sales!   5

MARTIRIO. Dejar esa conversación.

ANGUSTIAS. Y además, ¡más vale onza en el arca que ojos negros en la cara!

MAGDALENA. Por un oído me entra y por otro me sale.

AMELIA (a La Poncia). Abre la puerta del patio a ver si nos entra un 10 poco de fresco.

(La Criada lo hace.)

MARTIRIO. Esta noche pasada no me podía quedar dormida por el calor.

AMELIA. Yo tampoco.   15

MAGDALENA. Yo me levanté a refrescarme. Había un nublo negro de tormenta y hasta cayeron algunas gotas.

LA PONCIA. Era la una de la madrugada y subía fuego de la tierra. También me levanté yo. Todavía estaba Angustias con Pepe en la ventana.   20

MAGDALENA (con ironía). ¿Tan tarde? ¿A qué hora se fué?

ANGUSTIAS. Magdalena, ¿a qué [41] preguntas si lo viste?

AMELIA. Se iría a eso de la una y media.

ANGUSTIAS. ¿Sí? ¿Tú por qué lo sabes?

AMELIA. Lo sentí toser y oí los pasos de su jaca.   25

LA PONCIA. Pero si yo lo sentí marchar a eso de las cuatro.

ANGUSTIAS. No sería él.

LA PONCIA. Estoy segura.

AMELIA. A mí también me pareció.

MAGDALENA. ¡Qué cosa más rara! (Pausa.)   30

LA PONCIA. Oye, Angustias. ¿Qué fué lo que te dijo la primera vez que se acercó a tu ventana?

ANGUSTIAS. Nada. ¡Qué me iba a decir! Cosas de conversación.

MARTIRIO. Verdaderamente es raro que dos personas que no se conocen se vean de pronto en una reja y ya novios.   35

ANGUSTIAS. Pues a mí no me chocó.

AMELIA. A mí me daría no sé qué.[42]

41. ¿a qué ... ? why?
42. A mí ... qué. I would feel strange.

ANGUSTIAS. No, porque cuando un hombre se acerca a una reja ya sabe por los que van y vienen, llevan y traen, que se le va a decir que sí.

MARTIRIO. Bueno: pero él te lo tendría que decir.

5 ANGUSTIAS. ¡Claro!

AMELIA (*curiosa*). ¿Y cómo te lo dijo?

ANGUSTIAS. Pues nada: ya sabes que ando detrás de ti, necesito una mujer buena, modosa y ésa eres tú si me das la conformidad.

AMELIA. ¡A mí me da vergüenza de estas cosas!

10 ANGUSTIAS. Y a mí, pero hay que pasarlas.

LA PONCIA. ¿Y habló más?

ANGUSTIAS. Sí, siempre habló él.

MARTIRIO. ¿Y tú?

ANGUSTIAS. Yo no hubiera podido. Casi se me salía el corazón por la
15 boca. Era la primera vez que estaba sola de noche con un hombre.

MAGDALENA. Y un hombre tan guapo.

ANGUSTIAS. No tiene mal tipo.[43]

LA PONCIA. Esas cosas pasan entre personas ya un poco instruídas, que hablan y dicen y mueven la mano... La primera vez que mi
20 marido Evaristo el Colín vino a mi ventana... Ja, ja, ja.

AMELIA. ¿Qué pasó?

LA PONCIA. Era muy oscuro. Lo vi acercarse y al llegar me dijo, buenas noches. Buenas noches, le dije yo, y nos quedamos callados más de media hora. Me corría el sudor por todo el cuerpo. En-
25 tonces Evaristo se acercó, se acercó, que se quería meter por los hierros y dijo con voz muy baja ¡ven que te tiente! (*Ríen todas.*)

(*Amelia se levanta corriendo y espía por una puerta.*)

AMELIA. ¡Ay! Creí que llegaba nuestra madre.

MAGDALENA. ¡Buenas nos hubiera puesto! [44] (*Siguen riendo.*)

30 AMELIA. Chisss... ¡Que nos van a oír!

LA PONCIA. Luego se portó bien. En vez de darle por otra cosa le dió por criar colorines [45] hasta que se murió. A vosotras que sois solteras os conviene saber de todos modos que el hombre a los quince días de boda deja la cama por la mesa y luego la mesa por la ta-
35 bernilla y la que no se conforma se pudre llorando en un rincón.

AMELIA. Tú te conformaste.

---

43. No ... tipo. *He's not bad-looking.*
44. ¡Buenas ... puesto! *She would really have fixed us!*
45. En vez ... colorines *Instead of taking up something else he went in for* **raising linnets**

LA PONCIA. ¡Yo pude con él! [46]

MARTIRIO. ¿Es verdad que le pegaste algunas veces?

LA PONCIA. Sí, y por poco si le dejo tuerto.

MAGDALENA. ¡Así debían ser todas las mujeres!

LA PONCIA. Yo tengo la escuela de tu madre.[47] Un día me dijo no sé   5
qué cosa y le maté todos los colorines con la mano del almirez.
(*Ríen.*)

MAGDALENA. Adela, niña, no te pierdas esto.

AMELIA. Adela. (*Pausa.*)

MAGDALENA. Voy a ver. (*Entra.*)   10

LA PONCIA. Esa niña está mala.

MARTIRIO. Claro, no duerme apenas.

LA PONCIA. ¿Pues qué hace?

MARTIRIO. ¡Yo qué sé lo que hace!

LA PONCIA. Mejor lo sabrás tú que yo, que duermes pared por medio.   15

ANGUSTIAS. La envidia la come.

AMELIA. No exageres.

ANGUSTIAS. Se lo noto en los ojos. Se le está poniendo mirar de loca.[48]

MARTIRIO. No habléis de locos. Aquí es el único sitio donde no se
puede pronunciar esta palabra.   20

(*Sale Magdalena con Adela.*)

MAGDALENA. ¿Pues no estabas dormida?

ADELA. Tengo mal cuerpo.[49]

MARTIRIO (*con intención*). ¿Es que no has dormido bien esta noche?

ADELA. Sí.   25

MARTIRIO. ¿Entonces?

ADELA (*fuerte*). ¡Déjame ya! ¡Durmiendo o velando no tienes por
qué meterte en lo mío! ¡Yo hago con mi cuerpo lo que me
parece!

MARTIRIO. ¡Sólo es interés por ti!   30

ADELA. Interés o inquisición. ¿No estabais cosiendo? Pues seguir.
¡Quisiera ser invisible, pasar por las habitaciones sin que me pre-
guntarais dónde voy!

CRIADA (*entra*). Bernarda os llama. Está el hombre de los encajes.

(*Salen. Al salir Martirio mira fijamente a Adela.*)   35

46. ¡Yo ... él! *I could manage him!*
47. Yo tengo ... madre. *I have your mother's training.*
48. Se le ... loca. *She's beginning to look crazy.*
49. Tengo mal cuerpo. *I don't feel right.*

ADELA. ¡No me mires más! Si quieres te daré mis ojos que son frescos y mis espaldas para que te compongas la joroba que tienes, pero vuelve la cabeza cuando yo paso.

(*Se va Martirio.*)

5 LA PONCIA. ¡Que es tu hermana y además la que más te quiere!

ADELA. Me sigue a todos lados. A veces se asoma a mi cuarto para ver si duermo. No me deja respirar. Y siempre, "¡qué lástima de cara!, ¡qué lástima de cuerpo, que no vaya a ser para nadie!" ⁵⁰ ¡Y eso no! Mi cuerpo será de quien yo quiera.

10 LA PONCIA (*con intención y en voz baja*). De Pepe el Romano. ¿No es eso?

ADELA (*sobrecogida*). ¿Qué dices?

LA PONCIA. Lo que digo, Adela.

ADELA. ¡Calla!

15 LA PONCIA (*alto*). ¿Crees que no me he fijado?

ADELA. ¡Baja la voz!

LA PONCIA. ¡Mata esos pensamientos!

ADELA. ¿Qué sabes tú?

LA PONCIA. Las viejas vemos a través de las paredes. ¿Dónde vas de
20 noche cuando te levantas?

ADELA. ¡Ciega debías estar!

LA PONCIA. Con la cabeza y las manos llenas de ojos cuando se trata de lo que se trata. Por mucho que pienso no sé lo que te propones. ¿Por qué te pusiste casi desnuda con la luz encendida y la ven-
25 tana abierta al pasar Pepe el segundo día que vino a hablar con tu hermana?

ADELA. ¡Eso no es verdad!

LA PONCIA. No seas como los niños chicos. ¡Deja en paz a tu hermana y si Pepe el Romano te gusta, te aguantas! (*Adela llora.*) Además,
30 ¿quién dice que no te puedas casar con él? Tu hermana Angustias es una enferma. Ésa no resiste el primer parto. Es estrecha de cintura, vieja, y con mi conocimiento te digo que se morirá. Entonces Pepe hará lo que hacen todos los viudos de esta tierra, se casará con la más joven, la más hermosa y ésa eres tú. Alimenta esa
35 esperanza, olvídalo, lo que quieras, pero no vayas contra la ley de Dios.

ADELA. ¡Calla!

LA PONCIA. ¡No callo.

50. ¡qué lastima ... nadie! *What a pity that such a pretty face and lovely body will not belong to anyone!*

ADELA. Métete en tus cosas, ¡oledora!, ¡pérfida!

LA PONCIA. Sombra tuya he de ser.

ADELA. En vez de limpiar la casa y acostarte para rezar a tus muertos buscas como una vieja marrana asuntos de hombres y mujeres para babosear en ellos. 5

LA PONCIA. ¡Velo! Para que las gentes no escupan al pasar por esta puerta.

ADELA. ¡Qué cariño tan grande te ha entrado de pronto por mi hermana!

LA PONCIA. No os tengo ley a ninguna, pero quiero vivir en casa 10 decente. ¡No quiero mancharme de vieja!

ADELA. Es inútil tu consejo. Ya es tarde. No por encima de ti que eres una criada, por encima de mi madre saltaría para apagarme este fuego que tengo levantado por piernas y boca. ¿Qué puedes decir de mí? ¿Que me encierro en mi cuarto y no abro la puerta? 15 ¿Que no duermo? ¡Soy más lista que tú! Mira a ver si puedes agarrar la liebre con tus manos.

LA PONCIA. No me desafíes, Adela, no me desafíes. Porque yo puedo dar voces, encender luces y hacer que toquen las campanas.

ADELA. Trae cuatro mil bengalas amarillas y ponlas en las bardas del 20 corral. Nadie podrá evitar que suceda lo que tiene que suceder.

LA PONCIA. ¡Tanto te gusta ese hombre!

ADELA. ¡Tanto! Mirando sus ojos me parece que bebo su sangre lentamente.

LA PONCIA. Yo no te puedo oír. 25

ADELA. ¡Pues me oirás! Te he tenido miedo. ¡Pero ya soy más fuerte que tú!

(*Entra Angustias.*)

ANGUSTIAS. ¡Siempre discutiendo!

LA PONCIA. Claro. Se empeña que con el calor que hace vaya a traerle 30 no sé qué de la tienda.

ANGUSTIAS. ¿Me compraste el bote de esencia?

LA PONCIA. El más caro. Y los polvos. En la mesa de tu cuarto los he puesto.

(*Sale Angustias.*) 35

ADELA. ¡Y chitón!

LA PONCIA. ¡Lo veremos!

(*Entran Martirio, Amelia y Magdalena.*)

MAGDALENA (*a Adela*). ¿Has visto los encajes?

AMELIA. Los de Angustias para sus sábanas de novia son preciosos.

ADELA (*a Martirio que trae unos encajes*). ¿Y éstos?

MARTIRIO. Son para mí. Para una camisa.

5 ADELA (*con sarcasmo*). Se necesita buen humor.[51]

MARTIRIO (*con intención*). Para verlos yo. No necesito lucirme ante nadie.

LA PONCIA. Nadie le ve a una en camisa.

MARTIRIO (*con intención y mirando a Adela*). ¡A veces! Pero me en-
10 canta la ropa interior. Si fuera rica la tendría de Holanda. Es uno de los pocos gustos que me quedan.

LA PONCIA. Estos encajes son preciosos para las gorras de niño, para mantehuelos de cristianar. Yo nunca pude usarlos en los míos. A ver si ahora Angustias los usa en los suyos. Como le dé por tener
15 crías vais a estar cosiendo mañana y tarde.[52]

MAGDALENA. Yo no pienso dar una puntada.

AMELIA. Y mucho menos criar niños ajenos. Mira tú cómo están las vecinas del callejón, sacrificadas por cuatro monigotes.[53]

LA PONCIA. Ésas están mejor que vosotras. ¡Siquiera allí se ríe y se
20 oyen porrazos!

MARTIRIO. Pues véte a servir con ellas.

LA PONCIA. No. Ya me ha tocado en suerte este convento.

(*Se oyen unos campanillos lejanos como a través de varios muros.*)

MAGDALENA. Son los hombres que vuelven del trabajo.

25 LA PONCIA. Hace un minuto dieron las tres.

MARTIRIO. ¡Con este sol!

ADELA (*sentándose*). ¡Ay, quién pudiera [54] salir también a los campos!

MAGDALENA (*sentándose*). ¡Cada clase tiene que hacer lo suyo!

MARTIRIO (*sentándose*). ¡Así es!

30 AMELIA (*sentándose*). ¡Ay!

LA PONCIA. No hay alegría como la de los campos en esta época. Ayer de mañana llegaron los segadores. Cuarenta o cincuenta buenos mozos.

MAGDALENA. ¿De dónde son este año?

35 LA PONCIA. De muy lejos. Vinieron de los montes. ¡Alegres! ¡Como

---

51. Se necesita buen humor. *You really need a sense of humor (to do that).*

52. Como ... tarde. *Once she takes it into her head to have babies you'll be sewing day and night.*

53. sacrificadas por cuatro monigotes *who sacrified themselves for a few brats*

54. quién pudiera *if only I could*

árboles quemados! ¡Dando voces y arrojando piedras! Anoche
llegó al pueblo una mujer vestida de lentejuelas y que bailaba
con un acordeón y quince de ellos la contrataron para llevársela al
olivar. Yo los vi de lejos. El que la contrataba era un muchacho de
ojos verdes, apretado como una gavilla de trigo.   5

AMELIA. ¿Es eso cierto?

ADELA. ¡Pero es posible!

LA PONCIA. Hace años vino otra de éstas y yo misma di dinero a mi
hijo mayor para que fuera. Los hombres necesitan estas cosas.

ADELA. Se les perdona todo.   10

AMELIA. Nacer mujer es el mayor castigo.

MAGDALENA. Y ni nuestros ojos siquiera nos pertenecen.

(Se oye un cantar lejano que se va acercando.)

LA PONCIA. Son ellos. Traen unos cantos preciosos.

AMELIA. Ahora salen a segar.   15

CORO.   Ya salen los segadores
                     en busca de las espigas;
                     se llevan los corazones
                     de las muchachas que miran.

(Se oyen panderos y carrañacas. Pausa. Todas oyen en un silencio 20
traspasado por el sol.)

AMELIA. ¡Y no les importa el calor!

MARTIRIO. Siegan entre llamaradas.

ADELA. Me gustaría segar para ir y venir. Así se olvida lo que nos
muerde.   25

MARTIRIO. ¿Qué tienes tú que olvidar?

ADELA. Cada una sabe sus cosas.

MARTIRIO *(profunda)*. ¡Cada una!

LA PONCIA. ¡Callar! ¡Callar!

CORO *(muy lejano)*. Abrir puertas y ventanas   30
                     las que vivís en el pueblo,
                     el segador pide rosas
                     para adornar su sombrero.

LA PONCIA. ¡Qué canto!

MARTIRIO *(con nostalgia)*.   35
                     Abrir puertas y ventanas
                     las que vivís en el pueblo...

ADELA (*con pasión*).

> ...el segador pide rosas
> para adornar su sombrero.

(*Se va alejando el cantar.*)

5 LA PONCIA. Ahora dan la vuelta a la esquina.

ADELA. Vamos a verlos por la ventana de mi cuarto.

LA PONCIA. Tener cuidado con no entreabrirla mucho, porque son capaces de dar un empujón para ver quién mira. (*Se van las tres.*)

(*Martirio queda sentada en la silla baja con la cabeza entre las* 10 *manos.*)

AMELIA (*acercándose*). ¿Qué te pasa?

MARTIRIO. Me sienta mal el calor.

AMELIA. ¿No es más que eso?

MARTIRIO. Estoy deseando que llegue noviembre, los días de lluvias, 15 la escarcha, todo lo que no sea este verano interminable.

AMELIA. Ya pasará y volverá otra vez.

MARTIRIO. ¡Claro! (*Pausa.*) ¿A qué hora te dormiste anoche?

AMELIA. No sé. Yo duermo como un tronco. ¿Por qué?

MARTIRIO. Por nada, pero me pareció oír gente en el corral.

20 AMELIA. ¿Sí?

MARTIRIO. Muy tarde.

AMELIA. ¿Y no tuviste miedo?

MARTIRIO. No. Ya lo he oído otras noches.

AMELIA. Debiéramos tener cuidado. ¿No serían los gañanes?

25 MARTIRIO. Los gañanes llegan a las seis.

AMELIA. Quizá una mulilla sin desbravar.

MARTIRIO (*entre dientes y llena de segunda intención*).[55] Eso, ¡eso!, una mulilla sin desbravar.

AMELIA. ¡Hay que prevenir!

30 MARTIRIO. No. No. No digas nada, puede ser un barrunto mío.

AMELIA. Quizá. (*Pausa. Amelia inicia el mutis.*)

MARTIRIO. Amelia.

AMELIA (*en la puerta*). ¿Qué? (*Pausa.*)

MARTIRIO. Nada. (*Pausa.*)

35 AMELIA. ¿Por qué me llamaste? (*Pausa.*)

MARTIRIO. Se me escapó.[56] Fué sin darme cuenta. (*Pausa.*)

AMELIA. Acuéstate un poco.

55. entre dientes ... intención *muttering, and full of double meaning*
56. Se me escapó. *It slipped out.*

ANGUSTIAS (*entrando furiosa en escena de modo que haya un gran contraste con los silencios anteriores*). ¿Dónde está el retrato de Pepe que tenía yo debajo de mi almohada? ¿Quién de vosotras lo tiene?

MARTIRIO. Ninguna. 5

AMELIA. Ni que Pepe fuera un San Bartolomé de plata.[57]

ANGUSTIAS. ¿Dónde está el retrato?

(*Entran La Poncia, Magdalena y Adela.*)

ADELA. ¿Qué retrato?

ANGUSTIAS. Una de vosotras me lo ha escondido. 10

MAGDALENA. ¿Tienes la desvergüenza de decir esto?

ANGUSTIAS. Estaba en mi cuarto y ya no está.

MARTIRIO. ¿Y no se habrá escapado a medianoche al corral? A Pepe le gusta andar con la luna.

ANGUSTIAS. ¡No me gastes bromas! Cuando venga se lo contaré. 15

LA PONCIA. ¡Eso no! ¡porque aparecerá! (*Mirando a Adela.*)

ANGUSTIAS. ¡Me gustaría saber cuál de vosotras lo tiene!

ADELA (*mirando a Martirio*). ¡Alguna! ¡Todas menos yo!

MARTIRIO (*con intención*). ¡Desde luego!

BERNARDA (*entrando*). ¡Qué escándalo es éste en mi casa y en el silen- 20 cio del peso del calor! Estarán las vecinas con el oído pegado a los tabiques.

ANGUSTIAS. Me han quitado el retrato de mi novio.

BERNARDA (*fiera*). ¿Quién? ¿Quién?

ANGUSTIAS. ¡Éstas! 25

BERNARDA. ¿Cuál de vosotras? (*Silencio.*) ¡Contestarme! (*Silencio.*) (*A La Poncia.*) Registra los cuartos, mira por las camas. Esto tiene no ataros más cortas. ¡Pero me vais a soñar! [58] (*A Angustias.*) ¿Estás segura?

ANGUSTIAS. Sí. 30

BERNARDA. ¿Lo has buscado bien?

ANGUSTIAS. Sí, madre. (*Todas están de pie en medio de un embara-zoso silencio.*)

BERNARDA. Me hacéis al final de mi vida beber el veneno más amargo que una madre puede resistir. (*A La Poncia.*) ¿No lo encuentras? 35

LA PONCIA (*saliendo*). Aquí está.

57. Ni que ... plata. *You'd think that Pepe was a silver image of St. Bartholomew!*

58. Esto tiene ... soñar! *That's what comes of not being stricter with you. But you'll feel my wrath!*

BERNARDA. ¿Dónde lo has encontrado?

LA PONCIA. Estaba...

BERNARDA. Dílo sin temor.

LA PONCIA (*extrañada*). Entre las sábanas de la cama de Martirio.

5 BERNARDA (*a Martirio*). ¿Es verdad?

MARTIRIO. ¡Es verdad!

BERNARDA (*avanzando y golpeándola*). Mala puñalada te den, ¡mosca muerta! ¡Sembradura de vidrios! [59]

MARTIRIO (*fiera*). ¡No me pegue usted, madre!

10 BERNARDA. ¡Todo lo que quiera!

MARTIRIO. ¡Si yo la dejo? ¿Lo oye? ¡Retírese usted!

LA PONCIA. No faltes a tu madre.

ANGUSTIAS (*cogiendo a Bernarda*). Déjela. ¡Por favor!

BERNARDA. Ni lágrimas te quedan en esos ojos.

15 MARTIRIO. No voy a llorar para darle gusto.

BERNARDA. ¿Por qué has cogido el retrato?

MARTIRIO. ¿Es que yo no puedo gastar una broma a mi hermana? ¿Para qué lo iba a querer?

ADELA (*saltando llena de celos*). No ha sido broma, que tú nunca has
20 gustado jamás de juegos. Ha sido otra cosa que te reventaba en el pecho por querer salir. Dílo ya claramente.

MARTIRIO. ¡Calla y no me hagas hablar, que si hablo se van a juntar las paredes unas con otras de vergüenza!

ADELA. ¡La mala lengua no tiene fin para inventar!

25 BERNARDA. ¡Adela!

MAGDALENA. Estáis locas.

AMELIA. Y nos apedreáis con malos pensamientos.

MARTIRIO. Otras hacen cosas más malas.

ADELA. Hasta que se pongan en cueros de una vez y se las lleve al
30 río.

BERNARDA. ¡Perversa!

ANGUSTIAS. Yo no tengo la culpa de que Pepe el Romano se haya fijado en mí.

ADELA. ¡Por tus dineros!

35 ANGUSTIAS. ¡Madre!

BERNARDA. ¡Silencio!

MARTIRIO. Por tus marjales y tus arboledas.

MAGDALENA. ¡Eso es lo justo!

---

59. Mala puñalada ... vidrios! *May you come to an evil end, you fake, you trouble maker!*

BERNARDA. ¡Silencio digo! Yo veía la tormenta venir, pero no creía que estallara tan pronto. ¡Ay, qué pedrisco de odio habéis echado sobre mi corazón! Pero todavía no soy anciana y tengo cinco cadenas para vosotras y esta casa levantada por mi padre para que ni las hierbas se enteren de mi desolación. ¡Fuera de aquí! (*Salen.* 5 *Bernarda se sienta desolada. La Poncia está de pie arrimada a los muros. Bernarda reacciona, da un golpe en el suelo y dice.*) ¡Tendré que sentarles la mano! [60] Bernarda: acuérdate que ésta es tu obligación.

LA PONCIA. ¿Puedo hablar?   10

BERNARDA. Habla. Siento que hayas oído. Nunca está bien una extraña en el centro de la familia.

LA PONCIA. Lo visto, visto está.

BERNARDA. Angustias tiene que casarse en seguida.

LA PONCIA. Claro; hay que retirarla de aquí.   15

BERNARDA. No a ella. ¡A él!

LA PONCIA. Claro. A él hay que alejarlo de aquí. Piensas bien.

BERNARDA. No pienso. Hay cosas que no se pueden ni se deben pensar. Yo ordeno.

LA PONCIA. ¿Y tú crees que él querrá marcharse?   20

BERNARDA (*levantándose*). ¿Qué imagina tu cabeza?

LA PONCIA. Él, ¡claro!, se casará con Angustias.

BERNARDA. Habla, te conozco demasiado para saber que ya me tienes preparada la cuchilla.

LA PONCIA. Nunca pensé que se llamara asesinato al aviso.   25

BERNARDA. ¿Me tienes que prevenir algo?

LA PONCIA. Yo no acuso, Bernarda. Yo sólo te digo: abre los ojos y verás.

BERNARDA. ¿Y verás qué?

LA PONCIA. Siempre has sido lista. Has visto lo malo de las gentes a 30 cien leguas; muchas veces creí que adivinabas los pensamientos. Pero los hijos son los hijos. Ahora estás ciega.

BERNARDA. ¿Te refieres a Martirio?

LA PONCIA. Bueno, a Martirio... (*Con curiosidad.*) ¿Por qué habrá escondido el retrato?   35

BERNARDA (*queriendo ocultar a su hija*). Después de todo, ella dice que ha sido una broma. ¿Qué otra cosa puede ser?

LA PONCIA. ¿Tú lo crees así? (*Con sorna.*)

BERNARDA (*enérgica*). No lo creo. ¡Es así!

60. ¡Tendré ... mano! *I'll have to bear down on them!*

LA PONCIA. Basta. Se trata de lo tuyo. Pero si fuera la vecina de enfrente, ¿qué sería?

BERNARDA. Ya empiezas a sacar la punta del cuchillo.

LA PONCIA (*siempre con crueldad*). Bernarda: aquí pasa una cosa
5 muy grande. Yo no te quiero echar la culpa, pero tú no has dejado a tus hijas libres. Martirio es enamoradiza, digas lo que tú quieras. ¿Por qué no la dejaste casar con Enrique Humanas? ¿Por qué el mismo día que iba a venir a la ventana le mandaste recado que no viniera?

10 BERNARDA. ¡Y lo haría mil veces! ¡Mi sangre no se junta con la de los Humanas mientras yo viva! Su padre fué gañán.

LA PONCIA. ¡Y así te va a ti con esos humos! [61]

BERNARDA. Los tengo porque puedo tenerlos. Y tú no los tienes porque sabes muy bien cuál es tu origen.

15 LA PONCIA (*con odio*). No me lo recuerdes. Estoy ya vieja. Siempre agradecí tu protección.

BERNARDA (*crecida*). ¡No lo parece!

LA PONCIA (*con odio envuelto en suavidad*). A Martirio se le olvidará esto.

20 BERNARDA. Y si no lo olvida peor para ella.[62] No creo que ésta sea la "cosa muy grande" que aquí pasa. Aquí no pasa nada. ¡Eso quisieras tú! Y si pasa algún día, estáte segura que no traspasará las paredes.

LA PONCIA. Eso no lo sé yo. En el pueblo hay gentes que leen también
25 de lejos los pensamientos escondidos.

BERNARDA. ¡Cómo gozarías de vernos a mí y a mis hijas camino del lupanar!

LA PONCIA. ¡Nadie puede conocer su fin!

BERNARDA. ¡Yo sí sé mi fin! ¡Y el de mis hijas! El lupanar se queda
30 para alguna mujer ya difunta.

LA PONCIA. ¡Bernarda, respeta la memoria de mi madre!

BERNARDA. ¡No me persigas tú con tus malos pensamientos!

LA PONCIA (*pausa*). Mejor será que no me meta en nada.

BERNARDA. Eso es lo que debías hacer. Obrar y callar a todo. Es la
35 obligación de los que viven a sueldo.

LA PONCIA. Pero no se puede.[63] ¿A ti no te parece que Pepe estaría mejor casado con Martirio o... ¡sí! con Adela?

---

61. ¡Y así ... humos! *You put on too many airs!*
62. peor para ella *so much the worse for her*
63. Pero no se puede. *But it's impossible.*

BERNARDA. No me parece.

LA PONCIA. Adela. ¡Ésa es la verdadera novia del Romano!

BERNARDA. Las cosas no son nunca a gusto nuestro.

LA PONCIA. Pero les cuesta mucho trabajo desviarse de la verdadera inclinación. A mí me parece mal que Pepe esté con Angustias y a las gentes y hasta al aire.[64] ¡Quién sabe si se saldrán con la suya!

BERNARDA. ¡Ya estamos otra vez!...[65] Te deslizas para llenarme de malos sueños. Y no quiero entenderte porque si llegara al alcance de todo lo que dices te tendría que arañar.

LA PONCIA. ¡No llegará la sangre al río! [66]

BERNARDA. Afortunadamente mis hijas me respetan y jamás torcieron mi voluntad.[67]

LA PONCIA. ¡Eso sí! Pero en cuanto las dejes sueltas se te subirán al tejado.

BERNARDA. ¡Ya las bajaré tirándoles cantos!

LA PONCIA. ¡Desde luego eres la más valiente!

BERNARDA. ¡Siempre gasté sabrosa pimienta! [68]

LA PONCIA. ¡Pero lo que son las cosas! A su edad. ¡Hay que ver el entusiasmo de Angustias con su novio! ¡Y él también parece muy picado! Ayer me contó mi hijo mayor que a las cuatro y media de la madrugada que pasó por la calle con la yunta, estaban hablando todavía.

BERNARDA. ¡A las cuatro y media!

ANGUSTIAS (saliendo). ¡Mentira!

LA PONCIA. Eso me contaron.

BERNARDA (a Angustias). ¡Habla!

ANGUSTIAS. Pepe lleva más de una semana marchándose a la una. Que Dios me mate si miento.

MARTIRIO (saliendo). Yo también lo sentí marcharse a las cuatro.

BERNARDA. ¿Pero lo viste con tus ojos?

MARTIRIO. No quise asomarme. ¿No habláis ahora por la ventana del callejón?

ANGUSTIAS. Yo hablo por la ventana de mi dormitorio.

(Aparece Adela en la puerta.)

---

64. A mí ... aire. *I think it's wrong for Pepe to be with Angustias, and so do other people. Even the wind thinks so.*

65. ¡Ya estamos otra vez! *There you go again!*

66. ¡No llegará ... río! *It won't be that bad!*

67. jamás ... voluntad *never went against my will*

68. ¡Siempre ... pimienta! *I've always had a sharp tongue!*

MARTIRIO. Entonces...

BERNARDA. ¿Qué es lo que pasa aquí?

LA PONCIA. ¡Cuida de enterarte! [69] Pero desde luego, Pepe estaba a las cuatro de la madrugada en una reja de tu casa.

5 BERNARDA. ¿Lo sabes seguro?

LA PONCIA. Seguro no se sabe nada en esta vida.

ADELA. Madre, no oiga usted a quien nos quiere perder a todas.

BERNARDA. ¡Yo sabré enterarme! Si las gentes del pueblo quieren levantar falsos testimonios [70] se encontrarán con mi pedernal. No

10 se hable de este asunto. Hay a veces una ola de fango que levantan los demás para perdernos.

MARTIRIO. A mí no me gusta mentir.

LA PONCIA. Y algo habrá.

BERNARDA. No habrá nada. Nací para tener los ojos abiertos. Ahora

15 vigilaré sin cerrarlos ya hasta que me muera.

ANGUSTIAS. Yo tengo derecho de enterarme.

BERNARDA. Tú no tienes derecho más que a obedecer. Nadie me traiga ni me lleve.[71] (*A La Poncia.*) Y tú te metes en los asuntos de tu casa.[72] ¡Aquí no se vuelve a dar un paso sin que yo lo sienta!

20 CRIADA (*entrando*). En lo alto de la calle hay un gran gentío y todos los vecinos están en sus puertas.

BERNARDA (*a La Poncia*). ¡Corre a enterarte de lo que pasa! (*Las mujeres corren para salir.*) ¿Dónde vais? Siempre os supe mujeres ventaneras y rompedoras de su luto. ¡Vosotras, al patio!

25 (*Salen y sale Bernarda. Se oyen rumores lejanos. Entran Martirio y Adela, que se quedan escuchando y sin atreverse a dar un paso más de la puerta de salida.*)

MARTIRIO. Agradece a la casualidad que no desaté mi lengua.

ADELA. También hubiera hablado yo.

30 MARTIRIO. ¿Y qué ibas a decir? ¡Querer no es hacer!

ADELA. Hace la que puede y la que se adelanta. Tú querías, pero no has podido.

MARTIRIO. No seguirás mucho tiempo.

ADELA. ¡Lo tendré todo!

35 MARTIRIO. Yo romperé tus abrazos.

---

69. ¡Cuida de enterarte! *Beware of finding out!*
70. quieren levantar falsos testimonios *try to bear false witness*
71. Nadie ... lleve. *Don't let anyone try to boss me around.*
72. Y tú ... casa. *And you stick to your work.*

ADELA (*suplicante*). ¡Martirio, déjame!

MARTIRIO. ¡De ninguna! [73]

ADELA. ¡Él me quiere para su casa!

MARTIRIO. ¡He visto cómo te abrazaba!

ADELA. Yo no quería. He sido como arrastrada por una maroma.   5

MARTIRIO. ¡Primero muerta! [74]

(*Se asoman Magdalena y Angustias. Se siente crecer el tumulto.*)

LA PONCIA (*entrando con Bernarda*). ¡Bernarda!

BERNARDA. ¿Qué ocurre?

LA PONCIA. La hija de la Librada, la soltera, tuvo un hijo no se sabe   10
con quién.

ADELA. ¿Un hijo?

LA PONCIA. Y para ocultar su vergüenza lo mató y lo metió debajo de
unas piedras, pero unos perros con más corazón que muchas criaturas, lo sacaron y como llevados por la mano de Dios lo han   15
puesto en el tranco de su puerta. Ahora la quieren matar. La traen
arrastrando por la calle abajo, y por las trochas y los terrenos del
olivar vienen los hombres corriendo dando unas voces que estre-
mecen los campos.

BERNARDA. Sí, que vengan todos con varas de olivo y mangos de aza-   20
dones, que vengan todos para matarla.

ADELA. No, no. Para matarla no.

MARTIRIO. Sí y vamos a salir también nosotras.

BERNARDA. Y que pague la que pisotea la decencia.

(*Fuera se oye un grito de mujer y un gran rumor.*)   25

ADELA. ¡Que la dejen escapar! ¡No salgáis vosotras!

MARTIRIO (*mirando a Adela*). ¡Que pague lo que debe!

BERNARDA (*bajo el arco*). ¡Acabar con ella antes que lleguen los guardias! ¡Carbón ardiendo en el sitio de su pecado!

ADELA (*cogiéndose el vientre*). ¡No! ¡No!   30

BERNARDA. ¡Matadla! ¡Matadla!

Telón

73. ¡De ninguna!   *He won't belong to any of us!*
74. ¡Primero muerta!   *I'd rather see you dead first!*

ACTO TERCERO

(*Cuatro paredes blancas ligeramente azuladas del patio interior de la casa de Bernarda. Es de noche. El decorado ha de ser de una perfecta simplicidad. Las puertas iluminadas por la luz de los interiores dan un tenue fulgor a la escena.*)

5   (*En el centro una mesa con un quinqué, donde están comiendo Bernarda y sus hijas. La Poncia las sirve. Prudencia está sentada aparte.*)

(*Al levantarse el telón hay un gran silencio interrumpido por el ruido de platos y cubiertos.*)

10   PRUDENCIA. Ya me voy. Os he hecho una visita larga. (*Se levanta.*)
BERNARDA. Espérate, mujer. No nos vemos nunca.
PRUDENCIA. ¿Han dado el último toque para el rosario?
LA PONCIA. Todavía no.

(*Prudencia se sienta.*)

15   BERNARDA. ¿Y tu marido cómo sigue?
PRUDENCIA. Igual.
BERNARDA. Tampoco lo vemos.
PRUDENCIA. Ya sabes sus costumbres. Desde que se peleó con sus hermanos por la herencia no ha salido por la puerta de la calle. Pone
20   una escalera y salta las tapias y el corral.
BERNARDA. Es un verdadero hombre. ¿Y con tu hija?...
PRUDENCIA. No la ha perdonado.
BERNARDA. Hace bien.[75]
PRUDENCIA. No sé qué te diga. Yo sufro por esto.
25   BERNARDA. Una hija que desobedece deja de ser hija para convertirse en una enemiga.
PRUDENCIA. Yo dejo que el agua corra.[76] No me queda más consuelo que refugiarme en la iglesia, pero como estoy quedando sin vista tendré que dejar de venir para que no jueguen con una los chi-
30   quillos. (*Se oye un gran golpe dado en los muros.*) ¿Qué es eso?
BERNARDA. El caballo garañón que está encerrado y da coces contra el

75. Hace bien. *He's right.*
76. Yo dejo ... corra. *I let things take their course.*

muro. (*A voces.*) ¡Trabadlo y que salga al corral! (*En voz baja.*)
Debe tener calor.

PRUDENCIA. ¿Vais a echarle las potras nuevas?

BERNARDA. Al amanecer.

PRUDENCIA. Has sabido acrecentar tu ganado.   5

BERNARDA. A fuerza de dinero y sinsabores.

LA PONCIA (*interrumpiendo*). Pero tiene la mejor manada de estos
contornos. Es una lástima que esté bajo de precio.

BERNARDA. ¿Quieres un poco de queso y miel?

PRUDENCIA. Estoy desganada.   10

(*Se oye otra vez el golpe.*)

LA PONCIA. ¡Por Dios!

PRUDENCIA. ¡Me ha retemblado dentro del pecho!

BERNARDA (*levantándose furiosa*). ¿Hay que decir las cosas dos veces?
¡Echadlo que se revuelque en los montones de paja! (*Pausa, y* 15
como hablando con los gañanes.) Pues encerrad las potras en la
cuadra, pero dejadlo libre no sea que nos eche abajo las paredes.[77]

(*Se dirige a la mesa y se sienta otra vez.*) ¡Ay, qué vida!

PRUDENCIA. Bregando como un hombre.

BERNARDA. Así es. (*Adela se levanta de la mesa.*) ¿Dónde vas?   20

ADELA. A beber agua.

BERNARDA (*en alta voz*). Trae un jarro de agua fresca. (*A Adela.*) Puedes sentarte.

(*Adela se sienta.*)

PRUDENCIA. Y Angustias, ¿cuándo se casa?   25

BERNARDA. Vienen a pedirla dentro de tres días.

PRUDENCIA. ¡Estarás contenta!

ANGUSTIAS. ¡Claro!

AMELIA (*a Magdalena*). Ya has derramado la sal.

MAGDALENA. Peor suerte que tienes no vas a tener.   30

AMELIA. Siempre trae mala sombra.

BERNARDA. ¡Vamos!

PRUDENCIA (*a Angustias*). ¿Te ha regalado ya el anillo?

ANGUSTIAS. Mírelo usted. (*Se lo alarga.*)

PRUDENCIA. Es precioso. Tres perlas. En mi tiempo las perlas signifi- 35
caban lágrimas.

ANGUSTIAS. Pero ya las cosas han cambiado.

---

77. dejadlo libre ... paredes *let him loose or he'll break down the walls*

ADELA. Yo creo que no. Las cosas significan siempre lo mismo. Los anillos de pedida [78] deben ser de diamantes.

PRUDENCIA. Es más propio.

BERNARDA. Con perlas o sin ellas las cosas son como uno se las pro-
5 pone.

MARTIRIO. O como Dios dispone.

PRUDENCIA. Los muebles me han dicho que son preciosos.

BERNARDA. Dieciséis mil reales he gastado.

LA PONCIA (*interviniendo*). Lo mejor es el armario de luna.[79]

10 PRUDENCIA. Nunca vi un mueble de éstos.

BERNARDA. Nosotras tuvimos arca.

PRUDENCIA. Lo preciso es que todo sea para bien.[80]

ADELA. Que nunca se sabe.

BERNARDA. No hay motivo para que no lo sea.

15   (*Se oyen lejanísimas unas campanas.*)

PRUDENCIA. El último toque. (*A Angustias.*) Ya vendré a que me en-
señes la ropa.

ANGUSTIAS. Cuando usted quiera.

PRUDENCIA. Buenas noches nos dé Dios.

20 BERNARDA. Adiós, Prudencia.

LAS CINCO A LA VEZ. Vaya usted con Dios. (*Pausa.*)

    (*Sale Prudencia.*)

BERNARDA. Ya hemos comido. (*Se levantan.*)

ADELA. Voy a llegarme hasta el portón para estirar las piernas y to-
25 mar un poco de fresco.

    (*Magdalena se sienta en una silla baja retrepada contra la pared.*)

AMELIA. Yo voy contigo.

MARTIRIO. Y yo.

ADELA (*con odio contenido*). No me voy a perder.

30 AMELIA. La noche quiere compaña. (*Salen.*)

    (*Bernarda se sienta y Angustias está arreglando la mesa.*)

BERNARDA. Ya te he dicho que quiero que hables con tu hermana Martirio. Lo que pasó del retrato fué una broma y lo debes olvidar.

---

78. anillo de pedida   *engagement ring*
79. armario de luna   *wardrobe with a mirrored door*
80. Lo preciso ... bien.   *The important thing is that everything turn out well.*

ANGUSTIAS. Usted sabe que ella no me quiere.

BERNARDA. Cada uno sabe lo que piensa por dentro. Yo no me meto en los corazones, pero quiero buena fachada y armonía familiar. ¿Lo entiendes?

ANGUSTIAS. Sí.

BERNARDA. Pues ya está.[81]

MAGDALENA (*casi dormida*). Además, ¡si te vas a ir antes de nada! [82]

(*Se duerme.*)

ANGUSTIAS. Tarde me parece.[83]

BERNARDA. ¿A qué hora terminaste anoche de hablar?

ANGUSTIAS. A las doce y media.

BERNARDA. ¿Qué cuenta Pepe?

ANGUSTIAS. Yo lo encuentro distraído. Me habla siempre como pensando en otra cosa. Si le pregunto qué le pasa, me contesta: "Los hombres tenemos nuestras preocupaciones".

BERNARDA. No le debes preguntar. Y cuando te cases, menos. Habla si él habla y míralo cuando te mire. Así no tendrás disgustos.

ANGUSTIAS. Yo creo, madre, que él me oculta muchas cosas.

BERNARDA. No procures descubrirlas, no le preguntes, y, desde luego, que no te vea llorar jamás.

ANGUSTIAS. Debía estar contenta y no lo estoy.

BERNARDA. Eso es lo mismo.

ANGUSTIAS. Muchas veces miro a Pepe con mucha fijeza y se me borra a través de los hierros, como si lo tapara una nube de polvo de las que levantan los rebaños.

BERNARDA. Eso son cosas de debilidad.

ANGUSTIAS. ¡Ojalá!

BERNARDA. ¿Viene esta noche?

ANGUSTIAS. No. Fué con su madre a la capital.

BERNARDA. Así nos acostaremos antes. ¡Magdalena!

ANGUSTIAS. Está dormida.

(*Entran Adela, Martirio y Amelia.*)

AMELIA. ¡Qué noche más oscura!

ADELA. No se ve a dos pasos de distancia.

MARTIRIO. Una buena noche para ladrones, para el que necesita escondrijo.

---

81. Pues ya está. *Then that's settled.*
82. Además ... nada! *Anyway, you'll be leaving very soon!*
83. Tarde me parece. *Not soon enough for me.*

ADELA. El caballo garañón estaba en el centro del corral ¡blanco! doble de grande, llenando todo lo oscuro.

AMELIA. Es verdad. Daba miedo. Parecía una aparición.

ADELA. Tiene el cielo unas estrellas como puños.

5 MARTIRIO. Ésta se puso a mirarlas de modo que se iba a tronchar el cuello.

ADELA. ¿Es que no te gustan a ti?

MARTIRIO. A mí las cosas de tejas arriba no me importan nada. Con lo que pasa dentro de las habitaciones tengo bastante.

10 ADELA. Así te va a ti.[84]

BERNARDA. A ella le va en lo suyo como a ti en lo tuyo.[85]

ANGUSTIAS. Buenas noches.

ADELA. ¿Ya te acuestas?

ANGUSTIAS. Sí. Esta noche no viene Pepe. (Sale.)

15 ADELA. Madre. ¿Por qué cuando se corre una estrella [86] o luce un relámpago se dice:

> Santa Bárbara bendita
> que en el cielo estás escrita
> con papel y agua bendita?

20 BERNARDA. Los antiguos sabían muchas cosas que hemos olvidado.

AMELIA. Yo cierro los ojos para no verlas.

ADELA. Yo no. A mí me gusta ver correr lleno de lumbre lo que está quieto años enteros.

MARTIRIO. Pero estas cosas nada tienen que ver con nosotros.

25 BERNARDA. Y es mejor no pensar en ellas.

ADELA. ¡Qué noche más hermosa! Me gustaría quedarme hasta muy tarde para disfrutar el fresco del campo.

BERNARDA. Pero hay que acostarse. ¡Magdalena!

AMELIA. Está en el primer sueño.[87]

30 BERNARDA. ¡Magdalena!

MAGDALENA (disgustada). ¡Dejarme en paz!

BERNARDA. ¡A la cama!

MAGDALENA (levantándose malhumorada). ¡No la dejáis a una tranquila! (Se va refunfuñando.)

35 AMELIA. Buenas noches. (Se va.)

BERNARDA. Andar vosotras también.

---

84. Así ... ti. *That's the way it is with you.*
85. A ella ... lo tuyo. *She has her ways and you have yours.*
86. cuando ... estrella *when there's a shooting star*
87. Está ... sueño. *She's just fallen asleep.*

MARTIRIO. ¿Cómo es que esta noche no viene el novio de Angustias?

BERNARDA. Fué de viaje.

MARTIRIO (*mirando a Adela.*) ¡Ah!

ADELA. Hasta mañana. (*Sale.*)

(*Martirio bebe agua y sale lentamente mirando hacia la puerta* 5 *del corral.*)

LA PONCIA (*saliendo*). ¿Estás todavía aquí?

BERNARDA. Disfrutando este silencio y sin lograr ver por parte alguna "la cosa tan grande" que aquí pasa según tú.

LA PONCIA. Bernarda: dejemos esa conversación. 10

BERNARDA. En esta casa no hay un sí ni un no. Mi vigilancia lo puede todo.[88]

LA PONCIA. No pasa nada por fuera. Eso es verdad. Tus hijas están y viven como metidas en alacenas. Pero ni tú ni nadie puede vigilar por el interior de los pechos. 15

BERNARDA. Mis hijas tienen la respiración tranquila.

LA PONCIA. Eso te importa a ti que eres su madre.[89] A mí con servir tu casa tengo bastante.

BERNARDA. Ahora te has vuelto callada.

LA PONCIA. Me estoy en mi sitio y en paz. 20

BERNARDA. Lo que pasa es que no tienes nada que decir. Si en esta casa hubiera hierbas ya te encargarías de traer a pastar las ovejas del vecindario.

LA PONCIA. Yo tapo más de lo que te figuras.

BERNARDA. ¿Sigue tu hijo viendo a Pepe a las cuatro de la mañana? 25 ¿Siguen diciendo todavía la mala letanía de esta casa?

LA PONCIA. No dicen nada.

BERNARDA. Porque no pueden. Porque no hay carne donde morder.[90] A la vigilancia de mis ojos se debe esto.

LA PONCIA. Bernarda: yo no quiero hablar porque temo tus inten- 30 ciones. Pero no estés segura.

BERNARDA. ¡Segurísima!

LA PONCIA. A lo mejor de pronto cae un rayo. A lo mejor, de pronto, un golpe te para el corazón.

BERNARDA. Aquí no pasa nada. Ya estoy alerta contra tus suposicio- 35 nes.

---

88. Mi vigilancia ... todo. *I'm alert enough for any situation.*
89. Eso ... madre. *That's your concern since you're their mother.*
90. Porque ... morder. *Because there's nothing to gossip about.*

LA PONCIA. Pues mejor para ti.

BERNARDA. ¡No faltaba más! [91]

CRIADA (*entrando*). Ya terminé de fregar los platos. ¿Manda usted algo, Bernarda?

5 BERNARDA (*levantándose*). Nada. Voy a descansar.

LA PONCIA. ¿A qué hora quieres que te llame?

BERNARDA. A ninguna. Esta noche voy a dormir bien. (*Se va.*)

LA PONCIA. Cuando una no puede con el mar lo más fácil es volver las espaldas para no verlo.

10 CRIADA. Es tan orgullosa que ella misma se pone una venda en los ojos.

LA PONCIA. Yo no puedo hacer nada. Quise atajar las cosas, pero ya me asustan demasiado. ¿Tú ves este silencio? Pues hay una tormenta en cada cuarto. El día que estallen nos barrerán a todas. Yo 15 he dicho lo que tenía que decir.

CRIADA. Bernarda cree que nadie puede con ella y no sabe la fuerza que tiene un hombre entre mujeres solas.

LA PONCIA. No es toda la culpa de Pepe el Romano. Es verdad que el año pasado anduvo detrás de Adela y ésta estaba loca por él, pero 20 ella debió estarse en su sitio y no provocarlo. Un hombre es un hombre.

CRIADA. Hay quien cree que habló muchas veces con Adela.

LA PONCIA. Es verdad. (*En voz baja.*) Y otras cosas.

CRIADA. No sé lo que va a pasar aquí.

25 LA PONCIA. A mí me gustaría cruzar el mar y dejar esta casa de guerra.

CRIADA. Bernarda está aligerando la boda y es posible que nada pase.

LA PONCIA. Las cosas se han puesto ya demasiado maduras.[92] Adela 30 está decidida a lo que sea [93] y las demás vigilan sin descanso.

CRIADA. ¿Y Martirio también?...

LA PONCIA. Ésa es la peor. Es un pozo de veneno. Ve que el Romano no es para ella y hundiría el mundo si estuviera en su mano.

CRIADA. ¡Es que son malas!

35 LA PONCIA. Son mujeres sin hombre, nada más. En estas cuestiones se olvida hasta la sangre. ¡Chisssssss! (*Escucha.*)

CRIADA. ¿Qué pasa?

---

91. ¡No faltaba más! *Well of course!*
92. Las cosas ... maduras. *Things have already gone too far.*
93. Adela ... sea *Adela is resolved to stop at nothing*

LA PONCIA (*se levanta*). Están ladrando los perros.

CRIADA. Debe haber pasado alguien por el portón.

(*Sale Adela en enaguas blancas y corpiño.*)

LA PONCIA. No nos van a dejar dormir. (*Salen.*)

ADELA. Voy a beber agua. (*Bebe en un vaso de la mesa.*)   5

LA PONCIA. Yo te suponía dormida.

ADELA. Me despertó la sed. ¿Y vosotras, no descansáis?

CRIADA. Ahora.

(*Sale Adela.*)

LA PONCIA. Vámonos.   10

CRIADA. Ganado tenemos el sueño. Bernarda no me deja descansar en
todo el día.

LA PONCIA. Llévate la luz.

CRIADA. Los perros están como locos.

LA PONCIA. No nos van a dejar dormir. (*Salen.*)
                                                                       15

(*La escena queda casi a oscuras. Sale María Josefa con una oveja
en los brazos.*)

MARÍA JOSEFA. Ovejita, niño mío,
                vámonos a la orilla del mar.
                La hormiguita estará en su puerta,   20
                yo te daré la teta y el pan.

                Bernarda,
                cara de leoparda.
                Magdalena,
                cara de hiena.   25
                ¡Ovejita!
                Meee, meee.
                Vamos a los ramos del portal de Belén.

                Ni tú ni yo queremos dormir;
                la puerta sola se abrirá   30
                y en la playa nos meteremos
                en una choza de coral.

                Bernarda,
                cara de leoparda.

Magdalena,
cara de hiena.
¡Ovejita!
Meee, meee.
5   Vamos a los ramos del portal de Belén.

(*Se va cantando.*)

(*Entra Adela. Mira a un lado y otro con sigilo y desaparece por la puerta del corral. Sale Martirio por otra puerta y queda en angustioso acecho en el centro de la escena. También va en enaguas. Se* 10 *cubre con un pequeño mantón negro de talle. Sale por enfrente de ella María Josefa.*)

MARTIRIO. ¿Abuela, dónde va usted?

MARÍA JOSEFA. ¿Vas a abrirme la puerta? ¿Quién eres tú?

MARTIRIO. ¿Cómo está aquí?

15 MARÍA JOSEFA. Me escapé. ¿Tú quién eres?

MARTIRIO. Vaya a acostarse.

MARÍA JOSEFA. Tú eres Martirio, ya te veo. Martirio, cara de martirio. ¿Y cuándo vas a tener un niño? Yo he tenido éste.

MARTIRIO. ¿Dónde cogió esa oveja?

20 MARÍA JOSEFA. Ya sé que es una oveja. Pero ¿por qué una oveja no va a ser un niño? Mejor es tener una oveja que no tener nada. Bernada, cara de leoparda. Magdalena, cara de hiena.

MARTIRIO. No dé voces.

MARÍA JOSEFA. Es verdad. Está todo muy oscuro. Como tengo el pelo 25 blanco crees que no puedo tener crías, y sí, crías y crías y crías. Este niño tendrá el pelo blanco y tendrá otro niño, y éste, otro, y todos con el pelo de nieve, seremos como las olas, una y otra y otra. Luego nos sentaremos todos y todos tendremos el cabello blanco y seremos espuma. ¿Por qué aquí no hay espumas? Aquí no 30 hay más que mantos de luto.

MARTIRIO. Calle, calle.

MARÍA JOSEFA. Cuando mi vecina tenía un niño yo le llevaba chocolate y luego ella me lo traía a mí y así siempre, siempre, siempre. Tú tendrás el pelo blanco, pero no vendrán las vecinas. Yo tengo 35 que marcharme, pero tengo miedo que los perros me muerdan. ¿Me acompañarás tú a salir al campo? Yo quiero campo. Yo quiero casas, pero casas abiertas y las vecinas acostadas en sus camas con sus niños chiquitos y los hombres fuera sentados en sus sillas. Pepe el Romano es un gigante. Todas lo queréis. Pero él os va a devorar porque vosotras sois granos de trigo. No granos de trigo. ¡Ranas sin lengua!

MARTIRIO. Vamos. Váyase a la cama. (*La empuja.*)

MARÍA JOSEFA. Sí, pero luego tú me abrirás, ¿verdad?

MARTIRIO. De seguro.   5

MARÍA JOSEFA (*llorando*).

      Ovejita, niño mío.
      Vámonos a la orilla del mar.
      La hormiguita estará en su puerta,
      yo te daré la teta y el pan.   10

(*Martirio cierra la puerta por donde ha salido María Josefa y se dirige a la puerta del corral. Allí vacila, pero avanza dos pasos más.*)

MARTIRIO (*en voz baja*). Adela. (*Pausa. Avanza hasta la misma puerta. En voz alta.*) ¡Adela!

(*Aparece Adela. Viene un poco despeinada.*)   15

ADELA. ¿Por qué me buscas?

MARTIRIO. ¡Deja a ese hombre!

ADELA. ¿Quién eres tú para decírmelo?

MARTIRIO. No es ése el sitio de una mujer honrada.

ADELA. ¡Con qué ganas te has quedado de ocuparlo! [94]   20

MARTIRIO (*en voz alta*). Ha llegado el momento de que yo hable. Esto no puede seguir así.

ADELA. Esto no es más que el comienzo. He tenido fuerza para adelantarme. El brío y el mérito que tú no tienes. He visto la muerte debajo de estos techos y he salido a buscar lo que era mío, lo que 25 me pertenecía.

MARTIRIO. Ese hombre sin alma vino por otra. Tú te has atravesado.

ADELA. Vino por el dinero, pero sus ojos los puso siempre en mí.

MARTIRIO. Yo no permitiré que lo arrebates. Él se casará con Angustias.   30

ADELA. Sabes mejor que yo que no la quiere.

MARTIRIO. Lo sé.

ADELA. Sabes, porque lo has visto, que me quiere a mí.

MARTIRIO (*despechada*). Sí.

ADELA (*acercándose*). Me quiere a mí. Me quiere a mí.   35

MARTIRIO. Clávame un cuchillo si es tu gusto, pero no me lo digas más.

94. ¡Con qué ... ocuparlo! *How you wish you had been there!*

ADELA. Por eso procuras que no vaya con él. No te importa que abrace a la que no quiere, a mí tampoco. Ya puede estar cien años con Angustias, pero que me abrace a mí se te hace terrible, porque tú lo quieres también, lo quieres.

5 MARTIRIO (*dramática*). ¡Sí! Déjame decirlo con la cabeza fuera de los embozos.[95] ¡Sí! Déjame que el pecho se me rompa como una granada de amargura. ¡Le quiero!

ADELA (*en un arranque y abrazándola*). Martirio, Martirio, yo no tengo la culpa.

10 MARTIRIO. ¡No me abraces! No quieras ablandar mis ojos. Mi sangre ya no es la tuya. Aunque quisiera verte como hermana no te miro ya más que como mujer. (*La rechaza.*)

ADELA. Aquí no hay ningún remedio. La que tenga que ahogarse que se ahogue. Pepe el Romano es mío. Él me lleva a los juncos de la 15 orilla.

MARTIRIO. ¡No será!

ADELA. Ya no aguanto el horror de estos techos después de haber probado el sabor de su boca. Seré lo que él quiera que sea. Todo el pueblo contra mí, quemándome con sus dedos de lumbre, perse-20 guida por los que dicen que son decentes, y me pondré la corona de espinas que tienen las que son queridas de algún hombre casado.

MARTIRIO. ¡Calla!

ADELA. Sí. Sí. (*En voz baja.*) Vamos a dormir, vamos a dejar que se 25 case con Angustias, ya no me importa, pero yo me iré a una casita sola donde él me verá cuando quiera, cuando le venga en gana.[96]

MARTIRIO. Eso no pasará mientras yo tenga una gota de sangre en el cuerpo.

ADELA. No a ti que eres débil. A un caballo encabritado soy capaz de 30 poner de rodillas con la fuerza de mi dedo meñique.

MARTIRIO. No levantes esa voz que me irrita. Tengo el corazón lleno de una fuerza tan mala, que sin quererlo yo, a mí misma me ahoga.

ADELA. Nos enseñan a querer a las hermanas. Dios me ha debido dejar sola en medio de la oscuridad, porque te veo como si no te hu-35 biera visto nunca.

(*Se oye un silbido y Adela corre a la puerta, pero Martirio se le pone delante.*)

---

95. **Déjame ... embozos.** *Let me say it openly.*
96. **cuando le venga en gana** *when he feels like it*

MARTIRIO. ¿Dónde vas?

ADELA. ¡Quítate de la puerta!

MARTIRIO. ¡Pasa si puedes!

ADELA. ¡Aparta! (*Lucha.*)

MARTIRIO (*a voces*). ¡Madre, madre! 5

(*Aparece Bernarda. Sale en enaguas con un mantón negro.*)

BERNARDA. Quietas, quietas. ¡Qué pobreza la mía, no poder tener un rayo entre los dedos!

MARTIRIO (*señalando a Adela*). ¡Estaba con él! ¡Mira esas enaguas llenas de paja de trigo! 10

BERNARDA. ¡Ésa es la cama de las mal nacidas! [97] (*Se dirige furiosa hacia Adela.*)

ADELA (*haciéndole frente*). ¡Aquí se acabaron las voces de presidio! (*Adela arrebata un bastón a su madre y lo parte en dos.*) Esto hago yo con la vara de la dominadora. No dé usted un paso más. 15 En mí no manda nadie más que Pepe.

MAGDALENA (*saliendo*). ¡Adela!

(*Salen La Poncia y Angustias.*)

ADELA. Yo soy su mujer. (*A Angustias.*) Entérate tú y ve al corral a decírselo. Él dominará toda esta casa. Ahí fuera está, respirando 20 como si fuera un león.

ANGUSTIAS. ¡Dios mío!

BERNARDA. ¡La escopeta! ¿Dónde está la escopeta? (*Sale corriendo.*)

(*Sale detrás Martirio. Aparece Amelia por el fondo, que mira aterrada con la cabeza sobre la pared.*) 25

ADELA. ¡Nadie podrá conmigo! (*Va a salir.*)

ANGUSTIAS (*sujetándola*). De aquí no sales con tu cuerpo en triunfo. ¡Ladrona! ¡Deshonra de nuestra casa!

MAGDALENA. ¡Déjala que se vaya donde no la veamos nunca más!

(*Suena un disparo.*) 30

BERNARDA (*entrando*). Atrévete a buscarlo ahora.

MARTIRIO (*entrando*). Se acabó Pepe el Romano.

ADELA. ¡Pepe! ¡Dios mío! ¡Pepe! (*Sale corriendo.*)

LA PONCIA. ¿Pero lo habéis matado?

MARTIRIO. No. Salió corriendo en su jaca. 35

97. mal nacidas *bad women*

BERNARDA. No fué culpa mía. Una mujer no sabe apuntar.

MAGDALENA. ¿Por qué lo has dicho entonces?

MARTIRIO. ¡Por ella! Hubiera volcado un río de sangre sobre su cabeza.

5 LA PONCIA. Maldita.

MAGDALENA. ¡Endemoniada!

BERNARDA. Aunque es mejor así. (*Suena un golpe.*) ¡Adela, Adela!

LA PONCIA (*en la puerta*). ¡Abre!

BERNARDA. Abre. No creas que los muros defienden de la vergüenza.

10 CRIADA (*entrando*). ¡Se han levantado los vecinos!

BERNARDA (*en voz baja como un rugido*). ¡Abre, porque echaré abajo la puerta! (*Pausa. Todo queda en silencio.*) ¡Adela! (*Se retira de la puerta.*) ¡Trae un martillo! (*La Poncia da un empujón y entra. Al entrar da un grito y sale.*) ¿Qué?

15 LA PONCIA (*se lleva las manos al cuello*). ¡Nunca tengamos ese fin! [98]

(*Las hermanas se echan hacia atrás. La Criada se santigua. Bernarda da un grito y avanza.*)

LA PONCIA. ¡No entres!

BERNARDA. No. ¡Yo no! Pepe: tú irás corriendo vivo por lo oscuro de
20 las alamedas, pero otro día caerás. ¡Descolgarla! ¡Mi hija ha muerto virgen! Llevadla a su cuarto y vestirla como una doncella. ¡Nadie diga nada! Ella ha muerto virgen. Avisad que al amanecer den dos clamores las campanas.

MARTIRIO. Dichosa ella mil veces que lo pudo tener.

25 BERNARDA. Y no quiero llantos. La muerte hay que mirarla cara a cara. ¡Silencio! (*A otra hija.*) ¡A callar he dicho! (*A otra hija.*) ¡Las lágrimas cuando estés sola! Nos hundiremos todas en un mar de luto. Ella, la hija menor de Bernarda Alba, ha muerto virgen. ¿Me habéis oído? ¡Silencio, silencio he dicho! ¡Silencio!

30   *Telón*

Día viernes 19 de junio de 1936.

98. ¡Nunca ... fin! *May we never die like that!*

Pedro Salinas

(1892–1952)

Poet, critic, and scholar, Pedro Salinas was born in Madrid in 1892. His professional career closely paralleled that of his contemporary Jorge Guillén: he taught at Cambridge and the Sorbonne, and at the Universities of Seville, Murcia, and Madrid. After the termination of the Spanish Civil War, he emigrated to the United States where he became associated with Johns Hopkins University.

As a critic, Salinas contributed collections of essays (*Literatura española del siglo XX*, 1941; *Ensayos de literatura hispánica*, 1958), and two studies of important poets: *Jorge Manrique* (1948) and *La poesía de Ruben Darío* (1949). He has, in addition, written a modern versified version of the Old Spanish *Poema del Cid,* as well as various prose works (*Víspera del gozo, El desnudo impecable*) and theatrical pieces.

Essentially, however, Salinas is a poet: pure, intellectual, often charged with deep emotion. The early poems offer some similarity with the work of Juan Ramón Jiménez, but the later poems are marked by a more individual, personal note. "La poesía es una aventura hacia lo absoluto." The poetry of Salinas is perhaps not so much an adventure as a voyage in search of the "real reality" behind the apparent reality, or a new organization of the materials of reality. With a combination of emotion and intelligence the poet builds a solid architectural framework within which he expresses evanescent sensations or profoundly experienced emotions.

The early collections *Presagios* (1923), *Seguro azar* (1929), and *Fábula y signo* (1931) contain delicate, fine poems resembling still-life paintings, as well as geometric, cubistic poetry reflecting the mechanized, automatic aspects of modern civilization. In *La voz a ti debida* (1933) and *Razón de amor* (1936) Salinas emerges as an au-

thentic love poet, combining reason and passion, sentiment and
sensuality, joy and anguish. The two collections form a concentrated lyrical elaboration of the most diverse aspects of love, and it
is in these verses that the voice of the poet finds its truest expression.

SELECTED POEMS

YO NO NECESITO TIEMPO...

Yo no necesito tiempo
para saber cómo eres:
conocerse es el relámpago.
¿Quién te va a ti a conocer
5 en lo que callas, o en esas
palabras con que lo callas?
El que te busque en la vida
que estás viviendo, no sabe
más que alusiones de ti,
10 pretextos donde te escondes.
Ir siguiéndote hacia atrás
en lo que tú has hecho, antes,
sumar acción con sonrisa,
años con nombres, será
15 ir perdiéndote. Yo no.
Te conocí en la tormenta.
Te conocí, repentina,
en ese desgarramiento
brutal de tiniebla y luz,

donde se revela el fondo
que escapa al día y la noche.
Te vi, me has visto, y ahora,
desnuda ya del equívoco,
de la historia, del pasado,   5
tú, amazona en la centella,
palpitante de recién
llegada sin esperarte,
eres tan antigua mía,
te conozco tan de tiempo,   10
que en tu amor cierro los ojos,
y camino sin errar,
a ciegas, sin pedir nada
a esa luz lenta y segura
con que se conocen letras   15
y formas y se echan cuentas
y se cree que se ve
quién eres tú, mi invisible.

(La voz a ti debida, 1933)

¡QUÉ ALEGRÍA VIVIR...!

¡Qué alegría, vivir
sintiéndose vivido!
Rendirse
a la gran certidumbre, oscuramente,

de que otro ser, fuera de mí, muy lejos,
me está viviendo.
Que cuando los espejos, los espías
—azogues, almas cortas—, aseguran
que estoy aquí, yo inmóvil,   5
con los ojos cerrados y los labios,
negándome al amor
de la luz, de la flor y de los nombres,
la verdad trasvisible es que camino
sin mis pasos, con otros,   10
allá lejos, y allí
estoy buscando flores, luces, hablo.
Que hay otro ser por el que miro el mundo
porque me está queriendo con sus ojos.
Que hay otra voz con la que digo cosas   15
no sospechadas por mi gran silencio;
y es que también me quiere con su voz.
La vida —¡qué transporte ya!—, ignorancia
de lo que son mis actos, que ella hace,
en que ella vive, doble, suya y mía.   20
Y cuando ella me hable
de un cielo oscuro, de un paisaje blanco,
recordaré
estrellas que no vi, que ella miraba,
y nieve que nevaba allá en su cielo.   25
Con la extraña delicia de acordarse
de haber tocado lo que no toqué
sino con esas manos que no alcanzo
a coger con las mías, tan distantes.
Y todo enajenado podrá el cuerpo   30
descansar, quieto, muerto ya. Morirse
en la alta confianza
de que este vivir mío no era sólo
mi vivir: era el nuestro. Y que me vive
otro ser por detrás de la no muerte.   35

(*La voz a ti debida,* 1933)

EL POEMA

Y ahora, aquí está frente a mí.
Tantas luchas que ha costado,
tantos afanes en vela,
tantos bordes de fracaso
5 junto a este esplendor sereno
ya son nada, se olvidaron.
El queda, y en él, el mundo,
la rosa, la piedra, el pájaro,
aquéllos, los que al principio,[1]
10 de este final asombrados.
¡Tan claros que se veían,
y aún se podía aclararlos!
Están mejor; una luz
que el sol no sabe, unos rayos

los iluminan, sin noche,
para siempre revelados.
Las claridades de ahora
lucen más que las de mayo.
Si allí estaban, ahora aquí;   5
a más transparencia alzados.
¡Qué naturales parecen,
qué sencillo el gran milagro!
En esta luz del poema,
todo,   10
desde el más nocturno beso
al cenital esplendor,
todo está mucho más claro.

(Todo más claro y otros poemas, 1949)

LA GOTA

¡Qué trémulo es el estar
de recién llovida gota
en la hoja
de este arbusto! Cuando iba
5 fatal, de la nube al suelo,
la delgada hojilla verde
corta su paso
y la para. ¡Qué milagro!
¿La va a salvar de la tierra,
10 que está tan cerca, a tres palmos,
ávida esperando?
¿O será sólo descanso,
desesperada estación
colgante, allí en el camino
15 desde su arriba a su abajo?
¿La hojilla verde antesala

sólo, breve, deliciosa,
de su tránsito?
Esta vida, columpiándose,
no es vida, dulce es retraso[2]
de un morir que no perdona.   5
Un destino se estremece
en la punta de este ramo,
cuando el pesar de la gota
hace inclinarse a la hoja,
ya casi rendida. Pero   10
si hay algo letal que oprime,
algo verde hay que resiste;
si algo hay que hacia un suelo
   llama,
algo hay trémulo, que salva.   15
Y la hoja

1. los que al principio *those that existed at the beginning*
2. dulce es retraso = es dulce retraso

se doblega, va cediendo,
con su gran menuda carga,
de tanto y tanto cristal
celeste; mas no se rinde.
5 Otra vez se yergue y alza,
su luz diamante, en volandas.
Morir, vivir, equilibrio
estremecido: igual pesan
en esta verde balanza.
10 Puro silencio, el jardín,
se hace escenario del drama.
La pausa entre vida y muerte
fascinada tiene, toda
sin aliento, a la mañana.
15 De miedo, nada se mueve.
La inminencia de un peligro,
—muerte de una gota clara—
crea en torno ondas de calma.
¡Y ahora...!

Si no sopla un aire súbito,
si un pájaro violento
que no sabe lo que ocurre
no se cala en el arbusto,
si un inocente que juega   5
al escondite no viene
a sacudir a esta rama.
¡Si el sol, la luna, los astros,
los vientos, el mundo entero
se están quietos!   10
Si no pasa nada, nada,
y un presente se hace eterno,
vivirá la gota clara
muchas horas, horas largas,
ya sin horas, tiempos, siglos,   15
así, como está,
entre la nube y el limo
salvada.

(*Confianza*, 1954)

Jorge Guillén
(1893–   )

The most classical and the purest poet of the *Generation of 1925,* Jorge Guillén was born in Valladolid in 1893. Aside from his crea‑tive work, Guillén's activities have been most exclusively associated with universities: he has taught at Oxford, the Sorbonne, in Murcia, Seville, Madrid, and, since the Spanish Civil War, at Wellesley.

His entire poetic career has been devoted to the amplification and refinement of his *Cántico,* first published in 1928. This original col‑lection contained just seventy-five poems, but in 1936 fifty more were added. The edition of 1945 contained 270 poems, while that of 1950 mounted to 332. Guillén has studied and translated the work of Paul Valéry, and it is with the French poet more than with his Spanish contemporaries that he bears comparison.

Intellectual, architectural, almost angular, the poetry of Guillén is essentially the poetry of omission. With short meters and simple rhymes, with every extraneous element eliminated, the poems have a simplicity which is more apparent than real. Each poem is the syn‑thesis of a complex interrelationship of thought, sensation, and lyri‑cal vision, expressed with maximum economy and intensity. Sharp in outline, severe, unsentimental, the poetry of Guillén has none of the vaporous mistiness and delicate diffusion of the work of Juan Ramón Jiménez.

A fundamental aspect of the poet's method is the ecstatic exalta‑tion of the vital moment, the feeling of jubilation in one eternalized instant of perfect being. The poet neither remembers nor recreates sensation: standing in perfect equilibrium at the center of a concrete reality, Guillén seizes a fragment of time and holds it in dynamic tension, investing it with intellectual content and vitality. The crea‑tion of a new reality-made-idea is also the re-creation of the artist:

"Soy, más; estoy. Respiro.
Lo profundo es el aire.
La realidad me inventa,
Soy su leyenda ¡Salve!"

(*Más allá*)

Guillén has characterized himself as an advocate of "poesía bastante pura, *ma non troppo.*" Pure poetry, according to his definition (and Valéry's) is "todo lo que permanece en el poema después de haber eliminado todo lo que no es poesía." The process, then, is one of reduction to the barest essentials.

The earlier poems of *Cántico* suffer from a certain "dehumanization" characteristic not only of the literature but also of the pictorial arts of the 1920's, but the later additions reveal a less abstract, more human orientation.

Since the *Cántico* of 1950, Guillén has written two collections entitled *Clamor* and *Homenaje,* neither of which had appeared in print by 1960.

Cántico[1]

MUCHAS GRACIAS, ADIÓS

He sufrido. No importa.
Ni amargura ni queja.
Entre salud y amor
Gire y zumbe el planeta.

5 Desemboqué en lo alto.
Vida regala vida,
Ímpetu de ascensión.
Ventura es siempre cima.

Quien dice la verdad
10 Es el día sereno.

El aire trasparenta
Lo que mejor entiendo.

Suenan aquí las calles
A[2] esparcido tesoro,
A júbilo de un Mayo   5
Que nos abraza a todos.

La luz, que nunca sufre,
Me guía bien. Dependo,
Humilde, fiel, desnudo,
De la tierra y el cielo.   10

MÚSICA, SÓLO MÚSICA

Por los violines
Ascienden promesas.
¿Me raptan? Se entregan.
Todo va a cumplirse.

5 Implacable empeño
De metal y cuerda:
Un mundo se crea
Donde nunca hay muertos.

Hermoso destino
10 Se ajusta a su temple.

Todo está cumpliéndose,
Pleno en el sonido.

Se desliza un mundo
Triunfante y su gracia
Da forma a mi alma.   5
¿Llego a un absoluto?

Invade el espíritu,
Las glorias se habitan.
Inmortal la vida:
Todo está cumplido.   10

1. The following poems are from the 1950 edition of *Cántico*.
2. **a** *of (like)*

AMANECE, AMANEZCO

Es la luz, aquí está: me arrulla un ruido.
Y me figuro el todavía pardo
Florecer del blancor. Un fondo aguardo
Con tanta realidad como le pido.

Luz, luz. El resplandor es un latido. 5
Y se me desvanece con el tardo
Resto de oscuridad mi angustia: fardo
Nocturno entre sus sombras bien hundido.

Aun sin el sol que desde aquí presiento,
La almohada —tan tierna bajo el alba 10
No vista— con la calle colabora.

Heme ya libre de ensimismamiento.
Mundo en resurrección es quien me salva.
Todo lo inventa el rayo de la aurora.

LA NOCHE DE MÁS LUNA

¡Oh noche inmóvil ante la mirada:
Tanto silencio convertido en pura
Materia, ya infundida a esta blancura
Que es una luz más que una nevada!

Hasta el frío, visible al fin, agrada 5
Resplandeciendo como la textura
Misma de aquellos rayos, mientras dura
Su proyección en la pared lunada.

Sobre esos lisos blancos se concreta
Lo más nocturno, que de cada objeto 10
Va dejando a la sombra el pormenor,

Y elementales fondos de planeta
Fortifican un ámbito completo:
Noche con nieve, luna y mi estupor.

ÁNGULO DOMÉSTICO

Aquellos muros trazan la intimidad de un ángulo
Tan luminosamente sensible en su reserva
Que a los dos personajes allí dialogadores
—Discursivo el galán, muy cortés la señora—
5   Se ofrecen en concierto la ventana y un mapa.
El día de una calle, quizá de algún jardín
Acompaña dorando, templando su valor
En vidriera y pared. Continentes, océanos,
Todo converge allí. ¡Qué intimidad de estancia,
10 Qué azul de terciopelo! La atención es un éxtasis.

LA FLORIDA

J'ai heurté, savez-vous? d'incroyables Florides.[3]
R<small>IMBAUD</small>
Todas las rosas son la misma rosa.
J<small>UAN</small> R<small>AMÓN</small> J<small>IMÉNEZ</small>

Con la Florida tropecé
Si el azar no era ya mi fe,
Mi esperanza en acto [4] era el viaje.
¿El destino creó el azar?
5   Una ola fué todo el mar.
El mar es un solo oleaje.
    ¡Oh concentración prodigiosa!
    Todas las rosas son la rosa,
    Plenaria esencia universal.
10   En el adorable volumen
    Todos los deseos se sumen.
    ¡Ahinco del gozo total!

El universo fué. Lo oscuro
Rindió su fondo de futuro.
15 Y el cielo, estrellado en secreto

3. French: "I struck, you know, incredible Floridas," line from *Le Bateau
Ivre (The Drunken Boat)* by the French poet Arthur Rimbaud (1854–1891)
4. en acto *active*

Aquella noche para mí,
Respondió con un solo sí
A mis preguntas sin objeto.
    Alrededor, haz de vivaces
    Vínculos, vibran los enlaces   5
    En las nervaduras del orbe,
    Tan envolventes. ¡Cuántos nudos
    Activos, aún más agudos
    Dentro de quien tanto se absorbe!

¡Distancia! Sin cesar palpable,   10
Por el sol me tiende su cable,
Espacio bajo claridad.
Respiro la atmósfera toda.
El ángel más desnudo poda
Sin cesar la frondosidad.   15

¡Tiempo todo en presente mío,
De mi avidez —y del estío
Que me arrebata a su eminencia!
Luz en redondo ciñe al día,
Tan levantado: mediodía   20
Siempre en delicia de evidencia.
    ¿Pero hay tiempo? Sólo una vida.
    ¿Cabrá en magnitud tan medida
    Lo perennemente absoluto? [5]
    Yo necesito los tamaños   25
    Astrales: presencias sin años,
    Montes de eternidad en bruto.

INVOCACIÓN

Sabes callar. Me sonríe,
Amor, desnuda tu boca.

Una espera —como un alma
Que desenvuelve su forma—

---

5. ¿Cabrá en magnitud tan medida/Lo perennemente absoluto? *Can the perennial absolute fit into such moderate magnitude?*

Sobre los labios ondula,
Se determina, se aploma.
    Yo quiero profundizar,
    Profundizar —imperiosa,
5   Encarnizada ternura—
    En tu frescor, en sus conchas.

Con el beso, bajo el beso
Te busco, te imploro toda,
Esencial, feliz, desnuda,
10 Radiante, consoladora.
    Consuelo hasta el más recóndito
    Desamparo de la sombra,
    Consuelo por plenitud
    Que a la eternidad afronta.

15 Sabes callar. Me sonríe,
    Amor, desnuda tu boca.

Camilo José Cela
(1916–   )

The first post-Civil War novelist, both in time and in importance, Cela was born in 1916 in Iria Flavia (Galicia) of a Spanish father and an English mother. Always provocative and original, Cela himself has provided us with a self-portrait indicative of a restless, adventurous spirit: "...he sido, sucesivamente, hijo de familia con un buen pasar, soldado profesional, poeta, torero, andarríos, funcionario, novelista, pintor, actor de cine, periodista y conferenciante." Cela also attended the University, but the Civil War in which he subsequently fought interrupted his studies. A resident of Madrid for the most part, Cela began his writing career with poems, stories, and articles for literary reviews. His first novel and the first important novel to come out of post-war Spain was *La familia de Pascual Duarte* (1942), a work that brought its author immediate recognition.

Pascual Duarte is the brutal, violent autobiography of a murderer awaiting execution. The narrator is a man abandoned, rooted in neither conventional moral nor religious principles, driven from crime to crime in obedience to a primitive instinct for justice. He is a criminal in spite of himself, the victim of hostile circumstances and of his own ungovernable violence, an object, ultimately, more of pity than of horror. In creating this brutal, almost bestial tragedy, Cela presented so unedifying a picture of reality that the veteran Pío Baroja refused to write the prologue, protesting "No, mire, si Vd. quiere que lo lleven a la cárcel vaya solo, que para eso es joven. Yo no le prologo el libro." The success of *Pascual Duarte* quite naturally led to imitations, and "tremendismo" was born, with its emphasis on the harshness and bitterness of life, full of anguish and deep despair.

Pascual Duarte was followed by *Pabellón de reposo* (1944), a lyrical, elegiac novel of unfulfilled men and women living in the constant apprehension of death in a sanitorium for tuberculars. Cela has called this work in a minor-key an "anti-Pascual" for in it nothing dramatic happens "...no hay golpes, ni asesinatos, ni turbulentos amores, y ...sólo la mínima sangre necesaria para que el lector no pudiera llamarse a engaño y tomar por reumáticos... a mis tuberculosos."

1946 marked the appearance of *Nuevas andanzas y desventuras de Lazarillo de Tormes,* a modernized version of the first picaresque novel, but it was not until 1951 that Cela once again caused a furore in literary circles, this time with the publication of *La colmena.* Using a technique similar to that of Dos Passos' "camera eye," Cela takes us to a café in Madrid in 1942 and reveals the mean and poverty-stricken lives of countless characters, whose lives cross and intertwine. Their fears and desires, their most sordid and grotesque acts, their perversities and moral bankruptcy are all examined ironically. With violent, incisive images, with bitter compassion, and with the humor of the "esperpento," Cela re-creates the dislocated world of postwar Madrid in all its variegated aspects. This "slice of life" however, for all its blackness, is still according to Cela "...un pálido reflejo... una humilde sombra de la cotidiana, áspera, entrañable y dolorosa realidad."

A more experimental, albeit less successful, novel is *Mrs. Caldwell habla con su hijo* (1953). Written in the second person, it is an impassioned and often surrealistic series of disjointed confidences addressed by a half-mad woman to her dead son. As the work progresses, Mrs. Caldwell's madness becomes complete, and the cryptic, hallucinatory nature of the prose is intensified.

In his collections of stories as much as in any single novel Cela reveals himself in his totality: remarkably inventive, corrosive, crude, compassionate, possessed of a positive genius for the macabre. The humor of the gallows and of the graveyard permeates his stories; a love for incongruity and the grotesque is everywhere evident. *Esas nubes que pasan* (1945), *El bonito crimen del carabinero* (1947), *El gallego y su cuadrilla* (1951), *Baraja de invenciones* (1953), and *El molino de viento* (1956) contain long and short stories of varying merit, but virtually all bear the distinctive stamp of Cela's peculiar wit and characteristic tricks of style.

Like his predecessors Azorín and Machado, Cela loved to explore the silent, dead villages of Spain. The result of such an exploration through New Castile was *Viaje a la Alcarria* (1948), a beautifully lyrical book, full of sensitivity and moving detail. The human dignity so sadly absent from *La colmena* is rediscovered and idealized in many of these chapters. *Del Miño al Bidasoa* (1952) and *Judíos, moros y cristianos* (1956) are also records of journeys by the devoted foot-traveler, the latter work almost encyclopedic in its wealth of historical and geographical detail.

In the preface to *Baraja de invenciones,* after supplying his readers with vital statistics regarding his height, weight, blood pressure, and shoe size, Cela accurately remarks "Me considero el más importante novelista español desde el '98..." He also states with a rather pleased air "jamás he recibido un solo premio." Disregarding the possibility of any connection between these two statements, it does not seem an exaggeration to place Cela in the front rank of contemporary novelists. The author is at present residing in Mallorca, where he edits the excellent literary review *Papeles de Son Armadans.* Thus far he has been in the vanguard of Spanish letters, the leading spirit in the renaissance of the novel.

Esas nubes que pasan

EL MISTERIOSO ASESINATO
DE LA RUE BLANCHARD

I

Joaquín Bonhome, con su pata de palo de pino, que sangraba resina, una resina amarillita y pegajosa como si todavía manara de un pino vivo, cerró la puerta tras sus espaldas.

—¿Hay algo? [1]

5 —¡Nada!

Menchu Aguirrezabala, su mujer, que era muy bruta, con su ojo de cristal que manaba un agüilla amarillita y pegajosa como si todavía destilara del ojo de carne que perdiera en Burdeos, cuando la gripe, del golpe que le pegara [2] su hermano Fermín, el transformista, 10 se puso como una furia.

Toulouse,[3] en el invierno, es un pueblo triste y oscuro, con sus farolitos de gas, que están encendidos desde las cinco de la tarde; con sus lejanos acordeones, que se lamentan como criaturas abandonadas; con sus cafetines pequeñitos con festones de encajes de Ma-15 linas [4] alrededor de las ventanas; con sus abnegadas mujeres, esas abnegadas mujeres que se tuercen para ahorrar para el equipo de novias, ese equipo de novias que jamás han de necesitar, porque jamás han de volver a enderezarse... Toulouse era, como digo, un pueblo triste, y en los pueblos tristes—ya es sabido—los pensamientos 20 son tristes también y acaban por agobiar a los hombres de tanto como pesan.[5]

Joaquín Bonhome había sido de todo: minero, sargento de in-

---

1. ¿Hay algo? *Did you find anything?*
2. perdiera ... pegara   Translate as pluperfects.
3. Toulouse   city in southern France
4. Malinas   *Malines,* Belgian city famous for its lace-making
5. de tanto como pesan   *because they're so heavy*

fantería, maquillador, viajante de productos farmacéuticos, *camelot du roi*,[6] empleado de La Banque du Midi,[7] contrabandista, recaudador de contribuciones, guardia municipal en Arcachón...[8] Con tanta y tan variada profesión como tuvo, ahorró algunos miles de francos, y acordó casarse; lo pensó mucho antes de decidirse, porque 5 el casarse es una cosa muy seria, y después de haber cogido miedo a actuar sin más dirección que su entendimiento, pidió consejo a unos y a otros, y acabó, como vulgarmente se dice, bailando con la más fea. Menchu—¡qué bruta era!—era alta, narizota, medio calva, chupada de carnes,[9] bermeja de color y tan ruin, que su hermano—que 10 no era ninguna hiena—hubo de cargarse un día más de la cuenta, y le vació un ojo.[10]

Su hermano Fermín había tenido que emigrar de Azpeitia,[11] porque los caseros, que son muy mal pensados,[12] empezaron a decir que había salido grilla, y le hicieron la vida imposible; cuando se mar- 15 chó, tenía diez y nueve años, y cuando le saltó el ojo a su hermana, dos años más tarde, era imitador de estrellas en el "Musette", de Burdeos. Bebía *vodka*, esa bebida que se hace con cerillas; cantaba *L'amour et le printemps;*[13] se depilaba las cejas...

Joaquín, que en su larga y azarosa vida jamás hubiera tenido que 20 lamentar ningún percance, fué a perder la pierna de la manera más tonta, al poco tiempo de casado: lo atropelló el tren un día al salir de Bayona.[14] El jura y perjura[15] que fué su mujer que lo empujó; pero lo que parece más cierto es que se cayó solo, animado por el mucho vino que llevaba en el vientre. Lo único evidente es que el 25 hombre se quedó sin pierna, y hasta que le pudieron poner el taco de pino hubo de pasarlas moradas;[16] le echaba la culpa a la Menchu delante de todo el mundo, y no me hubiera extrañado que, de haber podido, la moliese cualquier día a puntapiés.[17] Pensaba mu-

6. camelot du roi   member of the French Monarchist party of the 1930's.
7. Banque du Midi   French bank
8. Arcachon   city in southern France
9. chupada de carnes   *dried-up (skinny)*
10. hubo ... un ojo   *must have become angrier than he should have one day, and gouged her eye out*
11. Azpeitia   town in the Basque province of Guipúzcoa
12. mal pensados   *evil-minded*
13. *L'amour et le printemps*   French for "Love and Springtime"
14. Bayona   *Bayonne*, city in the French Pyrenees
15. jura y perjura   *he swore up and down*
16. hubo de pasarlas moradas   *he had a bad time of it*
17. de haber ... puntapiés   *had he been able, he would have kicked her into kingdom come*

cho en eso de los puntapiés, y una de sus mayores congojas por entonces era la idea de que había quedado inútil.

—¡Un hombre—pensaba—que para pegarle una patada en el culo a su mujer necesita apoyarse entre dos sillas...!

5 Menchu se reía en sus propias narices [18] de aquella cojera espectacular que le había quedado, y Joaquín, por maldecirla, olvidaba incluso los dolores que tenía en el pie. En ese pie—¡qué cosa más rara!—que quién sabe si a lo mejor habrían acabado por echarlo a la basura.

10 El hombre encontraba tan inescrutable como un arcano el destino que hubiera tenido su pie.

—¿A dónde habría ido a parar? [19]

Tiene su peligro dejar marchar un trozo de carne, así como así, en el carro de la basura. Francia es un país civilizado; pudiera ocurrir que lo encontrasen los gendarmes, que lo llevasen, envuelto en
15 una gabardina, como si fuera un niño enfermo, a la Prefectura... El señor comisario sonreiría lentamente, como sólo saben sonreír en los momentos culminantes de su carrera; se quitaría el palillo de la boca; se atusaría con toda parsimonia los mostachos. Después, sa-
20 caría una lupa del cajón de la mesa y miraría el pie; los pelos del pie, mirados con la lente, parecerían como calabrotes. Después diría a los guardias, a esos guardias viejos como barcos, pero curiosos como criadas:

—¡Está claro, muchachos, está claro!

25 Y los guardias se mirarían de reojo, felices de sentirse confidentes del señor comisario... ¡Es horrible! Hay ideas que acompañan como perros falderos, e ideas que desacompañan—¿cómo diría?—, que impacientan los pensamientos como si fueran trasgos. Esta, la del pie, es de las últimas, de las que desacompañan. Uno se siente im-
30 paciente cuando deja cavilar la imaginación sobre estas cuestiones. Miramos con recelo a los gendarmes. Los gendarmes no son el Papa; se pueden equivocar como cualquiera, y entonces estamos perdidos; nos llevan delante del señor comisario; el señor comisario tampoco es el Papa, y a lo mejor acabamos en la Guayana... [20] En la Guayana
35 está todo infectado de malaria... A los gendarmes les está prohibido por la conciencia pedir fuego, por ejemplo, a los que pasamos por la calle, porque saben que siempre el corazón nos da un vuelco [21]

18. Menchu ... narices *Menchu laughed right in his face*
19. ¿A dónde habría ... parar? *Where could it have gotten to?*
20. The reference is to the penal colony in French Guiana.
21. el corazón ... vuelco *our heart skips a beat*

en el pecho; les está prohibido por la conciencia; pero ellos hacen poco caso de esta prohibición; ellos dicen que no está escrito, y no estando escrito...

Lo peor de todo lo malo que a un hombre le puede pasar es el irse convenciendo poco a poco de que ha quedado inútil; si se con- 5
vence de repente, no hay peligro: se olvidará, también de repente, a la vuelta de cualquier mañana; [22] lo malo es que se vaya conven-
ciendo lentamente, con todo cuidado, porque entonces ya no habrá quien pueda quitarle la idea de la cabeza, y se irá quedando delgado a medida que pasa el tiempo, e irá perdiendo el color, y empezará a 10
padecer de insomnio, que es la enfermedad que más envena a los criminales, y estará perdido para siempre...

Joaquín Bonhome quería sacudirse esos pensamientos; mejor dicho: quería sacudírselos a veces, porque otras veces se recreaba en mirar para su pata de palo, como si eso fuera muy divertido, y en 15
palparla después cariñosamente o en grabar con su navajita una J y una B, enlazadas todo alrededor.

—¡Qué caramba! ¡Un hombre sin pierna es todavía un hombre!— decía constantemente como para verlo más claro. Y después, pensaba: 20

—Ahí está Fermín, con sus dos piernas, y ¿qué?

A Joaquín nunca le había resultado simpático el transformista. Lo encontraba, como él decía, "poco hombre para hombre, y muy delgado para mujer", y cuando aparecía por Toulouse, aunque siempre lo llevaba a parar a su casa de la rue Blanchard, lo trataba con des- 25
pego y hasta con cierta dureza en ocasiones. A Fermín, cuando le decía el cuñado alguna inconveniencia, se le clareaban las escamas y apencaba con todo lo que quisiera decirle.[23] Su hermana, Menchu, solía decir que el ojo se lo había saltado de milagro, y no le guardaba malquerer; al contrario, lo trataba ceremoniosamente; acudía 30
—cuando él trabajaba en el pueblo—todas las noches a contemplarlo desde su mesa del "Jo-Jo"; presumía ante las vecinas del arte de su hermano; le servía a la mesa con todo cariño grandes platos de setas, que era lo que más le gustaba...

—¿Ha visto usted la interpretación que hizo de Raquel? [24] ¿Ha 35

22. a la vuelta ... mañana *one fine day*
23. A Fermín ... decirle. *When his brother-in-law said something insulting to him Fermin bridled, and he had to suppress the urge to tell him what he thought of him.*
24. Raquel Meller, actress popular after World War I, best-known for her interpretation of *La violetera*

visto usted la interpretación que hizo de la Paulowa? [25] ¿Ha visto usted la interpretación que hizo de "Mistinguette"? [26] Ha visto usted la interpretación que hizo de "la Argentina"? [27]

Las vecinas no habían visto nunca nada—¡qué asco de vecinas!—, y la miraban boquiabiertas, como envidiosas; parecía que pensaban algo así como:

—¡Qué gusto debe dar tener un hermano artista!

Para confesarse después íntimamente y como avergonzadas:

—Raúl no es más que bombero... Pierre es tan sólo dependiente de la tienda de M. Lafenestre... Etienne se pasó la vida acariciando con un cepillo de púas de metal las ancas de los caballos de mademoiselle D'Alaza... ¡Oh, un hermano artista!

Y sonreían, soñadoras, imaginándose a Raúl bailando el *Retablo de Maese Pedro*,[28] o a Pierre girando como un torbellino en el ballet *Petrouchka*,[29] o a Etienne andando sobre las puntas de los pies como un cisne moribundo... ¡Ellos, con lo bastotes que eran! [30]

Algunas veces, las vecinas, como temerosas de ser tachadas de ignorantes, decían que sí, que habían visto a Fermín—a "Garçon Basque",[31] como se llamaba en las tablas—, y entonces estaban perdidas. Menchu las acosaba a preguntas, las arrinconaba [32] a conjeturas, y no cejaba hasta verlas, dóciles y convencidas, rendirse de admiración ante el arte de su hermano.

Joaquín, por el contrario, no sentía una exagerada simpatía por "Garçon Basque", y con frecuencia solía decir a su hermana que se había acabado eso de alojar al transformista en su desván de la rue Blanchard.

—Mi casa es pobre—decía—, pero honrada, y ha de dar demasiado que hablar el traer a tu hermano a dormir a casa; [33] no lo olvides.

Menchu porfiaba; aseguraba que la gente no se ocupaba para

---

25. Paulowa *Anna Pavlova*, Russian ballerina, best remembered for her interpretation of a dying swan to music by Saint-Saëns
26. Mistinguette French entertainer
27. la Argentina Spanish dancer very popular in the 1920's
28. *Retablo de Maese Pedro* opera by Manuel de Falla, based on an episode in *Don Quijote* (Part II, Chap. XXVI)
29. *Petrouchka* ballet by Igor Stravinsky
30. con lo ... eran *as coarse as they were*
31. "Garçon Basque" French for "The Basque lad"
32. las arrinconaba *she besieged them*
33. ha de dar ... casa *bringing your brother home to sleep will cause too much gossip*

nada del vecino; insistía en que, después de todo, no tenía nada de
malo el que una hermana llevase a dormir a casa a un hermano, y
acababa por vociferar, de una manera que no venía a cuento, que
la casa era grande y que había sitio de sobra para Fermín. Mentira,
porque el cuarto era bastante angosto; pero Menchu—¡quién sabe si   5
por cariño o por qué!—no atendía a razones y no reparaba en los
argumentos de su marido, que demostraba tener más paciencia que
un santo.

En la rue Blanchard, en realidad, no había ni un solo cuarto lo
bastante amplio para alojar a un forastero. Era corta y empinada,   10
estrecha y sucia, y las casas de sus dos aceras tenían esa pátina que
sólo los años y la sangre derramada saben dar a las fachadas. La casa
en cuya buhardilla vivían Joaquín Bonhome y su mujer tenía el
número 17 pintado en tinta roja sobre el quicio de la puerta; tenía
tres pisos divididos en izquierda y derecha y un desván, la mitad   15
destinada a trastera y la otra mitad a guarecer al mal avenido matrimonio [34] Bonhome de las inclemencias del tiempo. En el primero
vivían, en el izquierda, M. L'Epinard, funcionario de Correos retirado, y sus once hijas, que ni se casaban, ni se metían monjas, ni se
fugaban con nadie, ni hacían nada útil, y en el derecha, M. Durand,   20
gordifloncillo y misterioso, sin profesión conocida, con mademoiselle
Ivette, que escupía sangre y sonreía a los vecinos en las escaleras; en
el segundo, en el izquierda, M. Froitemps, rodeado de gatos y loros,
que ¡quién sabe de dónde los habría sacado!, y en el derecha, M.
Gaston Olive-Levy, que apestaba a azufre y que traficaba con todo   25
lo traficable y ¡sabe Dios! si con lo no traficable también,[35] en el
tercero, en el izquierda, M. Jean-Louis López, profesor de piano, y
en el derecha, madame de Bergerac-Montsouris, siempre de cofia,
siempre hablando de su marido, que había sido, según ella, comandante de artillería; siempre lamentándose del tiempo, de la carestía   30
de la vida, de lo que robaban las criadas... En el desván, por último,
y como ya hemos dicho, vivían Menchu y Joaquín, mal acondicio-
nados en su desmantelado cuartucho, guisando en su cocinilla de
serrín, que echaba tanto humo que hacía que a uno le escociesen los
ojos. La puerta era baja, más baja que un hombre, y para entrar en   35
el cuarto había que agachar un poco la cabeza; Joaquín Bonhome,

34. mal avenido matrimonio   *ill-matched couple*
35. que traficaba ... también   *who dealt in everything legitimate and, who
knows, perhaps in some illegitimate things too*

como era cojo, hacía una reverencia tan graciosa al entrar, que daba risa verle. Entró, y, como ya sabemos, cerró la puerta tras sus espaldas.

—¿Hay algo?

5 —¡Nada!

Joaquín, el hombre que cuando tenía las dos piernas de carne y hueso había sido tantas cosas, se encontraba ahora, cuando de carne y hueso no tenía más que la de un lado, y cuando más lo necesitaba, sin colocación alguna y a pique de ser puesto—el día menos pen-
10 sado [36]—en medio de la calle con sus cuatro bártulos y su mujer. Salía todos los días a buscar trabajo; pero, como si nada: [37] el único que encontró, veinticinco días hacía, para llevar unos libros en la prendería de M. Berthélemy, le duró cuarenta y ocho horas, porque el amo, que, rodeado de trajes usados toda su vida, jamás se había
15 preocupado de las cosas del espíritu, lo cogió escribiendo una poesía, y lo echó.

Aquel día venía tan derrotado como todos; pero de peor humor todavía. Su mujer, ya lo sabéis, se puso como una furia...

II

El señor comisario estaba aburrido como una ostra.
20 —¡En Toulouse no pasa nada!—decía como lamentándose... Y era verdad. En Toulouse no pasaba nada. ¿Qué suponía—a los treinta y seis años de servicio—tener que ocuparse del robo de un monedero, tener que trabajar sobre el hurto de un par de gallinas?

—¡Bah—exclamaba—, no hay aliciente! ¡En Toulouse no pasa
25 nada! Y se quedaba absorto, ensimismado, dibujando flores o pajaritos sobre el secante, por hacer algo.

Fuera, la lluvia caía lentamente, tristemente, sobre la ciudad. La lluvia daba a Toulouse un aire como de velatorio; en los pueblos tristes—ya es sabido—los pensamientos son tristes también, y acaban
30 por agobiar a los hombres de tanto como pesan.

Los guardias paseaban, rutinarios, bajo sus capotillos de hule negro, detrás de sus amplios bigotes, en los que las finas gotas de lluvia dejaban temblorosas y transparentes esferitas... Hacía ya tiempo que el señor comisario no les decía jovial:

36. el día menos pensado *when least expected*
37. como si nada *it was no use*

—¡Está claro, muchachos, está claro!—, y ellos, viejos como barcos pero curiosos como criadas, estaban casi apagados sin aquellas palabras.

Dos bocacalles más arriba—¡el mundo es un pañuelo!—, en el número 17 de la rue Blanchard, discutían Joaquín Bonhome, el de la pata de palo, el hombre que había sido tantas cosas en su vida y que ahora estaba de más, y su mujer, Menchu Aguirrezabala, que tan bruta era, con su pelambrera raída y su ojo de cristal. Fermín Aguirrezabala—"Garçon Basque"—, con su pitillo oriental entre los dedos, los miraba reñir.

—Horror al trabajo es lo que tienes, ya sé yo; por eso no encuentras empleo...

Joaquín aguantaba el chaparrón como mejor podía. Su mujer le increpaba de nuevo:

—Y si lo encuentras no te durará dos días. ¡Mira que a tus años y con esa pata de palo, expulsado de un empleo, como cualquier colegial, por cazarte el jefe componiendo versos!...

Joaquín callaba por sistema; nunca decía nada. Enmudecía, y cuando se aburría de hacerlo, se apoyaba entre dos sillas y recurría al puntapié. A su mujer le sentaba muy bien un punterazo a tiempo; [38] iba bajando la voz poco a poco, hasta que se marchaba, rezongando por lo bajo, a llorar a cualquier rincón.

Fermín aquel día pensó intervenir, para evitar quizás que su cuñado llegase al puntapié, pero acabó por no decidirse a meter baza. Sería más prudente.

Quien estaba gritando todavía era su hermana; Joaquín aún no había empezado. Ella estaba excitada como una arpía, y la agüilla —amarillita y pegajosa—que manaba de su ojo de cristal, como si todavía destilara el ojo de carne que perdiera en Burdeos, cuando la gripe, parecía como de color de rosa, ¡quién sabe si teñida por alguna gota de sangre!... Iba sobresaltándose poco a poco, poniéndose roja de ira, despidiendo llamas de furor, llamas de furor a las que no conseguía amortiguar la lluvia, que repiqueteaba, dulce, sobre los cristales; aquella lluvia que caía lentamente, tristemente, sobre la ciudad...

Fermín estaba asustadito, sentado en su baúl, y veía desarrollarse la escena sin decidirse--tal era el aspecto de la Menchu—a intervenir; estaba tembloroso, pálido, azorado, y en aquel momento hubiera dado cualquier cosa por no haber estado allí. ¡Dios sabe si el pobre

38. A su mujer ... a tiempo   *A well-timed kick was very good for his wife*

sospechaba lo que iba a pasar, lo que iban a acabar haciendo con
él!...

  ¡Qué lejano estaba el señor comisario de que en aquellos momentos faltaban pocos minutos para que apareciese aquel asunto, que
5 no acababa de producirse en Toulouse y que tan entretenido lo había de tener! Estaría a lo mejor bebiendo cerveza, o jugando al ajedrez, o hablando de política con monsieur le docteur Sainte-Rosalie,
y no se acordaría de que—¡a los treinta y seis años de servicio!—
en Toulouse, donde no había aliciente, donde nunca pasaba nada,
10 iba a surgir un caso digno de él.

  Joaquín había aguantado ya demasiado. Se levantó con unos an-
dares de lobo herido que daba grima verle; arrimó dos sillas para
apoyarse, se balanceó y, ¡zas!, le soltó el punterazo a su mujer. Fué
cosa de un segundo; Menchu se fué, de la patada, contra la pared...
15 Se debió de meter algún gancho por el ojo de cristal... ¡Quién sabe
si se le habría atragantado en la garganta!...

  A Joaquín, con el susto que se llevó con la pirueta de su mujer, se
conoce que se le escurrió la silla, que perdió pie; el caso es que se
fué de espaldas y se desnucó.

20 "Garçon Basque" corría de un lado para otro, presa del pánico;
cuando encontró la puerta, se echó escaleras abajo como alma que
lleva el diablo. Al pasar por el primero, Ivette le sonrió con su voz
cantarina:

  —Au revoir, "Garçon Basque"...

25 Al cruzar el portal, las dos hijas pequeñas de M. L'Epinard, que
ni se casaban ni se metían monjas, ni se fugaban con nadie, ni hacían nada útil, le saludaron a coro:

  —Au revoir, "Garçon Basque"...

  "Garçon Basque" corría, sin saber por qué, ni hacia dónde, sin
30 rumbo, jadeante. La lluvia seguía cayendo cuando lo detuvieron los
gendarmes; esos gendarmes que no son el Papa, que se pueden equivocar como cualquiera...

  "La Poste de Toulouse" [39] apareció aquella noche con un llamativo rótulo. Los vendedores voceaban hasta enronquecer:

35   —¡El misterioso asesinato de la rue Blanchard!

  El señor comisario, que tampoco es el Papa, que también se podía
equivocar como cualquiera, sonreía:

  —¡El misterioso asesinato de la rue Blanchard!... ¡Bah—añadía despectivo—, esos periodistas!...

———

39. "La Poste de Toulouse" Toulouse newspaper

Los guardias estaban gozosos, radiantes de alegría; el señor comisario les había vuelto a decir:

—¡Está claro, muchachos, está claro! ¡Esos transformistas! ¡Yo los encerraba [40] a todos, como medida de precaución, para que no volviesen a ocurrir estas cosas!   5

La Guayana está infectada de malaria; "Garçon Basque" no conseguía aclimatarse...

Sentado en su baúl, veía pasar las horas, los días, las semanas, los meses... No llegó a ver pasar ningún año...

40. encerraba = encerraría

Carmen Laforet
(1921–   )

Two years after the publication of Cela's shocking *Pascual Duarte*, Carmen Laforet made her literary debut with the enormously successful novel *Nada* (1944). Awarded both the Nadal and Fastenrath prizes in 1944 and 1948, respectively, the work secured for its author a prominent place in contemporary Spanish letters—a place the writer has continued to keep up to the present.

Carmen Laforet was born in Barcelona in 1921 and two years later moved with her family to the Canary Islands, which then became her home until 1939. Her return to Barcelona in that year and her life there for the following three years are strongly reflected in the background and atmosphere of her first novel.

Andrea, the heroine of *Nada,* comes to Barcelona full of hope and illusion; but from the first, her chronicle of the family with whom she lives on Aribau Street is a harrowing one: beset by the problems of a difficult existence, torn by violent emotions, they create an inferno in which they cannot cease tormenting one another. Andrea moves dispassionately from crisis to crisis, finally leaving Aribau Street with even less than she had brought to it: "Me marchaba ahora sin haber conocido nada de lo que confusamente esperaba: la vida en su plenitud, la alegría, el interés profundo, el amor. De la casa de la calle de Aribau no me llevaba nada." While *Nada* is not an autobiography in the strict sense of the word, it is nevertheless a very personal record of a young girl's reactions to the physical squalor and spiritual desolation of a country just emerging from civil war.

It was not until 1952 that Laforet's second novel appeared. In *La isla y los demonios* the author again takes as her theme the awakening of a young girl to the realities of life—to the human passions which are the "demonios" of the title. The choice of the Canary Islands for the background was dictated by the author's youthful love for Las Palmas: "...el encanto...especial, luminoso que yo vi en mi adolescencia en la tierra de la isla de Gran Canaria."

Between 1944 and 1952 Laforet wrote miscellaneous articles and various short stories, among them *Al colegio* and *Rosamunda* which are included in this volume. In 1954 seven short novels were published under the title *La llamada,* and a third novel, *La mujer nueva,* appeared one year later. The first part of the latter work is an objective, realistic treatment of the emotional conflicts of Paulina, a worldly, adulterous woman, up to the time when she experiences a religious crisis. From this point on the focus of the novel shifts to the religious and ethical aspirations of "la mujer nueva," and the complexion of the novel becomes more personal and almost polemical. Miss Laforet herself became converted to Catholicism in 1951, but it is only the "sensación repentina de la Gracia" that can be considered autobiographical. The work was awarded the Menorca prize in 1955 and the Miguel Cervantes award in 1956.

Carmen Laforet is the wife of Manuel Cerezales and now lives in Madrid, where she has been residing since 1942. The mother of five children, she divides her time between domestic and literary tasks. Throughout her works there is a sensitivity and accuracy of observation found in only a few of her contemporaries. The author has stated that her chief interests are "la observación, la creación de la vida," and she has been faithful to these interests.

Al Colegio

(ESTAMPA)

Vamos cogidas de la mano [1] en la mañana. Hace fresco, el aire está sucio de niebla. Las calles están húmedas. Es muy temprano.

Yo me he quitado el guante para sentir la mano de la niña en mi mano, y me es infinitamente tierno este contacto, tan agradable, tan
5 amical, que la estrecho un poquito emocionada. Su propietaria vuelve hacia mí la cabeza, y con el rabillo de los ojos me sonríe. Sabe perfectamente la importancia de este apretón, sabe que yo estoy con ella y que somos más amigas hoy que otro día cualquiera.

Viene un aire vivo [2] y empieza a romper la niebla. A todos los
10 árboles de la calle se les caen las hojas, y durante unos segundos corremos debajo de una lenta lluvia de color tabaco.

—Es muy tarde; vamos.

—Vamos, vamos.

Pasamos corriendo delante de una fila de taxis parados, huyendo
15 de la tentación. La niña y yo sabemos que las pocas veces que salimos juntas casi nunca dejo de coger un taxi. A ella le gusta; pero, a decir verdad, no es por alegrarla por lo que lo hago; [3] es, sencillamente, que cuando salgo de casa con la niña tengo la sensación de que emprendo un viaje muy largo. Cuando medito una de estas escapadas,
20 uno de estos paseos, me parece divertido ver la chispa alegre que se le enciende a ella en los ojos, y pienso que me gusta infinitamente salir con mi hijita mayor y oírla charlar; que la llevaré de paseo al parque, que le iré enseñando, como el padre de la buena Juanita,[4] los nombres de las flores; que jugaré con ella, que nos reiremos, ya
25 que es tan graciosa, y que, al final, compraremos barquillos —como hago cuando voy con ella— y nos los comeremos alegremente.

Luego resulta que la niña empieza a charlar mucho antes de que

1. Vamos cogidas de la mano   *We walk hand in hand*
2. un aire vivo   *a brisk wind*
3. por alegrarla ... hago   *to make her happy that I do it*
4. el padre de la buena Juanita   In a children's story, the father of good little Juana points different things out to her.

salgamos de casa, que hay que peinarla y hacerle las trenzas (que
salen pequeñas y retorcidas, como dos rabitos dorados, debajo del
gorro) y cambiarle el traje, cuando ya está vestida, porque se tiró
encima un frasco de leche condensada, y cortarle las uñas, porque al
meterle las manoplas me doy cuenta de que han crecido... Y cuando 5
salimos a la calle, yo, su madre, estoy casi tan cansada como el día en
que la puse en el mundo... Exhausta, con un abrigo que me cuelga
como un manto; con los labios sin pintar [5] (porque a última hora me
olvidé de eso), voy andando casi arrastrada por ella, por su increíble
energía, por los infinitos "porqués" de su conversación.   10

   —Mira, un taxi. Este es mi grito de salvación y de hundimiento
cuando voy con la niña... Un taxi.

   Una vez sentada dentro, se me desvanece siempre aquella perspectiva de pájaros y flores y lecciones de la buena Juanita, y doy la
dirección de casa de las abuelitas, un lugar concreto donde sé que 15
todos seremos felices: la niña y las abuelas, charlando, y yo, fumando
un cigarrillo, solitaria y en paz.

   Pero hoy, esta mañana fría, en que tenemos más prisa que nunca,
la niña y yo pasamos de largo [6] delante de la fila tentadora de autos
parados. Por primera vez en la vida vamos al colegio... Al colegio, le 20
digo, no se puede ir en taxi. Hay que correr un poco por las calles,
hay que tomar el metro, hay que caminar luego, en un sitio determinado, a un autobús... Es que yo he escogido un colegio muy lejano
para mi niña, ésa es la verdad; un colegio que me gusta mucho, pero
que está muy lejos... Sin embargo, yo no estoy impaciente hoy, ni 25
cansada, y la niña lo sabe. Es ella ahora la que inicia una caricia
tímida con su manita dentro de la mía; y por primera vez me doy
cuenta de que su mano de cuatro años es igual a mi mano grande:
tan decidida, tan poco suave, tan nerviosa como la mía. Sé por este
contacto de su mano que le late el corazón al saber que empieza su 30
vida de trabajo en la tierra, y sé que el colegio que le he buscado le
gustará, porque me gusta a mí, y que aunque está tan lejos, le parecerá bien ir a buscarlo [7] cada día, conmigo, por las calles de la
ciudad... Que Dios pueda explicar el porqué de esta sensación de
orgullo que nos llena y nos iguala durante todo el camino...   35

   Con los mismos ojos ella y yo miramos el jardín del colegio, lleno
de hojas de otoño y de niños y niñas con abrigos de colores distintos,

---

5. con los labios sin pintar *wearing no lipstick*
6. pasamos de largo *we pass right by*
7. ir a buscarlo *make her way there*

con mejillas que el aire mañanero vuelve rojas, jugando, esperando la llamada a clase.

Me parece mal quedarme allí; me da vergüenza acompañar a la niña hasta última hora,[8] como si ella no supiera ya valerse[9] por sí 5 misma en este mundo nuevo, al que yo la he traído... Y tampoco la beso, porque sé que ella en este momento no quiere. Le digo que vaya con los niños más pequeños, aquellos que se agrupan en el rincón, y nos damos la mano, como dos amigas. Sola, desde la puerta, la veo marchar, sin volver la cabeza ni por un momento. Se me ocu- 10 rren cosas para ella, un montón de cosas que tengo que decirle, ahora que ya es mayor, que ya va al colegio, ahora que ya no la tengo en casa, a mi disposición a todas horas... Se me ocurre pensar que cada día lo que aprenda en esta casa blanca, lo que la vaya sepa- rando de mí —trabajo, amigos, ilusiones nuevas—, la irá acercando 15 de tal modo a mi alma, que al fin no sabré dónde termina mi espíritu ni dónde empieza el suyo...

Y todo esto quizá sea falso... Todo esto que pienso y que me hace sonreír tan tontamente, con las manos en los bolsillos de mi abrigo, con los ojos en las nubes.

20 Pero yo quisiera que alguien me explicase por qué cuando me voy alejando por la acera, manchada de sol y niebla, y siento la campana del colegio llamando a clase, por qué, digo, esa expectación anhe- lante, esa alegría, porque me imagino el aula y la ventana, y un pu- pitre mío pequeño, donde veo el jardín, y hasta veo clara, emocio- 25 nantemente dibujada en la pizarra con tiza amarilla una A grande, que es la primera letra que yo voy a aprender...

8. acompañar ... hora *stay with her till the last minute*
9. valerse *to get along*

Rosamunda

(CUENTO)

Estaba amaneciendo, al fin. El departamento de tercera clase olía
a cansancio, a tabaco y a botas de soldado. Ahora se salía de la noche
como de un gran túnel y se podía ver a la gente acurrucada, dormidos hombres y mujeres en sus asientos duros. Era aquél un incómodo
vagón-tranvía, con el pasillo atestado de cestas y maletas. Por las 5
ventanillas se veía el campo y la raya plateada del mar.

Rosamunda se despertó. Todavía se hizo una ilusión placentera [10]
al ver la luz entre sus pestañas semicerradas. Luego comprobó que
su cabeza colgaba hacia atrás, apoyada en el respaldo del asiento, y
que tenía la boca seca de llevarla abierta. Se rehizo, enderezándose.[11] 10
Le dolía el cuello —su largo cuello marchito—. Echó una mirada a
su alrededor y se sintió aliviada al ver que dormían sus compañeros
de viaje. Sintió ganas de estirar las piernas entumecidas —el tren traqueteaba, pitaba—. Salió con grandes precauciones, para no despertar, para no molestar, "con pasos de hada" —pensó—, hasta la plata- 15
forma.

El día era glorioso. Apenas se notaba el frío del amanecer. Se veía
el mar entre naranjos. Ella se quedó como hipnotizada por el profundo verde de los árboles, por el claro horizonte de agua.

—"Los odiados, odiados naranjos... Las odiadas palmeras... El ma- 20
ravilloso mar..."

—¿Qué decía usted?

A su lado estaba un soldadillo. Un muchachito pálido. Parecía
bien educado. Se parecía a su hijo. A un hijo suyo que se había
muerto. No al que vivía; al que vivía, no, de ninguna manera. 25

—No sé si será usted capaz de entenderme —dijo, con cierta altivez—. Estaba recordando unos versos míos. Pero si usted quiere, no
tengo inconveniente en recitar...

El muchacho estaba asombrado. Veía a una mujer ya mayor, flaca,

---

10. Todavía ... placentera *She still had a feeling of well-being*
11. Se rehizo, enderezándose. *She pulled herself together and sat up straight.*

con profundas ojeras. El cabello oxigenado, el traje de color verde, muy viejo. Los pies calzados en unas viejas zapatillas de baile..., sí, unas asombrosas zapatillas de baile, color de plata, y en el pelo una cinta plateada también, atada con un lacito... Hacía mucho que él la
5 observaba.

—¿Qué decide usted? —preguntó Rosamunda, impaciente—. ¿Le gusta o no oír recitar?

—Sí, a mí...

El muchacho no se reía porque le daba pena mirarla. Quizá más
10 tarde se reiría. Además, él tenía interés porque era joven, curioso. Había visto pocas cosas en su vida y deseaba conocer más. Aquello era una aventura. Miró a Rosamunda y la vió soñadora. Entornaba los ojos azules. Miraba el mar.

—¡Qué difícil es la vida!

15 Aquella mujer era asombrosa. Ahora había dicho esto con los ojos llenos de lágrimas.

—Si usted supiera, joven... Si usted supiera lo que este amanecer significa para mí, me disculparía. Este correr hacia el Sur. Otra vez hacia el Sur... Otra vez a mi casa. Otra vez a sentir ese ahogo de mi
20 patio cerrado, de la incomprensión de mi esposo... No se sonría usted, hijo mío; usted no sabe nada de lo que puede ser la vida de una mujer como yo. Ese tormento infinito... Usted dirá que [12] por qué le cuento todo esto, por qué tengo ganas de hacer confidencias, yo, que soy de naturaleza reservada... Pues, porque ahora mismo, al hablarle,
25 me he dado cuenta de que tiene usted corazón y sentimiento y porque esto es mi confesión. Porque, después de usted, me espera, como quien dice,[13] la tumba... El no poder hablar ya a ningún ser humano..., a ningún ser humano que me entienda.

Se calló, cansada quizá, por un momento. El tren corría, corría...
30 El aire se iba haciendo cálido, dorado. Amenazaba un día terrible de calor.

—Voy a empezar a usted mi historia, pues creo que le interesa... Sí. Figúrese usted una joven rubia, de grandes ojos azules, una joven apasionada por el arte... De nombre, Rosamunda... Rosamunda, ¿ha
35 oído?... Digo que si ha oído mi nombre y qué le parece.

El soldado se ruborizó, ante el tono imperioso.

—Me parece bien... bien.

12. Usted dirá que *You probably are wondering*
13. como quien dice *you might say*

—Rosamunda... —continuó ella, un poco vacilante.

Su verdadero nombre era Felisa; pero, no se sabe por qué, lo aborrecía. En su interior siempre había sido Rosamunda, desde los tiempos de su adolescencia. Aquel Rosamunda se había convertido en la fórmula mágica que la salvaba de la estrechez de su casa, de la monotonía de sus horas; aquel Rosamunda convirtió al novio zafio y colorado en un príncipe de leyenda. Rosamunda era para ella un nombre amado, de calidades exquisitas... Pero, ¿para qué explicar al joven tantas cosas?

—Rosamunda tenía un gran talento dramático. Llegó a actuar con éxito brillante. Además, era poetisa. Tuvo ya cierta fama desde su juventud... Imagínese, casi una niña, halagada, mimada por la vida, y, de pronto, una catástrofe... El amor... ¿Le he dicho a usted que ella era famosa? Tenía dieciséis años apenas, pero la rodeaban por todas partes los admiradores. En uno de sus recitales de poesía, vió al hombre que causó su ruina. A... A mi marido, pues Rosamunda, como usted comprenderá, soy yo. Me casé sin saber lo que hacía, con un hombre brutal, sórdido y celoso. Me tuvo encerrada años y años. ¡Yo!... Aquella mariposa de oro que era yo... ¿Entiende?

(Sí, se había casado, si no a los dieciséis años, a los veintitrés; pero, ¡al fin y al cabo!...[14] Y era verdad que le había conocido un día que recitó versos suyos en casa de una amiga. El era carnicero. Pero, a este muchacho, ¿se le podían contar las cosas así? Lo cierto era[15] aquel sufrimiento suyo, de tantos años. No había podido ni recitar un solo verso, ni aludir a sus pasados éxitos —éxitos quizá inventados, ya que no se acordaba bien; pero...—. Su mismo hijo solía decirle que se volvería loca de pensar y llorar tanto. Era peor esto que las palizas y los gritos de él cuando llegaba borracho. No tuvo a nadie más que al hijo aquél, porque las hijas fueron descaradas y necias, y se reían de ella, y el otro hijo, igual que su marido, había intentado hasta encerrarla.)

—Tuve un hijo único. Un solo hijo. ¿Se da cuenta? Le puse[16] Florisel... Crecía delgadito, pálido, así como usted. Por eso quizá le cuento a usted estas cosas. Yo le contaba mi magnífica vida anterior. Sólo él sabía que conservaba un traje de gasa, todos mis collares... Y él me escuchaba, me escuchaba... como usted ahora, embobado.

14. ¡al fin y al cabo! *after all!*
15. Lo cierto era *The truth was*
16. Le puse *I named him*

Rosamunda sonrió. Sí, el joven la escuchaba absorto.

—Este hijo se me murió. Yo no lo pude resistir... El era lo único que me ataba a aquella casa. Tuve un arranque, cogí mis maletas y me volví a la gran ciudad de mi juventud y de mis éxitos... ¡Ay! He 5 pasado unos días maravillosos y amargos. Fuí acogida con entusiasmo, aclamada de nuevo por el público, de nuevo adorada... ¿Comprende mi tragedia? Porque mi marido, al enterarse de esto, empezó a escribirme cartas tristes y desgarradoras: no podía vivir sin mí. No puede, el pobre. Además, es el padre de Florisel, y el recuerdo 10 del hijo perdido estaba en el fondo de todos mis triunfos, amargándome.

El muchacho veía animarse por momentos a aquella figura flaca y estrafalaria que era la mujer. Habló mucho. Evocó un hotel fantástico, el lujo derrochado en el teatro el día de su "reaparición"; evocó 15 ovaciones delirantes y su propia figura, una figura de "sílfide cansada", recibiéndolas.

—Y, sin embargo, ahora vuelvo a mi deber... Repartí mi fortuna entre los pobres y vuelvo al lado de mi marido como quien va a un sepulcro.

20 Rosamunda volvió a quedarse triste. Sus pendientes eran largos, baratos; la brisa los hacía ondular... Se sintió desdichada, muy "gran dama"... Había olvidado aquellos terribles días sin pan en la ciudad grande. Las burlas de sus amistades ante su traje de gasa, sus abalorios y sus proyectos fantásticos. Había olvidado aquel largo comedor 25 con mesas de pino cepillado, donde había comido el pan de los pobres entre mendigos de broncas toses. Sus llantos, su terror en el absoluto desamparo de tantas horas en que hasta los insultos de su marido había echado de menos. Sus besos a aquella carta del marido en que, en su estilo tosco y autoritario a la vez, recordando al hijo 30 muerto, le pedía perdón y la perdonaba.

El soldado se quedó mirándola. ¡Qué tipo más [17] raro, Dios mío! No cabía duda de que estaba loca, la pobre... Ahora le sonreía... Le faltaban dos dientes.

El tren se iba deteniendo en una estación del camino. Era la hora 35 del desayuno; de la fonda de la estación venía un olor apetitoso... Rosamunda miraba hacia los vendedores de rosquillas.

—¿Me permite usted convidarla, señora?

En la mente del soldadito empezaba a insinuarse una divertida

17. Do not translate *más*.

historia. ¿Y si contara [18] a sus amigos que había encontrado en el tren una mujer estupenda y que...?

—¿Convidarme? Muy bien, joven... Quizá sea la última persona que me convide... Y no me trate con tanto respeto, por favor. Puede usted llamarme Rosamunda..., no he de enfadarme por eso.[19]   5

18. Y si contara   *What if he told*
19. no he de enfadarme por eso   *I won't feel offended*

Miguel Delibes
(1920–   )

Miguel Delibes was born in Valladolid in 1920. After studying both law and business at the University, he obtained a position teaching mercantile law and has since devoted his activities both to this profession and to journalism and literature.

His first novel, *La sombra del ciprés es alargada*, appeared in 1947 and was awarded the Nadal prize. It is the story of Pedro, an introspective, hermetic boy who takes literally the philosophy of his teacher: "no tener para no perder," "no asir para no desasirse." The early part of the work with its theme of love and death unfolds against the background of lonely Ávila—cold, remote, petrified. The cemetery with its cypresses and pines symbolizing death and life provides the key to this philosophical novel of solitude, loss, and, ultimately, stoical acceptance.

Aún es de día (1949) is another fundamentally serious novel of disillusionment and desolation, reinforcing the impression of Delibes as a master of description and psychological analysis. With *El camino* (1950), a novel of rural life as seen through the eyes of a small boy, the comic talents of the author are strikingly evident, and it becomes apparent that Delibes shares Cela's penchant for the grotesque and the absurd, as well as his considerable lyrical gifts. *Mi idolatrado hijo Sisí* (1954), set in a modern, urban background, is a densely written, sympathetic novel of a father's frustrated ambitions for his son. Realistic in observation and in idiom, it presents an objective drama of human egotism.

In 1955 Delibes received the *Premio Nacional de Literatura* for his *Diario de un cazador,* a series of related fragments dedicated by the author to "mis amigos cazadores." The entries in the diary concern not only the hunt, but also the various individuals who make up the rather special world of the narrator. In form and content it is the least conventional of Delibes' novels, but it is still far less experimental than Cela's *Mrs. Caldwell*.

Delibes was awarded the Fastenrath prize for *Siestas con viento sur* (1957), a collection of four long short stories of which *Los nogales* is the third. In these stories as well as in his novels Delibes shows himself to be one of the most original and inventive of contemporary writers. With a keen eye for physical and psychological detail, a great gift for language, and a somewhat weird sense of humor, Delibes stands close to Cela in style, spirit, and technique. His latest novel, *La hoja roja* (1959), confirms the position of the author as a major figure in the Spanish literary scene today.

Siestas con viento sur

LOS NOGALES

Aquel año los nogales empezaron a cucar en la primera quincena de agosto.[1] Era un fenómeno prematuro, casi insólito, y a Nilo, el joven, le placía tumbarse a la sombra de los viejos árboles a escu-char los livianos chasquidos, que eran, sencillamente, como una en-
5 trañable crepitación. A Nilo, el joven, le adormecían los imperceptibles crujidos del campo. Nilo, el joven, entendía que la obra de Dios es perfecta y que la mano del hombre, al entrometerse, no hace sino estropear las cosas; precipitar y corromper el curso preestable-cido. A Nilo, el viejo, la actitud pasiva del hijo le removía los hu-
10 mores.[2]

—Habrá que hacer el apaleo antes de que entren los chicos y nos roben las nueces—decía, y desviaba la mirada, porque los ojos va-cuos y como hambrientos de Nilo, el joven, le remordían.

Nilo, el joven, no se inmutaba. Hablaba fatigosamente, dificulto-
15 samente, porque tenía rasgado el velo del paladar.[3]

—Eztán cucando ya, padre. Nozotroz no zabríamoz hacerlo mejor que Dioz; ezo decía el maeztro.

Nilo, el viejo, se reclinaba a su lado.

—Los pájaros ratoneros andan todo el tiempo bajo los árboles,
20 para que lo sepas. Y Dios no quiere que los pájaros ratoneros se co-man las nueces de Nilo, ¿oyes? A este paso no cogeremos ni tampoco veinte fanegas.

Nilo, el viejo, no ignoraba que la obra de Dios es perfecta y el ciclo completo. Nilo, el viejo, sabía, asimismo, que el concho reseco
25 por el sol terminaría abriendo y la nuez se desprendería del árbol sin el menor esfuerzo de su parte. Nilo, el viejo, sabía, igualmente, que la mejor navaja del mundo no escucaba tan limpia, tan concienzu-

1. Ordinarily, walnuts are harvested in September or October, once the shells have begun to crack open.
2. le removía los humores *infuriated him*
3. tenía ... paladar *he had a cleft palate.* Perhaps for this reason Nilo, Jr., pronounces the z sound (*th*) for *s,* as in the following sentence.

damente como el sol. Mas Nilo, el viejo, sabía, no menos, que de no entrometerse ellos [4] para apalear los árboles, se entrometerían los rapaces del pueblo y los pájaros ratoneros y los cariedones y las ardillas y, en tal circunstancia, los nogales dejarían de rendir.

Acababa de cumplir los ochenta años y en el pueblo le mostraban a los forasteros como un símbolo de la sanidad del lugar. Nilo, el viejo, conservaba unos arrestos de vitalidad sorprendentes; la dentadura, la vista y el oído los tenía completos; sus sentidos eran indiscretamente sensibles como los de una alimaña. Por contra,[5] las piernas apenas le sostenían ya. Cincuenta años atrás soñó con un hijo, pero la Bernarda—Dios sabe por qué—les paría para morir a poco tiempo. Ninguno sazonaba. Ella decía:

—Si no les cambias el nombre no se nos logrará nunca.[6] Es por el nombre.

Él insistía; le decía al cura, tercamente.

—¡Nilo! ¡He dicho Nilo!

—Nilo, ¿qué?

—Nilo; eso.

—¿Como el otro?

—A ver. Si yo quiero un hijo es para que se llame como yo.

Alimentaba unas ideas confusas sobre la legitimidad ostentosa de la descendencia. Un hijo no se demostraba por exhibirle aferrado al pecho materno, sino por su nombre. Llamarle Juan, Pedro o José, constituía una especie de renuncia tácita a la paternidad. El apellido no contaba en el pueblo.

—No te pongas burro, tú; éste se llamará de otra manera. ¿O es que quieres que se nos muera también?

—¡Nilo!—insistía él, obcecado—. ¡He dicho Nilo!

—¿Y si se muere?

—Lo enterramos y en paz.

Y nació Nilo, el joven, tan esmirriado y deforme que el doctor le depositó, sobre una arpillera, en un rincón, para atender a la madre que se desangraba. Pero Nilo, el joven, comenzó a respirar por su cuenta. Al concluir con la Bernarda, el doctor sacó al crío a la pieza inmediata y anduvo un rato auscultándole. Finalmente, dijo que era mongólico [7] y que no viviría ni tampoco veinticuatro horas.

4. de no entrometerse ellos   *if they didn't intervene*
5. por contra   *on the other hand*
6. no se nos ... nunca   *we'll never get a child to live*
7. mongólico   *Mongolian* or *Mongoloid*. Mongolism is a type of congenital malformation accompanied by mental retardation.

Llegó el cura y dijo que iba a bautizarle:

—¿Cómo le ponemos? [8]

—¡Nilo!

—Mira que éste no te aguanta ni un par de horas.

5 —Y si vive, ¿qué?

—Tu eres el amo de la burra, hijo. A mí tanto me da llamarle Pedro como Juan.[9]

Y le pusieron Nilo, y el doctor aconsejó que no se le mostrasen a la Bernarda, porque podría asustarla su conformación y que le di-
10 jeran que había muerto.

Nilo, el viejo, se fué a la taberna. A la hora volvió.

—¿Ha muerto ya?

Braulia, la Simpecho, sostenía al crío con un poco de aprensión.

—Cada vez respira más recio el condenado [10]—dijo.

15 —¡Vaya!—dijo Nilo, el viejo, y regresó a la taberna. Estuvo bebiendo hasta las doce; al cabo, bajó donde la Braulia:

—¿Qué?

—Ahí le tienes. A ver qué haces con él; yo tengo que acostarme, ya lo sabes.

20 El crío berreaba.

—Tiene hambre—dijo Nilo—, pero su madre no le puede poner al pecho; yo le dije que estaba muerto.

Permaneció un rato sentado en un taburete, pasándose insistentemente los dedos por su cabello enmarañado. Dijo, al fin:

25 —¿Tienes leche de cabra?

—Sí.

—Córtala con agua y dale unos buches.

—¿Y si se muere?

—Ya contamos con eso, ¡anda!

30 El crío tomó el alimento y se quedó plácidamente dormido. A Nilo, el viejo, en esta circunstancia, le parecía casi hermoso.

—No es feo, ¿verdad?

—Se te parece—dijo la Braulia.

Nilo, el viejo, experimentó por dentro como una ebullición. Dijo
35 al cabo de un rato:

—Quédatelo [11] hasta mañana. Si berrea, le das más leche.

8. ¿Cómo le ponemos? *What name shall we give him?*
9. A mí tanto ... Juan. *It's all the same to me whether I call him Peter or John (or anything else).*
10. Cada vez ... condenado *The darned kid is breathing stronger and stronger*
11. Quédatelo *Keep him*

La Bernarda se quejaba cuando él entró en la choza. Le dijo:

—Todo el tiempo se me hace que llora un niño.

—Es la gata de la Simpecho. Cualquier día le voy a pegar un palo que la voy a deslomar.[12]

Ella no se conformaba:

—La gata de la Simpecho no tiene por qué andar en celo ahora— añadió—. No es tiempo.

Dijo él:

—A dormir, mañana será otro día.

Pero Nilo, el viejo, sabía que no podría dormir. También ella daba vueltas y más vueltas sobre el jergón de paja, desazonada:

—¿Cómo era? ¡Di!

—¿Quién?

—El chico.

—Talmente como los otros, sólo que muerto.

—¡Oye!

—¿Qué?

—¿Cuántos Nilos tenemos en el camposanto?

—Cinco, sin contar éste.

—¡Anda! ¿Y a qué ton no vas a contar éste?[13]

La Bernarda se incorporó de golpe:

—¡Escucha! No es la gata de la Simpecho eso; te digo que no lo es.

—No oigo nada.

—Ahora se ha callado, pero te digo que era un niño.

Se sobresaltó de súbito:

—Oye, ¿no le habréis enterrado vivo a la criatura?

—¡Vaya!—dijo Nilo, el viejo—. No pensarás darme la murga toda la noche.[14]

—Oye.

—¿Qué?

—Va a decir el alcalde que ocupamos toda la tierra del camposanto y que esto no es justo. ¿No van a protestar los demás?

—¡Que protesten!

—Qué bien se dice eso.[15] ¿Y si nos suben la contribución?

---

12. Cualquier ... deslomar. *One of these days I'm going to hit her so hard that I'll break her back.*

13. ¿Y a qué ... éste? *And why in the world aren't you going to count this one?* (ton = entonces)

14. No pensarás ... noche. *I don't suppose you're going to nag me about it all night.*

15. Qué bien ... eso. *How easy it is to say that.*

—¡Que la suban!

—¿Y con qué vas a pagar?

—¡Que la suban!

—Seis nogales no dan ni tampoco para un pedazo de pan; mejor
5 lo sabes tú que nadie.

—Bueno.

—Oye, Nilo. ¿Sabes lo que te digo?

—¿Qué?

—Que la gata de la Simpecho no tiene por qué andar en celo
10 ahora. No es tiempo.

—¿Callarás la boca?

—No me estás engañando, ¿verdad?

A la mañana, el doctor se mostró sorprendido. Dijo la Simpecho:

—Cada vez respira más recio el condenado.

15 Luego se volvió a Nilo, el viejo, y le dijo que podía llevarse el crío
donde quisiera, porque ella no lo aguantaba más. Entonces, Nilo,
el viejo, se quedó mirando para el doctor, esperando que decidiese.
El doctor auscultó al niño y dijo que, efectivamente, el corazón parecía fortalecido.

20 En el pueblo ya se sabía que Nilo, el viejo, había tenido un chico
desgraciado y no hacía más que llegar gente donde la Braulia.

—¿A ver?

—¡Mira, que le vais a quitar hasta el nombre de tanto mirarle! [16]

—¡Jesús! ¿Cuántas manos tiene?

25 —Ocho de cada lado, ¡no te amuela! [17]

—Hija..., ni que fuese tuyo.[18]

La primera noche despertó en la Braulia un esponjoso e intransigente sentimiento maternal. A fin de cuentas, la leche de su cabra
era como su propia leche.

30 Observó la facha lastimosa de Nilo, el viejo, que enseñaba el trasero por un roto del pantalón. Le dijo:

—Viejo, llégate donde la Bernarda y dile lo que ha pasado. Si el
día de mañana ella se enterase no te lo perdonaría.

Nilo, el viejo, vaciló.

35 —No me atrevo—dijo.

—¿No te atreves?

—No.

---

16. ¡Mira ... mirarle!   *With all that staring you'll rub his name away!*
17. ¡no te amuela!   *don't worry yourself about it!*
18. ni que fuese tuyo   *you'd think he were yours*

—Iré yo—dijo la Braulia.

Al regresar de casa de la Bernarda, la Braulia parecía una difunta:

—Ha muerto—dijo vagamente. Y, de pronto, se puso a reír, y a llorar, y a rechinar los dientes, y a decir a voces que la Bernarda estaba tiesa sobre la cama.   5

Nilo, el viejo, tuvo que vender la última parcela para criar a Nilo, el joven; se quedó sólo con los nogales y las colmenas. La Bernarda descansaba ya en el camposanto junto a los cinco hijos malogrados. En Nilo, el viejo, se desarrolló una solicitud puntillosa. Cada día consideraba los seis hermosos nogales, y luego, vol- 10 vía hacia el hijo unos ojos luminosamente esperanzados. "Él tiene que vivir para atender esto"—se decía.

Por entonces, Nilo, el viejo, era ya el mejor apaleador de la comarca. Los importantes terratenientes le avisaban para apalear los árboles y escucar las nueces. Sus competidores marrotaban las ramas 15 y dejaban los frutos llenos de broza. Nilo, el viejo, denotaba una habilidad innata para el oficio; buenas piernas y dedos expeditivos. El pensaba: "Las piernas importan tanto como los brazos. Estos no rinden más que lo que las piernas sean capaces de aguantar. Eso es el secreto." Era el secreto y él se lo reservaba. Algún día, pasando el 20 tiempo, se lo confiaría a Nilo, el joven. En un rincón de la choza guardaba un juego de varas, de diferentes grosores, para el apaleo. Para ser el mejor escucador de la región le bastaban su navaja roma y mellada y sus prodigiosas manos. Cuando salía lejos, llevaba consigo al pequeño Nilo en una sera y a mediodía y al caer el sol le 25 daba unos buches de leche de cabra mezclados con agua. Después lo depositaba cuidadosamente junto al tronco y la criatura dormía incesantemente.

Cuando el chico tuvo edad de fijarse en las cosas, su padre solía decirle: 30

—Nilo, hijo, atiende a la faena; has de aprender el oficio. Tu vida es esto.

Mas cuando Nilo, el viejo, desde la copa del árbol descubría al pequeño entre el follaje, éste dormía, totalmente ajeno a sus movimientos.   35

A los tres años, Nilo, el joven, aún no se andaba; se desplazaba a cuatro patas.[19] Tampoco sabía hablar. Si se le apremiaba mucho decía, mediante un esfuerzo, "ba, ba", pero nada más. Nilo, el viejo, le disculpaba diciendo que no tenía relación con gente y él, para

19. se desplazaba ... patas *he got around on all fours*

apalear nogales, escucar, comer y dormir, no necesitaba pronunciar palabra, pero que el chico era inteligente y esto ya lo verían todos con el tiempo. Mas en el pueblo aseguraban que Nilo, el joven, además del paladar rasgado tenía poca sangre [20] por la sencilla razón de
5 que no hacía más que comer y dormir.

A los siete años, Nilo, el joven, dijo "pan". A los diez ya empezó con lo de los picores en los pies. Por entonces, los pico-relinchos agujereaban las colmenas de Nilo, el viejo, y le devoraban la miel y los enjambres. Como el chico no mostrase inclinación al apaleo, el padre
10 pensó que aún era pronto y le enviaba a vigilar las colmenas en la loma de los pinos, mas, al atardecer, cuando se llegaba a recogerle, le encontraba indefectiblemente dormido sobre la tamuja.

Alguna noche, Nilo, el viejo, echado sobre las pajas, con la luz de la luna en el ventano, hablaba con el hijo:
15 —Apalear nueces es un hermoso oficio, Nilo. Desde lo alto de los árboles ves el mundo como Dios.

En la penumbra, el chico le miraba con sus vacuos y como hambrientos ojillos oblicuos. A veces decía: "No blazfeme, padre", pero ordinariamente, guardaba silencio. El viejo proseguía:
20 —Hace años yo era rico, ¿sabes? Tenía una casa de verdad y una cama de hierros dorados y dos obradas de huerta además de las nogalas [21] y las colmenas. La piedra vino tres veranos seguidos y tuve que vender. Yo me dije: "Mientras conserve las piernas para trepar a los árboles y las manos para escucar nueces, todo irá bien." Y así lo
25 hice. Entonces me vine a vivir al pie de los árboles y construí esta cabaña. Al principio le puse tejado de carrizos, pero con las lluvias y el sol se pudría y pasaba el agua. Pero fuí y me dije: "He de encontrar una paja que no se repase." Y di con la totora. En el pueblo nadie la usaba entonces para techado. Así, mientras las piernas aguanten, po-
30 demos tirar, pero para cuando eso ocurra tú, que eres fuerte, debes aprender el oficio. No te vayas a pensar que eso de apalear los árboles lo sabe hacer todo dios.[22]

Permanecía un rato en silencio, con los dedos entrecruzados bajo la nuca, observando el perfil de un nogal recortado sobre la luna.
35 De pronto, sentía crujir la paja bajo sus cuerpos.

—¿Ya te estás hurgando en los pies?

—Pican, padre.

20. tenía poca sangre *was slow*
21. nogala = nogal
22. dios = hombre; todo dios *just anybody*

—Déjalos que piquen; si te rascas, estarán picando hasta mañana.

Nilo, el viejo, volvía a la carga. Le asaltaba una difusa previsión de que su hijo y los nogales eran dos mundos inconciliables, pero no se resignaba a admitirlo. Si él intentaba estimularle, el chico se dormía. Luego, cuando Nilo, el joven, fué a la escuela, aprendió a 5 decir:

—El maeztro dice que las cozaz de Dioz eztán bien hechaz.

Nilo, el viejo, trataba, resignadamente, de inculcarle unos someros conceptos de la pérdida del respeto a la propiedad ajena y de los peligros de la ociosidad, pero Nilo, el joven, no parecía compren- 10 derle.

Una primavera faltó el pan en la cabaña y Nilo, el viejo, le dijo a Nilo, el joven, que era preciso trabajar. Nilo, el joven, consideró las ofertas del padre y se decidió por espantar los pájaros de las tierras del alcalde. A los dos días, el alcalde halló a Nilo, el joven, tendido 15 sobre el ribazo, dormitando. Una picaza se balanceaba confiadamente sobre su hombro. Fué entonces cuando Nilo, el viejo, se convenció de que el día que fallasen sus piernas todo habría fallado y los seis nogales que él golpeaba metódicamente cada verano constituirían una decoración sin sentido. 20

En otra ocasión, Nilo, el viejo, sorprendió al hijo poniendo unas tripas en sal. Se quedó sin habla, ilusionado. Al fin, dijo.

—¿Saldrás a cangrejos? [23]

—Ezo pienzo.

—He oído que en las revueltas hay muchos este año. 25

—Ezo dicen.

Nilo, el joven, tenía la cabeza grande, los ojos oblicuos y rasgado el velo del paladar. Al regresar de la faena, la cabaña expedía un hedor insoportable. Las tripas se pudrían en un rincón y pudrían la malla de los reteles: 30

—¿Pescaste muchos?

—No zalí, padre; pican los piez.

—¿Otra vez?

—Pican siempre.

Cuando Nilo, el viejo, cumplió los setenta, cesó de apalear los ár- 35 boles ajenos y únicamente, de vez en cuando, le llamaban para escucar nueces.

Sus manos, a pesar de los años, seguían precisas y rápidas. En pocos minutos, docenas de nueces, mondas como pequeños cráneos, se

23. ¿Saldrás ... cangrejos? *Are you going crabbing?*

apilaban a su derecha, y un montón de conchos, apenas magullados, a su izquierda. El concho se empleaba luego para abonar las berzas y los espárragos. Mas Nilo, el viejo, continuaba trepando, al caer octubre, a sus seis nogales y los apaleaba con método y pulcritud, pro-
5 curando vaciarlos sin herirlos. Si alguna rama celaba sus frutos, él la respetaba. Nilo, el viejo, siempre pensó de los árboles que tenían sus sentimientos. Experimentaba hacia ellos un amor entrañable. Del campo ascendía el aroma doméstico de las alholvas y su viejo pecho se esponjaba; mas, inmediatamente se deprimía pensando en el hijo
10 inútil. Después, al caer el sol, escucaba los frutos y, a la amanecida, los tendía amorosamente en la solana y les daba vuelta cada dos horas. Eran nueces mollares, pajariteras, que se cotizaban en el mercado; apenas tenían bizna y los escueznos eran rígidos y sabrosos.[24] Mas, en ocasiones, observando la glotona actividad de los pájaros ra-
15 toneros, Nilo, el viejo, hubiera deseado poseer frutos de costra dura, impenetrable. Cada verano trataba de sacudir la inercia del hijo, despertar en su pecho una tibia vocación. Cuando se hallaba en lo alto de los nogales, con ambas piernas engarfiadas en la rama y la vara enhiesta sobre su cabeza, presentía que un día u otro sus miem-
20 bros dejarían de responderle, y los rapaces, y las ardillas, y el cariedón, y los pájaros ratoneros, destruirían la cosecha ante su mirada impotente. Era esto una obsesión, y a toda costa anhelaba asegurar el futuro:

—Nilo, hijo, ¿me ayudarás mañana en el apaleo?
25   Nilo, el joven, enfilaba indolentemente hacia él sus hambrientos ojillos oblicuos:

—Laz nuecez eztán cucando ya, padre; Dios hace laz cozaz. Ezo decía el maeztro.

Respondía Nilo, el viejo, desoladamente:
30 —Dios no quiere que los chicos del pueblo y las ardillas y los pájaros ratoneros dejen a Nilo sin nueces, ¿comprendes? Si las nueces llegan al suelo no cogeremos ni tampoco diez fanegas. Eso no puede quererlo Dios, por más que diga el maestro.[25]

Las nueces de los seis nogales, perdidas ya las colmenas, consti-
35 tuían su subsistencia. En ocasiones Nilo, el viejo, evocaba a la Ber-

---

24. Eran nueces ... sabrosos. *They were soft nuts, appealing to birds and of value on the market; they scarcely had any membrane, and the kernels were firm and tasty.*
25. por más ... maestro *no matter what the teacher says*

narda con un vago resentimiento: "Me dejó esto y se largó. No quiso ni tampoco conocerle", se decía. Y le dolía pensar que sus piernas iban agarrotándose poco a poco.

Con frecuencia, Nilo, el joven, sorprendía a su padre con el astroso pantalón remangado contemplando atentamente los nudos, cada vez más deformados, de sus rodillas.

Demandaba compasivamente Nilo, el joven:

—¿Ez que le pican a uztez también laz piernaz, padre?

Por un momento los mortecinos ojos de Nilo, el viejo, recobraban la esperanza:

—Pican, pican—decía—. ¡Vaya si pican! [26]

Nilo, el joven, desviaba sus ojillos oblicuos hacia las frondosas copas de los nogales.

—Habrá que vender entoncez, padre—añadía simplemente.

El doctor cada vez que sorprendía a Nilo, el viejo, encaramado en los árboles, le reconvenía:

—Viejo, ¿no ves que no tienes ya edad de hacer estas cosas?

—¿Y quién si no, doctor?—respondía sumisamente.

—El chico. ¿Para qué lo quieres?

Desde la copa del árbol resbalaba un ahogado suspiro. Nilo, el viejo, sentía como si su rodilla deformada se le hubiera incrustado, de pronto, en lo más alto del pecho. Decía:

—El chico está inútil, doctor. ¿Qué demonios le sucederá en esos condenados pies, que no hacen más que picarle?

—¿Por qué no prueba de calzarse? [27]

De lo alto del nogal, resbalando por las dulces ramas, descendía un nuevo ahogado suspiro:

—Esto no da ni tampoco para mal comer, doctor. Usted debería saberlo.

El doctor se alejaba:

—¡Ojo, viejo! No olvides que ya tuve que autopsiar a dos.

Nilo, el viejo, no lo olvidaba. Quintín jamás supo manejar las piernas y un día u otro tenía que matarse. Para ser un buen apaleador se precisaba tener las piernas tan fuertes, elásticas y dúctiles como los dedos de las manos. Quintín siempre fué torpe, y sobre torpe confiado.[28] Por lo que se refiere a Chucho, el Malcasado, a na-

---

26. ¡Vaya si pican! *And how they itch!*
27. ¿Por qué ... calzarse? *Why doesn't he try wearing shoes?*
28. sobre torpe confiado *not only clumsy, but overconfident into the bargain*

die podía chocarle lo que ocurrió. Nilo, el viejo, se hartaba de decirle: "Para un apaleador, el vino sobra en octubre, hijo." Pero Chucho como si cantasen,[29] seguía subiendo borracho y golpeaba los árboles con torpe ensañamiento. Y un día, el nogal se encabritó como un potro y volteó al muchacho. Fué la "Nely", la perra de la fonda, la que descubrió el cadáver y aullaba lo mismo que el lobo en los inviernos duros. Cuando Nilo, el viejo, acudió, todavía había savia fresca en el extremo de la vara. Las ramas más altas del viejo árbol estaban dolorosamente descarnadas.

Nilo, el viejo había pensado mucho en ello durante los últimos veranos, particularmente las noches de luna, cuando su resplandor se adentraba por el ventano de la choza para importunarle el sueño. Nilo, el joven, roncaba a su lado con la boca abierta. Una noche, Nilo, el viejo, prendió un fósforo y aproximó la llama a la boca del hijo. Las colas del paladar roto, rojizas y vibrátiles como alas de un pájaro nuevo, se estremecían a cada inspiración. Nilo, el viejo, permaneció casi una hora contemplándolas, absorto. Cuando se acabaron los fósforos, se tumbó en las pajas y se dijo que ya sabía por qué Nilo, el joven, comía sin saciarse; por qué hasta sus ojos rasgados estaban siempre, inevitablemente, hambrientos.

Al cumplir los setenta y nueve, Nilo, el viejo, sentía aprensión de sus piernas. Así y todo, al vencer el verano,[30] subió a los nogales y los apaleó. No obstante, sufrió dos calambres y, después de concluir con un árbol se tumbaba al pie porque no conservaba energías para regresar a la cabaña. A menudo se dormía y, soñaba que Nilo, el joven, en lo alto de los árboles, apaleaba las ramas sin fatigarse. Nilo, el viejo, le veía poderoso y desafiante como un arcángel; tal como él le había deseado. Con el relente de la madrugada, le despertaban las palomas zureando suavemente en los rastrojos. A Nilo, el viejo, le dolían de manera irresistible los muslos y las pantorrillas y los agujeros de los sobacos, pero trepaba de nuevo al árbol y, ya en la copa, permanecía unos instantes inmóvil, observando el primer vuelo de los pájaros. Conforme el día avanzaba, las piernas del viejo, torpemente engarfiadas sobre la rama, iban aflojándose paulatinamente sin que él aun lo advirtiese. Empero, Nilo, el viejo, presentía el fin. Y cuando aquel invierno se retrató al salir de la gripe sabía que lo hacía por última vez. Y cuando dos días más tarde comprobó que sus piernas, claudicantes, apenas podían conducirle hasta el mo-

---

29. Pero Chucho ... cantasen *But Chucho paid absolutely no attention*
30. así y todo ... verano *anyway, toward the end of summer*

lino, se dió cuenta de que el fin había llegado. No le dijo nada al hijo, sin embargo, hasta más tarde.

Aquel año los nogales empezaron a cucar en los primeros días de agosto. Cada mañana Nilo, el viejo, desde la puerta de la cabaña, levantaba bandos de pájaros ratoneros que devoraban los frutos. 5 Eran aves insignificantes, pero de una avidez desproporcionada. Nilo, el viejo, que siempre las había despreciado, aprendió a odiarlas. Comprendía que era llegada la hora del apaleo, mas sus piernas eran una ruina. Nilo, el joven, le sorprendía a veces con los pantalones arremangados hasta la rodilla, tomando el sol. Nilo, el viejo, 10 pensaba que a estas alturas, solamente el sol podía obrar un milagro. Al verle en esta actitud, el hijo solía decirle:

—¿Pican, padre?

—Pican, pican—decía el viejo.

Nilo, el joven, se reclinaba entonces sobre él y le acariciaba amo- 15 rosamente las piernas hasta quedarse dormido. Entre sueños, Nilo, el joven, sentía crepitar los conchos en lo alto y el levísimo impacto de las nueces al golpear el césped. Le placía en su semiinconsciencia, ser testigo de la obra de Dios. Mas, cada mañana, Nilo, el viejo, apenas recogía dos docenas de frutos, la mitad de ellos minados por el ca- 20 riedón y los pájaros ratoneros.

Una mañana, Nilo, el viejo, sorprendió a cuatro rapaces sacudiendo los árboles. Se llegó a la puerta, enajenado, enarbolando una vara y los chiquillos huyeron. El hijo dormía en la paja, y Nilo, el viejo, le despertó: 25

—Hay que subir—dijo—; no queda otro remedio.

—¿Zubir?

—A las nogalas.

—¿A las nogalaz?

—Sí.   30

—El maeztro decía que laz cozaz de Dioz eztán bien hechaz, padre. Yo no quiero hacer un pecado.

—Escucha—dijo Nilo, el viejo—. Dios ordena no robar, y cuatro condenados rapaces andaban ahora sacudiendo los árboles. Si no subes hoy no cogeremos ni tampoco diez fanegas.   35

Nilo, el joven, le miraba estúpidamente, concentrando sobre la nariz del viejo sus pobres ojos rasgados.

—Zubiré—dijo al cabo de un rato—. Pero antez he de decírzelo al zeñor cura.

Al cuarto de hora regresó, tomó las varas y la manta en silencio, y 40 se llegó a la puerta de la choza. Su padre le seguía renqueando. En el umbral se detuvo:

—No pegues por pegar—dijo—; a las nogalas hay que golpearles de tal forma que no sepan nunca si lo que le das es un palo o una caricia. Acuérdate del Malcasado.

—Zi, padre.

—Si no alcanzas alguna rama, déjala. Al árbol, a veces, le da por defender [31] el fruto y si se lo quitas, la pagas, no lo olvides; es como la gata con las crías.

—Zi, padre.

A Nilo, el viejo, se le atropellaban los consejos en los labios.[32] Nilo, el joven, se alejaba ya cansinamente hacia los árboles. El viejo levantó la voz:

—¡Nilo!—llamó.

Nilo, el joven, volvió la cabeza. Sostenía el juego de varas sobre el hombro derecho torpemente:

—Diga, padre.

—Escucha esto. A un buen apaleador le ayudan las piernas más que los brazos. Éste es el secreto, ¿comprendes? Los brazos nunca aguantan más de lo que las piernas sean capaces de soportar. ¿Entiendes? Nunca se lo dije a nadie.

—Zi, padre.

Cuando Nilo, el viejo, con su andar claudicante y su gozosa sonrisa, se encaminó minutos más tarde, hacia los árboles, encontró a Nilo, el joven, tendido bajo el primer nogal, dormitando. No dijo nada, pero mientras extraía de bajo la cabeza del hijo el juego de varas, la sonrisa se le fué helando entre los labios hasta concluir en una pétrea mueca de muerto. La brisa esparcía el aroma de las alholvas y balanceaba suavemente las copas de los árboles.

Cuando Nilo, el viejo, comenzó a trepar, Nilo el joven, sintió una vaga impresión de compañía. Más que dormir, sesteaba con una perezosa, invencible indolencia. El clic-clic, de las nueces al abrirse, el iterativo golpeteo de los frutos sobre el césped le arrullaba. No tenía fuerzas para levantar los párpados. Al sentir los crujidos de las ramas violentamente quebradas y el sordo impacto del cuerpo de Nilo, el viejo, tampoco se alteró. Todo encajaba dentro del elemental orden de su mundo. Vagamente intuía que también Nilo, el viejo, terminaría por desprenderse como cualquier fruto maduro. Ade-

---

31. al árbol ... defender *sometimes the tree wants to protect*
32. A Nilo ... labios. *Words of advice rushed chaotically to Nilo, Sr.'s lips.*

lantó su mano derecha hasta topar con el muerto e, instintivamente, acarició una y otra vez la vieja pierna sarmentosa. Dijo, sin abrir los ojos: "¿Pican, padre?" Mas como no recibiera respuesta, pensó. "Se ha dormido."

Nilo, el joven, sonreía estúpidamente con el rostro vuelto hacia el 5 cielo.

Vocabulary

The following types of words have been omitted from the vocabulary: a) some easily recognizable cognates of English words; b) articles, personal, demonstrative, and possessive pronouns and adjectives except in cases of special use and meaning; c) cardinal numbers; d) names of the months and days of the week; e) adverbs in *mente* when the corresponding adjective is included; f) diminutives and superlatives unless they have a special meaning; g) verbal forms other than infinitive except when used as adjectives. Genders of nouns have not been indicated in the cases of masculines ending in *-o* and feminines ending in *-a, -d,* and *-ión.*

Abbreviations used: *adj.* adjective; *adv.* adverb; *arch.* architecture; *aug.* augmentative; *bot.* botanical; *coll.* colloquial; *conj.* conjunction; *dim.* diminutive; *eccl.* ecclesiastical; *f.* feminine; *fig.* figurative; *interj.* interjection; *m.* masculine; *mus.* music; *n.* noun; *obs.* obsolete; *orn.* ornithological; *pl.* plural; *p.p.* past participle; *prep.* preposition; *pron.* pronoun.

A

a   *at, to, in, by;* — que   *so that*
abad *m.*   *abbot*
abadesa   *abbess*
abadía   *abbey*
abajo   *down, below, underneath, downstairs*
abalorio   *glass bead, beadwork*
abandonar   *to abandon, leave*
abanicarse   *to fan oneself*
abanico   *fan*
abarcar   *to include*
abatir   *to depress*
abdicar   *to abdicate*
abecedario   *alphabet; primer*
abeja   *bee*
abierto   *sincere; outspoken; p.p. of* abrir   *open, opened*
abismo   *abyss, chasm*
ablandar   *to soften; to soothe*
abnegado   *self-denying, self-sacrificing*
abogado   *lawyer*
abolengo   *lineage*
abominar   *to abhor*
abonar   *to fertilize*
aborrascado   *stormy*
aborrecer   *to hate, abhor*

abrasar   *to burn*
abrazar   *to embrace*
abrazo   *embrace*
abrigo   *overcoat*
abrir   *to open;* —se   *to open, to crack*
abroquelado   *shielded*
abrumador, -a   *overwhelming, crushing; wearisome*
abrumar   *to overwhelm*
abrupto   *abrupt; rugged, craggy*
ábside *m.*   *presbytery, rectory*
absolución   *absolution*
absoluto   *absolute; n. absolute*
absolver   *to absolve*
absorber   *to absorb*
absorto   *absorbed   in   thought; amazed*
abstención   *abstention*
abstracto   *abstract*
abstraer   *to abstract, to isolate*
abstraído   *absent-minded, absorbed in thought*
abuela   *grandmother*
abuelo   *grandfather, forefather*
abulia   *paralyzed will, lethargy*
abultado   *big, massive, prominent; swollen*
abundar   *to abound*

349

abundoso *abundant*
aburrido *bored*
aburrir *to bore;* —se *to be bored; to grow weary*
abuso *abuse*
acá *adv. here*
acabado *finished; perfect*
acabamiento *end*
acabar *to finish, end;* —se *to run out of; to be finished;* — de + *inf. to have just;* — por *to end by*
acacia *acacia*
acariciar *to caress*
acaso *perhaps;* por si — *just in case*
accidente *m. accident*
acción *action; stock*
acechar *to spy on*
acecho:* en — *in wait, in ambush*
aceite *m. oil*
aceituna *olive*
aceleramiento *haste*
acento *accent*
acentuar *to accentuate*
aceptar *to accept*
acera *sidewalk; row of houses on either side of a street*
acerca de *concerning, about*
acercar *to bring near;* —se *to approach, draw near*
acero *steel*
acertar *to hit the mark, put one's finger on the spot, succeed, guess right; to manage;* — a *to succeed in*
ácido *acid*
aclamar *to acclaim*
aclarar *to clarify, explain*
aclimatarse *to become acclimated*
acobardar *to intimidate, frighten*
acoger *to welcome, take in, receive*
acometer *to attack*
acomodar *to accommodate; to lodge*
acompañante *m. companion*
acompañar *to accompany*
acompasado *measured, rhythmic, regular*
acondicionado *of good (or bad) disposition*
acondicionar *to arrange*
acongojado *distressed, in anguish*
acongojar *to distress, afflict, grieve*
aconsejar *to advise*

acontecer *to happen*
acontecimiento *event*
acordar *to resolve; to agree;* —se (de) *to remember*
acorde *harmonious*
acordeón *m. accordion*
acosar *to pursue relentlessly; to vex, harass*
acostarse *to go to bed; to lie down*
acostumbrar *to accustom; to be in the habit of;* estar acostumbrado *to be accustomed;* —se (a) *to become accustomed (to)*
acrecentar *to increase*
acreditar *to affirm; to prove*
acribillar *to cover with wounds; to riddle*
acritud *bitterness*
actitud *attitude, position, posture*
actividad *activity*
activo *active*
acto *act; activity*
actriz *actress*
actual *present, of the present time, present-day*
actualmente *at the present time*
actuante *active*
actuar *to act*
acuchillado *slashed*
acuchillar *to slash*
acudir *to go, come; to hasten*
acuerdo *agreement;* ponerse de — *to come to an agreement*
acuitarse *to worry*
acurrucado *huddled*
acusador, -a *accuser*
acusar *to accuse*
achacoso *sickly, ailing*
achicar *to make small; to diminish, lessen; to belittle*
achulado *rough, tough*
adecuado *adequate, adapted*
adelantar *to progress, advance; to anticipate; to be quicker;* —se *to come forward; to take the lead*
adelante *ahead, forward, farther on;* de ahora en — *from now on*
adelgazar *to make slender; to taper*
ademán *m. manner; attitude*
además *moreover; besides, furthermore;* — de *aside from*
adentrarse *to enter, penetrate*

adentro *within, inside; pl. the in-nermost thoughts*

aderezar *to prepare, arrange*

adherir *to adhere*

adhesión *adherence*

adiestrado *instructed*

adiestramiento *training*

adiestrar *to brief*

adivinar *to divine, guess, adumbrate*

admiración *admiration*

admirar *to admire*

admitir *to admit; to accept*

adobar *to tan (hides)*

adoctrinar *to instruct*

adolecer (de) *to suffer (from)*

adolescencia *adolescence*

adolescente *adolescent*

adonde *where*

adoptar *to adopt*

adorar *to adore*

adormecer *to lull to sleep*

adormilado *drowsy, sleepy*

adornar *to adorn, decorate*

adosar *to lean; to place with the back against*

adquirir *to acquire*

adquisición *acquisition*

adscrito *assigned, appointed*

advenedizo *upstart, parvenu*

adversario *adversary, opponent*

advertir *to observe, take notice of*

aeroplano *airplane*

afabilidad *affability, friendliness*

afable *pleasant*

afamado *famous*

afán *m. anxiety, longing*

afanado *anxious, eager*

afanar(se) *to be eager, anxious*

afanosamente *anxiously, eagerly*

afectado *affected*

afecto *affection, love; fancy, fondness*

afectuoso *affectionate*

afeite *m. paint, rouge, make-up*

aferrado *enchained*

aferrar *to grasp, seize*

afición *taste, inclination; fondness*

aficionado *fond (of)*

aficionarse *to grow fond*

afilado *sharp, keen*

afinar *to refine*

afinidad *relationship; kinship*

afirmar *to assert, affirm*

aflautado *flute-like*

afligir *to afflict, to cause pain; —se to grieve*

aflojar *to slacken, to loosen*

afluir *to assemble (in); to flow (into)*

aforrar *to line*

afortunadamente *fortunately*

afrontar *to confront, face*

afuera *adv. out, outside; f. pl. sub-urbs, outskirts*

agachar *to stoop, squat; to bow down*

agarrar *to grasp, seize; —se to hold on*

agarrotar *to hold down; —se to get stiff or numb*

agasajar *to entertain, regale*

agazaparse *to crouch; to hide one-self*

ágil *agile*

agilidad *agility*

agilitar *to make active; to limber up*

agitar *to agitate, stir, shake; —se to flutter; to become excited*

agobiar *to oppress, overwhelm*

agonía *agony*

agonizante *dying*

agonizar *to be dying*

agotarse *to become exhausted*

agraciado *graceful*

agradable *agreeable, pleasant*

agradar *to please*

agradecer *to be thankful (grateful) for; to thank for*

agradecimiento *gratitude*

agrandarse *to grow in size*

agrario *agrarian, agricultural*

agraz *early (unripe, not mature)*

agregar *to add*

agresivo *aggressive*

agridulce *bittersweet*

agrio *disagreeable; sour, acrid*

agruparse *to cluster*

agua *water*

aguantar *to bear, endure; to toler-ate; to last; —se to forbear*

aguardar *to wait for; to expect*

aguardiente *m. liquor*

agudeza *sharpness, alertness*

agudo *acute; sharp, keen; witty; high-pitched*

aguijón *m. sting. prick*
águila *eagle*
aguileño *aquiline, hawknosed*
agüilla *dim. of* agua *water*
aguja *needle*
agujerear *to pierce, perforate; to honeycomb*
agujero *hole; hollow*
aguzamiento *sharpening*
aguzar *to sharpen*
ahí *adv. there*
ahinco *earnestness, ardor, eagerness*
ahito *gorged, surfeited*
ahogar *to drown; to smother, choke; to suppress (a sigh)*
ahogo *suffocation, fit of choking*
ahora *now; de* — en adelante *from now on;* — mismo *right now;* por — *for the present*
ahorrar *to save, economize*
airado *angry;* vida airada *evil life*
aire *m. air; breeze, wind; atmosphere;* — vivo *gust of wind;* al — libre *in the open air*
aireado *airy*
airoso *graceful*
aislar *to isolate*
ajedrecista *m. chess-player*
ajedrez *m. chess*
ajeno *another's; ignorant;* — a *indifferent to*
ajuar *m. trousseau*
ala *wing; brim (of hat)*
alabar *to praise*
alacena *cupboard*
alamar *m. braid trimming*
alambrera *wire netting*
alameda *poplar grove*
alarde *m. boasting;* hacer — *to boast*
alargar *to extend; lengthen; to hand (a thing to another)*
alarido *howl, shout*
alarma *alarm*
alba *dawn*
albahaca *sweet basil*
albañil *m. mason, builder*
alberca *pond, pool, tank*
albergar *to lodge;* —se *to find shelter or lodging*
alborotador, -a *noisy, riotous; n. rioter; noisy person*

alcalde *m. mayor*
alcance *m. reach; overtaking;* al — de *within reach of;* dar — *to catch up with;* dar — a *to realize;* llegar al — de *to understand fully*
alcándara *perch*
alcanzar *to attain; to acquire, obtain; to comprehend; to overtake, reach; to succeed; to achieve;* no se me alcanza *I can't understand it*
Alción *f. Alcyone (principal star of the Pleiades)*
alcoba *bedroom*
alcor *m. hill*
alcurnia *lineage*
aldaba *knocker*
aldea *village*
aldeano, -a *peasant, villager*
aleccionar *to teach*
aledaño *boundary; outskirts*
alegórico *allegorical*
alegrar *to make happy;* —se *to be glad*
alegre *merry, gay, happy*
alegría *joy, gaiety, happiness*
alejar *to withdraw; to keep at a distance; to remove;* —se *to go away, depart, move away*
alemán, -ana *n. & adj. German*
Alemania *Germany*
alentar *to encourage*
alero *eaves*
alerto *vigilant, on guard*
aletargado *lethargic*
aleteo *fluttering*
alfabeto *alphabet*
alfiler *m. pin*
alfilerón *m. large pin*
alforja *saddlebag*
alga *alga (bot.)*
algarabía *din, clamor*
algo *something; anything; adv. rather, somewhat*
alguien *somebody, some one*
algún, alguno, -a *any, some, some one (after noun has negative force)*
alhaja *finery; jewel, gem*
alhelí *m. gilliflower (clove pink)*
alholva *fenugreek (an herb of the pea family, with aromatic seeds used in making curry)*

aliciente m. *inducement, stimulation, incentive*

aliento *breath; vigor; activity; bravery, courage;* sin — *breathless*

aligerar *to hasten*

alimaña *animal (usually applied to destructive ones)*

alimentación *food*

alimentar *to feed, nourish; to cherish; to harbor*

alimento *food, nourishment*

alinear *to align, range in line*

aliño *appearance*

aliviar *to relieve*

alma *soul;* — en pena *soul in purgatory*

almacenar *to storage*

almirez m. *brass mortar*

almohada *pillow, cushion*

almorzar *to lunch*

alojar *to lodge;* —se *to be contained (in); to settle down*

alondra *lark*

alpargata *fiber sandal*

alquería *farmhouse*

alquiler m. *rent*

alquitrán m. *tar, pitch*

alrededor *around;* — de *about, around*

altanero *haughty, arrogant*

altar m. *altar*

alterarse *to become disturbed*

altercado *dispute, quarrel*

alternar *to associate; to alternate*

altisonante *high-sounding*

altivez f. *haughtiness*

altivo *arrogant, proud*

alto *high; tall; deep; loud; lofty;* m. *height, elevation;* por lo — de *on top of;* mirar de — a bajo *to look (somebody) up and down;* en lo más — *in the top;* en lo — *on high, at the top*

altura *height;* a estas —s *at this point*

alucinación *hallucination*

aludir *to allude, refer*

alumbramiento *childbirth*

alumbrar *to light, illuminate*

alumno, -a *pupil, student*

alusión *allusion*

alvéolo *small cavity*

alzar *to raise, lift;* —se *to rise*

allá adv. *there;* más — *beyond*

allegado *friend, ally*

allí *there*

amable *friendly, kind*

amado *beloved*

amagar *to threaten; to show signs of*

amalgama *amalgam*

amalgamar *to amalgamate*

amanecer *to dawn;* n. m. *dawn*

amanecida *dawn*

amanerado *affected*

amante adj. *loving;* n. *lover*

amar *to love*

amargado *embittered*

amargar *to embitter*

amargo *bitter*

amargor m. *bitterness*

amargura *bitterness*

amarillento *yellowish*

amarillez f. *yellowness*

amarillo *yellow*

amartelar(se) *to fall in love*

amasar *to knead, to mould*

amatista *amethyst*

amazona *Amazon, rider*

ambición *ambition*

ambicionar *to aspire to*

ambiente m. *atmosphere, environment*

ámbito *area, place; scope*

ambos *both*

ambrosiano *ambrosian*

ambulante *roving*

amenazador, -a *threatening*

amenazar *to threaten*

ameno *pleasant, agreeable*

amical *friendly*

amigo, -a *friend*

amina *amine (compound derived from ammonia)*

amistad *friendship; friend*

amo *master; boss*

amodorrado *sleepy, drowsy*

amonestar *to admonish, warn*

amor m. *love*

amorío *love affair, amour*

amoroso *affectionate, loving; amorous*

amortajar *to enshroud, wrap in a shroud*

amortiguar *to lessen, mitigate*
amparar *to   protect,   shelter;   to watch over*
amparo *protection*
amplio *ample, roomy; large*
ampolla *decanter, cruet*
anacoreta *m. anchorite, hermit*
analfabeto *illiterate person*
análisis *m. analysis*
anaquelería *shelving*
anca *croup, rump (of horse)*
anciano *adj. & n. old (man)*
ancla *anchor*
ancho *wide, broad; n. width*
anchurón *m. wide space*
anchuroso *vast, spacious*
Andalucía *Andalusia*
andaluz, -a *Andalusian*
andante *errant*
andanza *wandering; fortune*
andar *to walk; to go; to travel; to proceed, to go ahead; to go about;* ¡anda! *gracious!, go on!; n. m. walk, gait*
andarríos *m. (fig.) vagabond*
anea *cattail, reed*
anegar *to inundate, flood; to submerge*
anemómetro *anemometer, wind gauge*
ánfora *jar*
ángel *m. angel;* con — *with charm, agreeable manners*
anglosajón, -ona *Anglo-Saxon*
angosto *narrow, close*
angostura *narrowness*
ángulo *angle, corner, nook*
angustia *anguish*
angustiado *in consternation*
angustioso *full of anguish, anguished*
anhelante *anxiously; in longing*
anhelar *to long for, yearn*
anhelo *deep desire; yearning*
anillo *ring;* — de pedida *engagement ring*
ánima *soul*
animado *lively*
animal *m. animal, brute*
animalidad *animality, brutishness*
animar *to excite; encourage; to enliven, animate; to inspire;* —se *to get excited*

ánimo *spirit; mind, mood; courage*
aniquilar *to destroy; to overwhelm*
anoche *last night*
anochecer *n. m. nightfall; v. to get dark*
anodino *anodyne; insignificant, ineffectual*
anomalía *anomaly (departure from the norm)*
anómalo *anomalous, strange*
anonadado *overwhelmed, crushed*
anónimo *anonymous*
anormalidad *abnormality*
ansí = *así*
ansia *anxiety; eagerness*
ansiar *to long for; desire anxiously*
ansiedad *anxiety*
ansioso *anxious*
antagónico *opposite, antagonistic*
antagonismo *antagonism*
antaño *yesteryear*
ante *before, in the presence of*
antemano: de — *beforehand*
anteojo *eyeglass; pl. glasses*
antepasado *ancestor*
anterior *preceding, previous*
anterioridad: con — *previously, beforehand*
antes *before, earlier;* — (de) que *before*
antesala *antechamber*
antigüedad *antiquity*
antiguo *old, ancient; former;* a la antigua *old-fashioned;* de — *since olden times;* los antiguos *n. the ancients*
antipático *disagreeable*
antítesis *f. antithesis*
antojarse *to take a fancy to; to get a notion;* se le antoja *it occurs to him*
antojo *whim*
antro *cavern*
antropomórfico *anthropomorphic (attributing human characteristics to God or a god or to things not human)*
anudar *to join*
anular *to cancel*
anunciar *to announce*
anzuelo *fish hook*
añadir *to add*

añejo *old*

añicos *fragments, smithereens;* los hacía — *he tore them to shreds*

apacentar *to incite; to feed*

apacible *peaceful*

apaciguar *to calm, appease*

apagar *to extinguish, put out; to soften*

apaleador *m. knocker, one who knocks (fruit from a tree)*

apalear *to knock (fruit from a tree)*

apaleo *knocking (of fruit from a tree)*

apaño *knack, skill*

aparador *m. sideboard, cupboard*

aparato *apparatus; show*

aparatoso *spectacular*

aparcero *partner (in farm)*

aparecer *to appear*

aparencial *apparent, appearing*

aparición *appearance; apparition, ghost*

apariencia *appearance*

apartamiento *retirement*

apartar *to separate;* ¡aparta! *get away!*

aparte *apart; aside*

apasionado *passionate*

apasionar(se) *to become passionately fond*

apedrear *to stone;* —se *to be injured by hail*

apegarse *to become attached*

apelar *to appeal*

apelativo *appellation, name*

apellido *surname, family name*

apenas *hardly, scarcely*

apencar *to accept with reluctance*

apestar *to stink*

apetecer *to desire*

apetito *appetite*

apetitoso *appetizing*

apilar *to heap, pile up*

aplacar *to pacify, calm; to temper; to placate*

aplanar *to smooth, make even; to weaken; to dismay*

aplastar *to crush, flatten*

aplicar *to apply;* —se *to apply oneself*

aplomarse *to tumble; to fall to the ground*

aplomo *seriousness*

apocalíptico *apocalyptic*

apodar *to nickname*

apoderarse (de) *to seize, take possession (of)*

apogeo *height (of fame, etc.)*

aposento *room*

apóstol *m. apostle*

apostolado *apostleship*

apostura *countenance, air, appearance, manner*

apotegma *m. maxim*

apoyar *to rest or support (on);* —se (en) *to lean (on);* —se *to be supported*

apremiar *to urge*

aprender *to learn*

aprendizaje *m. apprenticeship*

aprensión *apprehension; fear; distrust*

apresuramiento *haste*

apresurarse *to hasten, to hurry*

apretado *compact*

apretar *to distress; to press*

apretón *m. pressure*

apretujar *to squeeze*

aprieto *difficulty*

aprisionar *to imprison*

aprobar *to approve; to pass*

aprovechar *to be useful, to avail; to profit by, take advantage of; to benefit*

aproximar(se) *to move near, approach*

aptitud *aptitude*

apuntar *to point out; to note, jot down; to aim*

apuro *difficulty*

aquí *here; then;* de — *hence, thus;* de — en adelante *henceforth*

aquietarse *to become quiet, calm down*

árabe *Arab*

arado *plough*

arandela *socket pan of a candlestick*

araña *spider*

arañar *to scratch*

arbitrio *will*

árbol *m. tree*

arboleda *grove*

arbusto *shrub*

arca *chest; ark;* — de Noé *Noah's Ark*
arcaico *archaic*
arcángel *m. archangel*
arcano *secret; n. secret, mystery*
arcar *to beat (wool)*
arco *arc;* — iris *rainbow;* en — *arched*
archivo *archive, files*
arder *to burn*
ardiente *ardent, passionate*
ardilla *squirrel*
ardor *m. ardor, enthusiasm*
arena *sand*
argumento *argument*
aria *aria*
árido *dry, barren*
arisco *surly; sullen*
aristócrata *m. aristocrat*
aristocrático *aristocratic*
arma *arm, weapon; pl. coat of arms*
armadura *frame; armor;* — córnea *horn-rimmed*
armario *case, cabinet; bookcase; closet, wardrobe*
armazón *f. frame*
armonía *harmony*
armonioso *harmonious*
arnés *m. coat of mail, armor*
aro *hoop*
aroma *m. aroma, perfume*
arpía *harpy, ugly shrew*
arpillera *sackcloth, burlap*
arquetipo *archetype*
arraigar *to take root*
arrancar *to pull out; to uproot; to stem from*
arranque *m. sudden impulse*
arrasar *to fill to the brim*
arrastrar *to drag, pull; to incline*
arrebatado *rash, impetuous*
arrebatar *to captivate, charm; to carry off, snatch*
arrebujarse *to wrap oneself up*
arreciar *to increase in intensity*
arreglador *m. adjuster*
arreglar *to arrange, settle; to fix, repair, patch up, adjust*
arreglo *arrangement, reparation, neatness*
arremangado *rolled up, turned up*
arremeter *to attack, rush against*

arreo *dress; pl. trappings*
arrepentirse *to repent, feel sorry*
arresto *vestige; dash, spirit*
arriba *up, upwards; above, upstairs*
arriesgarse *to dare*
arrimar *to place near, pull up; to set against; to lean*
arrobo *rapture*
arrodillarse *to kneel*
arrogante *arrogant, proud*
arrogar *to adopt; to arrogate*
arrojar *to throw out; to throw, cast*
arroyo *stream, brook*
arrugado *wrinkled*
arruinar *to ruin*
arrullar *to lull*
arte *m. or f. art*
articular *articular (of or pertaining to the joints)*
artículo *article*
artificio *cleverness, skill, ingenuity*
artificioso *artificial*
artillería *artillery*
artista *m. artist, actor*
artritismo *arthritis*
artrítico *arthritic*
asaltar *to assail*
ascendente *ascendant*
ascender *to rise; to ascend*
ascensión *ascension, exaltation*
asceta *m. ascetic*
ascetismo *asceticism*
asco *loathing;* hacer —s *to turn up one's nose;* ¡qué — de vecinos! *what disgusting neighbors!*
ascua *live coal*
aseado *clean, neat*
asegurar *to affirm, assert; to make secure; to assure*
asentar *to place, fix, seat;* —se *to settle*
asentimiento *agreement*
asentir *to assent, agree*
asesinar *to murder*
asesinato *murder*
así *so, thus, in this way;* — ... como *as much ... as;* — que *as soon as;* — como — *anyway, anyhow, any old way*
asiduo *assiduous, hard-working*
asiento *seat; abode*
asignar *to assign*

asimilar *to assimilate*
asimismo *likewise, in like manner*
asir *to grasp, seize*
asistencia *help*
asistir (a) *to be present (at), attend; to witness; to help*
asno *donkey*
asomar *to show; to appear;* —(se) (a) *to peep; to look out of; to peep into; to appear*
asombrar *to astonish; to shade, darken (a color)*
asombro *astonishment, amazement*
asombroso *amazing*
aspecto *aspect, appearance*
aspergirlos *aspergilus (fungus)*
áspero *harsh, gruff, rough*
aspirar *to aspire; to inhale*
astral *astral (pertaining to the stars)*
astro *star*
astronómico *astronomical*
astroso *careless, shabby*
astucia *cunning, shrewdness; subtlety*
asueto *vacation; leisure; recreation*
asunto *subject, matter*
asustar *to frighten;* —se *to become frightened*
atacar *to attack*
atajar *to intercept; to interrupt*
atar *to tie*
atardecer *m. sunset, late afternoon*
ataviar *to dress up, deck, adorn*
atavío *dress, finery*
atediado *afflicted with tedium or boredom*
Atenas *Athens*
atención *attention*
atender *to pay attention; to attend, take care of*
atenerse (a) *to depend or rely (on); to conform*
atento *attentive*
aterrado *terrified*
aterrador, -a *dreadful, terrible*
aterrizar *to land*
atestado *crowded*
atestar *to cram, stuff*
atmósfera *atmosphere*
atolondrado *hair-brained, thoughtless*

atomismo *fragmentation, atomism*
atónito *amazed*
atormentador, -a *tormenting*
atormentar *to torment, to torture*
atosigar *to harass*
atrabiliario *choleric*
atracar *to overtake; to cram*
atracción *attraction*
atractivo *n. charm, grace*
atraer *to attract*
atragantarse *to choke*
atrás *back; behind; past, before*
atravesar *to cross, pass through;* —se *to butt in, break in*
atreverse (a) *to dare (to)*
atrevido *bold, daring*
atrevimiento *daring*
atribuir *to attribute*
atribulado *despondent*
atrio *atrium; interior court*
atrocidad *atrocity;* ¡Qué —! *How awful!*
atropellar *to knock down; to run over*
aturdir *to daze, stun; to bewilder*
atusar *to smooth*
audacia *boldness, audacity, daring*
audaz *bold*
audible *audible*
audiencia *courthouse*
augurar *to foretell; to portend*
augusto *august, magnificent*
aula *classroom; lecture hall*
aullar *to howl*
aullido *howl*
aun, aún *even; still; yet;* — no *not even*
aumentar *to increase*
aunque *although*
aupar *to help get up; to boost*
aurora *dawn*
auscultar *to auscultate (to listen to the sounds of the heart, etc.)*
ausencia *absence*
ausentarse *to absent oneself; to disappear*
ausente *absent*
autobús *m. bus*
autopsiar *to make an autopsy*
autoridad *authority*
autoritario *authoritative*
avanzar *to advance, to progress*

avasallador, -a *enslaving, dominating*
avasallar *to subdue, enslave*
avatar *m.* *incarnation*
ave *f.* *bird, fowl*
avejentado *old in appearance*
avenir *to reconcile*
aventajado *superior;* — de estatura *tall;* — talle *tall frame*
aventajar *to surpass*
aventar *to winnow*
aventura *adventure*
aventurero *adventurous; n. adventurer*
avergonzado *ashamed*
averiguar *to find out, ascertain*
aviar *to prepare*
avidez *f.* *greediness*
ávido *eager, anxious; hungry*
avión *m.* *airplane*
avisar *to inform, let know; to call*
aviso *warning, announcement*
avispa *wasp*
ay *ah! alas!*
ayer *yesterday*
ayuda *help*
ayudante *m.* *helper, assistant*
ayudar *to help*
ayuntamiento *municipal government*
azadón *m.* *hoe*
azafrán *m.* *saffron*
azar *m.* *unforeseen disaster; accident; hazard, chance*
azaroso *unlucky, unfortunate, disturbed*
azogue *m.* *quicksilver*
azorado *terrified*
azotea *flat roof*
azufre *m.* *sulphur*
azul *m. n. & adj.* *blue*
azulado *bluish*
azuzar *to incite; sic (dogs)*

B

babero *bib*
babosear *to drool*
bacilo *bacillus*
Baco *Bacchus*
bacteridia *bacteridia (minute organisms allied to bacilli and bacteria)*

báculo *staff, crutch*
bachiller *m.* *bachelor of arts*
bachillerato *Bachelor of Arts degree*
bailar *to dance; to swing, spin*
baile *m.* *dance, ball*
bajar *to descend, go down; to bring down; to lower*
bajo *low; short;* por lo — *under one's breath; adv. underneath, below*
balancear *to balance; to rock;* —se *to roll, rock*
balanza *scale*
balbucear *to babble; to stammer*
balbuciente *stammering*
balbucir *to stammer*
balcón *m.* *balcony*
balneario *bathing resort*
balsa *raft*
ballena *whalebone; whale*
banco *bench; bank*
banda *group, gang*
bandada *flock (of birds, etc.)*
bandeja *tray*
bando *flock*
bandolero *thief, bandit*
banquero *banker*
banquete *m.* *banquet*
bañar *to bathe, wash*
baño *bath; bathing*
báquico *Bacchic*
baraja *pack of cards*
barandado *balustrade*
barandilla *railing, balustrade*
barato *cheap*
barba *beard; chin; whiskers*
bárbaro *barbaric; n. barbarian*
barberillo *little barber (contemptuous)*
barbilla *point of the chin*
barcazo *large boat*
barco *boat, ship*
barda *wall*
bardal *m.* *hedge*
barnizar *to varnish; to wax*
barquillo *little boat; wafer*
barquito *small boat*
barraca *cottage, hut*
barranca *gorge, ravine*
barranco *gorge, ravine*
barrer *to sweep*
barrera *barrier*

barrica *barrel*
barricada *barricade*
barrio *neighborhood, section*
barroco *baroque*
barrunto *suspicion, supposition*
bártulos *household goods;* cuatro —
   meagre belongings
base *f. base, basis*
bastante *adj. enough, sufficient;*
   quite a bit; adv. rather
bastar *to suffice, to be enough*
basto *coarse, gross*
bastón *m. walking cane or stick*
bastote *aug. very coarse*
basura *rubbish, garbage*
bata *dressing gown*
batahola *hubbub*
batallar *to do battle*
batir *to beat;* — el cobre *to work*
   with energy; to "hustle"
baúl *m. trunk*
bautizar *to baptize, christen*
bayeta *thick flannel*
baza: meter — *to interfere*
bazar *m. bazaar, market place*
bebé *m. baby*
beber *to drink*
bebida *drink*
Belén *m. Bethlehem*
belfo *thick lower lip*
belleza *beauty*
bello *beautiful, lovely*
bendición *blessing;* fruto de —
   child lawfully begotten
oendito *blessed, holy*
beneficiario *beneficiary*
beneficio *benefit, favor, kindness*
bengala *cane; flare*
benignidad *kindness, mildness*
beodo *drunken; n. drunkard*
bergantín *m. brigantine (vessel)*
bermejo *bright red, ruddy*
berrear *to cry; to howl, bellow*
berrinche *m. anger, tantrum*
berza *cabbage*
besar *to kiss*
beso *kiss*
bestia *beast; m. & f. dunce, boor*
bestialidad *brutality*
bíblico *Biblical*
bibliográfico *bibliographical*
biblioteca *library*

bicoca *trifle*
Bidasoa *name of river between*
   France and Spain
bien *well; very, indeed; n. m. good;*
   well-being; —es *property;* ahora —
   well then; — que *although;* más —
   rather; si — *while, though;* o bien
   ...o bien *or...or;* o — *or else*
bienaventurado *blessed; simple,*
   harmless (ironically)
bienestar *m. well-being; welfare*
bigote *m. mustache*
biológico *biological*
bizarro *gallant, brave; liberal*
bizna *membrane which quarters the*
   kernel of a walnut
blanco *white; fair*
blancor *m. whiteness*
blancura *whiteness; fairness (of*
   skin)
blandir *to brandish; to sway; to*
   swing
blando *soft, tender*
blandón *m. wax taper*
blanquear *to whiten; to become*
   white; to whitewash
blasfemar *to blaspheme*
blasón *m. coat of arms*
blasonar *to emblazon (a heraldic*
   shield)
blusa *blouse*
bobo *foolish; n. fool*
boca *mouth*
bocacalle *f. street intersection*
boceras *m. idiot, "big mouth"*
bocina *horn*
bochornoso *sultry*
boda *wedding*
bodega *wine cellar; hold (of ship)*
boga *popularity; vogue*
bola *ball*
bolillo *bobbin*
bolsa *purse*
Bolsa *stock exchange*
bolsillo *pocket*
bombero *fireman*
bondad *kindness, goodness*
bondadoso *kind, good*
bonito *pretty*
boquiabierto *gaping, open-mouthed*
borbotar *to pour forth*
bordado *embroidery*

bordar   *to embroider*
borde *m.*   *edge, border; verge*
bordear   *to be at the brink of*
bordo: a—   *on board*
borrachera   *drunkenness, drunken condition*
borracho   *drunk; n. drunkard*
borrar   *to erase, obliterate; darken*
borrica   *she-mule*
boscaje *m.*   *grove, cluster of trees*
bosque *m.*   *wood, forest, grove*
bostezar   *to yawn*
bostezo   *yawn*
bota   *boot, shoe*
bote *m.*   *bottle; — de agua   waterpot*
botella   *bottle*
botica   *drugstore*
botín *m.*   *booty, spoils*
botón *m.*   *button*
bóveda   *arch*
bravo   *savage, fierce*
brazado   *armful*
brazo   *arm*
brecha   *breach*
bregar   *to struggle*
breve   *short, brief*
breviario   *breviary*
brillante   *bright, shining*
brillar   *to shine, to sparkle*
brío   *enterprise, courage, vigor*
brisa   *breeze*
broche *m.*   *clasp, brooch*
broma   *joke, jest;* no me gastes bromas   *don't try any jokes on me*
bronco   *harsh, hoarse*
brotar   *to bud; to appear; to break forth, come out, issue; to gush*
brote *m.*   *budding*
broza   *rotten branches; brush*
bruces: de —   *face down*
bruja   *witch*
bruma   *mist*
bruñir   *to polish, burnish*
brusco   *rude, rough*
brusquedad   *brusqueness*
brutal   *brutal, savage*
bruto   *crude, rough, beastly, unpolished;* en —   *in the rough; n. brute*
bucle *m.*   *curl, lock*
buche *m.*   *mouthful*
bueno   *good, fine; adv. all right*
buey *m.*   *ox*

búfalo   *buffalo*
buhardilla   *garret*
buho   *owl*
buitre *m.*   *vulture*
bujeria   *bauble, knick-knack*
bujía   *candle*
bullente   *bubbling, seething*
bullicio   *stir; bustle*
bullir   *to boil; to bubble up*
Burdeos   *Bordeaux (in Southwestern France)*
burdel *m.*   *brothel*
burdo   *coarse*
burgués (burguesa)   *middle-class man (woman)*
burguesía   *middle-class; bourgeoisie*
burla   *joke; trick; mockery;* tomar a —   *to take as a joke*
burlar   *to ridicule; to mock;* —se de   *to make fun of*
burlón, -ona   *bantering, jesting, mocking; sly; n. prankster, jester*
burro, -a   *donkey; fig. stupid*
busca   *search;* en — de   *in search of*
buscar   *to look for, seek; to call for (a person); to get*
busto   *bust*
butaca   *armchair*

C

cabal   *complete*
cabalgar   *to ride on horseback*
caballeresco   *chivalrous, knightly, chivalric*
caballería   *knighthood, chivalry; —* andante   *knight-errantry*
caballeriza   *stable*
caballero   *gentleman, knight, horseman*
caballo   *horse; —* garañón   *stallion*
cabaña   *hut, cottage*
cabecear   *to nod*
cabecera   *head (of bed)*
cabellera   *hair, head of hair*
cabello   *hair*
caber   *to fit;* no cabe duda   *there is no doubt*
cabeza   *head*
cabizbajo   *pensive; melancholy*
cabo   *end;* dar — a   *to finish;* al —   *at last; after all;* al — de   *at the*

end of; al — de un rato *after a while*

cabra *goat*

cabrero *goatherd*

cabrillear *to form whitecaps*

cacería *hunt, chase*

cacique *m. local boss*

caciquismo *system of local bosses*

cacofonía *cacophony, harsh sound*

cacharro *piece of earthen pot; worthless thing*

cachupinada *entertainment*

cada *each; every;* — cual *each one*

cadalso *scaffold*

cadáver *m. corpse*

cadena *chain*

cadera *hip*

caer *to fall;* — a *to overlook;* dejar — *to drop;* al — del sol *at sundown;* — en la cuenta *to realize*

café *m. café; coffee*

cafetín *m. small café*

caída *falling; tumble, fall*

caído *(p.p. of* caer) *fallen*

caja *box; coffin*

cajón *m. drawer*

cal *f. lime*

calabozo *cell; prison*

calabrote *m. cable*

calado *openwork*

calambre *m. cramp*

calamidad *calamity*

calar *to put on; to pull down;* —se *to sneak into, to slip into*

calavera *skull*

calcar *to trace*

calcetín *m. sock*

calentar *to warm, to heat*

calentura *warmth; fever*

calidad *quality*

cálido *warm, hot*

caliente *warm; hot*

calificativo *adjective*

caliginoso *dark*

cáliz *m. calyx (bot.)*

calma *calm, tranquillity*

calmarse *to calm oneself*

calor *m. heat, warmth;* tener — *to be hot;* hacer — *to be warm (weather)*

calva *bald head*

calvo *bald*

calzado *shod*

calzar *to put on (shoes, etc.)*

calzonazos *big breeches*

callado *reticent, quiet, silent*

callar(se) *to keep silent; to stop talking;* — la boca *to shut up*

calle *f. street*

calleja *lane, small street*

callejón *m. lane, street, alley*

callejuela *small street*

cama *bed*

camarada *m. or f. comrade, friend*

cámara *chamber; room*

camarilla *coterie, clique; small room*

cambiante *changing*

cambiar *to change*

cambio *change;* en — *on the other hand*

cambronera *boxthorn (bot.)*

caminar *to advance, move along; to walk; to travel*

caminata *excursion*

caminero *traveling; walking*

camino *road, way;* — de *on the way to;* ponerse en — *to start; set off*

camisa *shirt; chemise*

camisero *shirt maker*

camiseta *undershirt*

campana *bell*

campanada *ringing of bells*

campanario *bell-tower, steeple*

campear *to be prominent; to display*

campeche *m. log-wood*

campesino, -a *rustic, rural; n. countryman (-woman), farmer*

campo *country; countryside; field;* a — traviesa *cross-country*

camposanto *cemetery*

canalón *m. gutter*

canalla *wretch, despicable person*

canallesco *vile*

canapé *m. couch*

canción *song, ballad*

cancionero *collection of songs or poems*

candelabro *candelabrum*

cándido *white, snowy; guileless*

candil *m. oil lamp*

candor *m. innocence, candor*

cangrejo *crab*

cano *gray-haired; white*
canon *m. rule, precept*
canónigo *canon, clergyman*
canoso *gray-haired, gray*
cansado *tired; tedious, tiresome; bored*
cansancio *fatigue*
cansino *worn out; tired*
cantar *to sing; to exalt; n. m. song*
cantarín, -ina *singing; sing-song*
cántaro *pitcher; a wine measure*
cante (jondo) *m. the "deep song," typically Andalusian*
cantidad *quantity*
cantimplora *jug*
canto *chant, song; stone*
canturrear *to hum*
caña *cane; stalk; — de Indias rattan cane*
cañamazo *canvas (for embroidery)*
cañón *m. barrel (of a gun)*
caótico *chaotic*
capa *cloak, cape*
capacidad *capacity*
capaz *capable*
capea *a pass with the cape (in bullfights); amateur free-for-all bullfight*
capellán *m. chaplain*
capellanía *chaplaincy*
capilar *capillary*
capilla *chapel; death house; en — in the death house*
capital *f. capital city*
capitalista *m. capitalist*
capitán *captain*
capitolino *Capitoline*
capotillo *cape*
Capricornio *Capricorn (tenth sign of the Zodiac into which the sun enters at the winter solstice, about December 22)*
capricho *whim, fancy, caprice*
captar *to attract; to win*
capturar *to capture*
cara *face; de — facing, opposite*
carabinero *revenue guard*
caracol *m. snail*
carácter *m. character*
caramba *gosh! Heavens!; ¡Qué —! What the devil!*
caravana *caravan*
carbón *m. coal, carbon*

carbonero *coal dealer*
carbuncoso *carbuncular*
carcajada *outburst of laughter; (reír) a —s (to laugh) heartily*
cárcel *f. prison, jail*
carcomer *to gnaw; to destroy*
cardinal *adj. cardinal; main*
carecer (de) *to lack*
carestía *high price, dearness*
careta *mask*
carga *load, burden; attack, charge*
cargado *loaded, full*
cargar *to charge; to load; to carry; —se to become annoyed; — con to pick up*
cargo *position, job, charge; hacerse — to realize*
cariátide *f. caryatid (in architecture, a draped female figure supporting an entablature)*
caricia *caress*
caridad *f. charity*
cariedón *m. weevil (type of beetle)*
cariño *affection, love*
cariñoso *affectionate*
cariz *m. aspect*
carmesí *adj. & n. m. crimson*
carnal *related by blood; carnal, of the flesh*
carnario *lamb (obs.)*
carnaval *m. carnival*
carne *f. flesh; meat*
carnero *sheep*
carnicero *butcher*
carnívoro *carnivorous*
caro *expensive*
carpeta *table-cover; portfolio, file; writing desk; (coll.) money-bag*
carpintero *carpenter*
carrañaca *noise-maker (with ratchet)*
carraspear *to clear one's throat*
carraspeo *hoarseness*
carrera *career; course of study*
carretera *road, highway*
carril *m. track*
carrizo *reed grass*
carro *cart*
carta *letter*
cartilla *primer*
casa *house; — de campo country house; en — at home; en — de at*

the home of; una — de verdad *a real house;* (ir) a — (*to go*) *home*

casamiento *marriage, wedding*

casar *to marry;* —se *to marry, get married;* —se con *to marry (someone)*

cascabeleo *jingling of bells*

cascada *waterfall, cascade*

cascajoso *gravelly (voiced); decrepit*

casco *skull; crown (of a hat); helmet*

casero, -a *domestic; n. landlord (lady); caretaker*

caserón *m. aug. big house*

casi *almost*

casida *short, rhymed, fixed verse form in Arabic poetry*

casino *casino, clubhouse*

caso *case;* al — *to the point;* hacer — de *to take notice of, to pay attention*

casta *race, breed, caste;* de — *thoroughbred*

castellano *Castilian, Spanish, n. Castilian, Spaniard*

casticismo *traditionalism*

castidad *chastity*

castigar *to punish*

castigo *punishment*

Castilla *Castile*

castillo *castle*

castizo *pure-blooded; traditional, pure*

casto *chaste*

casualidad *chance*

casuístico *casuistical*

catacumba *catacomb*

catarro *cold*

catástrofe *f. catastrophe*

catecismo *catechism*

cátedra *professorship*

catedral *f. cathedral*

catedralicio *adj. cathedral*

catedrático *professor*

catequizar *to catechize*

católico *Catholic*

catón *m. reading book for children, primer*

caudal *m. volume (of water); fortune*

caudillo *leader*

causa *cause; lawsuit;* a — de *because of*

causar *to cause; to produce*

cautela *care*

cautivar *to captivate, charm*

caverna *cavern, cave*

cavilar *to ponder, think over carefully*

caza *hunting; hunt, game;* a — de *in search of;* ir de — *to go hunting;* — mayor *big game hunting*

cazador *m. hunter*

cazar *to hunt; to catch*

cazo *copper saucepan; ladle*

cebra *zebra*

cedazo *sieve, strainer*

ceder *to yield, give in; to give way*

cedro *cedar*

ceja *eyebrow*

cejar *to relax, slacken*

cejijunto *frowning*

celada *helmet without visor*

celar *to conceal, cover*

celda *cell*

celebrante *celebrant (officiating priest)*

celebrar *to approve, praise, applaud*

celeste *celestial;* azul — *sky blue*

celestial *heavenly*

celo *zeal; heat;* andar en — *to be in heat*

celos *jealousy;* (tener) celos (*to be*) *jealous*

celoso *jealous*

célula *cell*

cementerio *cemetery*

cena *supper*

cenar *to dine*

cenestesia *cœnesthesia (general mass of sensation; vital sense)*

cenicero *ash tray*

cenital *at the zenith (excruciating)*

centella *lightning, thunderbolt*

centellear *to sparkle, to glitter*

centenario *centenary, aged*

centro *center; middle; downtown; club*

centuria *century*

ceñir *to gird; to surround*

ceño *frown*

cepa *vinestock, stub; family origin*

cepillado *brushed*

cepillo *brush*

cera *wax*

cerca *near, close;* — de *about, nearly; near;* de — *at close range*

cercano *nearby, neighboring*

cercar *to surround; to hem in; to crowd about*

cerdo *hog*

cerdoso *bristly*

cerebral *cerebral*

cerebro *brain*

ceremonioso *ceremonious, formal*

cerero *wax chandler*

cerilla *match; grain*

cero *zero*

cerveza *beer*

cerrar *to close*

cerro *hill*

certero *skillful, sure*

certidumbre *f. certainty*

cesar *to cease, stop;* sin — *incessantly*

César *(Julius) Caesar; emperor*

césped *m. turf, grass*

cesta *basket*

cesto *basket*

ciclo *cycle*

ciego, -a *blind;* a ciegas *blindly; n. blind person*

cielo *sky; heaven*

ciencia *science; knowledge*

científico, -a *scientific; n. scientist*

cierto *certain, sure, true;* por — *of course*

cierzo *cold northerly wind;* — de hostigo *(the lash of) cold northerly wind*

cifra *figure, number*

cigarillo *cigarette*

cigüeña *white stork, crane*

cima *top, summit, peak*

cinamomo *cinnamon tree*

cincuentón, -ona *fifty-year-old person*

cine *m. movies*

cinegético *pertaining to the hunt; cynegetic*

cínico *cynical, barefaced*

cinta *ribbon, tape*

cintura *waist*

ciprés *m. cypress tree*

circo *circus*

círculo *circle*

circunloquio *circumlocution, beating about the bush*

circunstancia *circumstance;* en tal — *in that case*

cirio *wax taper*

cisne *m. swan*

cisterciense *Cistercian (monk)*

cita *appointment; rendezvous*

citar *to have an appointment; to summon*

ciudad *city*

ciudadano, -a *citizen*

civilizado *civilized*

clamar *to shout, cry out*

clamor *m. tolling of bells*

clan *m. clan*

clandestino *secret, clandestine*

clarearse *to give oneself away*

claridad *light, brightness, clarity*

clarín *m. bugle*

claro *clear; bright; naïve; n. interval, lacuna; clearing;* pasar la noche en — *not to sleep a wink;* claro (es —) *of course*

claror *m. (sometimes f.) light, radiance*

clase *f. class; kind*

clásico *classical*

claudicante *limping*

claustro *cloister*

clavar *to stick in, drive in; to pierce; to nail*

clave *f. key*

clavel *m. carnation*

clavellina *carnation*

clavetear *to nail*

clavo *nail*

clérigo *clergyman*

cloro *chlorine*

cloroformo *chloroform*

cobijarse *to take refuge*

cobrar *to regain, recover*

cobre *m. copper;* batir el — *to work with energy, to "hustle"*

cocina *kitchen;* — de campana *fireplace with a hood*

cocinero, -a *cook*

cocinilla *small kitchen; cooking stove*

cocodrilo *crocodile*

coche *m. carriage, coach; car*

código   code
codo   elbow
cofia   hair net
cofre m.   trunk; case; coffer
coger   to catch; to seize, grasp, take hold of; to get; to take (a vehicle)
cogida   goring
cogido   holding on
cogollo   innermost part
coincidir   to coincide
cojer   (see coger)
cojera   lameness, limp
cojín m.   cushion, pad
cojo   lame
cola   tail; end, tip
colaborador m.   collaborator
colaborar   to collaborate
colchón m.   mattress
colegial m.   schoolboy
colegiala   schoolgirl
colegio   school
colegir   to deduce, conclude
cólera   anger, rage
colgante   hanging
colgar   to hang
colilla   stub (of cigarette)
colina   hill
colindante   adjacent
Coliseo   Colosseum
colmar   to fill to the brim
colmena   beehive
colocación   position, job, employment
colocar   to place; to situate; to arrange
coloquio   talk
color m.   color; de — colored; perder el — to become pale
colorado   red
colorín m.   linnet
columbrar   to perceive; to discern at a distance
columpiar   to swing
collado   hillock, small hill
collar m.   necklace
coma   comma
comadrería   old wives' tale
comadrona   midwife
comandante m.   commander
comarca   region, vicinity
comba   bend bulge; festoon
combate m.   fight, struggle

combatir   to fight
comedia   comedy; play
comedor m.   dining room
comentar   to comment
comentario   commentary
comenzar   to begin
comer   to eat, dine; —se to eat up; dar de — to feed
comercio   communication; intercourse; business, commerce
cometer   to commit
comezón f.   itch; longing desire
comicidad   funniness
cómico   funny
comida   dinner; meal; food
comienzo   beginning
comisario   deputy; officer
comisura   corner
como   like, as; if; — si as if
¿cómo?   how?, why?, what?
cómodo   comfortable
compadecerse   to agree with eacl other
compadre m.   companion, old chaf, friend; co-godfather
compaña   family; company
compañero, -a   companion, friend
compañía   company
comparable   comparable
comparar   to compare
comparecer   to appear
compartir   to share; to divide into equal parts
compás n.   rhythm; (llevar) el — (to beat) time
compasión   compassion
compasivo   compassionate, sympathetic
compendio   compendium
competidor m.   competitor
competir   to compete
complacer   to please; —se (en) to take pleasure (in)
complejo   complex
completo   complete, entire; por — entirely
complicación   complication
cómplice   accomplice
componenda   misconstruction
componer   to compose; to prepare; to fix
comportamiento   behavior

comportarse *to behave*
compra *shopping; purchase*
comprar *to buy*
comprender *to understand*
comprensión *comprehension, understanding*
comprimir *to compress*
comprobar *to confirm, verify; to prove, to find out; to realize*
compuesto *arranged*
comulgar *to take communion*
común *common, ordinary; n. m.* — de las gentes *the general public*
comunicar *to communicate*
comunidad *community*
comunión *communion; fellowship*
con *with*
concebir *to conceive*
conceder *to grant*
concentrar *to concentrate*
conceptismo *conceptism; free and witty play of ideas*
concepto *concept, thought, idea*
concertar *to arrange; to agree on*
conciencia *conscience; consciousness, awareness;* a — *thoroughly, conscientiously*
conciente *aware*
concienzudo *conscientious, thorough*
conciliador *conciliatory*
concluir *to conclude, finish, end*
concordante *harmonious*
concretar *to make concise; to resume; to combine; to unite; to harmonize;* —se *to limit oneself*
concreto *concrete*
concurrente *m. guest; competitor, rival*
concurrido *frequented; crowded*
concurso *contest, competition*
concha *shell; tortoise shell*
concho *shell*
condena *sentence*
condenado *damned; confounded; condemned*
condenar *to condemn; to damn*
condesa *countess*
condición *condition; disposition, temper; quality; predicament; situation;* a — que *on condition that*

condiscípulo *fellow-student*
conducir *to lead, take, conduct;* —se *to behave, act*
conejo *rabbit*
confección *handwork; ready-made article*
conferencia *lecture*
conferenciante *m. lecturer*
confesar *to confess;* —se *to make a confession*
confesión *confession*
confesonario *confessional*
confiado *confident, trusting; arrogant*
confianza *confidence; familiarity;* tener — *to be on intimate terms*
confiar *to rely (on), to trust (in)· to confide, entrust*
confidencia *confidence, secret;* hacer —s *to tell secrets*
confidencial *confidential*
confidente *n. confident, intimate*
confín *m. limit, boundary, border*
conflicto *conflict*
confluencia *confluence (act of flowing together; junction)*
conformación *conformation, configuration*
conformarse *to resign oneself*
conforme *adj. suitable;* — a *consistent with; according to; adv. in agreement, according to; as, in the measure that*
conformidad *agreement*
confortante *comforting, soothing*
confrontación *comparison*
confrontar *to compare*
confundir *to confuse, to mistake;* —se *to be mixed up, to become ashamed*
confusión *confusion*
confuso *confused; ashamed*
congénito *congenital, innate*
congoja *grief, sorrow, anguish*
conjetura *conjecture, surmise*
conjuntamente *jointly; all together*
conjunto *united, connected;* de — *as a whole; n. m. whole, entirety, aggregate*
conjuro *conjuration, incantation; appeal*

conmoción *flurry, commotion; excitement*
conmovedor, -a *touching; sad*
conmover *to move, to touch, to stir*
conmovido *moved, stirred*
cono *vat*
conocer *to know, to be acquainted with, to meet (for the first time);* dar a — *to make known*
conocido, -a *acquaintance*
conocimiento *knowledge*
conquista *conquest*
conquistador *m. conqueror*
conquistar *to conquer, win*
consagrado *consecrated, sacred*
consecuencia *consequence, result, connection;* por — *therefore*
conseguir *to attain; to get, obtain; to succeed (in doing something), to achieve*
consejo *advice*
consentir *to allow, permit*
conserva *preserve*
conservar *to preserve, keep, conserve*
considerar *to consider; to think over*
consignar *to state in writing; to consign*
consigo *with himself, herself, yourself (-ves), themselves*
consistir *to consist*
consola *console table*
consolador, -a *consoling*
consolar *to console*
consonancia *harmony; conformity*
conspirador, -a *conspirator*
conspirar *to conspire, plot*
constante *constant*
constar *to state; to appear; to be evident*
consternar *to strike with horror*
constituir *to constitute*
constitutivamente *by nature*
construir *to build*
consuelo *consolation, comfort;* sin — *disconsolately*
consultar *to consult*
consumir *to consume; to exhaust, wear out*
contabilidad *accounting, bookkeeping*

contagiar *to infect*
contaminar *to contaminate*
contar *to tell, relate; to count;* — con *to depend on, count upon; to consider; to reckon with*
contemplar *to contemplate, view*
contención *contention, emulation; strife*
contener *to contain, restrain, to control*
contentamiento *contentment*
contentarse *to be satisfied*
contento *happy, pleased, content; n. m. contentment*
contera *shoe (of cane, umbrella, etc.)*
contestar *to answer*
continente *m. continent; countenance; extent*
contingente *contingent*
continuamente *constantly, continually*
continuar *to continue; to remain*
continuo *continual;* de — *constantly*
contorno *environs, vicinity, surroundings, region; contour, outlines*
contra *against*
contrabandista *m. smuggler*
contradecir *to contradict*
contraer *to contract; to acquire*
contraponer *to contrast*
contraposición *contrast*
contrapuesto *opposed*
contrariedad *disappointment; displeasure, annoyance*
contrario *contrary, opposite;* por el — *on the contrary;* al — *on the contrary*
contraste *m. contrast*
contratar *to make a deal; to engage*
contrayente *contracting party (in betrothal)*
contribución *tax*
contundente *forceful*
convecino *neighbor*
convencer *to convince;* —se *to become convinced*
convencimiento *conviction*
convencionalismo *conventionality*

conveniente *convenient; proper, suitable*

conveniencia *advisability; importance*

convenir *to suit; to be fitting*

conventículo *assembly (illegal and secret)*

convento *convent, monastery*

converger, convergir *to converge*

conversación *conversation*

conversar *to converse*

convertir *to change; to convert;* —se en *to turn into*

convidar *to invite*

conyugal *conjugal*

copa *goblet, wineglass; crown (of hat); top (of tree);* sombrero de — *high (silk) hat*

copiar *to copy*

copioso *copious, abundant*

copla *couplet, ballad*

coplero *composer of popular songs; bad poet*

cópula *joining, coupling*

coral *m. coral*

coraza *armor; shell*

corazón *m. heart*

corbata *tie*

corcel *m. charger*

corcovado *humpbacked*

cordero *lamb*

cordialidad *cordiality*

cordón *m. cord; lace*

corneja *crow*

córneo *horny*

corneta *cornet*

cornucopia *pier glass, wall mirror with candlesticks*

coro *chorus, choir;* a — *in chorus*

corolario *corollary*

corona *crown; garland*

coronamiento *end of a work*

coronar *to crown*

corpiño *bodice, waist (of dress)*

corpulento *corpulent, fat*

corral *m. yard, corral*

corrección *correction, correctness*

correcto *correct, right*

corredor *m. corridor*

corregir *to correct*

correo *post office*

correr *to run; to go on; to go over*

correspondencia *correspondence, relation*

corresponder *to belong; to correspond*

corretear *to run about*

corrida de toros *bullfight*

corriente *f. current*

corroborar *to corroborate, confirm*

corromper *to corrupt; mar*

corrupción *corruption*

cortado *confused, embarrassed, abashed*

cortar *to cut, cut down; to dilute; to pick*

corte *f. (royal) court; Madrid*

cortes *f. pl. parliament*

cortés *polite*

cortesanía *courtesy, politeness*

corteza *bark (of a tree)*

cortina *curtain*

cortinaje *m. curtains, hangings*

corto *short, brief, slight, small;* corta edad *youth*

corvo *curved*

cosecha *crop*

coser *to sew*

cosmética *cosmetics*

cosmético *cosmetic*

cósmico *cosmic*

cosquilleo *tickling sensation*

costa *cost; coast; limit; shore;* a toda — *at any price*

costado *side*

costal *m. sack, large bag*

costar *to cost;* me ha costado mucho *it was very hard for me;* (les) cuesta mucho trabajo *it's very hard for them*

costra *crust, shell*

costumbre *f. custom; habit;* como de — *as usual;* de — *customary*

cotidiano *daily, every-day*

cotizar *to set a value upon; to quote a price*

coz *f. kick;* dar coces *to kick*

cráneo *skull*

cráter *m. crater*

creación *creation, creativity*

creador *m. creator*

crear *to create*

crecer *to grow*

crecido *important; arrogant*

creciente *increasing*
crecimiento *growth*
credo *creed*
creencia *belief*
creer *to believe; to think*
crencha *parting of the hair into two parts; each of these two parts*
crepitación *crackling*
crepitar *to crackle*
crepúsculo *twilight; dusk; dawn; morning*
cresta *crest*
creyente *believer*
cría *breeding; brood of animals, litter; child; nursing*
criado, -a *servant*
criador *creator*
crianza *nursing*
criar *to raise, rear;* se crió *he grew up*
criatura *creature; being; baby*
crimen *m. crime*
criminal *adj. & n. criminal*
crin *f. mane; horsehair*
crío *infant, baby, child*
crisis *f. crisis*
crispado *twitching, convulsed*
cristal *m. crystal; glass; window pane*
cristalino *crystal-clear*
cristianar *to christen*
cristianismo *Christianity*
cristiano, -a *Christian*
Cristo *Jesus Christ; image of Christ crucified*
criterio *judgment, criterion*
crítica *criticism*
criticar *to criticize*
criticismo *critical spirit*
crónica *chronicle*
crucifijo *crucifix*
crudo *rough*
crueldad *cruelty*
crujido *rustle; crackling*
crujir *to creak; to rustle*
cruz *f. cross;* en — *crossing each other*
cruzado *crusader, knight*
cruzar *to cross*
cuadra *stable*
cuadrar *to fit; to suit*
cuadrícula *quadrant*

cuadrilla *gang; party; crew*
cuadro *square; picture;* a —s *with checks*
cuajar *to overdecorate, ornament*
cual *which, who;* el —, la — *which, who;* — si *as if*
¿cuál? *which one? what?*
cualidad *quality*
cualquier(a) *adj. any; pron. any one, some one*
cuan (*contr. of* cuanto) *as, how;* erguirse — alto era *to rise to his full height*
cuando *when; if;* de — en — *from time to time;* — menos *at least*
¿cuándo? *when?*
cuanto *all the, as much as, all that;* en — *in so far as, as soon as;* en — a *as for;* (unos, -as) cuantos, -as *some*
¿cuánto? *how much?; pl. how many?*
cuartel *m. barracks; quarters; quartering (on a shield)*
cuartilla *sheet of paper*
cuarto *room; quarter; denomination of money (penny)*
cuartucho *small, miserable room*
cuba *tub, pail*
cubierta *cover*
cubierto (*p.p. of* cubrir) *covered; n. m. table setting or service for one*
cubo *tub*
cubrir *to cover*
cucamonas *f. pl. soft words of endearment*
cucar *to crack open, split*
cuchara *spoon*
cuchilla *knife, cleaver*
cuchillo *knife*
cuello *collar; neck*
cuenta *bill, account; bead;* dar — *to answer; to give an account;* darse — de *to realize;* caer en la — *to see (understand);* por su propia — *on his own, by himself;* a fin de —s *after all;* hacer — *to imagine;* tener en — *to keep in mind*
cuento *story;* venir a — *to be to the point; to be pertinent*
cuerda *cord, string; number of galley-slaves tied together*

cuerdo   *sane; sensible*
cuerno   *horn*
cuero   *leather;* en —s   *naked*
cuerpo   *body; build;* tomar —   *to be embodied*
cuervo   *crow*
cuesta   *slope;* en —   *sloping;* a —s   *on one's shoulders*
cuestión   *question; matter*
cueto   *rocky peak*
cueva   *cave, cellar*
cuidado   *care; anxiety; attention;* tener —   *to be careful, take care;* (no tener) cuidado   *not to worry*
cuidadoso   *careful*
cuidar   *to care for, look after;* —se de   *to be on guard against*
culebrear   *to wriggle; to insinuate itself*
culminante   *culminating*
culo   *backside, bottom*
culpa   *blame, fault;* tener la —   *to be to blame;* echar la —   *to blame*
culpable   *guilty*
cultivar   *to cultivate*
cultivo   *cultivation*
culto   *cultured, civilized, educated, refined*
culto   *worship, cult; homage*
culturalista *m.*   *culturalist*
cumbre *f.*   *top, peak, summit*
cumpleaños *m.*   *birthday*
cumplir   *to obey; to fulfill; to carry out;* — años   *to reach one's birthday*
cúmulo   *accumulation*
cuñada   *sister-in-law*
cuñado   *brother-in-law*
cúpula   *cupola, dome*
cura *m.*   *parish priest*
curandero   *one who cures, quack*
curar   *to cure*
curato   *parish*
curiosidad   *curiosity*
curioso   *curious, inquisitive*
cursi   *commonplace, vulgar, ordinary, in bad taste*
cursilería   *bad taste*
curso   *course*
curva   *curve*
cutis *m.*   *skin, complexion*
cuyo   *whose, of which*

CH

chacal *m.*   *jackal*
chafandín *m.*   *pompous empty-head*
chalán *m.*   *horsedealer*
chaleco   *vest*
champaña   *champagne*
chancla   *old shoe*
chaparrón *m.*   *shower, downpour*
charlar   *to chat, converse*
charlotear   *to chat; to prattle*
chasquido   *crack, cracking sound*
chato   *snub-nosed*
chica *n.*   *girl; child*
chico   *small; n. boy; child*
chichón *m.*   *bump, bruise*
chifladura   *whim; mania*
chillón, -ona   *loud, showy*
chino, -a *adj. & n.*   *Chinese*
chiquito   *very small, tiny*
chirriante   *shrill*
chisme *m.*   *gossip*
chispa   *spark, glimmer*
chisporrotear   *to sputter*
chisss   *sh-h-h*
chiste *m.*   *joke*
¡chitón!   *not a word!*
chocar   *to surprise; to shock; to displease*
chocolate *m.*   *chocolate*
chocho   *senile*
choque *m.*   *clash, collision*
chorizo   *sausage*
chorro   *spurt, jet, stream*
choza   *hovel, hut*
chuleta   *chop; cutlet*
chulo   *ruffian, rake*
chupador *m.*   *one who sucks, sucker*
chupar   *to suck;* —se los dedos   *to be overjoyed*

D

daguerrotipo   *daguerreotype (early type of photograph)*
dama   *lady*
damas   *checkers*
damasco   *damask*
damisela   *young woman*
danzadera   *dancing girl*
dañino   *harmful*

daño *harm*

dar *to give, give away; to yield; to
ring, strike (the hour)*; dar a *to
face, overlook, open on*; dado a
given to; dado que *assuming that*;
dando las buenas noches *saying
good night*; — con *to strike; to
come upon*; — la mano *to shake
hands*; —se cuenta *to realize, be
aware of*; — por *to consider*; — en
to issue in; le dió por *he took it
into his head*

datos *data, information*

de *of, from, by, to*

debajo *beneath, underneath*; — de
under

deber *must, ought, have to; owe*;
n. m. *duty*

debido *due*

débil *weak, feeble*

debilidad *weakness*

decadencia *decadence*

decaer *to decay; to fade; to deteriorate; to weaken; to fail*

decaimiento *decline, weakness*

decantar *to exalt, praise; to instil*

decencia *decency*

decente *decent*

decepción *disappointment, disillusionment*

decidido *decided, resolute, firm*

decidir *to decide*; —se *to make up
one's mind, decide*

décimo *tenth*

decir *to say, tell*; — bien *to be
right*; —se *to be called*; es — *that
is to say*

decir m. *opinion*

decisión *determination, decision*

decisivo *decisive*

declarar *to declare; to acknowledge*

declinación *decline*

decoración *decoration*

decorado *décor, decoration*

decoro *decorum*

decoroso *decorous, proper; dignified*

dedicar *to dedicate, devote*; —se a
to devote oneself to; to specialize in

dedo *finger*

deducir *to deduce*

defectuoso *defective*

defender *to defend, protect*

defensa *defense*

deficiente *deficient, faulty*

definir *to define; to establish*

definitivo *definitive*

deformarse *to become deformed*

deforme *deformed, disfigured, mis-
shapen*

defraudar *to defraud, to rob of*

dehesa *pasture ground*

dejar *to let, allow; to leave, abandon*; — de *to stop, cease; to fail
to*; — paso *to leave the way open*;
— a salvo *to exempt*

delante *before, ahead, in front*;
— de *in front of*; hacia — *forward*

delatar *to betray; to point out, to
show, to accuse*

delator, -a *betrayer*

delegación *delegation*

delegado *delegate; agent*

deleite m. *pleasure*

deletrear *to spell; to read by spelling*

deleznable *fragile*

delfín m. *dolphin*

delgadez f. *slenderness*

delgado *thin*

delicadeza *delicacy, refinement;
subtlety; tact*

delicado *delicate*

delicia *delight*

delicioso *delightful*

delirante *delirious; mad*

delito *offense; crime*

demagogo *demagogue*

demandar *to demand; to ask*

demarcación *demarcation*

demás *other(s), remaining, rest*;
por — *too much*; por lo — *aside
from this*

demasiado *too; too much, pl. too
many*

demencia *insanity*

demente *demented, insane*

demonio *devil*; ¿Qué —s? *What the
devil!*

demostrar *to demonstrate, show,
prove*

denegrido *blackened*

denominar *to call*

denostador, -a *reviler, vilifier*

denotar   *to indicate; to express; to exhibit*

denso   *dense*

dentadura   *set of teeth*

dentífrico   *dentifrice*

dentro   *within, in, inside;* por — *on the inside, within*

departamento   *compartment*

dependencia   *outbuilding; dependency*

dependiente *m. clerk*

depilarse las cejas   *to pluck one's eyebrows*

depositar   *to deposit*

depósito   *depository, warehouse; trust*

deprimente   *depressing*

deprimirse   *to become depressed*

depurado   *refined*

derecha   *right (side)*

derecho   *straight; right, direct; n. m. right, privilege; law;* tener — (a)   *to have the right (to)*

derivar   *to derive*

derramar   *to spill; to shed*

(en) derredor   *around, about*

derribar   *to throw (knock, tear) down*

derrochado   *wasteful*

derrochar   *to squander*

derrota   *defeat*

derrotado   *defeated, discouraged*

derrotar   *to defeat*

derruir   *to pull down*

desabrigado   *without shelter, uncovered*

desabrimiento   *disagreeableness; rudeness*

desabrochar   *to unfasten, untie*

desacompañar   *to leave the company of; to shun, avoid*

desacreditar   *to discredit*

desacuerdo   *disagreement*

desaferrar   *to unfasten; to loosen one's hold; to disengage oneself*

desafiante   *daring, challenging*

desafiar   *to defy*

desafío   *challenge; duel*

desaforado   *disorderly; outrageous; huge, rowdy, loud*

desagradable   *disagreeable*

desagradar   *to displease*

desagrado   *displeasure*

desahogarse   *to pour forth one's feelings, "let off steam"; to unburden oneself*

desahuciado   *despaired of*

desahuciar   *to throw out; to dispossess*

desaliento   *discouragement; slackness*

desalmado   *inhuman, merciless*

desalojar   *to evict, oust; to dislodge*

desamparo   *helplessness*

desangrarse   *to lose blood*

desaparecer   *to disappear*

desapoderado   *impetuous; unruly*

desarrollarse   *to develop; to unfold*

desasirse   *to disengage oneself; to let go*

desasosiego   *restlessness, uneasiness; anxiety*

desatar   *to loosen*

desavenido   *discordant*

desayuno   *breakfast*

desazonado   *peevish, ill-tempered; indisposed*

desbordante   *overflowing*

desbravar   *to tame;* sin — *unbroken*

descalificado   *disqualified*

descansar   *to rest*

descanso   *rest*

descarado   *fresh, impudent; shameless*

descarnado   *bare*

descaro   *impudence, sauciness*

descarriar   *to lead astray;* no va descarriado   *he is not off the track*

descendencia   *offspring, progeny; descent*

descender   *to descend*

descendimiento   *descent*

descocado   *impertinent, saucy*

descolgar   *to take down*

descollar   *to stand out*

descomponer   *to disarrange; to unsettle, upset; to spoil, to break*

descomposición   *decomposition, decay*

desconcertar   *to disconcert*

desconcierto   *confusion*

desconchadura   *scaling, peeling*

desconfianza   *mistrust*

desconfiar   *to distrust*

desconocer *not to know, to be ignorant (of)*

desconocido, -a *unknown; n. stranger*

desconsuelo *disconsolation, disconsolateness, affliction*

descubierto *(p.p. of* descubrir*) discovered; uncovered*

descubrimiento *discovery*

descubrir *to discover, find (out); to uncover;* —se *to remove one's hat*

descuidar *to neglect*

desde *from; since;* — hace mucho tiempo *for a long time;* — luego *of course*

desdén m. *disdain, scorn, contempt*

desdentado *toothless*

desdeñar *to scorn*

desdeñoso *disdainful, scornful*

desdicha *misfortune*

desdichado *unfortunate*

desdoblar *to unfold; to increase*

desecar *to dry up*

desechar *to reject; to throw out; to renounce*

desecho *waste*

desembocar *to flow (into); to end (at)*

desencadenar *to unchain, unleash*

desenvoltura *impudence, boldness*

desenvolver *to develop; to unfold*

deseo *desire, wish*

desequilibrar *to upset*

desesperación *desperation, despair*

desesperado *desperate;* a la desesperada *desperately*

desesperanza *desperation*

desestimar *to condemn*

desfallecer *to weaken, grow weak; to faint*

desfallecimiento *swoon, languor*

desfilar *to march*

desganado *without appetite*

desgarrador, -a *heart-rending*

desgarramiento *rending asunder*

desgarrar *to tear; to rend asunder*

desgastar *to wear away*

desgonciado *dislocated, out of joint*

desgracia *misfortune;* por — *unfortunately*

desgraciado, -a *unfortunate; n. wretch, unfortunate person*

desgranar *to thresh, shake out (grain); scatter about*

desguarnido *unadorned, clear*

deshabitado *uninhabited*

deshecho *(p.p. of* deshacer*) undone*

deshonra *disgrace*

deshumanización *dehumanization*

desierto *deserted, uninhabited*

desierto *desert*

designio *design, plan*

desimetría *lack of symmetry*

deslizar *to slip, slide;* —se *to glide (by), to slip; to skim*

deslomar *to break the back of*

deslumbrar *to dazzle*

desmantelar *to dismantle; to abandon, forsake*

desmayarse *to faint*

desmedido *excessive*

desmerecer *to deteriorate; to lose worth*

desmonte m. *clearing*

desmoronar *to decay; to crumble*

desnivel m. *unevenness; lack of coordination*

desnucarse *to break one's neck*

desnudar *to undress; to strip*

desnudo, -a *naked, stripped; n. nude*

desobedecer *to disobey*

desocupado *vacant*

desolación *grief, desolation*

desolado *disconsolate, desolate*

desorden m. *disorder*

despacio adv. *slowly*

despachar *to dispatch; to dispose of; to conclude, to expedite; to hurry; to wait on customers*

despacho *office, study; living room*

desparramar *to spread, scatter*

despechado *desperate; spiteful, grudging*

despectivo *contemptuous*

despedida *farewell, good-by*

despedir *to dismiss, send away; to throw off; to give over; to emit; to dart; to see a person off;* —se *to take leave, say good-by*

despego *aversion; antipathy, dislike*

despeinado *disheveled, uncombed*

despejar *to clear up; to empty*

despensa *pantry; food*

desperdiciar *to waste*

despertador *m. alarm clock; awakener*

despertar *to awaken;* —se *to wake up*

despierto *awake, lively*

desplazar *to displace*

desplegar *to unfold;* no — los labios *not to say a word*

desposada *bride*

desposado *groom*

déspota *m. despot, tyrant*

despótico *despotic*

despreciar *to scorn, despise*

desprecio *scorn, disdain, contempt*

desprender *to unfasten, loose;* —se *to fall down; to be detached from; to come out*

despreocupación *open-mindedness; unconventionality*

desprestigiar *to bring into disrepute*

desproporcionado *disproportionate*

después *after, afterwards; later; then*

destacar(se) *to stand out; to bring fame to*

destartalado *disordered; badly furnished; broken-down, shabby*

destemplado *harsh*

desterrado *exile, outcast*

destilar *to fall in drops; to distil*

destinar *to designate, to assign*

destino *destiny*

destronamiento *dethronement*

destrucción *destruction*

destruir *to destroy*

desván *m. attic, garret*

desvanecerse *to vanish; to evaporate*

desvariar *to rave, rant*

desventura *misadventure; misfortune*

desvergonzado *shameless*

desvergüenza *effrontery; shamelessness*

desviación *deviation*

desviar *to deflect, turn away; to deviate;* — la mirada *to look away*

desvío *coldness; displeasure*

desvirtuar *to alter*

detalle *m. detail*

detener *to stop, detain; to arrest; to hold back,* —se *to stop*

determinado *given, specific*

determinar *to determine*

detrás (de) *behind, after;* por — *from behind; behind one's back*

deuda *debt*

deudo *relative*

devaneo *dissipation; frenzy*

devorar *to devour, gobble*

devoto, -a *devout, pious; n. pious person*

día *m. day;* el mejor — *some fine day*

diablejo *imp*

diablo *devil*

diabólico *diabolical, satanic*

diaconisa *deaconess*

diagnóstico *diagnosis*

dialogador *chatting*

diamante *m. diamond*

diario *daily;* a — *daily*

diario *daily newspaper; diary*

diatriba *diatribe*

dibujar *to draw, sketch*

dictar *to dictate; to hand down (a verdict)*

dicho (*p.p.* of decir) *said, told;* mejor — *rather; n. saying*

dichoso *lucky, fortunate*

diente *m. tooth;* hablar entre —s *to mutter*

diestro *adept; right;* la diestra *the right hand*

diezmar *to decimate*

diferenciación *differentiation*

diferente *different*

difícil *difficult*

dificultad *difficulty*

dificultosamente *with difficulty*

difunto, -a *deceased, dead; n. corpse*

difuso *diffuse, extensive*

digerir *to digest; to put up with*

dignarse *to condescend, deign*

digno *worthy*

dilatado *large, vast*

dilatar *to lengthen, prolong*

dilecto *loved, beloved*

dilema *m. dilemma*

diligencia *stage-coach, carriage*

diligente *diligent, industrious*

diminuto *diminutive, very small*

dimisión *resignation*
dinamismo *dynamism*
dinero *money*
diócesis *f. diocese*
Dios *God;* ¡Vive Dios! *by heaven!;*
¡por —! *for heaven's sake*
dios *m. god*
diosa *goddess*
dique *m. dike, dam*
dirección *direction; instruction; address*
directo *direct*
directorial *directorial*
dirigir *to direct; to lead;* —se a *to address; to go forward*
discípulo *follower, disciple*
díscolo *wayward*
discreción *wisdom; judgment*
discreto *prudent, discreet; witty; wise, learned*
disculpar *to excuse; to forgive*
discurrir *to roam, ramble; to reflect; to plan; to devise*
discursivo *talkative*
discurso *speech, lecture*
discutir *to discuss; to argue*
disecado *stuffed (animals)*
disensión *strife, dissension*
disforme *deformed; huge, big*
disfrazar *to disguise*
disfrutar (de) *to enjoy, to have*
disgustado *annoyed*
disgusto *displeasure; annoyance; quarrel*
disimuladamente *furtively*
disimular *to conceal, disguise; to feign, pretend; to dissemble*
disimulo *dissimulation; pretense*
disminuir *to lessen, diminish; to lower*
disociar *to dissociate*
disolución *dissolution*
disolver *to dissolve*
disparar *to shoot; to explode*
disparate *m. nonsense, foolishness, madness*
disparo *shot*
dispensar *to excuse, pardon*
disperso *scattered*
displicente *peevish, unpleasant*
disponer *to arrange; to order; to*

dispose; —se *to make ready, prepare*
disposición *disposal*
dispuesto *ready, disposed*
disputa *dispute, quarrel*
disputar *to dispute*
distancia *distance*
distinguido *distinguished*
distinguir *to distinguish*
distinto *different; plain, clear*
distracción *absent-mindedness, preoccupation*
distraer *to distract; to entertain;* —se *to amuse oneself*
distraído *absent-minded; heedless; preoccupied*
distribución *distribution*
distribuir *to distribute*
disyunción *separation*
divagar *to rave*
diván *m. collection of poems;* — de Tamarit *collection of poems written in Tamarit, ancient name of a place near Granada*
diversificar *to diversify*
diverso *different, diverse, various*
divertido *amusing, entertaining*
divertirse *to have a good time, enjoy oneself*
dividir *to divide*
divinizar *to sanctify*
divino *divine; most beautiful*
doblar *to bend, fold; to toll; to turn;* — a muerto *to toll the death knell;* —se *to bend*
doble *double;* — de grande *twice as big; n. m. tolling*
doblegar *to bend*
docena *dozen*
dócil *docile, yielding*
docto *learned, wise; experienced*
doctor, -a *doctor; teacher of any art or science*
doctrina *doctrine*
dogmático *dogmatic*
doler *to give pain, hurt; to cause grief*
doliente *m. & f. patient (sick person); adj. suffering; sorrowful, plaintive*
dolor *m. pain, sorrow*

dolorido   *doleful, sorrowful*
doloroso   *painful; pitiful*
doméstico   *domestic, native*
dominación   *domination, dominance*
dominador, -a   *dominating, over-
bearing; n. domineering person*
dominanta   *domineering (woman)*
dominar   *to dominate; to master*
dómine *m.*   *teacher*
dominio   *dominion, domain*
dominó *m.*   *game of dominoes*
don *m.*   *gift*
doncella   *maid, servant; maiden*
donde   *where, wherein*
¿dónde?   *where?*
donjuanesco   *Donjuanesque (in the
manner of Don Juan)*
donquijotesco   *in the spirit of Don
Quijote*
dorado   *gilt, golden*
dorar   *to gild;* —se   *to become
golden*
dormido   *asleep, sleeping*
dormir   *to sleep;* —se   *to fall asleep*
dormitar   *to doze, nap*
dormitorio   *dormitory; bedroom*
dos: de — en —   *in pairs, by two's*
dosel *m.*   *canopy*
dotar   *to endow; to bestow*
dualístico   *dualistic*
dúctil   *flexible, pliant*
duda   *doubt;* no cabe —   *there is
no doubt*
dudar (de)   *to doubt*
dudoso   *doubtful*
duelo   *mourners; mourning, wake;
duel*
duende *m.*   *hobgoblin, ghost*
dueño, -a   *owner, master, proprietor;*
— de sí mismo   *self-controlled;* sin
ser — de sí   *without control*
dulce   *sweet; pleasant; soft, mild; m.
n. candy, sweet*
dulzarrón, -ona   *too sweet*
dulzura   *sweetness*
duque *m. duke;* —s   *duke and duchess*
duradero   *lasting*
durante   *during*
durar   *to last*
dureza   *harshness, sharpness*
duro   *harsh, hard; n. monetary unit,
worth 5 pesetas*

E

e   *and (before i and hi)*
¡ea!   *interj. well!*
ebullición   *bubbling up, excitement*
eco   *echo*
ecuación   *equation*
ecuanimidad   *equanimity; compo-
sure, serenity*
ecuestre   *equestrian, on horseback*
echar   *to stretch out; to throw (out);
to put; to toss, fling; to empty; to
emit; to pour (wine); to mate;*
— abajo   *to tear down;* — de menos
to miss; — de ver   *to observe, notice;* — pie a tierra   *to set foot on
dry land;* —se   *to throw oneself
down;* —se a   *to begin to* + *inf.*
edad   *age, era, epoch, time;* Edad
Media   *Middle Ages*
edénico   *Edenic: of or pertaining to
the Garden of Eden*
edificar   *to build*
edificio   *edifice, building*
editor *m.*   *publisher*
educación   *education*
(bien) educado   *(well) bred*
educador, -a   *educating, educative*
efectivo   *real, actual; indeed*
efecto   *effect;* en —   *in fact, for*
eficacia   *efficacy*
eficaz   *efficacious*
efigie *f.*   *effigy, image*
efluvio   *emanation; exhalation*
efusión   *effusion, attention*
egipcio   *Egyptian*
Egipto   *Egypt*
egolatría   *self-worship*
egregio   *outstanding*
ejecutar   *to execute, carry out*
ejecutoria   *judgment; pedigree*
ejemplar *m.   example; sample; adj.
exemplary*
ejemplo   *example;* por —   *for example*
ejercer   *to exercise; to practice*
ejercicio   *exercise, practice*
ejercitar   *to exercise;* —se   *to practice*
ejército   *army*
elástico   *elastic*
elegante   *elegant*

elegido   *elect, chosen*
elegir   *to choose, select; to elect*
elemental   *elementary*
elemento   *element*
elevado   *high*
elevar   *to raise;* —se   *to rise, soar*
eliminar   *to eliminate*
elocuencia   *eloquence*
ello   *it;* — es que   *the fact is that*
embarazoso   *awkward*
embarazada   *pregnant*
embarazo   *pregnancy*
embarcar   *to embark*
embargo: sin —   *nevertheless*
embebecimiento   *absorption*
embeber   *to absorb; to saturate*
embelesar   *to charm, fascinate*
embellecer   *to beautify*
embestir   *to assail, attack*
embobado   *fascinated*
emborrachar   *to make drunk;* —se
  to become drunk
emborronar   *to scribble*
embotado   *blunt, dull*
embozo   *top fold of a sheet; mask*
embriagar   *to intoxicate*
embriología   *embryology*
embrujar   *to bewitch*
emergente   *emerging*
emerger   *to emerge*
emigración   *emigration*
emigrado   *émigré, emigrant*
emigrar   *to emigrate*
eminencia   *height, eminence*
eminente   *eminent, prominent,
  lofty, high*
emisario   *emissary*
emoción   *emotion*
emocionado   *moved*
emocionante   *touching (causing emotion)*
emocionar   *to touch, move, stir*
empañar   *to dim, blur*
empapelar   *to paper*
empaque *m.*   *air, manner, look, mien*
empaquetado   *stuffy*
emparentado   *related by marriage*
emparrado   *vine-trellis*
empavonado   *blue-black*
empeñarse   *to persist, insist*
empeño   *effort*
empeorar   *to get worse*

emperatriz   *empress*
empero   *however, notwithstanding*
empezar   *to begin*
empinado   *sloping, inclined; steep;
  high, lofty*
empinarse   *to stand on tiptoe*
empleado   *employee*
emplear   *to use, employ*
empleo   *employment; job*
empobrecer   *to impoverish*
empotrar   *to fix in a wall*
emprender   *to undertake*
empresa   *undertaking, enterprise*
empujar   *to push, impel; to drive*
empujón *m.*   *push, violent shove*
en   *in, on, at, to;* — seguida   *immediately*
enaguas *pl.*   *underskirt, petticoat*
enajenado   *beside oneself; insane
  (with rage), out of one's senses;
  transported, enraptured*
enajenar   *to alienate; to transfer;*
  —se   *to go outside oneself; to be
  enraptured*
enamoradizo   *inclined to fall in love;
  susceptible*
enamorado, -a   *in love; n. sweetheart*
enamorar   *to woo; to make love to;*
  —se   *to fall in love*
enano   *dwarf*
enarbolar   *to raise high; to brandish*
enarcar   *to arch*
enardecer   *to kindle;* —se   *to be in-
  flamed with anger*
enardecido   *excited*
encabritarse   *to rear, rise up on the
  hind legs*
encajar   *to fit in*
encaje *m.*   *lace*
encalabrinamiento   *caprice, fancy*
encaminar   *to direct; to aim;* —se
  *to take the road (to); to go toward;
  to make one's way*
encantado   *delighted*
encantador, -a   *charming, bewitch-
  ing*
encantamiento   *spell, charm, sorcery*
encantar   *to delight, enchant*
encanto   *fascination, charm*
encañada   *chasm*
encapuchado   *hooded figure (usually*

associated with processions during Holy Week)

encaramar to raise, elevate; to climb

encarecer to exaggerate, overestimate, overrate

encargar to order (goods, etc.); to commission; —se (de) to take charge (of)

encargo charge; request

encarnar to incarnate

encarnizado cruel, pitiless

encauzar to channel, direct

encender to light

encenizar to cover with ashes; to turn pale

encerrar to lock or shut in; to contain; to involve

encima over, above; besides; — de on, upon; por — de over and above

encinta pregnant

enclenque weak, sickly

encoger to shrink; —se de hombros to shrug the shoulders

encomendar to commend

encono rancor

encontrar to find; to meet; —se to be; —se (con) to come across

encorvado bent over

encorvar to bend

encuadernar to bind

encuadrar to frame

encubrir to hide

encuentro meeting, encounter

enchipado puffed-up, proud

endeblez f. weakness

endemoniado devilish, fiendish; possessed, bedeviled, bewitched

enderezarse to be directed; to straighten up; to prepare oneself; to fix oneself up, get dressed up

enemigo, -a enemy

energía energy

enérgico energetic, vigorous

enervado enervated, weakened

enfadarse to get angry

enfaldo lap

enfático emphatic

enfermar to fall sick

enfermedad disease, illness

enfermero, -a nurse

enfermizo sickly; unwholesome

enfermo, -a sick, ill; n. patient

enfilar to direct; to turn toward; to bear to (nautical); to go up or down (a street)

enfrenar to curb, restrain

enfrente opposite, in front, facing; — de opposite

enfurecer to infuriate

engancharse to enlist

engañar to deceive; to fool; —se to be mistaken

engaño deception; llamarse a — to complain about being fooled; to charge violation of contract

engarfiado hooked

engendrar to engender, beget; to produce; to create

engolado pompous, haughty

engomado waxed

engrandecer to magnify, exaggerate

engrosar to swell

enguantado gloved

enhiesto erect, upright

enhorabuena congratulations

enigmático enigmatic

enjalbegar to whitewash

enjambre m. swarm, colony of bees

enjugar to dry

enjuto dried; austere; lean

enlace m. interlocking; coherence; wedding; affinity

enlazar to join, link, connect; to lock

enmarañado tangled

enmienda correction

enmudecer to be silent; to become dumb

ennegrecer to turn black

ennoblecer to ennoble

enojo anger, annoyance

enorme enormous, huge; horrible

enormidad enormity

enrarecer to rarefy

enrojecer to blush, turn red

enronquecer to become hoarse

ensalada salad

ensamblar to join, connect

ensanchar(se) to broaden out

ensañamiento ferocity, cruelty

ensayar to try, attempt; to test; to try on; to rehearse

ensayo essay; attempt; rehearsal

enseñar *to teach; to show*
ensimismado *absorbed in thought, thoughtful, pensive*
ensimismamiento *self-absorption*
ensimismarse *to enter into oneself*
ensueño *dream, fantasy, illusion*
entender *to understand;* dar a — *to insinuate;* —se *to agree; to get along; to have an understanding with*
entenderas (*coll.*) *brains*
entendido (*p.p. of* entender) *understood, O.K.;* bien — *of course*
entendimiento *mind; understanding*
entenebrecido *darkened; gloomy*
enterar *to inform;* —se (de) *to find out*
enterizo *in one piece*
entero *entire, whole;* por — *entirely*
enterrar *to bury*
entierro *funeral, burial*
entonación *intonation*
entonar *to intone*
entonces *then, so;* por — *about that time;* para — *by that time*
entontecerse *to become stupefied*
entornar *to half-close*
entorpecer *to hinder, to obstruct*
entrada *entrance; arrival*
entrambos, -as *both*
entrañable *deep, profound*
entrañar *to penetrate to the core*
entrañas *heart; innermost being; entrails*
entrar *to enter, come in; to begin*
entre *between, among*
entreabrir *to half-open; to set ajar*
entreacto *interval between acts*
entrecano *grayish*
entrecruzar *to interlace*
entregar *to deliver; to give up; to hand or give over;* —se *to abandon oneself*
entrenamiento *training*
entretanto *meanwhile; while*
entretejer *to intertwine*
entretener *to amuse, entertain; to delay*
entretenido *busy; busily engaged; entertained; amusing*
entretenimiento *amusement*

entrever *to have a glimpse of*
entrevista *interview*
entristecer *to sadden*
entrometerse *to meddle, intrude*
entumecido *benumbed*
entusiasmo *enthusiasm*
envalentonarse *to become courageous*
envejecer *to grow old*
envenenar *to poison, envenom*
enviar *to send*
envidia *envy*
envidiar *to envy*
envidioso *jealous, envious*
envolvente *enveloping*
envolver *to envelop, surround; to wrap*
envuelto (*p.p. of* envolver) *wrapped*
épico *epic, heroic*
epicúreo *Epicurean*
epidermis *f.* *epidermis, skin*
epiléptico *epileptic*
episodio *episode*
epístola *epistle*
epitafio *epitaph*
época *time, epoch, era, period*
equidad *fairness*
equilibrado *balanced*
equilibrio *equilibrium, balance*
equipaje *m.* *luggage*
equipo *equipment;* — de novia *trousseau*
equivaler *to be equivalent*
equivocarse *to be mistaken*
equívoco *equivocal; n. ambiguity*
era *field; threshing floor*
eral *m.* *yearling, young bull*
ergotina *ergotine (drug used to control hemorrhage)*
erguido *erect, straight;* lo — *the erectness*
erguirse *to stand erect; to rise up*
erigir *to erect*
erizo *hedgehog*
ermita *hermitage*
ermitaño *hermit*
erótico *erotic*
errar *to err*
esbozo *outline*
escabullirse *to slip or sneak away*
escala *stopping place;* hacer — en *to stop at (a port)*

escalafón *m.* *register, roster*
escalera *staircase; ladder*
escalerilla *small ladder*
escalofrío *chill*
escalonar *to form in echelon; to set up*
escama *resentment, grudge*
escandalizar *to shock, scandalize;* —se *to be scandalized, shocked*
escándalo *scandal; astonishment*
escapada *escapade*
escapar *to run away, escape*
escaparate *m.* *show window*
escarcha *frost; rime*
escarnio *mockery*
escasear *to be scarce; to diminish*
escasez *f.* *scarcity*
escaso *scarce, scanty*
escena *scene; stage*
escenario *stage*
escéptico *skeptical*
escindido *divided, split*
esclarecer *to illuminate, enlighten; to clarify, elucidate*
esclarecimiento *clarification*
escoba *broom*
escocer *to smart, burn*
escocia *scotia (arch.; sunken molding in base of a pillar)*
escoger *to choose*
escolapio *Piarist (priest of a teaching order)*
escolar *adj.* *scholastic, school*
escolio *commentary, annotation*
escoltar *to escort, accompany*
esconder *to hide*
escondite *m.* *hiding place;* jugar al — *to play hide and seek*
escondrijo *hiding place*
escopeta *shotgun*
escoplo *chisel*
escoria *dross; dregs*
escorzo *foreshortening (in art)*
escribir *to write*
escrito *(p.p. of* escribir*) written; n. writ, brief; writing*
escritor *m.* *writer*
escritura *handwriting, writing*
Escritura *Scriptures*
escrutar *to scrutinize, examine closely*
escuálido *squalid*

escucador *m.* *sheller, one who shells nuts*
escucar *to shell (nuts)*
escuchar *to listen;* en escucha *listening*
escuchimizado *frail, puny*
escudo *shield, coat of arms*
escudriñadero *scrutable*
escudriñar *to scrutinize; to search; to pry into*
escuela *school; style*
escuezno *soft kernel (of nut)*
escultor *m.* *sculptor*
escultura *sculpture; carved work*
escupir *to spit*
escurrirse *to slip*
esencia *essence; perfume*
esfera *sphere*
esforzado *vigorous; enterprising*
esforzarse (en) *to try hard, make an effort*
esfuerzo *effort*
esmaltar *to adorn, embellish*
esmirriado *emaciated*
eso *that;* ¿Qué es — del amor? *What is love anyway?;* Eso *That's it;* a — de *about;* por — *therefore, that's why*
espaciar *to space; to expand, spread*
espacio *space*
espacioso *spacious*
espada *sword*
espalda *back, shoulders;* de —s *backwards;* irse de —s *to fall backwards*
espantapájaros *m.* *scarecrow*
espantar *to scare, frighten; to drive or chase away*
espanto *horror, terror*
esparcir *to spread, scatter*
espárrago *asparagus*
esparto *hemp*
especial *special*
especialidad *specialty*
especie *f.* *species, kind, sort, type*
espectacular *spectacular*
espectáculo *spectacle, show*
espejar *to mirror, reflect*
espejismo *illusion, mirage*
espejo *mirror*
espejuelos *pl.* *spectacles, glasses*
espera *waiting; pause*

esperanza *hope*
esperanzado *full of hope*
esperar *to wait (for); to hope; to expect*
espeso *thick, heavy*
espesura *density, thickness*
espetar *to spit out*
espetera *kitchen rack*
espía *spy*
espiar *to spy on; to watch*
espiga *tassel (of corn)*
espina *thorn*
espíritu *m. spirit; soul*
Espíritu Santo *Holy Ghost*
espiritual *spiritual*
espiritualista *spiritualist*
espita *faucet*
esplendor *m. splendor*
espolear *to spur*
esponjarse *to swell*
esponjoso *spongy*
espontaneidad *spontaneity*
espontáneo *spontaneous*
esposa *wife*
esposo *spouse, husband*
espuela *spur*
espuma *foam*
espumarajo *foam, froth;* echó espumarajos por la boca *he foamed at the mouth*
esquilón *m. large bell*
esquina *corner*
estable *stable*
establecer *to establish;* —se *to establish or settle oneself*
estación *station; season*
estadio *stage*
estado *state; estate; condition; social position*
estallar *to burst*
estampa *sketch, engraving*
estampar *to print*
estancamiento *stagnation*
estancia *sojourn, stay; room, sitting room*
estante *m. shelf, bookcase*
estático *static*
estatura *height, stature*
estela *wake, track (of a ship)*
estelar *pertaining to the stars*
estera *mat*
estercolero *refuse heap*

esterilizar *to sterilize*
estética *aesthetics*
estigma *m. stigma*
estilo *style, manner*
estimación *esteem*
estimar *to esteem; to look upon*
estimular *to stimulate, encourage*
estímulo *stimulus*
estío *summer*
estirar *to stretch*
estirón *m. effort; pull*
estirpe *f. lineage, stock*
estofa *quality*
estoicismo *stoicism*
estoico *stoic*
estorbar *to hinder; to be in the way*
estrado *drawing room; platform; level*
estrafalario *odd, queer*
estrangular *to choke*
estrechar *to press; to shake (the hand);* —se *to become intimate*
estrechez *f. narrowness*
estrecho *narrow; close; intimate*
estrella *star*
estrellado *starry*
estrelleo *twinkling of the stars*
estremecer *to shake, make tremble; to shudder;* —se *to tremble, shudder*
estremecido *trembling*
estrenar *to inaugurate; to use for the first time*
estrépito *noise*
estribar (en) *to rest (on); to be based (on)*
estricto *strict*
estropear *to spoil, ruin; to cripple; to mangle*
estructura *structure*
estrujar *to press, crush*
estudiante *m. student*
estudiar *to study*
estudio *study; reading room*
estulticia *foolishness, silliness*
estulto *silly, foolish*
estupefacto *stupefied; astonished; motionless*
estupendo *wonderful, stupendous*
estúpido *stupid*
estupor *m. stupor; amazement*

etapa *stop; stay; stage*
eternidad *eternity*
eterno *eternal*
ética *ethics*
eufemismo *euphemism*
eufonía *euphony*
eufónico *euphonious*
evadir *to evade;* —se *to escape*
evangélico *evangelical*
Evangelio *Gospel*
eversión *destruction*
evidenciar *to witness*
evidente *evident*
evitar *to avoid*
evocación *evocation*
evocador, -a *evocative*
evocar *to evoke, call forth*
evolutivo *evolutionary*
evónimus *m. euonymus (evergreen shrub)*
exacerbar *to exacerbate; to aggravate*
exacto *exact, accurate*
exageración *exaggeration*
exagerado *exaggerated*
exagerar *to exaggerate*
exaltación *exaltation, excitement*
examinar *to examine*
exasperar *to exasperate*
excelente *excellent*
excéntrico *eccentric*
excepción *exception;* de — *exceptional*
excesivamente *excessively, extremely*
excesivo *excessive*
excitado *excited*
exclamar *to exclaim*
exclusivamente *exclusively*
execrable *detestable, very bad*
exento *exempt*
exhausto *exhausted*
exhibir *to display, exhibit*
exigencia *demand; requirement, exigency*
exigente *demanding, rigorous*
exigir *to demand; to require*
eximir *to exempt*
existencia *existence*
existir *to exist*
éxito *success;* tener — *to be successful*

exorbitante *exorbitant; terrible*
expansionarse *to play; to amuse oneself*
expansivo *sociable*
expectativa *expectation, anticipation*
expectorante *expectorating*
expediente *m. file of papers*
expedir *to send forth, emit*
expeditivo *quick*
experiencia *experience, experiment*
experimentación *experimentation*
experimentador *m. experimenter*
experimentar *to experience, feel*
explanación *explanation, elucidation*
explayarse *to be extended*
explicar *to explain; to teach;* —se *to understand*
explorador *m. explorer*
explosión *explosion*
explosivo *explosive*
explotación *exploitation*
exponer *to explain; to expose;* —se *to run a risk*
expresar *to express;* —se *to speak*
expresión *expression*
expulsar *to turn out, expel*
exquisito *exquisite*
extenderse *to stretch out*
extenuar *to exhaust; to extenuate*
exterior *exterior, outside*
externidad *externality; pl. externals*
externo *external*
extracción *extraction*
extraer *to draw out, remove, extract*
extranjero, -a *foreign; n. foreigner, stranger*
extrañar *to surprise;* no es de — *it's not surprising*
extrañeza *surprise, wonderment*
extraño *strange; foreign*
extraordinario *extraordinary*
extravagancia *oddness, folly*
extraviado *uncontrolled, beside oneself*
Extremadura *province in S.W. Spain*
extremar *to carry to an extreme*
extremeño *from Extremadura, province in S.W. Spain*

extremo *extreme; m. end*
extremosidad *exaggeration; effusion*

F

fabricar *to manufacture*
fábula *fable, story, tale*
facción *feature*
fácil *easy*
facilidad *facility, ease*
facultad *faculty*
facha *appearance*
fachada *façade, front*
faena *work, task*
faja *swaddling band*
falda *skirt; slope*
faldero: perro — *lap dog*
faldón *m. long, flowing skirt*
falsa *garret*
falsificación *falsification*
falso *false, spurious, untrue*
falta *lack, shortage;* hacer — *to be necessary*
faltar *to be lacking, missing; to lack; to fail;* — a *to be disrespectful to;* ¡no faltaba más! *the idea!*
fallar *to fail; to be wanting*
fallo *failure; decision*
fama *reputation*
famélico *starved*
familia *family;* en — *within the family*
familiar *domestic; familiar*
famoso *famous*
fámulo *servant*
fanal *m. bell glass*
fanega *grain measure (about 1.60 bushels)*
fanfarronería *bragging, boastfulness;* con — *boastfully*
fango *mud, mire*
fantasear *to fancy, imagine*
fantasía *imagination, fantasy*
fantasma *m. ghost, phantom*
fantástico *fantastic*
fardo *burden, load, bundle*
farmacéutico *pharmaceutical; n. pharmacist*
farol *m. lantern, light, street lamp*
fárrago *medley, mixture*
farsante *m. humbug; fraud*
fascinador, -a *fascinating*

fascinar *to fascinate, bewitch, allure*
fastidiar *to annoy, irritate;* —se *to become bored; to become displeased*
fastidioso *irritating, annoying*
fatigarse *to become tired*
fatigosamente *painfully*
favor *m. favor;* por — *please*
favorito, -a *adj. & n. favorite*
fayanco *flat wicker basket*
faz *f. face; aspect*
fe *f. faith*
fealdad *ugliness*
febril *feverish*
febrilidad *feverishness*
fecundidad *fertility, fruitfulness*
fecundo *fertile*
fecha *date*
felicidad *happiness*
felicitar *to congratulate*
feligrés *m. parishioner*
feliz *happy*
femenino *feminine*
femineidad *femininity*
fenómeno *phenomenon*
feo *ugly*
feria *fair*
ferocidad *ferocity*
feroz *ferocious, fierce*
férreo *iron*
ferrocarril *m. railroad, railway*
fervoroso *fervent*
festivo *gay*
festón *m. garland, festoon*
fetiche *m. fetish*
fetichista *fetishistic*
ficción *fiction, invention*
fiebre *f. fever*
fiel *faithful, loyal*
fiera *wild beast*
fiero *fierce, savage*
fiesta *holiday; party; feast*
figura *figure; build; looks*
figurar *to figure; to be conspicuous; to draw;* —se *to fancy; to imagine; to seem;* se me figura *it seems to me;* ¡Figúrate! *Imagine!*
fijar *to fix; to determine;* —se en *to notice*
fijeza *fixity;* con — *steadily, fixedly*
fijo *fixed; firm;* a punto — *exactly*
fila *row, line*

filantropía *philanthropy*
filo *dividing line; ridge; edge, cutting edge*
filosofía *philosophy*
filósofo *philosopher*
filtrarse *to filter through*
fin *m. end; purpose, objective; destiny;* al — *finally, after all;* por — *finally, in short;* a — de que *so that;* a fines de *at the end of*
final *m. end*
finalidad *purpose*
finalmente *finally*
financiero *financier*
finca *country place*
fingidor, -a *dissembling, feigning*
fingir *to pretend, feign, affect*
finlandés, -esa *Finnish*
fino *fine; pure; delicate*
finura *politeness, courtesy*
firmamento *firmament, sky*
firmar *to sign*
firme *firm;* de — *solidly*
firmeza *firmness, stability*
fiscal *m. prosecutor*
físico *physical; n. physique*
fisonomía *face, physiognomy*
flaco *thin, skinny*
flamante *brand new, spick and span;* lo — *the newness*
flanco *side, flank; opening*
Flandes *Flanders*
flaqueza *weakness*
flauta *flute;* — de Pan *pipes of Pan*
flecha *arrow*
flexible *flexible*
flojo *weak*
flor *f. flower*
floración *flowering*
florecer *to flourish; to flower; n. m. flourishing*
floreciente *flowering*
Florencia *Florence*
florentino *Florentine*
florero *flower vase*
floresta *wooded field*
florido *blooming*
flotante *floating*
fogón *m. hearth; cooking stove*
follaje *m. foliage*
fonda *inn, café*
fondo *bottom; back, rear part;*

background; depth; en el — *essentially;* al — *in the background*
forastero *stranger, foreigner*
forceps *m. forceps*
forjador *m. forger, smith*
forjar *to forge*
forma *form; manner, way;* de tal — *in such a way*
formal *formal; exact, proper; well-behaved*
formar *to form; to shape*
formidable *formidable; huge; alarming*
fórmula *formula*
fornido *robust*
forrar *to line*
fortalecer *to strengthen*
fortaleza *strength*
fortificar *to fortify*
fortísimo *very strong*
fortuna *fortune, chance; good luck*
forzar *to force, compel; to storm; to violate*
forzoso *necessary, unavoidable*
forzudo *vigorous, strong*
fosco *dark*
foscura *thick mist; darkness*
fosforescente *phosphorescent*
fósforo *match*
fracasar *to fail, come to nought*
fracaso *failure*
fragancia *fragrance*
fragante *fragrant*
fragua *forge*
fraile *m. friar, monk*
francés, -esa *French; n. Frenchman (-woman)*
Francia *France*
franciscano *Franciscan*
franco *frank, open; untrammelled; n. franc (French monetary unit)*
francote *frank, open*
franela *flannel*
franja *fringe, strip*
franquía *freedom*
frasco *vial, bottle; container*
frase *f. phrase*
fraternal *fraternal*
fraude *m. fraud*
frecuencia *frequency;* con — *frequently*

frecuentar *to frequent; to come frequently; to visit*
frecuente *frequent*
fregar *to scrub;* agua de — *dishwater*
frenar *to bridle; to apply the brake to*
frenesí *m. frenzy, madness*
freno *brake, curb, restraint*
frente *f. forehead, brow; face; m. front (military);* — a *before, facing, opposite; with regard to;* — a — *face to face; opposed;* hacer — *to face;* de — *from the front; head-on*
fresco *fresh, cool; n. cool air, fresh air*
frescor *m. (sometimes f.) freshness; cool air*
frescura *freshness, coolness*
frialdad *coldness*
frío *cold; n. m. cold;* tener — *to be cold*
frisar (en) *to approach, be near (referring to age)*
frito (p.p. of freír) *fried*
frivolidad *frivolity; something frivolous*
frívolo *frivolous*
frondosidad *leafy foliage*
frondoso *leafy; shady*
frontera *border, frontier*
fructuoso *fruitful, profitable*
fruición *gratification, enjoyment*
fruncir *to pucker, contract;* — el ceño *to frown;* — las cejas *to knit the eyebrows, frown*
frustrado *frustrated*
fruta *fruit*
frutero *fruit dish, fruit basket*
fruto *fruit, product, result*
fuego *fire; heat;* pedir — *to ask for a light*
fuente *f. fountain, source*
fuera *adv. out, outside;* de — *from the outside;* por — *on the outside;* — de aquí *get out of here*
fuero *privilege or exemption granted to a province or city*
fuerte *strong, powerful; adv. loudly*
fuerza *strength; power; force; violence;* a — de *by dint of;* a la —

perforce;* por — *of necessity;* de — *by force*
fugarse *to run away, escape*
fugaz *fleeting, brief*
Fulano, -a *(Mr., Miss, Mrs.) So-and-so*
fulgor *m. glow, brilliancy, brightness*
fulgurar *to flash, shine brilliantly*
fuliginoso *dark*
fumar *to smoke*
funambulesco *fantastic, extravagant; pertaining to a tightrope walker*
función *function*
funcionario *public official*
fundador *m. founder*
fundamental *fundamental*
fundamento *foundation, basis*
fundar *to found, establish; to base*
fundir *to fuse; to blend; to melt;* —se *to merge, blend*
fúnebre *funereal, funeral*
funerario *funeral, funereal*
furia *fury*
furioso *furious*
furor *m. fury, rage*
fusil *m. rifle, gun*
fusilar *to shoot*
futuro *future; n. future*

G

gabán *m. overcoat*
gabardina *raincoat; gabardine coat*
gabela *tax*
gabinete *m. cabinet; reception room; sitting room, parlor; study; boudoir, dressing room*
gacela *short, rhymed, fixed verse form in Arabic poetry*
galán *m. gallant; courtier; lover; woman-chaser*
galanteador *m. suitor*
galantear *to court, woo*
galantería *gallantry, courtesy*
galeote *m. galley-slave*
galera *galley*
galería *gallery*
galgo *greyhound*
galopar *to gallop*
gallardear *to play the gallant*

gallardía *gallantry*
gallardo *graceful, elegant; gallant*
gallego, -a *Galician*
gallina *hen*
gallinero *top gallery (in theater)*
gallo *false note in singing; rooster*
gana(s) *appetite, desire;* tener —s de *to wish to, feel like; to desire;* dar —s *to feel like*
ganado *livestock*
ganar *to earn, win; to attain, gain*
gancho *hook; hairpin*
ganglio *ganglion (mass of nerve tissue containing nerve cells)*
ganzúa *skeleton key; picklock*
gañán *m. farm hand*
garabatos *pl. scrawling*
garantía *guarantee*
garañón *m. stallion*
garbanzo *chickpea*
garboso *jaunty, sprightly*
garduña *marten*
gargajear *to expectorate*
garganta *throat*
gargantilla *necklace*
garra *claw*
garza *heron*
gas *m. gas*
gasa *gauze*
gastar *to spend; to use;* — una broma *to play a joke*
gatazo *(aug.) large cat*
gato, -a *cat*
gavilla *sheaf (of grain); bundle*
gaviota *sea gull*
gaznate *m. windpipe*
gemido *lamentation; moan*
gemir *to moan; to groan*
gendarme *m. gendarme, policeman*
genealogía *genealogy*
general *general; n. m. general*
género *genre, kind, type*
generoso *generous; noble*
genial *brilliant, pertaining to genius, highly endowed*
genio *genius; spirit*
gente *f. people*
gentil *graceful; elegant*
gentileza *gracefulness; gentility*
gentilhombre *gentleman; attendant to person of high rank*

gentilidad *courtesy, politeness*
gentío *crowd*
gerifalte *m. gerfalcon (orn.)*
germánico *Germanic*
germen *m. germ*
germinante *in early stages of growth*
gestación *gestation*
gesto *face, grimace; gesture*
gigante *m. giant*
gigantesco *gigantic*
ginebra *gin;* Ginebra *Geneva*
gineceo *gynaeceum*
ginecólogo *gynecologist*
girar *to turn; to revolve, spin*
giro *turn; expression*
gitano, -a *gypsy; n. gypsy*
gleba *field, land, soil*
gloria *glory; bliss;* daba — *it was a pleasure*
glorioso *glorious*
glotón, -ona *gluttonous*
gobernalle *m. rudder, helm*
gobernar *to govern*
gobierno *government; governorship*
goce *m. enjoyment*
gola *gorget (piece of armor protecting the throat)*
goleta *schooner*
golondrina *swallow*
golpe *m. blow; stroke, striking; attack;* de — *suddenly*
golpear *to hit, strike, beat*
golpetear *to rattle*
golpeteo *rattling, knocking*
gordiflón, -ona *chubby, fat*
gordo *stout, fat*
gordura *stoutness*
gori-gori *m. (coll.) chant at funerals*
gorra *cap*
gorro *cap*
gorrón *m. sponger, parasite*
gota *gout; drop*
goteante *dripping*
gozar *to enjoy;* — de *to enjoy; to have*
gozo *enjoyment, pleasure*
gozoso *joyful*
grabado *engraving; illustration*
grabar *to engrave; to impress upon the mind; to carve*
gracia *grace, wit, charm; prank; pardon*

gracias *thank you, thanks;* dar las — *to thank*

gracioso *pleasing; witty, funny; gracious; gratuitous, free; graceful; cute*

gradación *gradation*

gradería *series of steps*

grado *degree;* de buen — *willingly*

gradualmente *gradually*

graduarse *to be graduated*

granada *pomegranate*

granate *m. garnet*

grande (gran) *large, big; great; grand*

grandeza *greatness*

granjería *gain, profit, advantage*

grano *grain*

grato *pleasant*

grave *grave, serious*

gravedad *gravity*

gravitar *to weigh*

graznar *to croak; to caw; to cackle*

Grecia *Greece*

gregoriano *Gregorian*

gremio *guild, society*

griego *Greek*

grilla *homosexual, "fairy," "pansy"*

grillo *cricket*

grima *fright;* dar — *to cause fear; to cause pity; to disgust*

gripe *f. influenza*

gris *gray*

gritar *to shout; to exclaim; to scream*

grito *shout, cry, scream*

grosería *vulgarity*

grosor *m. thickness*

grotesco *grotesque*

grueso *fat, stout; thick*

grupa *rump of a horse*

grupo *group*

Guadalquivir *river in Seville*

guadaña *scythe*

Guadarrama *mountain range in Castile*

guante *m. glove*

guapo *handsome, good-looking*

guarda *guard, guardian*

guardar *to keep, harbor; to store; to show*

guardia *m. guard, policeman; f.* — civil *Civil Guard (rural police in Spain); m.* — municipal *policeman;* de — *on duty*

guardilla *small room; attic*

guarecer *to protect*

guarnecer *to adorn; to trim*

la Guayana *Guiana*

guerra *war;* dar — *to cause trouble*

guerrear *to wage war*

guerrero *warrior; adj. martial, warlike*

guerrilla *guerrilla, body of partisans, skirmishers*

guía *guidebook*

guiar *to guide*

guirnalda *garland*

guisa *manner, fashion; attire*

guisar *to cook*

guitarra *guitar*

gusano *worm*

gustar *to please, like; to taste; to try;* — de *to enjoy*

gusto *taste; pleasure;* a — *as you like*

H

habar *m. bean field*

haber *to have;* — de *to have to, must; to be to;* ¿qué hay? *what's the matter?; what's up?*

hábil *skillful*

habilidad *skill, ability; talent*

habitable *habitable*

habitación *room*

habitar *to live, inhabit*

hábito *habit*

habla *speech; conversation;* sin — *speechless*

hablar *to speak, talk*

hacer *to do; to make; to be +* expressions of weather; hace + *expressions of time = ago;* — de *to play a part;* — caso *to pay attention;* — falta *to be necessary;* — cuenta *to imagine;* —se *to become;* ¿Qué se ha hecho de ... ? *What has become of ...?;* se me hace ... *it seems to me ... ;* —se cargo *to become aware*

hacia *toward(s)*

hacienda *property; wealth; Treasury; plantation*

hada *fairy*
halagar *to flatter, to praise*
halago *caress*
hálito *breath; breeze*
hallar *to find;* —se *to be (in a place)*
hambre *f. hunger;* tener — *to be hungry*
hambriento *hungry, starved*
harapo *rag*
hartarse *to glut, stuff; to have enough, be sated;* se hartaba de decirle *was sick of telling him*
harto *satiated, full; adv. sufficiently, enough*
hasta *until; up to; even;* — que *until;* — tanto *until*
hastiar *to disgust; to sate*
hastío *disgust; boredom; loathing; weariness*
hay *there is, there are;* — que *one must; it is necessary*
haz *m. bundle; bunch; sheaf*
haza *piece of tillable land, farmland*
hazaña *feat, heroic deed, exploit, adventure*
he *behold;* — aquí *here is, here you have;* heme *here I am*
hebdomadario *weekly*
hechizar *to enchant, charm*
hecho (*p.p.* of hacer) *done, made; n. event; fact; deed;* de — *indeed, in fact*
hechura *form, build*
hedor *m. stench, stink*
helar *to freeze*
helénico *Hellenic, Greek*
hembra *female*
hemorragia *hemorrhage*
henchir *to fill*
heráldico *heraldic*
herbario *herbarium, a collection of dried plants*
heredad *estate, land, farm*
heredar *to inherit*
heredero *heir*
hereje *m. heretic*
herencia *heritage; inheritance*
herida *wound*
herir *to wound; to hurt, harm*
hermandad *brotherhood, sisterhood*
Hermeias *Hermes or Mercury*

hermético *hermetical*
hermetizado *locked in; withdrawn*
hermosura *beauty*
héroe *m. hero*
heroico *heroic;* lo — *the heroic*
herradura *horseshoe*
herrén *m. grain field*
herrería *iron works; blacksmith's shop*
hidalgo *nobleman (of low rank); hidalgo, gentleman; adj. noble, illustrious*
hiedra *ivy*
hielo *ice*
hiena *hyena*
hierático *hieratic, sacerdotal*
hierba *grass, weed*
hierbabuena *mint*
hierro *iron; iron bar*
higiene *f. hygiene, sanitation*
higuera *fig tree*
hilo *thread; thin stream; linen*
hincar *to sink*
hinchar *to swell*
hipnótico *hypnotic; n. drug*
hipo *longing; hiccough*
hipocondríaco *hypochondriacal*
hipocresía *hypocrisy*
hipótesis *f. hypothesis*
histérico *hysterical*
histerismo *hysteria*
historia *history; tale, story*
historiador *m. historian*
historicidad *historicity*
histórico *historical*
histrión *m. actor*
hito: mirar de — en — *to stare at, look at closely*
hogar *m. home; hearth*
hogaza *large loaf (of bread)*
hoguera *bonfire*
hoja *leaf; sheet (of paper); blade*
hojalata *tin (plate)*
hola *hello*
Holanda *Holland; fine linen*
holgura *leisure, ease, comfort*
hombro *shoulder*
hombruno *masculine, mannish*
homérico *Homeric*
hondo *deep*
hondura *depth*
hongo *Derby hat*

honor *m.* *honor, glory*
honra *honor*
honrado *honest, honorable, decent, respectable*
hora *hour; time; season for doing anything;* a última — *at the last minute*
horizonte *m.* *horizon*
hormiguita *little ant*
hornacina *vaulted niche*
horno *furnace*
hórreo *barn*
horrible *horrible*
hórrido *horrible, hideous*
horror *m.* *horror; abhorrence; fear;* ¡un —! *terrible!*
horrorizar *to horrify*
hortalizas *pl.* *vegetables*
hosana *hosanna (eccl., song of praise)*
hospedarse (en) *to take lodgings (at), to stop (at)*
hospitalario *hospitable*
hospitalidad *hospitality*
hostería *inn*
hostia *host (of the Mass)*
hostigar *to lash, whip*
hostil *hostile*
hostilidad *hostility*
hoy *today*
hoyo *hole*
hoz *f.* *ravine; sickle*
hueco *hollow; resonant*
huelgo *breath*
huella *impression; mark; footstep, footprint*
huérfano, -a *orphan*
huerta *kitchen garden, vegetable garden; irrigated land*
huerto *orchard*
huesa *tomb*
hueso *bone*
huésped *m.* *guest*
huesudo *bony*
huevo *egg*
huir *to flee; to avoid*
hule *m.* *oilskin*
humanidad *humanity; pl. the Humanities*
humanizar *to become human*
humano *human*
humedecer *to dampen*

húmedo *wet; humid*
humilde *humble; poor*
humillar *to humble;* —se *to humble oneself*
humo *smoke; pl. airs*
humor *m.* *humor; disposition*
humorístico *humorous;* lo — *the humorous*
hundimiento *downfall, collapse*
hundir *to sink; to destroy; to ruin*
huraña *unsociability*
huraño *uncivilized; unsociable*
hurgar *to poke*
hurto *theft, robbery*

I

ibérico *Iberian*
idearium, ideario *body of ideas or concepts*
ideático *capricious*
identidad *identity; sameness*
ideología *ideology*
idioma *m.* *language*
idiota *m.* *idiot*
idolatrar *to idolize*
ídolo *idol*
iglesia *church*
ignorado *unknown*
ignorancia *ignorance*
ignorante *ignorant*
ignorar *to be ignorant of, not to know*
igual *equal; the same;* es — *it makes no difference;* — que *the same as*
igualar *to make equal;* —se *to place oneself on a level with*
ijar *m.* *flank (of an animal)*
ilimitado *unlimited*
iluminar *to illuminate*
ilusión *illusion; hope*
ilusionado *hopeful; deluded*
ilusorio *deceptive, illusory*
ilustre *illustrious*
imagen *f.* *image*
imaginación *imagination*
imaginar *to imagine*
imbécil *imbecile*
imborrable *indelible, ineffaceable*
imitador *m.* *imitator*
imitar *to imitate*

impacientar *to irritate*
impaciente *impatient; annoyed*
impacto *impact*
imparcial *impartial*
impasibilidad *impassivity*
impasible *stoical, impassive; indifferent*
impecable *flawless*
impedimento *impediment*
impedir *to hinder, prevent*
impenetrable *impenetrable*
imperar *to rule, reign*
imperceptible *imperceptible*
imperio *command, sway; empire; influence; supremacy; power*
imperioso *imperious*
impermeable *rain-proof*
impertinencia *insolence*
impertinentes *m. pl. lorgnette*
imperturbable *tranquil*
ímpetu *m. impulse, impetus*
impetuoso *impetuous, impulsive; violent*
impiedad *impiety, irreligion*
impío *impious, irreligious*
implantación *implantation, introduction (of ideas)*
implantar *to implant; to introduce (ideas)*
implicar *to imply*
imponer *to impose; to lay upon*
importante *important*
importar *to be important; to concern; to matter;* no me importa *I don't care*
importunar *to disturb*
imposibilidad *impossibility*
impotente *powerless*
imprecación *imprecation*
impregnado *saturated*
impresión *impression, impress; stamp*
impresionable *impressionable, emotional*
impresionar *to impress*
impreso *(p.p.* of imprimir) *impressed; printed*
improviso: de — *suddenly*
impuesto *(p.p.* of imponer) *imposed*
inacción *inactivity, inaction*
inactivo *inactive*

inagotable *inexhaustible*
inanidad *inanity*
inanimado *lifeless, inanimate*
inarticulado *inarticulate*
inaudito *unheard of*
incapaz *incapable*
incentivo *inducement; stimulus*
incesante *incessant, unceasing*
incierto *uncertain*
incipiente *incipient*
incitación *impulse*
incitar *to incite, arouse; to urge, encourage*
inclemencia *inclemency, rigor*
inclinación *inclination, liking*
inclinar *to bend; to tilt;* —se *to bow; to lean*
incluir *to include; to enclose*
incluso *even*
incógnito *unknown;* de — *incognito*
incólume *sound, safe*
incomodar *to vex; to trouble*
incómodo *uncomfortable*
inconciliable *irreconcilable*
inconexo *unconnected; incoherent*
inconsciente *unconscious*
inconstancia *fickleness, inconstancy*
inconstante *changeable, fickle*
incontinenti *instantly, at once*
inconveniencia *objectionable thing, something offensive or rude*
inconveniente *troublesome; n. m. objection;* no hay — *there's no objection*
incorporarse *to sit up, straighten up*
incredulidad *incredulity; nonbelief*
incrédulo, -a *nonbeliever*
increíble *incredible*
increpar *to rebuke, scold*
incrustar *to incrust;* —se *to become incrusted*
inculcar *to inculcate, teach*
incurrir *to incur, become liable to*
indecible *inexpressible*
indefectible *unfailing*
indefinible *undefinable*
indeglutible *unswallowable; choking*
independiente *independent*
indestructible *indestructible*
indicar *to indicate*

indiferencia *indifference*
indiferente *indifferent*
indígena *native*
indigesto *confused*
indignación *indignation*
indignarse *to become indignant*
indiscreción *indiscretion*
indiscreto *indiscreet*
indispuesto *ill*
indistintamente *without distinction*
individualidad *individuality*
individuo, -a *individual; n. person*
indócil *rebellious*
indocilidad *rebelliousness*
índole *f. temper, disposition, nature*
indolencia *indolence*
indolente *indolent, lazy*
indómito *rebellious*
indultar *to pardon*
indulto *pardon, reprieve*
indumentaria *apparel*
indumentario *relating to clothes*
industria *industry*
inebriado *intoxicated*
inefable *ineffable, unutterable*
ineludible *inevitable, unavoidable*
inequívoco *unequivocal, unmistakable*
inercia *inertia, inactivity*
inerte *inert*
inescrutable *inscrutable, mysterious, unfathomable*
inesperado *unexpected*
inevitable *inevitable*
inexorable *inexorable, relentless*
inexplicable *inexplicable*
infame *infamous; n. infamous person*
infamia *infamy*
infancia *childhood*
infantería *infantry*
infantil *childish*
infatigable *indefatigable*
infectar *to infect*
infiel *unfaithful; untrue*
infierno *hell*
infiltrar *to infiltrate*
infinito *infinite; lo — the infinite*
influencia *influence*
influir *to influence*
influjo *influence*
informarse *to find out*

infortunado *unfortunate (man)*
infractor *m. law-breaker, infractor*
infundir *to infuse; to inspire with; to instil; to imbue*
infusorios *infusoria (microscopic organisms to be found in decaying matter, stagnant water, etc.)*
ingenio *talent; mind; cleverness, wit*
ingenuidad *naïveté*
ingenuo *ingenuous, candid, naïve*
ingerir *to imbibe*
Inglaterra *England*
inglés, -esa *English; n. Englishman (-woman)*
ingratitud *ingratitude*
ingresar *to enter*
ingreso *admission*
inicial *f. initial; adj. first*
iniciar *to start*
ininteligible *unintelligible*
injertar *(bot.) to graft*
injuria *reproach*
inmanencia *immanence, indwelling*
inmediaciones *f. pl. vicinity*
inmediato *immediate; adjoining*
inmemorial *immemorial*
inmensidad *immensity; boundless space*
inmenso *immense*
inminencia *imminence*
inmoralidad *immorality*
inmortal *immortal*
inmóvil *immobile, motionless*
inmovilidad *immobility, fixed state*
inmundo *disgusting*
inmunidad *immunity, freedom*
inmutable *unchangeable; impassive*
inmutarse *to become disturbed, lose one's calm; to change countenance*
innato *innate*
innumerable *innumerable*
inocencia *innocence*
inocente *innocent*
inquebrantable *unbreakable; unalterable; unshakeable*
inquietante *disturbing*
inquieto *restless; worried*
inquietud *restlessness; anxiety, uneasiness, worry; disturbance*
inquirir *to inquire*

inquisición   *examination, inquiry; inquisition (cross-examination)*

inquisidor *m.   inquisitor*

inquisitorial   *inquisitorial*

inquisitivo   *inquisitorial, inquisitive*

inseguridad   *uncertainty*

insensato   *mad; stupid*

insensiblemente   *imperceptibly*

insignificante   *insignificant, unimportant*

insinuar   *to insinuate, hint, suggest*

insistencia   *persistence*

insistentemente   *persistently*

insistir   *to insist*

insolencia   *insolence*

insolidario   *alien, unconcerned*

insólito   *unusual, extraordinary; rare; freakish*

insomnio   *insomnia, sleeplessness*

insondable   *unfathomable*

inspiración   *inhalation, intake of breath*

inspirador, -a   *inspiring*

inspirar   *to inspire*

instalar   *to install*

instante *m.   moment;* al — *immediately*

instigación   *instigation*

instintivo   *instinctive*

instinto   *instinct*

instituto   *secondary school*

instruído   *well-educated, informed, trained*

instrumento   *instrument*

ínsula   *island*

insulto   *insult*

intelecto   *intellect, understanding*

inteligencia   *intelligence*

inteligente   *intelligent*

intención   *intention, purpose;* tener mala — *to be malicious;* con — *deliberately, intentionally*

intencionado: mal — *malicious*

intenso   *intense*

intentar   *to try, attempt*

intento   *attempt*

interés *m.   interest*

interesante   *interesting*

interesar   *to interest*

interior   *interior, internal; n. inside, interior*

interminable   *endless*

intermitencia   *intermittency;* con —s *intermittently, periodically*

intermitente   *intermittent*

internarse (en)   *to go into the interior of; to penetrate*

interno   *internal, inner; n. boarding-student*

interpretación   *interpretation*

interpretar   *to interpret*

interrogar   *to question, ask*

interrumpir   *to interrupt*

interrupción   *interruption*

intersección   *intersection*

intervalo   *interval*

intervenir   *to intervene, interfere; to break in*

intimar   *to become intimate*

intimidad   *intimacy*

íntimo   *intimate*

intonso   *unshorn, unshaven*

intransigente   *intransigent, uncompromising*

intuición   *intuition*

intuir   *to perceive by intuition*

inútil   *useless*

invadir   *to invade*

invasión   *invasion*

invencible   *invincible, unconquerable*

invención   *invention*

inventar   *to invent*

invento   *invention*

inverosímil   *unlikely, improbable*

inverso   *inverse;* a la inversa   *in reverse*

invertebrado   *invertebrate, spineless*

invertir   *to reverse; to invert*

invierno   *winter*

invisible   *invisible*

invitar   *to invite*

invocación   *invocation*

inyección   *injection*

inyectar   *to inject*

ir   *to go; to walk;* — de paseo *to take a walk;* vamos *(expletive) why, well; come now!;* —se *to go away*

ira   *anger, wrath*

irisar   *to iridesce*

ironía   *irony*

ironizar   *to make ironic*

irracionalizar   *to irrationalize*

irradiar *to radiate*
irreductible *irreducible*
irremediablemente *hopelessly*
irremisible *irremediable*
irresistible *irresistible; unbearable*
irresolución *indecision*
irrespetuoso *lacking in respect*
irrisorio *ludicrous*
irritación *irritation*
irritado *irritated*
irritar *to exasperate, irritate*
irrompible *unbreakable*
isla *island*
Italia *Italy*
italiano *Italian*
iterativo *repeated*
izquierda *left (side)*

J

jabalí *m. wild boar*
jabón *m. soap*
jabonado *soapy, slippery*
jaca *f. pony*
jadeante *panting*
jadeo *pant, panting*
jamás *never; ever*
jamona *fat woman*
jaqueca *headache*
jaranero *given to sprees*
jardín *m. garden*
jardinero *gardener*
jarra *jar*
jarra: en jarras *akimbo; with hands on hips*
jarro *jug, pitcher*
jarrón *m. flower vase; urn*
jazmín *m. jasmine*
jefe *m. chief, leader; boss, head*
jergón *m. pallet, straw bed*
jeroglífico *hieroglyph*
Jesucristo *Jesus Christ*
Jesús *interj. goodness! heavens!*
jinete *m. horseman, rider*
joroba *hump*
jorobadito *little hunchback*
joven *young; n. youth, young man; young woman;* Nilo, el joven Nilo, *Jr.*
jovenzuelo *youngster*
jovial *cheerful, merry*

jubilar *to pension off, retire;* —se *to retire*
júbilo *joy, glee, merriment*
judío *Jew*
juego *game; set*
juez *m. judge*
jugador *m. gambler*
jugar *to play*
jugarreta *nasty trick*
jugo *juice; substance; sap*
juguete *m. toy*
juguetear *to play*
juicio *judgment, decision, opinion; wisdom; trial*
junco *rush (bot.)*
juntar *to unite, join;* —se *to meet, join*
junto *joined; together; adv. near;* — a *next to, by*
juramento *oath*
jurar *to swear*
jurídico *juridical, pertaining to the law*
justamente *exactly*
justiciero *just, fair*
justo *just; correct, exact, true;* no es — *it's not right*
juventud *youth*
juzgado *court of justice*
juzgar *to judge*

L

labia *winning eloquence*
labio *lip*
labor *f. needlework, embroidery*
laboratorio *laboratory*
laborioso *industrious, diligent*
labrador *m. farmer*
labrar *to cut out; to carve*
labriego *farmer; peasant*
lacayo *lackey, groom*
lacio *straight (as hair); faded*
lacito *little bow*
lacrimoso *tearful*
lado *side;* a todos —s *everywhere;* por otro — *on the other hand*
ladrar *to bark*
ladrillo *brick*
ladrón *m. thief, robber*
lagar *m. winepress*
lagarta *female lizard; sly woman*

lagartija *small lizard*
lagarto *lizard*
lago *lake*
lágrima *tear*
laico *lay*
lamentar *to regret, deplore; to mourn;* —se *to wail, moan*
lamento *lament*
lámina *thin plate; blade, sheet, shaft; illustration*
lámpara *lamp*
lance m. *occasion; episode*
lancetazo *opening or wounding with a lancet*
lánguido *languid*
lanudo *woolly*
lanza *lance*
lanzar *to send forth; to hurl, fling, cast; to utter;* —se *to rush; to set off; to hurl oneself*
laña *link*
lapso *lapse*
largarse *to get out, leave*
largo *long; m. length;* de — en — *from one end to the other;* a lo — de *throughout;* pasar de — *to pass by without stopping*
largueza *liberality, generosity*
larva *larva*
lascivia *lasciviousness, lust*
lástima *pity*
lastimero *pitiful, sad*
lastimoso *pitiful*
lata *can*
latido *throb*
látigo *whip*
latino *Latin; Roman*
latir *to palpitate, beat; to throb*
lavabo *lavatory, washstand*
lavar *to wash*
lazo *bond, tie; bow, loop*
leal *loyal, faithful*
lebrel m. *greyhound*
lección *lesson*
lector m. *reader*
lectura *reading*
leche f. *milk*
lechera *milkmaid*
lecho *bed*
lechuga *lettuce*
lechuza *owl*
leer *to read*

legendario *legendary*
legislativo *legislative*
legitimidad *legitimacy*
legítimo *legitimate, genuine*
legua *league*
lejanía *distance*
lejano *distant, far, remote*
lejos *far;* a lo — *in the distance;* de — *from afar*
lengua *language; tongue*
lenguaje m. *language*
lenidad *lenience*
lente m. or f. *lens; pl. eyeglasses*
lentejuela *spangle*
lento *slow*
leña *kindling wood*
león m. *lion*
leopardo, -a *leopard*
lepra *leprosy*
letal *lethal, deadly*
letanía *litany; list of things*
letra *letter, character of the alphabet; pl. letters, the Humanities*
levadura *leaven, yeast*
levantado *raised, elevated, lofty*
levantar *to raise, lift; to stir up, rouse; to build; to pick up;* —se *to get up, rise*
Levante m. *east; Levant, referring to countries or regions near the eastern Mediterranean*
leve *slight; light*
levita *frock coat; Prince Albert coat*
levitón m. *greatcoat, overcoat*
ley f. *law; faithful attachment, affection*
leyenda *legend*
liar *to tie*
libación *libation, drink*
libertad *liberty*
libertar *to free, set free*
libertino *rake, libertine*
libre *free;* al aire — *in the open air*
librería *bookstore*
libro *book*
licencia *permission, authorization*
liceo *lyceum*
lícito *lawful*
lidia *battle, contest*
liebre f. *hare*
ligar *to tie*

ligereza *thoughtlessness, folly*
ligero *light; swift; slight*
lima *file*
límite *m. limit*
limo *slime, mud*
limón *m. lemon*
limonada *lemonade*
limonero *lemon tree*
limosna *alms, charity*
limpiar *to clean, to clear, to wipe*
limpio *clean; clear*
linaje *m. lineage; class, kind*
linajudo *of noble descent*
lindar *to border*
lindeza *prettiness*
lindo *pretty, beautiful, lovely*
línea *line*
lingüístico *linguistic*
lira *lira (Italian monetary unit)*
lirio *lily*
Lisboa *Lisbon*
liso *smooth*
listo *clever*
litera *berth*
literatura *literature*
litografía *lithograph*
litúrgico *liturgical*
liviandad *frivolity, levity*
liviano *light*
lo (de) *the business of*
lobo *wolf*
lóbrego *gloomy*
local *m. premises*
localizar *to place, locate*
loco, -a *mad, crazy; n. lunatic*
locuaz *loquacious, voluble*
locución *phraseology; a particular form of expression*
locura *madness*
lodo *mud, mire*
lógica *logic*
lograr *to gain; to attain; to achieve; — + inf. to succeed in; —se to succeed*
loma *hillock, little hill*
lombriz *f. earthworm*
lomo *back (of an animal)*
longaniza *pork sausage*
lontananza *distance; en — far off, in the distance*
loro *parrot*
losa *slab, flagstone*

lotófago *lotus-eater*
lozanía *luxuriance*
lucero *morning star, bright star; brightness*
lucidez *f. lucidity*
luciente *shining, bright*
lucir *to shine; to display, exhibit*
luctuoso *sad, mournful*
lucha *struggle, strife*
luchar *to struggle; to fight*
luego *then; afterwards; later; next; desde — of course, naturally; — de + inf. after*
luengo *long*
lugar *m. place; village; — común commonplace*
lúgubre *lugubrious*
lujo *luxury*
lujoso *luxurious*
lumbre *f. light, fire*
luminoso *luminous*
luna *moon; glass plate, mirror plate*
lunado *moonlit*
lunar *lunar*
lupa *lens, magnifying glass*
lupanar *m. brothel*
lusitano *Portuguese*
lustre *m. nobility; splendor*
luto *mourning; estar de — to be in mourning*
luz *f. light; inspiration; pl. knowledge, learning*

LL

llama *flame*
llamada *call*
llamar *to call; —se to be called*
llamarada *flash, blaze*
llamativo *showy; glaring*
llano *unaffected, frank; flat, even, plain; n. plain*
llanto *flood of tears; weeping, lament*
llanura *plain*
llave *f. key*
llegar *to arrive; to reach; to succeed in; —se to approach; to go; — a + inf. to manage to*
llenar *to fill; —se to become full*
lleno *full*

llevar *to carry, bear; to take; to have spent or devoted (a certain amount of time); to wear; to lead, guide;* — libros *to keep books, do accounting;* — un susto *to have a shock, a fright;* —se *to take away, carry off*

llorar *to cry*

lloro *weeping*

lloroso *tearful*

llover *to rain*

lluvia *rain*

M

macaco *bogy, macaque (monkey)*

macilento *emaciated*

macizo *solid; massive; n. flower bed*

machacar *to crush*

macho *male; sledge hammer*

machucho *mature*

madera *wood; shutter*

madero *beam, piece of lumber*

madona *madonna*

madriguera *den; burrow*

madrileño, -a *native of Madrid, Madrilenian*

madroño *tassel*

madrugada *dawn, early morning*

madurar *to mature, to ripen*

madurez *f. maturity*

maduro *mature, ripe*

maestra *teacher*

maestro *teacher; master*

magdalénico *like Mary Magdalene (suggesting the idea of a repentant sinner)*

mágico *magic*

magín *m. imagination, mind*

magnate *m. grandee*

magnético *magnetic*

magnífico *magnificent, splendid, excellent*

mago *magician*

magullar *to bruise; to mangle*

mainel *m. railing, rail*

maíz *m. corn*

majadero *silly, foolish; n. fool*

majestad *majesty*

majuelo *new vine*

mal *adv. badly;* — despierto *not quite awake;* hacer — *to be wrong;*

m. evil; illness, disease; fault, wrong

malaria *malaria*

malbaratar *to squander*

malcasado *undutiful (spouse); unhappily married*

maldad *evil*

maldecir *to curse, damn; defame*

maldición *curse; damnation*

maldito *damned, wicked*

maleante *villainous*

maleficio *curse*

maléfico *evil*

maleta *suitcase*

malherido *badly wounded*

malhumorado *ill-tempered*

malicia *malice; shrewdness*

maligno *evil, sinister*

malo *bad, evil; ill;* lo — es *the trouble is*

malogrado *lost; abortive; having come to an untimely end*

maloliente *evil-smelling*

malquerer *m. grudge; ill will*

maltratar *to mistreat, abuse*

malva *(bot.) mallow*

malla *mesh (of a net); network*

manada *flock, herd*

manantial *m. spring, source*

manar *to ooze*

mancebo *young man, youth*

mancha *spot, stain, blot, blemish*

manchar *to defile; to stain*

manchego *one from La Mancha (territory in central portion of Spain)*

mandadero, -a *messenger*

mandar *to command, order; to send*

mandato *mandate, command, injunction*

mando *command, power;* de — *commanding*

mandón, -ona *imperious, haughty*

manejar *to manage; to handle; to manipulate*

manera *manner, way;* de — que *so that; in such a manner as to;* a — de *in the style of, like;* de esta — *in this way*

manga *sleeve;* en mangas de camisa *in shirtsleeves;* con las mangas subidas *with her sleeves rolled up*

mango *handle*

manía *mania, obsession*
manicomio *insane asylum*
manifestar *to state, declare; to show*
manilla *hand (of clock)*
manita *little hand*
mano *f.* *hand; pestle;* dar la — *to shake hands*
manopla *mitten*
mansión *dwelling, place*
manso *gentle, mild*
manta *blanket; shawl*
manteca *fat; lard*
mantecoso *buttery; plump*
mantehuelo *gown*
mantener *to maintain, keep up; to support*
mantenimiento *maintenance*
mantilla *mantilla, shawl*
manto *cloak; large mantilla*
mantón *m.* *cloak, mantle, shawl*
manual *n. m.* *manual, guide*
manzanilla *white sherry wine, manzanilla*
mañana *morning; adv. tomorrow;* a la — *the next day;* de — *in the morning*
mañanero *of (pertaining to) the morning*
mapa *m.* *map*
maquillador *m.* *make-up artist*
máquina *machine*
mar *m. or f.* *sea*
maravilla *marvel, miracle, wonder*
maravillarse *to be amazed*
maravilloso *marvelous*
marca *landmark; sign*
marcar *to mark; to indicate; to define*
marcial *martial, military*
marcha *departure; progress;* en — *on the go*
marchar *to go, go ahead; to function, work; to march; to progress;* —se *to go away, leave*
marchito *withered*
marchoso *cocky, swaggering*
marearse *to grow dizzy; to become seasick*
marfil *m.* *ivory*
margen *m.* *margin*
marido *husband*
marinera: traje a la — *sailor suit*

marinero *sailor*
marino *seaman*
mariposa *butterfly*
marisabidilla *(coll.) bluestocking, know-it-all, intellectual*
mariscal *m.* *marshal*
marjal *m.* *moorland, march*
mármol *m.* *marble*
marmóreo *marmoreal, like marble*
maroma *rope*
marquesa *marchioness*
marrana *sow, female pig; dirty woman*
marrotar *to damage; to harm*
martillo *hammer*
mártir *m.* *martyr*
martirio *martyrdom; grief*
mas *but*
más *more, most;* — arriba *higher up;* los — *the largest number;* — o menos *more or less;* — que nunca *more than ever;* estar de — *to be superfluous;* no — que *only*
masa *mass*
máscara *mask*
masculino *masculine*
masón *m.* *freemason*
mata *plant; grove; underbrush*
matanza *slaughter*
matar *to kill; to extinguish (fire)*
materia *matter*
maternal *maternal*
maternidad *maternity*
materno *maternal*
matinada *early morning*
matón *m.* *bully*
matrimonial *matrimonial, pertaining to marriage*
matrimonio *marriage, matrimony; couple*
matriz *f.* *matrix; womb*
matrona *matron*
maullar *to mew*
mausoleo *mausoleum*
máximo *maximum*
maya *Mayan*
mayor *greater; greatest; larger; largest; older; aging; pl. elders, forefathers*
mayorazgo *first-born son (with right to inheritance of family estate)*
maza *club, mace*

mecedora   *rocking chair*
mechón *m. aug.*   *large lock of hair*
medallón *m. aug.*   *large medal; locket*
media *stocking*
medianoche *f.* *midnight*
mediante *adv.* *by means of*
medicamento *medicine*
medicina *medicine*
médico *doctor*
medida *measure, standard; moderation, prudence;* a — que *as, while*
medio *half; average; n. middle, center; environment; measure; means;* en — de *in the midst of, in the middle of;* a medias *half, halfway;* a media voz *in a whisper;* por — *between;* por — de *by means of*
mediocre *mediocre*
mediodía *m.* *south; noon*
medioeval *medieval*
meditabundo *pensive, meditative*
meditar *to meditate, think*
medrar *to thrive, prosper; to increase; to triumph*
medroso *dreadful, frightening*
mejilla *cheek*
mejor *better, best;* a lo — *probably, like as not;* lo — *the best thing;* el — día *some fine day;* — dicho *rather, more exactly;* — que — *all the better*
mejorar *to improve*
melancolía *melancholy, gloom*
melancólico *melancholy*
melena *long locks of hair*
melodía *melody*
melódico *melodic, melodious*
mellado *notched; jagged*
memoria *memory, memorial; report, memoirs;* hacer — *to remember*
memorialista *m. & f.* *scrivener, copyist*
mendigo, -a *beggar*
menegilda *servant girl*
menester *m.* *need, want; task;* ser — *to be necessary*
menesteroso *needy, in distress*
mengua *diminution, waning, decrease*
menguar *to fail; to decrease*

menor *younger, youngest; smaller, smallest; less, least*
menos *adj.* *less, least; adv. less, least; except, but;* lo — *at least;* por lo —, al — *at least*
menosprecio *contempt, scorn*
mensajero *messenger*
mentalidad *mentality*
mentalmente *mentally*
mente *f.* *mind*
mentir *to lie, prevaricate*
mentira *lie*
menudo *small, little;* a — *often*
meñique *little (finger)*
mercader *m.* *merchant, shopkeeper*
mercado *market*
merecer *to deserve, be worthy of; to earn*
merendar *to eat a light meal*
merino, -a *merino sheep*
mérito *merit, virtue, good point*
mermar *to shrink*
mes *m.* *month;* al — de *one month after*
mesa *table, desk*
meseta *plateau*
metafísico *metaphysical*
metáfora *metaphor*
metal *m.* *metal*
meter *to put in, insert, introduce;* —se *to meddle, interfere;* —se monja *to become a nun*
metido *abounding; engaged, interested*
metódico *methodical*
método *method*
metomentodo *busybody*
metro *subway*
mezcla *mixture*
mezclar *to mix, mingle;* —se *to mix; to take part*
mezquino *paltry; petty; diminutive*
microbio *microbe*
miedo *fear, dread;* dar — *to frighten;* tener — *to be afraid*
miedoso *afraid*
miel *f.* *honey*
miembro *member; limb*
mientras *while, when, as long as;* — tanto *meanwhile*
mieses *f. pl.* *grain fields*
migaja *small crumb*

Miguel *Michael*
mil *thousand*
milagro *miracle*
milenario *millenary,* a *thousand
(years old)*
militar *military;* n. *soldier*
mimar *to indulge; to pamper, spoil*
(a *child*)
mimbre *m. osier, wicker*
mimoso *overaffectionate*
minar *to undermine; ruin, destroy*
minero *miner*
Minglana *Pomegranate*
mínimo *minimum*
minoría *minority*
minuciosidad *minuteness, thorough-
ness*
minucioso *minute, thorough*
minúsculo *minute, diminutive*
minuto *minute*
Miño *name of river in Galicia*
mirada *glance, look, gaze*
mirar *to look, look at; to consider;
to think;* — de reojo *to look
askance*
mirto (*bot.*) *myrtle*
misa *mass;* — mayor *High Mass*
miserable *wretched*
miseria *wretchedness, poverty; mis-
ery; insufficiency*
mismo *same; like; -self; very;* lo —
que *the same as;* es lo — *it's all
the same;* por lo — *therefore, for
the very reason*
misterio *mystery*
misterioso *mysterious*
misticismo *mysticism*
místico *mystical*
mitad *half; middle*
mitin *m. meeting*
mito *myth*
mitológico *mythological*
mixtificación *mystification, puzzle-
ment; hoax*
moaré *m. moiré*
mocedad *youth*
mocerío *youth; young people*
mochuelo *red owl*
moda *fashion;* de — *fashionable*
modelar *to model*
modelo *model*
moderación *moderation*

moderado *moderate*
modernidad *modernity*
modernista *m. modernist*
moderno *modern*
modesto *modest*
modificar *to alter*
modo *way, manner;* a — de *like,
by way of;* de ningún — *by no
means;* de todos —s *in any case,
anyhow;* de — que *so that;* de
este — *in this way*
modoso *well-behaved, sober*
mofarse (de) *to make fun (of)*
mojado *wet, drenched*
molde *m. mould*
moler *to grind, pulverize*
molestar *to annoy; to disturb*
molido *fatigued, exhausted*
molino *mill*
mollar *soft, tender*
momentáneamente *momentarily*
momento *moment*
mondar *to clean; to trim; to gnaw*
mondo *pure, neat*
moneda *coin; money*
monedero *purse*
monigote *m. grotesque figure, ugly
creature*
monja *nun*
mono, -a *monkey; adj. charming*
monomanía *monomania*
monosílabo *monosyllable*
monótono *monotonous*
monstruo *monster*
montaña *mountain; highland*
montañés, -esa *mountain, from or
of the mountains*
montar *to mount; to ride*
monte *m. mountain; wood, forest*
montón *m. heap, pile;* a montones
by the score
montura *horse, mount;* una mala —
a *nag*
monumento *monument*
morada *abode*
morado *purple*
morador *m. inhabitant*
moral *f. ethics, morality*
moralizador, -a *moralizer, moraliz-
ing*
morboso *morbid, sick*
morder *to bite; to gnaw; to eat*

mordisco *bite*
mordisquear *to bite*
moreno *dark, brown, swarthy*
morfina *morphine*
moribundo *dying*
morir *to die;* —se *to die*
moro, -a *Moor*
mortecino *pale, subdued; fading*
morriña *nostalgia*
mortificar *to mortify; to humiliate; to subdue*
mosca *fly;* — muerta *one who pretends to be weak*
moscón m. *bluebottle fly*
mostacho *mustache*
mostachudo *wearing a mustache*
mosto *must (wine)*
mostrador m. *counter*
mostrar *to show*
mota *speck*
mote m. *nickname*
motín m. *mutiny, revolt*
motivar *to cause*
motivo *reason, motive, source*
motriz adj. *motive, moving*
mover *to move; to stir, excite; to shake; to incite, encourage*
móvil m. *motive*
movilidad *mobility; vivaciousness*
movimiento *movement; liveliness*
moza *young girl*
mozo *young boy; young man; adj. young, youthful;* buen mozo *good-looking*
muchedumbre f. *crowd*
mucho *much, a great deal, very; pl. many; por* — que *no matter how much*
mudar *to change, alter;* —se *to reform; to move*
mudo *mute, silent*
mueble m. *piece of furniture; pl. furniture*
mueca *grimace*
muerte f. *death;* dar — *to kill;* de — *mortal, mortally*
muerto, -a (p.p. of morir) *dead, deceased; killed; n. corpse, dead person;* muertito de frío *nearly dead from cold*
muestra *manifestation; sign*

muestrario *sample book, collection of samples*
mugre f. *dirt*
mujer f. *woman, wife*
mujeriego *fond of women; n. woman-chaser*
mula *mule*
muleta *crutch*
mulilla *small mule*
multiforme *multiform*
múltiple *multiple; various, manifold*
multiplicar *to multiply*
multitud f. *crowd, the masses*
multitudinario *multitudinous, belonging to the masses*
mundano *worldly*
mundo *world;* todo el — *everybody*
municipio *municipality*
muralla *rampart, wall*
murciélago *bat*
murga *band of street musicians*
murmullo *murmuring, whisper*
murmurar *to mutter, grumble; to murmur*
muro *wall*
música *music*
músico *musician*
muslo *thigh*
mutis m. *exit*
mutuo *mutual*
muy *very; too*

N

nacer *to be born;* mal nacido *ill-bred*
nacimiento *birth*
nada *nothing*
nadar *to swim*
nadería *trifle, insignificant thing*
nadie *nobody; no one*
naipe m. *playing card*
Nápoles *Naples*
naranjo *orange tree*
nardo (bot.) *tuberose*
narigudo *long-nosed*
nariz f. *nose*
narizota f. aug. *large, ugly nose*

narrar *to relate*
nativo *native, natural*
naturaleza *nature*
naturalidad *naturalness*
naturalizarse *to become naturalized*
naufragar *to be shipwrecked*
naufragio *shipwreck*
náufrago, -a *shipwrecked person, castaway*
navaja *knife; razor*
nave *f.* *nave; ship, vessel*
navegar *to sail, to navigate*
nebuloso *misty, hazy*
necedad *foolishness*
necesario *necessary*
necesitar *to need*
necio *silly, stupid*
nefasto *ominous, unlucky*
negación *denial*
negar *to deny; to refuse;* —se a +
  inf. to refuse to
negativo *negative*
negro *black; (coll.) darling; n. Negro*
negrura *blackness*
negruzco *blackish*
nene *m.* *baby*
neófito *neophyte, a new convert*
nervadura (arch.) *rib, nervure*
neto *pure, unadulterated*
neutralización *neutralization*
nevada *snowfall*
nevar *to snow*
ni *neither, nor; not even;* ni...ni
  neither...nor; — siquiera *not even*
nicho *niche, recess*
niebla *mist, fog*
nieta *granddaughter*
nieto *grandchild, grandson*
nieve *f.* *snow*
nihilismo *nihilism*
ninfa *nymph*
ninfea *water lily*
ningún, ninguno *none, not any; no, no one*
niñez *f.* *childhood*
nivel *m.* *level*
nobiliario *nobiliary, pertaining to the nobility*
nobleza *nobility, noblesse*

nocivo *harmful*
nocturno *nocturnal, night*
noche *f.* *night;* buenas —s *good evening;* esta — *tonight;* de — *at night;* por la — *at night*
nodriza *wet nurse*
nogal *m.* *walnut tree*
nombrar *to name, appoint; to call*
nombre *m.* *name*
nominativamente *in particular; personally*
non *m.* *odd number;* quedar de — *to be left without a partner*
noria *well, chain-pump, water wheel*
norma *standard, norm, pattern, rule*
normalidad *normalcy*
norte *m.* *north*
norteamericano *North American*
nostalgia *nostalgia, homesickness*
nostálgico *nostalgic*
nota *note*
notable *distinguished, prominent*
notar *to note; to remark, observe*
noticia(s) *(piece of) news; information*
novedad *news; newness; trouble, danger; novelty;* sin — *well; safe*
novela *novel*
novelesco *novelistic, in the form of a novel*
novelista *m.* *novelist*
novena *novena*
noveno *ninth*
novia *sweetheart, fiancée; bride*
novicia *novice*
novio *sweetheart, fiancé; bridegroom*
novísimo *very new*
nube *f.* *cloud*
nublo *clouded sky*
nuca *nape of neck*
núcleo *nucleus*
nudo *knot; joint*
nueva *f. also pl.* *news*
nuevamente *newly; again*
nuevo *new;* de — *again*
nuez *f.* *nut; walnut*
numen *m.* *deity, divinity*
número *number, issue*
nunca *never; ever*
nupcial *nuptial*
nutrir *to nourish; to feed*

O

o   *or, either;* o...o   *either...or*
oasis *m.   oasis*
obcecado   *unyielding, obdurate*
obedecer   *to obey*
obispo   *bishop*
objeción *f.   objection*
objetivar   *to objectify*
objetividad   *objectivity*
objeto   *object*
oblicuo   *slanting*
obligación   *obligation*
obligar   *to force, oblige; to lay an obligation upon*
obra   *work; labor; deed*
obrada   *a land measure—roughly between 1 and 1½ acres*
obrador *m.   workshop*
obrar   *to work; to perform; to act, behave*
obrero   *workman, laborer*
o(b)scurecer   *to grow dark; to darken, shade*
o(b)scuridad   *darkness*
o(b)scuro   *dark, obscure; n. m. shade;* a oscuras   *in the dark*
observación   *observation*
observar   *to observe, notice*
observatorio   *observatory*
obsesión   *obsession*
obsesionar   *to obsess*
obstante: no —   *nevertheless, however*
obtener   *to obtain, get*
ocasión   *occasion, opportunity;* en ocasiones   *at times*
ocaso   *sunset; decline*
occidente *m.   west*
ociosidad   *idleness*
ocioso   *idle*
ocultar   *to hide, conceal; to shield*
oculto   *hidden, concealed*
ocupado   *busy*
ocupar   *to occupy;* —se (de)   *to pay attention (to)*
ocurrir   *to happen;* ocurrírsele a uno   *to occur to one*
odiar   *to hate*
odio   *hatred*
odioso   *hateful, odious*
"Odisea"   *"The Odyssey" by Homer*

oeste *m.   west*
ofender   *to offend, insult*
ofensivo   *offensive*
oferta   *offer*
oficiante *m.   officiating priest*
oficina   *office*
oficinista *m. & f.   office clerk*
oficio   *work; occupation, profession; office job*
ofrecer   *to offer*
oído   *ear (inner); sense of hearing;* al —   *confidentially; whispering*
oír   *to hear; to listen (to)*
¡ojalá! *interj.   God grant! may...; I hope so!*
ojera   *ring under the eye*
ojo   *eye;* ¡—!   *be careful! watch out!*
ojuelo   *small eye; pl. sparkling eyes*
ola   *wave*
oleaje *m.   surge, succession of waves*
oledor, -a   *snooper*
oler   *to smell, to scent;* — a   *to smell of*
olímpico   *Olympian*
olivar *m.   olive grove*
olivo   *olive tree*
olmo   *elm*
olor *m.   smell, fragrance*
oloroso   *fragrant*
olvidanza   *forgetfulness*
olvidar   *to forget;* —se de   *to forget*
olvido   *forgetfulness; oblivion*
ominoso   *ominous*
omnímodo   *all-embracing*
omnívoro   *omnivorous*
onda   *wave*
ondulación   *waving, undulation*
ondulante   *waving, undulating*
ondular   *to swing, to wave*
onza   *ounce; coin*
opaco   *opaque, dark; obscure*
ópera   *opera*
opinión   *opinion*
opio   *opium*
oponer(se)   *to oppose*
oportuno   *opportune, timely*
oposición   *opposition; competition for a position*
opresión   *oppression*
oprimir   *to press; to oppress; to push*
optar (por)   *to choose*

opuesto (*p.p.* of oponer) *opposite, opposed, contrary*
oración *prayer*
orangután *m. orangutan*
orbe *m. orb, sphere; world*
orden *m. order; group, category, kind; f. order, command*
ordenación *order, edict, ordinance*
ordenar *to order, command*
ordeñar *to milk*
ordinariamente *ordinarily*
orgánico *organic*
organismo *organism*
órgano *organ*
orgullo *pride*
orgulloso *proud*
oriental *oriental*
orientarse *to orient or guide oneself*
origen *m. origin*
original *original*
originalidad *originality*
originario *original*
orilla *shore, bank; edge*
orillar *to border*
ornamento *ornament*
oro *gold*
oropel *m. tinsel, glitter*
ortodoxia *orthodoxy*
orza *jar, crock*
osar *to dare*
oscuridad *cf.* obscuridad
oscuro *cf.* obscuro
ostentoso *ostentatious*
ostra *oyster*
otoño *autumn*
otorgamiento *grant*
otorgar *to grant*
otro *other, another*
oveja *sheep*
oxidación *oxidation*
oxigenado *full of oxygen; dyed*

P

pacer *to graze*
paciencia *patience*
paciente *patient; n. m. patient*
pacto *pact*
padecer *to suffer*
padre *m. father; priest; pl. parents*

pagania *paganism, heathenism*
pagano *pagan*
pagar *to pay, pay for; to repay; to reward*
página *page*
país *m. country*
paisaje *m. landscape, prospect*
paja *straw, chaff*
pájaro *bird;* — ratonero *bird of eagle family which destroys rodents*
pajizo *straw-colored*
palabra *word*
palacio *palace*
paladar *m. palate*
paladear *to taste with pleasure*
paladín *m. knight, champion*
palidecer *to turn pale*
pálido *pale, ghastly*
palillo *toothpick; stick*
paliza *beating*
palma *palm of the hand*
palmada *slap, clap*
palmario *clear, evident*
palmera *palm tree*
palmo *span, measure of length (8 inches)*
palmotear *to clap one's hands*
palo *stick; wood; blow, whack;* — santo *lignum vitae*
paloma *dove, pigeon*
palomar *m. dovecote*
palpar *to feel, touch*
palpitación *palpitation, throbbing*
palpitante *throbbing*
palurdo, -a *rustic, boor*
pámpano *vine branch, tendril*
pan *m. bread*
pana *corduroy*
panadería *bakery*
panal *m. honeycomb*
pandero *tambourine*
pánico *panic*
paniego *yielding bread;* tierras —s *wheat fields*
panorama *m. panorama*
pantalón *m. trousers*
pantalla *lamp shade; screen*
pantorrilla *calf (of the leg)*
pañal *m. diaper*
paño *cloth*
pañuelo *handkerchief*

Papa *m.* *Pope*
papá *m.* *papa*
papada *double chin*
papagayo *parrot*
papel *m.* *paper; role*
par *m.* *pair, couple;* a la — *jointly;*
al — que *at the same time that;*
de — en — *wide open;* sin — *incomparable*
para *for, in order to;* — con *towards, with regard to;* — que *so that*
parado *standing*
paraguas *m.* *umbrella*
paraíso *paradise*
parálisis *f.* *paralysis*
paralizar *to paralyze*
parar *to stop; to stay, lodge; to come into the possession of;* — en *to become, end (in);* —se *to stop*
parcela *parcel of land*
parcial *partial*
pardo *brown; dark*
parecer *to appear, seem; m. opinion;* al — *apparently, to all appearances;* ¿Qué le parece? *What do you think?;* —se a *to resemble*
parecido *similar; n. m. similarity*
pared *f.* *wall*
paredaño *having a wall between; adjoining*
pareja *pair, couple; partner*
parejamente *likewise*
parentela *relations, kin*
parentesco *relationship*
pariente *m.* *relative*
parir *to give birth*
parpadeo *winking, blinking*
párpado *eyelid*
parque *m.* *park*
parrilla *gridiron;* a la — *grilled*
párroco *parish priest*
parroquia *parish*
parsimonia *prudence; deliberation; sobriety*
parte *f.* *part; place;* de — de *in favor of, on the side of;* en cualquier — *anywhere;* en (por) todas —s *everywhere;* en — ninguna *anywhere else;* la mayor — *the majority;* por otra — *on the other hand;* por — alguna *any-*

where; por nuestra — *on our part; pl. talents, endowments*
partición *division, distribution (of inheritance)*
particular *particular, special, private, individual*
particularidad *detail*
partida *departure; item in an account; parcel; inheritance; guerrilla band*
partidario, -a *adherent, partisan, one in favor of; n. follower*
partido *party; part; game, match*
partir *to depart; to divide; to break, split; to chop (wood);* a — de aquel instante *from that moment on;* a — de aquí *from this point on*
parto *childbirth*
parturienta *woman having a baby*
párvulo *child*
pasado *past*
pasaje *m.* *passage*
pasajero *evanescent, fleeting*
pasar *to pass; to exceed; to spend (time); to suffer, endure; to happen; to come in; to pierce;* — la noche en claro *not to sleep a wink;* ¿Qué (le) pasa? *What's the matter?;* —se de *to be too + adj.; n. m. income*
pasatiempo *pastime, amusement*
paseante *m.* *stroller*
pasear(se) *to walk, take a stroll, walk up and down*
paseo *walk, stroll; excursion*
pasillo *corridor, passage, aisle*
pasión *passion*
pasividad *passivity, inertia*
pasivo *passive*
paso *step; passage;* a — *step by step;* de — *in passing;* le salió al — *he stepped out in her path;* a este — *at this rate;* dar un — *to take a step*
pasta *paste, dough, cake*
pastar *to graze*
pata *paw; foot or leg; leg (of a table)*
patada *kick*
patán *m.* *rustic, churl*
patear *to stamp; to trample*
patentizar *to make evident*

Pater Noster *Our Father, The Lord's Prayer*
paternidad *fatherhood*
patético *pathetic*
patillas *whiskers*
pátina *patina; gloss*
patio *courtyard*
patria *native country, fatherland*
patricio *patrician*
patrimonio *inheritance*
patriota m. *patriot*
patrón m. *host; landlord; protector; boss; pattern*
patrona *boss's wife*
patrono *patron, protector*
paulatino *slow, gradual*
pausa *pause*
pavimento *pavement*
pavoroso *fearful, frightful, terrible*
payaso *clown*
paz f. *peace;* en — *quits, even; in peace*
pazo *manor house (in Galicia)*
pecado *sin;* de nuestros —s *of ours*
pecador *sinner*
pecadora *sinner; prostitute*
pecunia *hard cash*
pecho *chest; breast*
pedagogía *pedagogy*
pedal m. *pedal, treadle*
pedante *pedantic*
pedantería *pedantry*
pedazo *piece*
pedernal m. *flint; extreme hardness*
pedestal m. *pedestal, stand*
pedida *request;* anillo de — *engagement ring*
pedir *to ask for, request; to order; to ask for in marriage; to beg, pray*
pedregoso *stony, rocky*
pedrezuela *small stone, pebble*
pedrisco *hail storm*
pegajoso *sticky, clinging*
pegar *to beat; to glue, stick; to slap; to give (before noun);* — fuego *to set fire;* — un tiro *to shoot*
peinadora *hairdresser*
peinar *to comb*
pelado *bare, barren*
pelambre m. *hair (implying rather a lack of hair)*
pelambrera *clump of hair*

pelea *fight, battle*
pelear *to fight, struggle*
peligro *danger, peril*
peligroso *dangerous*
pelirrojo *red-haired*
pelo *hair*
pelota *ball*
pelotón m. *gang; platoon*
peluquería *barbershop*
pelvis f. *pelvis*
pena *penalty; pain, sorrow;* alma en — *soul in purgatory;* dar — *to hurt*
pender *to hang, dangle; to be suspended*
pendiente *hanging; n. m. earring*
penetrar *to penetrate; to break in*
penoso *painful, laborious*
pensado *thought out*
pensador m. *thinker*
pensamiento *thought, idea*
pensar *to think, consider; to intend (+ inf.)*
pensativo *pensive, thoughtful*
penumbra *penumbra, partial illumination; half-shade*
penuria *penury, poverty*
peña *rock, stone; peak*
peor *worse, worst*
peplo *peplum or peplos (shawl-like upper garment worn in ancient Greece), overskirt*
peque = pequeña *little one*
pequeñez f. *littleness*
pequeño *small, little; humble, lowly; n. child*
percance m. *misfortune, mischance*
percatarse *to become aware*
percepción *perception, consciousness*
percibir *to perceive; to hear*
percocero *silversmith*
perder *to lose; to waste; to miss; to spoil, ruin; to squander; to damage; to fail (a course);* — pie *to lose one's footing*
pérdida *loss*
perdido *immoral*
perdón m. *pardon*
perdonar *to pardon, forgive*
perdurable *everlasting*
perdurar *to last long, endure*

perecedero *mortal, fleeting*
peregrinación *wandering*
peregrino *rare, handsome, perfect*
perenne *perennial*
perentoriamente *peremptorily, urgently*
perentorio *peremptory*
pereza *laziness, indolence; languor*
perezoso *lazy*
perfección *perfection*
perfeccionar *to perfect, improve*
perfecto *perfect*
pérfido *treacherous*
perfil *m.* *profile; outline, contour; standard*
perfume *m.* *perfume*
pergenio *appearance, looks*
perilla *beard, goatee*
periódico *newspaper*
periodista *m.* *journalist*
período *period; sentence*
peripecia *situation, vicissitudes*
perjudicial *harmful*
perjurar *to commit perjury; to swear, be profane*
perla *pearl*
perlesía *paralysis*
permanecer *to remain, stay*
permiso *permission*
permitir *to permit, allow*
perpetuar *to perpetuate*
perpetuo *perpetual*
perro, -a *dog;* — faldero *lap dog;* — de lanas *poodle;* — vagabundo *stray dog*
perseguir *to pursue; to persecute*
perseverancia *perseverance*
persistente *persistent*
persistir *to persist*
persona *person*
personaje *m.* *character; personage*
personal *personal*
personalidad *personality*
perspectiva *perspective; vista*
perspicacia *acumen, discernment*
perspicaz *discerning, shrewd*
pertenecer *to belong*
perturbar *to disturb*
perverso *depraved; wicked*
pesadez *f.* *heaviness*
pesadilla *nightmare*
pesado *heavy; disagreeable*

pesar *to weigh; n. m. sorrow, regret, grief;* a — de *in spite of*
pescar *to fish; to catch*
pese a *in spite of*
pesebre *m.* *stall, manger, crib*
pesimismo *pessimism*
pesimista *m.* *pessimist*
peso *weight; burden; heaviness*
pestaña *eyelash*
pétreo *stony*
petrificar *to petrify*
petróleo *petroleum*
petulante *conceited, petulant*
pez *m.* *fish*
piadoso *pious*
piano *piano*
piar *to peep, chirp*
picacho *peak, summit*
picado *smitten, enamored*
picadura *sting, puncture, bite*
picar *to sting; to itch; to pierce, puncture; to cut up; to scrape*
picaza *mattock (implement for digging and grubbing)*
pico *beak*
picor *m.* *itching*
pico-relincho *woodpecker*
pie *m.* *foot;* a — *on foot;* hacer — *to get a foothold;* ponerse de — *to stand up;* estar de — *to be standing*
piedad *piety, pity, compassion*
piedra *stone; rock, block (of stone); hail*
piel *f.* *skin; fur*
pierna *leg*
pieza *room; roll of cloth*
pileta *tub*
pimienta *pepper (black)*
pinar *m.* *pine grove*
pinchar *to pierce*
pingüino *penguin*
pino *pine*
pintar *to paint*
pintor *m.* *painter*
pintura *painting*
pipa *pipe*
pique: a — *in danger; on the point (of)*
pirámide *f.* *pyramid*
pirata *m.* *pirate*
piropo *compliment, flattery*

pirueta *pirouette, gyration*
pisada *footstep*
pisador *m. wine-treader*
pisar *to step on, set foot on*
piscina *pool;* — probática *pool of healing*
piso *floor, story; pavement; apartment;* — bajo *ground floor*
pisotear *to trample*
pitar *to whistle*
pitillo *cigarette*
pizarra *blackboard, slate*
placenta *placenta*
placentero *pleasurable*
placer *to please; m. pleasure*
plácido *quiet, calm*
plan *m. plan, scheme*
plancha *iron, sheet, plate*
planchar *to iron, press*
planeta *m. planet*
plano *flat*
planta *sole of foot; plant;* de buena — *of fine physique*
plantar *to plant*
plantear *to state (a problem)*
plañidero *mournful*
plata *silver*
plataforma *platform*
plateado *silvery*
plática *chat, conversation*
plato *plate*
playa *beach*
plaza *square, plaza*
plazuela *small square*
pleamar *f. high tide*
plebeyo *plebeian, low class*
plenario *complete, full*
plenilunio *full moon*
plenitud *f. plenitude, fullness, abundance*
pleno *full, complete*
Pléyades *f. pl. Pleiades (cluster of stars)*
plomo *lead*
pluma *pen*
plumero *duster*
población *town, city*
poblachón *m. ugly village*
poblado *town*
poblar *to inhabit; to people*
pobre *poor; humble; n. poor man (woman)*

pobreza *poverty*
poco *adj. little, small; few, some; adv. hardly, scarcely;* — a — *little by little;* a —, al — *shortly after;* por — *almost;* hace — *a short while ago;* unos pocos *a few*
podar *to prune, trim*
poder *to be able; can; may;* no — menos de + *inf. not to be able to help;* — con *to cope with, to prevail against; n. m. power; possession*
poderoso *powerful*
podredumbre *f. rottenness*
podrir *to rot*
poesía *poem; poetry*
poeta *m. poet*
poetisa *poetess*
polacra *vessel with 2 or 3 masts and square sails, used in the Mediterranean*
polinesio *Polynesian*
política *politics; policy*
político *political; n. politician*
polo *pole*
polvo *powder; dust; pl. face powder*
polvoriento *dusty*
pollo *chicken; (coll.) young man*
poner *to put, place; to name; to lay (eggs);* —se *to put on; to apply oneself to;* + *adj. to become;* —se de pie *to stand up;* —se a *to begin to;* —se en camino *to start;* —se (el sol) *to set, go down (the sun)*
poniente *n. m. west; adj. setting (sun)*
por *for, because of; by, through; for the sake of, on account of; along;* — eso *therefore, for that reason;* — que *so that*
porcelana *porcelain*
porción *portion; collection;* una — de *a lot of*
porfiar *to persist*
pormenor *m. detail*
porque *because; so that;* — sí *just because*
porqué *m. why, reason*
porrazo *blow, knock*
portal *m. entrance; vestibule; gate*
portarse *to behave, to act*

porte *m.   behavior, bearing*
portento   *prodigy*
portentoso   *marvelous, prodigious*
portero, -a   *porter, concierge*
portezuela   *little door; door (of car)*
portier   *portiere: a curtain hanging across a doorway*
portón *m.   door to courtyard*
porvenir *m.   future*
posada   *inn*
posar   *to lodge; to perch; to rest; to settle*
poseer   *to possess, own*
posesión   *possession; property*
posibilidad   *possibility*
posible   *possible; m. pl. personal means*
posición   *position*
posteridad   *posterity*
posterior   *later*
postre   *last in order;* a la — *at last, after all*
postrero   *last, ultimate*
postrimerías   *end*
postulado   *postulate*
póstumo   *posthumous*
postura   *posture, position*
potencia   *power*
potente   *potent, strong, powerful*
potra   *filly*
potro   *colt*
pozo   *well*
práctica   *practice*
practicante *m.   medical assistant, hospital intern*
práctico   *practical*
pradera   *meadow*
prado   *field*
pragmatismo   *pragmatism*
precaución   *precaution*
preceder   *to precede*
preciar   *to prize*
precio   *price*
precioso   *beautiful*
precipitado   *precipitate*
precipitar   *to rush, hasten; to hurl*
precisamente   *exactly*
precisarse   *to be necessary*
preciso   *necessary; accurate, precise*
precoz   *precocious*
precursor *m.   forerunner*
predicar   *to preach*

preestablecer   *to preëstablish*
preexistente   *pre-existing*
prefectura   *prefecture*
preferible   *preferable*
preferir   *to prefer*
pregonar   *to announce, to shout*
pregunta   *question*
preguntar   *to ask; to question;* —se *to wonder*
prehistoria   *prehistoric times*
preludio   *prelude*
prematuro   *premature*
premio   *prize, reward*
premioso   *burdensome, urgent*
prenda   *garment*
prender   *to seize, catch; to catch fire; to light*
prendería   *second-hand store*
prendimiento   *arrest, seizure*
prensa   *press*
prensar   *to press*
preocupación   *preoccupation, worry*
preocuparse (de)   *to worry about, to concern oneself with*
preparar   *to prepare*
presa   *prey*
presagio   *omen*
presbiterio   *chancel*
presencia   *presence; figure; bearing*
presentar   *to present, introduce;* —se *to appear*
presente   *present;* tener — *to bear in mind, remember*
presentir   *to sense, to have a presentiment (of)*
presidiario   *convict*
presidio   *penitentiary*
presidir   *to preside; to govern*
presión   *pressure*
preso *(p.p. of prender)   seized, imprisoned; n. prisoner*
prestado: pedir — *to borrow*
prestamista *m. & f.   moneylender*
prestancia   *excellence*
prestar   *to lend; to give;* — atención *to pay attention*
prestidigitador *m.   juggler*
prestigiado   *honored*
presto   *ready; adv. soon, fast*
presumir   *to presume, surmise, conjecture; to boast*
presunción   *presumption, conjecture*

presunto *presumed*
presuntuoso *presumptuous*
presuroso *quick*
pretender *to seek, aspire to, try to do, strive; to claim; to court*
pretendiente *m. suitor, pretender*
pretérito *past*
prevenir *to warn, caution; to prepare, make ready; to prearrange; to prevent*
prever *to foresee*
previo *previous*
previsible *foreseeable*
previsión *foresight; foreboding, premonition*
previsto *(p.p. of prever) foreseen*
primario *primary*
primavera *spring*
primerizo *first, early*
primigenio *primitive*
primitivo *primitive; original*
primo, -a *cousin; simpleton; (coll.) dupe*
principal *m. first or second floor*
príncipe *m. prince*
principio *beginning; principle; al — at first; en un — at first; desde un — from the first*
prisa *hurry; de — rapidly; tener — to be in a hurry*
privado *private*
privilegio *privilege*
proa *bow, prow*
probar *to prove; to try on; to try, taste, test*
problema *m. problem*
proceder *to come (from)*
procedimiento *procedure*
procesión *procession*
proceso *process; progress; lawsuit, trial; difficulty*
procurar *to try, endeavor*
prodigar *to lavish, squander, use overabundantly*
prodigioso *marvelous, prodigious*
producirse *to arise*
producto *product*
profanación *profanation*
profecía *prophecy*
profesar *to profess*
profesión *profession*
profesor *m. professor, teacher*

profesorado *professorship; teaching position*
profeta *m. prophet*
profetizar *to prophesy*
profundizar *to fathom, explore, go deep into*
profundo *deep, profound*
progresismo *progressivism*
progresista *m. progressivist*
prohibición *prohibition*
prohibir *to forbid, prohibit*
prole *f. offspring, children*
proletario *proletarian*
prolífico *prolific*
prolijidad *prolixity; con — at length*
prologar *to write an introduction*
prólogo *prologue*
prolongar *to prolong*
promediar *to divide into two equal parts*
promesa *promise*
Prometeo *Prometheus*
prometer *to promise*
prometido, -a *fiancé(e), betrothed*
prominente *prominent*
promiscuidad *promiscuity*
promisión: tierra de — *promised land*
promover *to promote, further, advance*
promulgar *to promulgate*
pronóstico *prediction*
pronto *adv. soon; adj. quick, fast; ready; de — suddenly; por lo — to start with*
pronunciar *to pronounce, utter*
propensión *inclination*
propiamente *properly*
propicio *favorable*
propiedad *property*
propio *one's own; suitable, fit, proper; the very same (thing or person); veritable; lo — the same thing*
proponer(se) *to intend; to propose, suggest*
proporción *proportion*
proporcionar *to provide, furnish, supply; to give*
propósito *aim, purpose, intention, objective*

prorrumpir   *to break forth, burst out*
prosaico   *prosaic*
proseguir   *to continue, go on; to prosecute*
prosperidad   *prosperity*
protección   *protection*
protestar   *to protest*
protoplásmico   *protoplasmic*
provenir   *to come from, originate*
proverbio   *proverb*
providencial   *providential*
providente   *provident*
provincia   *province*
provocar   *to provoke, excite*
próximamente   *approximately*
proximidad   *nearness, proximity*
próximo   *next; neighboring, nearby*
proyección   *projection*
proyecto   *plan*
prudente   *prudent, wise*
psicología   *psychology*
púa   *bristle; prong*
público   *public; n. m. audience*
puchero   *cooking pot*
pudor   *m.   modesty, reticence*
pudrir   *to rot*
pueblo   *town, village; people, nation*
pueril   *childish*
puerta   *door; gate*
puerto   *port; pass through the mountains*
pues   *because, for, as; since; then, so;* — bien   *now then, well*
puesto   *(p.p. of* poner) *put, placed, set, fixed;* — que   *since, inasmuch as; n. place, post, position*
pugna   *struggle; contest*
pulcritud   *neatness, tidiness*
pulga   *flea*
pulimentado   *polished*
pulir   *to polish*
pulmonía   *pneumonia*
pulso   *pulse*
pulular   *to swarm*
punta   *end, tip; apex*
puntada   *stitch*
puntapié   *m.   kick*
punterazo   *kick*
puntiagudo   *pointed*
puntilla   *narrow lace edging*
puntilloso   *punctilious, scrupulous*
punto   *dot; point; iota, jot; favor-*

able opportunity; hole in a stocking; stitch; al — *immediately;* a — fijo   *exactly, with certainty;* a — de   *about to, on the point of*
puñado   *handful; a few*
puñal   *m.   dagger*
puñalada   *stab (of a dagger)*
puño   *fist; handle (of umbrella); head (of cane)*
pupila   *pupil (of eye)*
pupitre   *m.   school desk*
pureza   *purity*
purificar   *to purify*
puro   *pure*
pus   *m.   pus*

Q

qué   *what?, which?; what a...!, how...!;* ¡— de...!   *how many...!*
que   *rel. pron.   which, who, that, etc.; adv. than, as; conj. that, for (because)*
quebrantar   *to break, crush; to shake*
quebrar   *to break; to twist;* —se   *to be broken*
quedar   *to remain, stay; to be;* — en   *to agree to;* quedarle a uno   *to have (something) left;* — de non   *to be without a partner;* — dormido   *to fall asleep;* —se   *to remain;* —se con   *to keep*
quehacer   *m.   task*
queja   *complaint*
quejarse   *to complain*
quemar(se)   *to burn*
querella   *quarrel*
querer   *to want; to love;* — decir   *to mean;* sin — *unintentionally*
querido, -a   *dear, beloved; n. lover (mistress)*
queso   *cheese*
quevedos   *m. pl.   eyeglasses*
quicio   *door hinge*
quieto   *still, quiet, undisturbed*
quietud   *tranquillity, repose*
quijotesco   *quixotic*
quijotismo   *quixotic actions, quixotism*
quimera   *chimera; vain fancy; a folly; illusion*

quimérico *chimerical, preposterous*
química *chemistry*
químico *chemical; n. chemist*
quina *bark (tree)*
quincena *fortnight*
quinqué *m. lamp*
quintaesenciado *quintessential*
quintana *manor house*
quinto *fifth*
quitar *to take away, remove;* —se
to take off; to move away; —se de
en medio *to remove oneself; to
take oneself out of the way*
quizà(s) *perhaps*

R

rabiar (por) *to long for; to rage, be
furiously angry;* a — *furiously*
rabillo *corner (of the eye)*
rabo *end, tail*
racionalismo *rationalism*
racionalista *m. rationalist*
racha *gust; access*
radiante *radiant*
radical *radical, basic*
radicar *to establish*
radio *radius*
radiografía *X-ray picture*
raído *frayed, threadbare; thin (hair)*
raíz *f. root;* de — *entirely*
ralo *thin, sparse*
rama *branch*
ramaje *m. foliage*
ramascas *branches*
ramo *bough, branch; palm*
rana *frog*
rancio *old; rancid*
rango *rank*
rapaz *m. young boy*
raposo, -a *fox*
rapsoda *m. rhapsodist*
raptar *to abduct; to transport*
rapto *rapture, ecstasy*
raptor *m. abductor*
raquítico *rachitic, rickety*
rareza *rarity; odd thing*
raro *odd, peculiar; rare*
rascar *to scratch, scrape*
rasgado *very large (said of eyes)*
rasgar *to tear*
rasgo *feature, quality*

raspear *to scratch*
Rastro *flea-market in Madrid*
rastrojo *stubble*
rato *short time, while, moment;* a
—s *from time to time, occasion-
ally;* pasar mal — *to have a bad
time*
ratón *m. mouse; rat*
raudo *rapid, swift*
raya *part (of hair); stripe, strip*
rayo *ray, beam; thunderbolt*
raza *race; ray of light*
razón *f. reason;* tener — *to be right*
razonamiento *reasoning*
razonar *to reason; to compute; to
account for, explain*
reaccionar *to react; to recover*
real *royal; real, actual; n. m. coin*
realidad *reality*
realización *fulfillment*
realizar *to fulfill, carry out, realize;
to come true*
reaparición *reappearance*
rebajar *to diminish, reduce, cut
down; to lower*
rebaño *herd, flock*
rebelde *m. rebel*
rebeldía *insubordination, rebelliousness*
rebelión *revolt*
rebosar *to overflow*
rebuznar *to bray*
recado *message; errand*
recalcar *to press; to emphasize*
recatar *to conceal*
recaudador *m. collector*
recaudo *precaution, care*
recelo *suspicion; fear*
recibir *to receive*
recién *recently;* — nacido *newborn*
recio *strong; loud; thick*
recital *m. recital*
recitar *to recite*
reclinar (en) *to lean (on);* —se *to
recline, lean back*
recluir *to seclude, shut in*
recobrar *to recover, regain;* — el
sentido *to come to*
recocido *clever*
recodar *to lean (with the elbow)*
recoger (recojer) *to gather, pick; to
pick up;* —se *to withdraw, retire*

recogido *retiring, withdrawn*
recomendación *recommendation*
recomendar *to recommend; to suggest*
recóndito *recondite; abstruse, profound, hidden, mysterious, obscure*
reconocer *to recognize; to admit*
reconocimiento *examination; recognition*
Reconquista *Reconquest*
reconquistar *to reconquer*
reconvenir *to reprimand, reproach*
recordar *to recall, remember, recollect; to remind*
recorrer *to go over; to travel over, traverse; to travel; to run through*
recortar *to outline; to cut out;* —se *to be silhouetted against*
recrear *to amuse;* —se *to amuse oneself*
recreo *recreation; recess*
recriminar *to scold*
rectificar *to correct, amend*
recto *straight, upright; honest*
rector *m.* *rector, director*
rectoral *f.* *rectory*
recuerdo *memory; recollection; souvenir*
recurrir *to resort*
recurso *resort, recourse, resource*
rechazar *to reject*
rechinar *to gnash, grind (the teeth)*
rechoncho *squat*
red *f.* *net*
redacción *editing; editorial staff; editorial rooms; wording*
redactar *to edit; to write; to draw up; to word*
redentor *m.* *redeemer*
redivivo *revived, restored; immortal*
redonda *neighborhood;* a la — *roundabout*
redondear *to round*
redondo *round;* en — *all around*
reducido *small*
reducir *to reduce; to reconcile*
refajo *skirt*
referir *to tell, narrate; to allude to; to refer; to concern;* —se a *to refer to; por lo que se refiere a mí in so far as I am concerned*
reflector *m.* *searchlight*

reflejar *to reflect*
reflejo *reflection*
reflexión *reflection*
reflexionar *to reflect, think*
reflexivo *pensive, meditative*
Reforma *Reformation*
refrescar *to cool, refrigerate;* —se *to cool off*
refresco *cold beverage*
refulgir *to shine*
refunfuñar *to grumble, mutter*
regalar *to give as a present; to present; to treat;* —se *to feast*
regar *to water, to irrigate*
regatón *m.* *huckster, haggler*
regazo *lap*
regeneración *regeneration, rehabilitation*
regenerar *to regenerate*
regentar *to rule, manage; to hold (a professorship)*
régimen *m.* *rule, system, regime*
región *region*
regir *to rule, govern; to manage, control*
registrar *to search*
regla *rule; moderation*
regocijo *enjoyment, satisfaction, pleasure*
regresar *to return*
reguero *trickle*
regular *so-so; regular*
rehacerse *to revive; to regain strength*
reina *queen*
reino *kingdom*
reír(se) *to laugh*
reiterar *to repeat*
reja *iron grating, bars (of a window)*
rejón *m.* *short spear (usually thrust into a bull)*
relación *relation, dealing; report, account; pl. acquaintances; relations; sexual relations*
relajarse *to relax*
relámpago *flash of lightning*
relatar *to relate, narrate, tell*
relato *narrative*
releje *m.* *rut, wheel track*
relente *m.* *dampness*
religión *religion*
religiosa *nun*

religioso *religious; n. m. churchman*
reliquia *(holy) relic*
reloj *m. clock*
reluciente *shining*
relucir *to shine*
rellano *landing (of a stair)*
remangado *rolled up, turned up*
remansarse *to stop flowing; to eddy*
remanso *backwater*
rematar *to finish, end*
remate *m. end, finish;* dar — *to bring to conclusion;* de — *utterly*
remedar *to imitate*
remedio *remedy, cure; help;* no hay — *there's nothing to be done;* no queda otro — *there's nothing else to be done;* sin — *inexorably, inevitably*
remendar *to mend*
remontarse *to go back*
rémora *hindrance, obstacle*
remorder *to cause remorse*
remordimiento *remorse*
remover *to stir*
Renacimiento *Renaissance*
rendición *surrender*
rendido *worn out*
rendija *crevice, crack*
rendir *to yield;* —se *to surrender, give way; to become worn out*
renegar (de) *to deny, disown*
renovación *renewal, renovation*
renovar *to renew*
renquear *to limp*
renta *income*
renuncia *renunciation*
renunciamiento *renunciation*
renunciar *to renounce, give up*
reñir *to quarrel*
reo *criminal, offender*
reojo: mirar de — *to look askance*
repantigarse *to stretch (oneself) in a chair*
reparar (en) *to notice; to heed*
repartir *to distribute, divide*
repasar *to pass again; to glance over; to mend; to scan*
repeler *to repel*
repente: de — *suddenly*
repentino *sudden*
repetición *repetition*
repetir *to repeat; to rehearse*

repintar *to repaint*
repiquetear *to ring; to beat away at; to drum*
replicar *to reply*
reponer *to answer, reply; to replace;* —se *to recover*
reposar *to rest, to repose*
reposo *peace, tranquillity*
reprender *to scold; to reproach, rebuke*
representar *to represent; to perform, act*
reprimir *to repress*
reprochar *to reproach*
reproducir *to reproduce*
repuesto *(p.p. of* reponer) *recovered*
repugnante *repulsive*
repugnar *to repel, disgust; to oppose*
repulsión *revulsion*
repulsivo *repulsive*
reputar *to repute; to estimate; to judge*
requebrar *to woo, to flatter*
requerir *to summon; to require, need*
requisa *requisition (of horses)*
res *f. head of cattle;* — merina *merino sheep*
resabio *unpleasant aftertaste*
resbalar *to slip, slide*
rescoldo *ember*
reseco *very dry; dried out*
resentimiento *resentment*
reservado *reserved*
reservar *to keep; to conceal*
residir *to reside, dwell; to inhere*
residuo *residuum*
resignación *resignation*
resignado *resigned*
resignarse *to resign oneself*
resina *resin*
resistente *resisting, strong*
resistir *to resist; to endure, withstand, bear*
resolución *resolution;* en — *in short*
resolver *to resolve, solve; to determine; to decide*
resonar *to resound, to echo*
resoplido *audible breathing; snorting*

resorte *m.* *spring*
respaldo *back of a seat*
respecto *respect;* — a *with regard to;* al — *with regard*
respetable *worthy, honorable*
respetar *to respect*
respeto *respect*
respetuoso *respectful*
respiración *breathing*
respirar *to breathe*
respiro *moment of rest, respite*
resplandecer *to glitter, glisten*
resplandeciente *shining, bright*
resplandor *m.* *light, radiance, splendor*
responder *to answer, respond; to correspond*
responsabilidad *responsibility*
responso *responsory for the dead*
respuesta *reply*
restauración *restoration*
resto *remainder; rest*
restringir *to restrict*
resucitar *to resurrect*
resuelto *(p.p. of* resolver) *adj.* *resolved*
resultado *result*
resultante *resulting*
resultar *to turn out, result; to be; to seem*
resumen *m.* *summary*
resumir *to sum up*
resurgir *to reappear; to spring up again*
retablo *altarpiece; spectacle*
retardar *to delay*
retazo *piece, remnant, cutting*
retel *m.* *fishing net*
retemblar *to shake, quiver*
retener *to keep; to arrest, detain*
retirar *to retire, withdraw;* —se *to withdraw, retire, go back*
retorcer *to twist;* —se *to writhe*
retorcido *twisted*
retornar *to return*
retorno *return, coming back*
retraso *delay*
retratar *to portray, depict; to describe; to delineate;* —se *to sit for a portrait*
retrato *portrait*
retrepado *leaning back*

retreparse *to lean back*
retributivo *remunerative, rewarding*
retroceder *to go back*
retrospectivo *retrospective*
retumbar *to resound*
reuma *m.* *rheumatism*
reumático *rheumatic*
reunir *to unite, join, bring together;* —se *to join, meet*
revalidar *to confirm, revalidate;* —se *to take final exam for academic degree*
revelación *revelation*
revelar *to reveal*
reventar *to burst; to ruin; to smash*
reverencia *bow*
revés *m.* *reverse;* al — *in reverse;* del — *in reverse;* volver del — *to turn inside out*
revestir *to clothe; to invest*
revista *review, magazine*
reviviscencia *revival*
revolcarse *to wallow, roll oneself about*
revolotear *to flutter; to fly; to hover*
revoltijo *medley; mass*
revoltoso *mischievous*
revolver *to turn upside down;* —se *to turn; to rebel*
revuelta *inlet*
revuelto *mixed up*
rey *m.* *king*
reyezuelo *petty king*
rezar *to pray; to state*
rezongar *to grumble, mutter; to buzz*
rezonguear *to mutter*
rezumar *to ooze*
ribazo *bank, mound*
ribera *shore, beach, strand*
ridículo *ridiculous*
rienda *rein*
riente *smiling, laughing*
riesgo *risk, peril*
rígido *rigid, stiff, firm*
rigor *m.* *rigor;* en — *more exactly*
riguroso *strict*
rincón *m.* *corner*
rinconera *corner cupboard; stand*
ringla *row, file*
ringlera *row, file*
riña *quarrel, fight*

río *river*
riqueza *wealth*
risa *laugh, laughter;* daba — *it made one laugh*
risco *crag, cliff*
risotada *peal of laughter*
ristre: en — *at rest*
rítmico *rhythmic*
ritmo *rhythm*
ritornelo *refrain*
rizar *to curl, to flute, to ruffle, to ripple*
rizo *curl, ripple*
rizoso *curly*
robar *to steal*
roble *m.* *oak*
robo *theft, robbery*
robustecer *to strengthen; to increase*
robustez *f.* *robustness*
robusto *robust, strong*
roca *rock*
roce *m.* *rubbing*
rocío *dew*
rococó *rococo (florid style of ornamentation)*
rodear *to surround*
rodilla *knee;* de —s *on one's knees;* dejó caer las —s en tierra *he dropped to his knees*
rogar *to beg, entreat; to pray;* no se hicieron — *they didn't have to be urged*
roído (*p.p. of* roer) *gnawed*
rojizo *reddish*
rojo *red*
Roma *Rome*
romance *m.* *ballad*
romancero *collection of ballads*
romanticismo *Romanticism*
romántico *romantic*
romanza (*mus.*) *romance, romanza*
romo *blunt, flat*
rompedor, -a *breaker*
romper *to tear; to break; to break out; to begin*
roncar *to snore*
ronco *hoarse*
rondar *to hover about; to hang around; to pay court*
ropa *clothing;* — blanca *linen;* — interior *underwear*
ropero *wardrobe*

rosa *rose; adj. rose-colored, pink*
rosado, -a *rosy*
rosal *m.* *rosebush*
rosario *rosary*
rosigar *to gnaw; to file*
rosquilla *ring-shaped cake*
rostro *face, countenance*
roto (*p.p. of* romper) *broken, shattered, torn; n. tear, hole*
rotular *to label*
rótulo *label; poster, placard; title; headline*
rotundo *round; full*
rozar *to graze, brush against*
rubio *blond, fair*
rubor *m.* *blush, flush; bashfulness*
ruborizarse *to blush*
rudimento *rudiment*
rudo *rude*
ruedo *ring*
ruego *request, prayer, plea*
rugido *roar*
ruido *noise; sound*
ruidoso *noisy*
ruin *mean, vile, despicable*
ruina *ruin; débris*
ruinoso *dilapidated*
ruiseñor *m.* *nightingale*
rumbo *direction; road, way;* tomó — a *he went in the direction of*
rumiar *to ruminate, meditate*
rumor *m.* *sound, noise; murmur; sound of voices*
ruta *route*
rutinario *routine*

S

sábana *sheet*
saber *to know (how); to learn, find out; to hear about (from); n. m. knowledge, knowing*
sabiduría *wisdom*
sabio *wise; n. sage, scholar*
sabor *m.* *taste, flavor*
sabroso *delicious, tasty*
sacar *to extract, draw out; to take (or bring) out; to get; to deduce*
sacerdocio *priesthood*
sacerdote *priest*
saciar *to satiate;* —se *to become satiated*

saco *sack, bag*
sacrificar *to sacrifice*
sacrilegio *sacrilege*
sacristán *m. sexton*
sacudir *to shake, shake off; —se to shake off, to drive away*
saeta *a type of religious song without guitar accompaniment sung in Andalusia during Holy Week*
sagrado *sacred, hallowed, sanctified*
sainetero *writer of farces*
sal *f. salt*
sala *living room; hall; large room*
salado *salty*
salida *departure, exit; appearance*
salir *to leave, come out, go out; to turn out; — a to resemble; — al encuentro to cut short; —se con la suya to have one's way*
salón *m. large hall; assembly room*
salpicar *to bespatter*
saltar *to jump, leap, jump over; to knock out;* hacer — *to blow up*
saltimbanqui *m. charlatan, mountebank, quack*
salto *jump, leap; waterfall;* dar un — *to jump*
salud *f. health*
saludar *to greet*
salutación *greeting*
salvaje *savage; n. m. savage*
salvar *to save*
Salve *(Latin) Hail*
salvo *saving, excepting, barring*
sanción *sanction, endorsement*
sancionar *to approve*
sandía *watermelon*
sangrar *to bleed; to drain*
sangre *f. blood; family*
sanguinoso *bloody*
sanidad *healthfulness*
sano *healthy*
santidad *holiness, sanctity*
santiguarse *to cross oneself*
santo *holy, saintly; n. saint*
santuario *sanctuary, shrine*
sapiencia *wisdom, learning*
sapo *toad*
sarcasmo *sarcasm*
sargento *sergeant*
sarmentera *shed*
sarmentoso *knotted, stringy*

sarmiento *(bot.)   runner, vine, twig*
sastre *m. tailor*
Satanás *m. Satan*
satírico *satirical*
sátiro *satyr*
satisfacer *to satisfy*
satisfecho *(p.p. of* satisfacer*) satisfied*
saturar *to fill*
savia *sap*
sazón *f. season*
sazonar *to mature*
sea...sea *either...or*
secante *m. blotter*
secar *to dry*
seco *dry*
secreto *secret; n. secret*
secundario *secondary*
sed *f. thirst;* tener — *to be thirsty*
seda *silk*
sedimento *sediment; dregs*
seductor, -a *fascinating; n. seducer*
segador *m. reaper*
segar *to reap*
seguida *succession;* en — *immediately;* en — que *as soon as*
seguido *successive*
seguimiento *pursuit*
seguir *to follow; to pursue; to continue, keep on;* ¿cómo sigue? *how is he?*
según *according to*
segundo *second; n. second*
segundón *m. any son born after the first*
seguridad *assurance, certainty; security*
seguro *sure, certain; firm, safe; steady;* por — *surely, certainly;* de — *certainly;* sobre — *without risk*
selección *selection*
selecto *choice, select*
selva *wilderness, jungle*
semana *week*
semanero *engaged by the week*
semblante *m. look, expression*
sembradizo *arable; prepared for sowing*
sembradura *sowing*
sembrar *to sow, to seed*
semejante *like, similar; such, such a, of that kind*

semejar *to resemble, look like*
semicerrado *half-closed*
semidivino *semidivine*
semiinconciencia *semiconsciousness*
semilla *seed*
semioscuro *half-dark*
semoviente *self-propelled (like an automaton)*
sencillo *simple*
senda *path, way*
sendero *road, way, path*
senequista *Senecan*
seno *bosom; innermost recess*
sensación *sensation*
sensato *sensible*
sensibilidad *sensibility*
sensible *sensitive*
sensualidad *sensuality*
sentar *to seat; to agree with one;* —se *to sit down*
sentencia *maxim; axiom; sentence, judgment*
sentido *sense; meaning;* perder el — *to lose consciousness; to faint;* sin — *meaningless*
sentimental *sentimental*
sentimentalidad *sentimentality*
sentimiento *sentiment, feeling; sense*
sentir *to feel; to hear; to perceive; to grieve, mourn; to regret, feel sorry;* —se *to feel; n. m. feeling*
señal *f. sign*
señaladamente *especially; notably*
señalar *to point out, indicate*
señor *m. sir, mister; gentleman; lord;* — mío *dear sir;* Señor *Lord*
señora *lady, mistress; Mrs., wife; madame*
señoril *lordly*
señorita *young lady, miss*
señorón *m. aug. grand seigneur, great lord*
separar *to separate*
sepulcrado *buried*
sepulcro *grave*
sepultar *to bury*
sepultura *grave*
sequedad *dryness, barrenness, aridity*
ser *to be; n. m. being*
sera *large pannier, basket*

serenata *serenade*
serenidad *serenity, tranquillity;* mar de — *Sea of Serenity (one of the areas of the moon)*
sereno *quiet, tranquil, serene; n. night watchman*
seriedad *gravity*
serio *serious, grave*
sermón *m. sermon*
serondo *late (said of fruit)*
serpiente *f. serpent, snake*
serrallo *harem, seraglio*
serrín *m. sawdust*
servicio *service*
servidumbre *f. servitude*
servilleta *napkin*
servir *to serve; to be of use;* — para *to be useful for*
sesentena *sixty years*
sesgo *turn, tone*
seso *brain, brains*
sestear *to take a nap*
seta *mushroom*
severidad *severity*
severo *severe, harsh*
sevillano *of Seville, Sevillian*
siempre *always;* para — *forever;* por — *forever;* como — *as usual;* — que *whenever*
sien *f. temple*
siervo *servant*
siesta *nap*
sifilítico *syphilitic*
sigilo *secrecy, concealment*
sigiloso *silent; hushed*
siglo *century*
significar *to mean*
significativo *significant*
signo *sign; course; motion; mark*
siguiente *following*
silbido *whistle*
silbo *whistle*
silencio *silence*
silencioso *silent, quiet*
sílfide *f. sylph*
silvestre *wild*
silla *chair*
sillón *m. armchair;* — de moscovia *leather armchair*
sima *abyss*
símbolo *symbol*
simétrico *symmetrical*

símil *m.* *simile*
simpatía *congeniality; liking, friendly feeling; understanding*
simpático *pleasant, nice, congenial*
simpatizar *to be congenial (with), to have a liking*
simplemente *simply*
simplicidad *simplicity; ignorance*
simplificador, -a *simplifying, simplifier*
simulación *simulation, feigning*
simular *to simulate, pretend*
sin *without;* — número *numberless, countless;* — que *without*
sinceridad *sincerity*
sincero *sincere*
sindicato *union*
sinecura *sinecure; easy position*
sinfonía *symphony; instrumental passage*
singular *singular, extraordinary*
siniestro *sinister*
sino *but, but rather; except, besides; solely, only;* no...sino *only; n. fate*
sinsabor *m.* *trouble*
síntesis *f.* *synthesis*
sintetizador, -a *synthesizing, synthesizer*
sintetizar *to synthesize; to sum up*
sinuosidad *curvature*
sinuoso *wavy; crooked*
sinvergüenza *shameless*
siquiera *at least;* ni — *not even*
sirviente *m. or f.* *servant*
sistema *m.* *system*
sistematización *systematization*
sitiador *m.* *besieger*
sitio *place, space, spot; room; siege; seat*
situar *to situate, locate*
so *under; below;* — pena de *under penalty of*
sobaco *armpit*
sobar *to massage*
soberanía *sovereignty*
soberano *royal, superior; n. sovereign, lord*
soberbio *lofty, grand; arrogant*
sobra *surplus, excess; pl. leftovers;* de — *more than enough; to spare*
sobrado *excessive, abundant*

sobrar *to have (or to be) in excess; to be more than enough; to be superfluous; to be left over*
sobre *over, above, on;* — poco más o menos *more or less*
sobrecoger *to surprise*
sobrecogido *apprehensive*
sobreexcitación *overexcitement*
sobrehaz *f.* *surface*
sobremanera *adv.* *exceedingly*
sobremesa *tablecloth, tablecover;* de — *after dinner; for the table*
sobrepasar *to surpass*
sobreponer *to superimpose; to overcome*
sobresalir *to stand out*
sobresaltarse *to get excited*
sobresalto *sudden fear*
sobrevenir *to come, to happen*
sobrevivir *to survive*
sobrina *niece*
sobrino *nephew*
sobrio *sober, temperate*
social *social*
sociedad *society*
socorro *aid, assistance, help*
socrático *Socratic*
socratismo *Socratism*
sofá *m.* *sofa*
sofocado *upset, flushed and breathless*
sol *m.* *sun*
solamente *only*
solana *sunny place; strong sunshine*
solapa *lapel*
solar *adj.* *solar*
solariego *manorial; ancestral*
soldado *soldier*
soleado *sunny*
soledad *solitude; lonely place*
solemne *solemn*
soler + *inf.* *to be in the habit of; (in imperfect) used to +* inf.
solera *shelf*
solería *paving stones*
solicitar *to solicit, to ask for; to seek; to woo*
solicitud *solicitude*
solidaridad *solidarity*
soliloquio *soliloquy*
solitario *solitary, lonely; n. recluse,*

hermit; solitaire; hacer —s *to play solitaire*

solo *alone; sole, single, only; solitary; deserted;* a solas *all alone*

sólo *only;* — que *only*

soltar *to let go; to give (a slap or kick); to unfasten, loosen*

soltera *unmarried woman*

soltero *single, unmarried; n. m. bachelor*

solterón *m. aug. old bachelor*

solución *solution*

sollozar *to sob*

sollozo *sob*

sombra *shadow; shade; sign;* tener mala — *to exert an evil influence*

sombreado *shaded*

sombrerero *hatter*

sombrero *hat;* — de copa *high (silk) hat*

sombrilla *parasol*

sombrío *gloomy, sombre*

sombroso *shady*

somero *superficial, shallow*

someter *to submit, subject*

son *m. sound*

sonámbulo *sleepwalker*

sonar *to sound; to sound familiar; to ring;* — a *to sound of (or like)*

sonido *sound*

sonoro *sonorous, resonant, resounding*

sonreír(se) *to smile*

sonrisa *smile*

sonrojar *to blush, turn red*

sonsonear *to jingle, tinkle*

soñador, -a *dreaming, dreamy*

soñar *to dream*

sopa *soup*

sopera *soup tureen*

soplar *to blow*

soportable *bearable*

soportal *m. portico*

soportar *to endure, bear; to support*

sorber *to sip, suck; to swallow*

sórdido *filthy, dirty, sordid*

sordo *deaf; dull; muffled; silent; n. deaf person*

sorna: con — *insinuatingly*

sorprendente *surprising*

sorprender *to surprise; to come upon*

sorpresa *surprise*

sortilegio *magic spell; sorcery, witchery*

sosegado *peaceful, calm*

sosiego *calm, quiet*

sospecha *suspicion*

sospechar *to suspect*

sospechoso *suspicious*

sostén *m. support, prop*

sostener *to support, maintain; to hold; to sustain*

spoliarium *(Latin) a place in the amphitheatre where the clothes were stripped from the slain gladiators*

suave *gentle, smooth, soft*

suavidad *smoothness, softness*

suavizar *to grow soft*

subir *to rise, go up; to raise, hoist*

subitáneo *sudden, unexpected*

súbito *sudden;* de — *suddenly*

sublevación *revolt*

sublevarse *to rebel*

subrepticio *surreptitious, furtive*

subsistencia *livelihood, living*

substancia *substance*

subterfugio *subterfuge*

subversión *subversion; revolt*

sucedáneo *subsidiary, substitute*

suceder *to happen; to follow, succeed*

sucesivo *consecutive;* en lo — *hereafter*

sucio *dirty*

sucumbir *to succumb; to die*

sudar *to sweat*

sudor *m. sweat*

suegra *mother-in-law*

suegro *father-in-law*

sueldo *salary*

suelo *ground, earth; floor*

suelto *loose, light*

sueño *dream; sleep, sleepiness;* en —s *dreaming;* entre —s *half asleep*

suerte *f. luck, fortune; kind, sort; fate, lot;* de — que *so that;* de tal — *in such a way;* de todas —s *in any case;* tocarle a uno en — *to fall to one's lot;* de esta — *in this way*

suevo   *Swabian (from southwestern Germany)*

suficiencia   *self-esteem; sufficiency*

sufrimiento   *suffering*

sufrir   *to suffer; to undergo*

sugerir   *to suggest*

sugestión   *suggestion; influence*

sugestionador, -a   *hypnotic; intriguing*

sugestionar   *to influence; to suggest by hypnotic power*

sugestivo   *suggestive*

suicida *m. & f.   suicide*

suicidarse   *to commit suicide*

suicidio   *suicide*

sujetar   *to fasten, hold fast; to subject, keep down*

sujeto   *subject, liable; fixed; n. subject; (coll.) guy*

suma   *sum;* en — *in short*

sumar   *to add up*

sumergir   *to submerge*

sumiller *m.   butler (of royal household)*

suministrar   *to provide*

sumir   *to sink*

sumiso   *submissive, meek, quiet*

sumisión   *submission, obedience*

sumo   *great*

suntuoso   *sumptuous, luxurious*

supeditar   *to subordinate*

superar   *to surpass, exceed; to excel*

superior   *superior; upper*

superioridad   *superiority*

superlativo   *superlative*

suplantar   *to supplant*

suplicante   *entreating*

suplicar   *to request, entreat; to beg*

suponer   *to suppose, assume, presuppose*

suposición   *supposition, assumption*

supremo   *supreme*

suprimir   *to suppress; to omit, eliminate*

supuesto *(p.p. of* suponer) *supposed*

sur *m.   south*

surcar   *to furrow, cut through*

surco   *furrow*

surgir   *to come forth, issue; to surge, arise*

surtidor *m.   jet, spout*

surtir   *to spurt*

suspenso   *suspended; astounded, astonished*

suspirar   *to sigh*

suspiro   *sigh*

sustancia   *substance*

sustentar   *to sustain*

sustituir   *to take the place of, replace*

susto   *fright, shock*

susurrar   *to whisper, murmur*

susurro   *whisper*

sutil   *keen, thin*

sutileza   *subtlety*

sutilidad   *subtlety*

sutura   *suture; bond; union*

T

tabaco   *tobacco*

taberna   *tavern, saloon*

tabique *m.   wall, partition*

tabla   *board; tablet; plank; pl. stage*

tablero   *board; table top;* — de damas *checkerboard*

tabú *m.   taboo*

taburete *m.   stool*

tácito   *silent; implied*

taciturno   *taciturn, quiet, silent*

taco   *billiard cue; wooden peg*

tachar   *to accuse; to censure*

tahona   *bake-oven*

tal   *such, so, as;* el — or la — + *noun that fellow or that woman;* — como *just as;* — vez *perhaps;* con — que *provided that*

talante *m.   disposition, mood*

talento   *talent*

talmente   *like, in the same manner*

talón *m.   heel*

talla   *carving*

tallar   *to cut out*

talle *m.   figure, form; waist*

taller *m.   workshop, studio*

talludo   *tall*

tamaño   *size*

también   *also, too*

tamboril *m.   timbrel, drum*

tampoco   *neither; either, not either;* ni — *not even*

tamuja   *fallen needles of pine trees*

tan   *so, as; such*

tanto   *as (so) much; pl. as (so) many;* por (lo) — *therefore;* en — *while, in the meanwhile;* un — *a little, rather;* otro — *as much;* en — que *whereas*

tañer *to ring; to play (a musical instrument)*

tapar *to cover up; to hide*

tapia *wall*

tapiar *to wall up*

tapón *m. cork*

tararear *to hum*

tardar (en) *to take long; to delay*

tarde *f. afternoon; evening; adv. late;* más — *later*

tardío *late, tardy*

tardo *slow, sluggish*

tarea *task*

tarro *jar*

taxi *m. taxi*

taza *cup; bowl*

teatral *theatrical*

teatralería(s) *theatrics*

teatro *theater*

técnica *technique, technology*

técnico *technical*

techado *roof*

techo *ceiling, roof*

techumbre *f. ceiling, roof*

tedio *tedium, boredom, weariness*

teja *roof tile;* de —s arriba *in the realm of the supernatural*

tejado *roof*

tejer *to weave*

tela *cloth, material; thread*

telón *m. curtain (theatrical)*

tema *m. theme*

temblar *to tremble, quiver*

temblón, -ona *tremulous, shaking*

temblor *m. trembling, tremor*

tembloroso *trembling, tremulous*

temer *to fear;* se hizo temer *he made himself feared*

temeroso *fearful, dreadful*

temor *m. fear*

temperamento *temperament*

temperatura *temperature*

tempestuoso *stormy, tempestuous*

templanza *temperance, mildness*

templar *to soften, moderate*

temple *m. temperament, tempering*

templo *temple, church*

temporada *season, spell, time of year*

temporal *m. storm, tempest; adj. temporal*

temporalidad *temporality*

temprano *early*

tenaz *tenacious, stubborn, insistent*

tendencia *tendency*

tender *to stretch out, spread; to tend*

tenebroso *dark, gloomy*

tener *to have, hold;* — a bien *to find it convenient;* — por *to consider;* — para sí *to think;* — que *to have to;* — en *to esteem;* — que ver con *to have to do with;* — prisa *to be in a hurry;* — cuidado *to be careful;* no — cuidado *not to worry;* — a bien *to be pleased to*

teniente *m. lieutenant*

tenor *m. tenor*

tensión *tension*

tentación *temptation*

tentadero *testing corral for young bulls*

tentador, -a *tempting*

tentar *to touch, feel*

tenue *tenuous, delicate*

teñir *to tinge, dye; to stain*

teocracia *theocracy*

teología *theology*

teorema *m. theorem, thesis*

teoría *theory*

tercero *third*

tercio *infantry regiment*

terciopelo *velvet*

terco *stubborn*

tergiversar *to contradict, twist; to equivocate*

terminación *termination, end*

terminar *to finish, end*

término *term, end;* — medio *average*

ternura *tenderness*

terrateniente *m. landowner*

terreno *earthly, worldly; n. m. field, land, ground*

terrible *terrible, appalling; huge*

terror *m. terror*

terruño *piece of ground, farmland*

tertulia *social gathering*

tesis *f. thesis*

tesoro *treasure*

testamento *will*
testigo *witness*
testimonio *testimony; witness*
teta *breast;* dar la — *to nurse*
tétanos *tetanus*
texto *textbook*
textura *texture*
tía *aunt; (coll.) woman*
tibio *lukewarm; warm*
tic-tac *m. ticking*
tiempo *time; weather;* a — que *just
as;* a un — *at the same time;* al
poco — de *a short time after;*
a — *in time, timely;* a poco —
within a short time
tienda *shop, store*
tierno *tender*
tierra *earth; land; ground*
tieso *stiff*
tiesto *flowerpot*
tilde *f. jot, iota*
timbre *m. crest, seal*
timidez *f. timidity;* con — *shyly*
tímido *timid, shy*
tinaja *big jar*
tiniebla(s) *darkness*
tinta *ink*
tin tan *ding dong*
tintinear *to tinkle; to clink*
tintineo *tinkling*
tío *uncle, (coll.) guy;* —s *aunts and
uncles*
tío vivo *carousel*
tipo *type; fellow*
tiranía *tyranny*
tiránico *tyrannical, despotic*
tirano *tyrant*
tirante *taut, firm*
tirar *to throw; to get along; to pull;
to spill;* —se *to throw oneself*
tiritar *to shiver*
tiro *shot, bullet*
titileo *twinkling*
titiritero *puppet player, puppeteer*
título *title; degree; diploma; bond*
tiza *chalk*
toalla *towel; pillow sham*
toboseño *from el Toboso (town in
the province of Toledo)*
toca *cap, hood*
tocado *coiffure*
tocar *to touch; to play (an instru-*

*ment); to be one's turn; to ring (a
bell);* —le a uno en suerte *to fall
to one's lot*
todavía *still, yet, even*
todo *all, every, each; entire, whole;
pron. everything;* todos *everyone;*
— el mundo *everyone;* del —
completely, entirely; sobre —
above all
toldo *awning*
tolerancia *tolerance*
tomar *to take; to drink; to eat;*
— a pecho *to take to heart*
tonada *song, tune*
tonel *m. cask, barrel*
tono *tone*
tonsurado *tonsured*
tontería *nonsense*
tonto *foolish, stupid; n. fool*
topar (con) *to find, come upon,
stumble upon*
toque *m. ringing, peal (of bells);
touch*
torbellino *whirlwind*
torcer *to bend; to deflect;* —se *to
suffer deprivation*
torero *bullfighter*
tormenta *tempest, storm*
tormento *torment, torture*
tornar *to return; to repeat, do again*
tornillo *screw*
torno: en — de (a) *around, about*
toro *bull*
torpe *slow, heavy, clumsy; homely;
dull*
torpeza *stupidity; foolishness*
torre *f. tower*
torrentera *torrent*
tortilla *omelet*
tortuoso *tortuous*
tortura *torment; grief*
torturar *to torture*
tos *f. cough*
tosco *crude, coarse, rough*
toser *to cough*
total *all in all; total; in short*
totalmente *totally, completely*
totora *cattail or reed mace (used for
mats, chairs, etc.)*
traba *trammel, fetter; obstacle*
trabajar *to work*
trabajo *work;* —s *tribulations*

trabar *to tether*
tradición *tradition*
tradicionalista *m. traditionalist*
traducir *to translate*
traductor *m. translator*
traer *to bring; to wear; to attract; to be engaged in*
trafagar *to traffic, deal*
tráfago *commerce; drudgery*
traficar *to deal, trade, traffic*
tragadero *gullet*
tragar *to swallow*
tragedia *tragedy*
trágico *tragic*
traición *treachery; a — treacherously*
traidor, -a *treacherous; n. traitor, betrayer*
traje *m. costume, dress, apparel, suit, gown, clothing*
tranca *f. cudgel, stick; crossbar*
trance *m. critical moment*
tranco *threshold*
tranquilo *tranquil, peaceful, calm*
transcendental *transcendental; highly important*
transcurrir *to pass, elapse*
transfigurar *to transfigure*
transformación *transformation*
transformar *to transform; —se to be transformed*
transformista *m. impersonator*
transición *transition*
transigir *to give in, to compromise*
tránsito *road, passage; transition; way*
transitorio *transitory, fleeting*
translúcido *translucent*
transmitir *to transmit*
tra(n)sparente *transparent*
transportar *to transport*
tra(n)svasar *to transfer*
tranvía *m. street car*
traquetear *to shake; to jerk*
tras *after; behind; — de after, beyond*
trascendente *transcendental*
trascender *to transcend, rise above*
trasero *bottom, backside*
trasgo *goblin, sprite*
trasladar *to move, transfer*

trasparentar *to reveal; to show through*
traspasar *to pierce; to transfer; to go beyond*
traspaso *transfer, transmittance*
trastera *garret; storage room*
trastienda *back room (of a store)*
trasto *piece of furniture; rubbish*
trastornar *to upset, disturb; to excite*
trasvasar *to transfer*
trasvisible *transparent*
tratado *treaty, treatise*
tratamiento *treatment*
tratar *to treat; to deal with; to try; to have friendly relations; — de to try; —se de to be a question of; — a (con) alguien to associate with someone*
trato *treatment; dealings; association*
través *m. reverse; (a) al — de through, across*
travesía *crossing*
traviesa: a campo — *cross-country*
traza *appearance, aspect*
trazar *to trace, outline*
tremendo *tremendous; dreadful*
trémulo *tremulous*
tren *m. train*
trenza *braid, plait*
trepar *to climb*
trepidación *trembling; throb*
tribuna *platform, rostrum*
tricornio *three-cornered hat*
trigal *m. wheat field*
trigo *wheat*
trilla *threshing*
trillar *to thresh*
trinidad *trinity*
trino *ternary (arranged in threes)*
tripa *gut, intestine; pl. entrails, innards*
triscar *to frolic, romp*
triste *sad; dismal*
tristeza *sorrow, grief, sadness*
triunfal *triumphant*
triunfar (de) *to triumph (over)*
triunfo *triumph, victory*
trocar(se) *to change*
trocha *trail, road*
troglodita *glutton*

tronco *trunk;* dormir como un —
  to sleep like a log
tronchar *to break*
tropa *troops, soldiers*
tropel *m.* *jumble, confusion; crowd*
tropezar *to stumble;* — con *to meet*
tropezón *m.* *stumbling;* dar tropezones *to stumble*
tropiezo *mishap; slip; difficulty*
trote *m.* *trot*
trotera *go-between*
trovador *m.* *troubadour*
trozo *piece, fragment; part; passage*
trueno *thunder*
tuberculoso *tubercular*
tuerto *one-eyed, blind in one eye*
tumba *tomb*
tumbarse *to lie down*
tumbo *tumble, fall;* dar —s *to sway*
túmulo *tomb*
tumulto *uproar*
tumultuoso *tumultuous, turbulent*
túnica *tunic*
turba *crowd, mob, rabble*
turbación *confusion, agitation*
turbar *to upset, to disturb; to em-
  barrass*
turbio *muddy; confused; corrupt*
turbulencia *turbulence*
turbulento *turbulent*
turgente *turgid, bulky, "well-pad-
  ded"*
turquesa *turquoise*
tute *a card game*
tutelar *tutelary; guardian*

U

u *or (before words beginning with
  o or* ho)
ubicuo *ubiquitous (being everywhere at the same time), omnipres-
  ent*
último *last;* por — *finally, lastly;*
  por lo — *at the end*
ultratumba *beyond the grave*
ulular *to screech, hoot, howl*
umbral *m.* *threshold*
umbrío *shady*
umbroso *shady*

unanimidad *unanimity*
uncir *to yoke*
único *only; unique; single*
unión *union*
unir *to join, to connect*
(al) unísono *in unison*
universal *universal*
universidad *university*
universitario *university*
uno, -a *one;* todos en uno *all together;* todos a una *all together*
untuoso *unctuous, bland, fawning*
uña *fingernail; hoof;* a — de caballo
  at full gallop, in great haste
urgir *to be urgent*
úrico *uric;* ácido — *acid found in
  urine, uric acid*
usar *to use; to wear;* —se *to be in
  fashion*
uso *use, usage*
usufructo *usufruct, enjoyment, profit*
usurero *usurer*
útil *useful*
utilitario *utilitarian*
utilizar *to utilize, to use*
uva *grape*

V

vaca *cow*
vaciar *to empty; to hollow*
vaciedad *nonsense*
vacilación *hesitation; change*
vacilante *hesitant*
vacilar *to hesitate*
vacío *vacant, vacuous, empty; in-
  substantial*
vacuo *vacant, empty*
vagar *to wander, to roam*
vago *vague*
vagón *m.* *car (of train)*
vahído *dizziness, faintness*
vaivén *m.* *fluctuation, coming and
  going*
valer *to be worth; to cost;* no hacer
  cosa que valga *not to do anything
  worthwhile;* ¡Dios me valga!
  Good heavens!; vale más *it is
  preferable*

valeroso *brave*
valiente *brave; strong; courageous*
valor *m. courage; value, worth*
valle *m. valley, vale*
vanidad *vanity, pride*
vanidoso *vain*
vano *vain;* en — *in vain*
vapor *m. vapor, steam*
vara *stick, twig; rod*
variado *varied, varying; variegated*
variar *to vary*
vario *various, varied; pl. various,
  several*
varón *m. male, man*
varonil *manly, virile*
vasco *Basque*
vasija *jar*
vaso *glass*
vástago *offspring, scion, descendant*
vaticinio *prediction, prophecy*
¡vaya! *interj. imagine that!, indeed!,
  well!*
vecindad *neighborhood, vicinity*
vecindario *neighborhood*
vecino, -a *neighbor*
vedar *to forbid, prohibit*
vega *plain, flat lowland*
vegetal *vegetable*
vegetativo *vegetative*
vehemencia *vehemence*
vehemente *persuasive*
vejete *old man*
vejez *f. old age*
vela *candle; vigil, wakefulness; sail;*
  en — *without sleep*
velada *evening; soirée*
velado *veiled*
velador *m. end table*
velar *to be awake; to veil*
velatorio *wake*
velo *veil;* — del paladar *soft palate*
velón *m. brass lamp*
veloz *swift, rapid*
vello *down, fuzz*
velloso *downy, fuzzy*
vena *vein; lode*
vencedor *m. conqueror*
vencer *to conquer; to overcome,
  overpower; to expire*
venda *bandage, blindfold*
vendedor *m. vendor, salesman*

vender *to sell*
vendimia *vintage*
vendo *selvage of cloth*
veneno *poison*
venenoso *poisonous*
venéreo *venereal*
venganza *revenge*
vengar *to revenge;* —se *to take revenge*
venidero *future, coming, next*
venir *to come;* — a buscar *to come
  get, call for*
venta *sale; inn*
ventaja *advantage*
ventana *window*
ventanero *fond of looking out the
  window, window-gazer*
ventano *small window*
ventanuco *miserable little window*
ventrudo *pot-bellied*
ventura *happiness; chance;* a la —
  at random, at hazard
ver *to see;* tener que — con *to
  have to do with;* a — *let's see;
  n. m. looks, appearance*
verano *summer*
veras: de — *really, truly*
veraz *truthful*
verdad *truth;* ¿—? *Isn't that so?*
verdadero *true, real*
verde *green*
verdinegro *green-black*
verdor *m. greenness*
verdoso *greenish*
verdugo *executioner*
vereda *path*
vergüenza *shame;* dar — *to make
  ashamed*
vericueto *rough place*
verídico *truthful, true*
verificar *to verify;* —se *to take
  place*
verja *grate; railing*
verónica *veronica (pass in bullfight-
  ing)*
verosimilitud *likelihood; verisimilitude*
verso *verse*
verter *to pour; to spill*
vértice *m. top; vertex*
vertiginoso *vertiginous, giddy, dizzy*

vértigo *dizziness;* dar — *to make dizzy*
vesperal *pertaining to vespers*
vestido *clothing; dress*
vestidura *garment*
vestir *to dress, clothe;* —se *to put on, to dress;* —se de *to dress like*
veto *veto, prohibition*
vetusto *ancient*
vez *f.* *time;* las más de las veces *most of the time;* muchas veces *often;* otra — *again;* a veces *sometimes;* a la — *at the same time;* de — en cuando *from time to time;* de una — *once and for all;* en — de *instead of;* tal — *perhaps;* cada — más + *adj.* *more and more*
vía *road; way, manner;* Vía Láctea *Milky Way*
viajante *m.* *traveling salesman*
viajar *to travel*
viaje *m.* *trip, journey, travel;* hacer un — *to take a trip;* ir de — *to take a trip*
viático *provision for a journey*
vibración *vibration*
vibrante *vibrant, vigorous*
vibrar *to vibrate; to move to and fro*
vibrátil *vibratile, vibrating*
vicio *vice; (bad) habit*
víctima *victim*
victoria *victory*
vid *f.* *vine*
vida *life*
vidriado *crockery*
vidriera *glass window or partition*
vidrio *glass*
vieja *old; n. old woman*
viejo *old; n. old man;* Nilo, el — *Nilo, Sr.*
viento *wind*
vientre *m.* *stomach, belly; womb*
viernes *Friday;* — santo *Good Friday*
viga *beam, girder*
vigente *of today; in force*
vigilancia *vigilance*
vigilante *watchful*
vigilar *to keep guard; to watch*
villa *town*
vinagre *m.* *vinegar*

vinario *(pertaining to) wine*
vínculo *bond; entail*
vino *wine*
viña *vineyard*
viñalico *small vineyard*
viñedo *vineyard*
violar *to violate; to desecrate*
violencia *violence*
violento *violent; unnatural, strained*
violeta *violet*
violín *m.* *violin*
violinista *violinist*
virgen *adj. & n.* *virgin;* Virgen *image of the Virgin Mary*
viril *virile*
virtud *virtue*
visible *visible*
visión *vision*
visita *visit; visitor;* hacer una — *to pay a visit*
visitar *to visit*
vislumbrar *to glimpse, to have a glimmer of*
vislumbre *f.* *glimmering; surmise*
víspera *eve, day before*
vista *sight; glance; eye; vision, view;* a — de *in sight of*
vistazo *glance;* dar un — a *to look over;* dar el último — a *to take a final glance at*
visto *(p. p.* of ver) *seen;* está — *it is obvious;* por lo — *apparently*
vistoso *showy, flashy*
vital *vital, pertaining to life*
vitalidad *vitality*
viuda *widow*
viudo *widower*
vivamente *quickly; vividly; sharply*
vivaz *lively; bright; active*
vividor *m.* *sponger, parasite*
vivificante *vivifying, life-giving*
vivir *to live;* ¡vive Dios! *by heaven!*
vivo *alive; lively; living; vivid, live, keen; strong*
vocablo *word, term*
vocación *vocation*
vocear *to cry out, shout*
vociferar *to shout*
volandas: en — *as if flying*
volante *m.* *flounce*
volar *to fly; to run swiftly*

volatilizar *to disappear into air; to send up in smoke*
volcar *to pour*
voltear *to overturn; to throw*
volumen *m. volume; size, bulk*
voluntad *will*
voluptuosidad *voluptuousness; delight*
volver *to turn; to return;* —se *to turn (around); to become;* —se loco *to become crazy;* — a + *inf. to do something again*
vómito *vomiting*
voracidad *voracity*
voz *f. voice;* a voces *loudly, shouting;* en — alta *aloud;* a media — *in a whisper;* en — baja *in a low tone;* dar voces *to shout*
vuecencia *your excellency (contr. of* Vuestra Excelencia)
vuelco *tumble, overturning*
vuelo *flight*
vuelta *return, turn; review, going over; revolution; fold; walk, promenade;* de — *returning;* a la — de *within, at the end of;* dar —s *to turn, to toss;* dar — *to turn;* dar la — a *to go around;* de — de *on the way back from, returning;* dar una — *to take a walk;* media — *about-face*
vuelto (*p.p. of* volver) *turned, returned*
vulgar *vulgar, common, ordinary*
vulgo *common people*
vulpeja *vixen*

Y

ya *already; presently; now; right away;* ¡—! *I see!;* — no *no longer;* — que *since*
yacer *to lie*
yanqui *Yankee*
yedra = hiedra *ivy*
yegua *mare*
yerba *grass*
yermo *uncultivated, barren*
yerto *stiff, rigid, motionless*
yunque *m. anvil*
yunta *yoke of draft animals (oxen, etc.)*
yute *m. jute fabric*

Z

zafio *coarse; ignorant*
zaga: a la — *behind; at the end*
zagal, -a *country boy (girl)*
zalema *salaam, bow*
zambullirse *to sink*
zancada *long stride*
zapatazo *stamping of feet*
zapatero *shoemaker*
zapatilla *slipper*
zapato *shoe*
¡zas! *bang!*
zona *zone*
zoología *zoology*
zumbar *to hum, to buzz*
zurcido *patching, darning*
zurear *to coo*
Zutano, -a *So-and-so*

DATE DUE